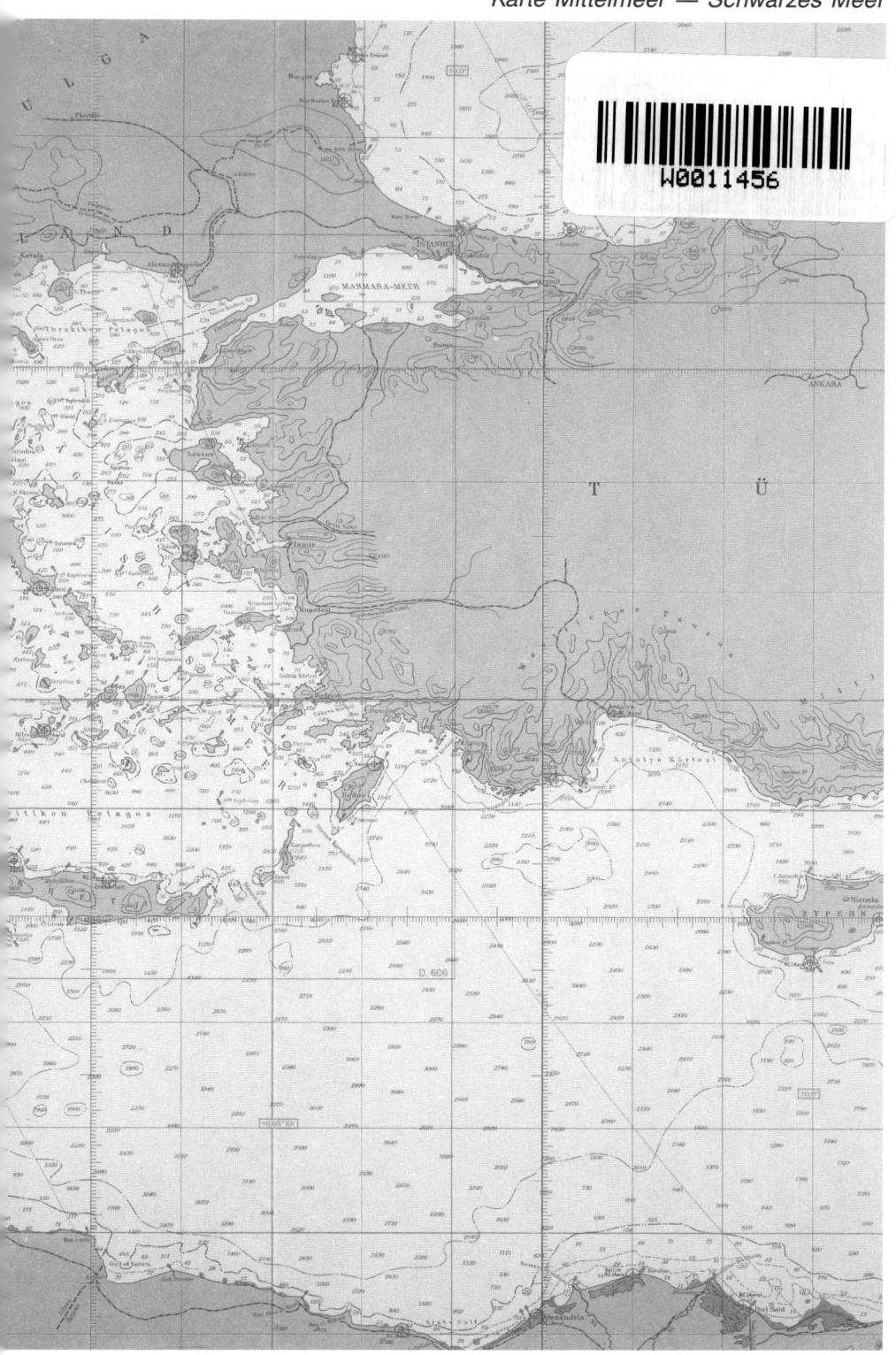

Harald Fock

Afrika-Zerstörer »ZG 3« *Hermes*

Harald Fock

Afrika-Zerstörer »ZG 3« HERMES

Original-Kriegstagebuch

Koehlers Verlagsgesellschaft mbH · Herford

Bild- und Skizzennachweis
Alle Abbildungen, auch die des Schutzumschlages: Meyer-Abich.
Skizzen: neu erstellt nach Vorlagen aus dem Original-Kriegstagebuch.
Vorsätze: reproduziert nach Drucken des Bundesamtes für Seeschiffahrt und Hydrographie.

Die Deutsche Bibliothek – CIP-Einheitsaufnahme

Afrika-Zerstörer »ZG 3« Hermes : Original-Kriegstagebuch /
Harald Fock. – Herford : Koehler, 1993
  ISBN 3-7822-0562-6
NE: Fock, Harald [Hrsg.]

ISBN 3 7822 0562 6, Warengruppe Nr. 21

© 1993 by Koehlers Verlagsgesellschaft mbH, Herford
Alle Rechte, insbesondere das der Übersetzung, vorbehalten
Umschlaggestaltung: Martina Billerbeck, Bielefeld
Herstellung: Robert Johannes
Gesamtherstellung: Hans Kock Buch- und Offsetdruck GmbH, Bielefeld
Printed in Germany

Inhalt

Vorwort

Der Zerstörer *ZG 3 / Hermes* war der einzige deutsche Zerstörer im Mittelmeer, der über ein Jahr lang mit der italienischen Marine zusammenarbeitete und 1942/43 mit italienischen Einheiten vorherrschend in der Sicherung des Nachschubs für die deutsch-italienischen Heeresverbände in Nordafrika eingesetzt war.

Er war zu dieser Zeit das kampfkräftigste deutsche Überwasserkriegsschiff im Mittelmeerraum und erwarb sich bei seinen Einsätzen einen durchaus legendären Ruf als »erfolgreiches Schiff«.

Ich selbst wurde am 5.7.1942 als Oberfähnrich zur See an Bord des Zerstörers *ZG 3* kommandiert und war, nach der Beförderung zum Leutnant zur See am 1.1.1943, als 19jähriger jüngster Offizier mit den Aufgaben betraut worden, die damals gemeinhin auf einem Fahrzeug dieser Größenordnung dem »Youngster« zufielen: LFlak-Leiter, U-Jagd- und Sperr/Sprengoffizier. Für ersteres qualifizierte der Fähnrichs-AOC- und ein LFlak-Leiter-Lehrgang, für die U-Jagd der im Dezember 1942 erhaltene »Horchlehrgang« an der U-Abwehrschule in Gotenhafen, für den Sperr- und Sprengoffizier nur die Tatsache, daß ich eben der Jüngste war und »dergleichen sowieso kaum gebraucht würde...«

Die Praxis sollte dann jedoch etwas anders aussehen...

Als ich Anfang 1991 das vollständige Kriegstagebuch des Zerstörers in der Hand hielt, war ich einerseits zutiefst bewegt hinsichtlich der Erinnerungen, die beim Lesen Tag für Tag, Stunde für Stunde, ja oft Minute für Minute wieder wach wurden. Andererseits wurde ich mir aber auch bewußt, daß es irgendwie eine Art Ehrenpflicht sei gegenüber dem Schiff, unserem verehrten Kommandanten, Kapitän zur See Johannesson, unseren Gefallenen und nicht zuletzt gegenüber meinen noch lebenden Bordkameraden und einer interessierten Nachwelt, dieses Kriegstagebuch in jener Originalform vorzulegen, wie sie während und/oder nach dem Einsatz von Kapitän Johannesson — und später von seinem Nachfolger, Fregattenkapitän Rechel — diktiert und ordnungsgemäß täglich abgezeichnet wurde. In der schlichten Kürze wirkt es beeindruckender, als jede Bearbeitung.

Doch zunächst scheint es sinnvoll, einige grundsätzliche Informationen zum Verständnis von Schiff, handelnden Personen und Einsätzen zu geben.

1. Das Schiff

Der Zerstörer hatte eine ungewöhnliche Geschichte:

Anfang Juni 1934 berichtete die »Le Massager d'Athenes«, daß die griechische Regierung einen weiteren Ausbau ihrer Flotte beabsichtigte, darunter auch die Aufstellung von zwei Zerstörer-Flottillen mit je acht Booten. Die erste Flottille sollte die vier 1929–1932 in Italien gebauten Zerstörer der *Conduriotis*-Klasse und und vier Neubauten umfassen. Insgesamt waren vier Ausbauabschnitte geplant:

1. Bau von vier weiteren Zerstörern zur Formierung der ersten Flottille, Ergänzung der allgemeinen Flottenausrüstung und Einrichtung eines Marinearsenals.
2. Bau von zunächst zwei Zerstörern, eines Kreuzers und Einleiten des Ersatzes veralteter U-Boote.
3. Bau von weiteren vier Zerstörern.
4. Bau der letzten zwei Zerstörer und Ersatz veralteter Schiffe und U-Boote.

Der Bau der neuen Zerstörer sollte, wie schon bei den vier Vorgängern geschehen, wieder international ausgeschrieben werden. Zwei Boote waren dann durch den Bestbieter auf seiner Werft herzustellen, die restlichen Boote in Lizenz im entsprechend auszubauenden Marinearsenal Skaramanga — zunächst aus vorgefertigtem Material — unter Herstelleranleitung nachzubauen. Einschlägige Fachzeitschriften berichteten dann auch 1935/36 mehrfach, daß Griechenland vier an den englischen Standard-Zerstörer dieser Epoche, die A-I-Klasse, angelehnte 1350-t-Zerstörer bei der englischen Werft Fairfield bestellt hätte, deren Bewaffnung interessanterweise von deutschen Herstellern geliefert werden sollte. Tatsächlich ging dann jedoch der Auftrag für den Bau der beiden Prototypboote an die bewährte alte englische Torpedoboots- und Zerstörerwerft Yarrow, Glasgow, wo *Vasilevs Georgios I.* am 3.3.1938 und *Vasilissa Olga* am 2.6.1938 vom Stapel liefen und im Februar 1939 an die griechische Marine ausgeliefert wurden. Gleichzeitig traf auch das erste Schiffbaumaterial für die beiden in Skaramanga fertigzustellenden Boote *Vasilevs Constantinos* und *Vasilissa Sofia* in Griechenland ein. Kessel und Antriebsanlagen für diese beiden Boote sollte Yarrow Ende 1939 liefern.

Die in allen technischen Details sehr stark an die zeitgenössischen englischen H-Klasse-Zerstörer — einen Admiralitäts-Entwurf — angelehnten Boote hatten bei 101,2/98,5 (WL) x 10,4 x 2,34/3,43 m Hauptabmessungen 1414 ts Typ- und 2088 t Einsatzverdrängung. Die Antriebsanlage bestand aus drei 16-atü-Yarrow-Dreitrommelkesseln und einer 34.000-PSw-Parsonsgetriebe-Turbinenanlage (Stb.-Turbine im vorderen, Bb.-Turbine im achteren Turbinenraum), die auf zwei Wellen und Propeller arbeitete und eine Kontraktgeschwindigkeit von 35 kn ermöglichen sollte. Die vier im Mittel- und Achterschiff untergebrachten Bunker faßten 465 t Öl für einen Fahrbereich von 6000 sm bei 15 kn bzw. 4800 sm bei 19 kn. Die Bewaffnung war durchaus international: Deutsche Firmen lieferten die vier 12,7-cm-Geschütze und die 3,7-cm-Flak, holländische die Artillerie-Feuerleitanlage und englische die komplette Torpedoausrüstung.

Vasilevs Georgios I. führte als Schiffswappen auf grünem Grund in Gold ein großes griechisches »G« mit kleiner Krone darüber und römischer I darunter. Bis zum Bau bzw. Erwerb eines größeren Schiffes als Flaggschiff vorgesehen, war die Kommandantenkammer besonders groß, geräumig und, wenn auch nicht prunkvoll, so doch recht gediegen eingerichtet.

Im April 1941, beim Angriff der deutschen Truppen im Balkanraum, wurde *Vasilevs Georgios I.* nach einem Stuka-Bombentreffer im Achterschiff nach Skaramanga eingeschleppt und im dortigen Schwimmdock zur Instandsetzung gedockt.

Wenige Tage später, am 20.4.1941, wurden Dock und Zerstörer von deutschen Stukas endgültig versenkt und in diesem Zustand am 6.5.41 von deutschen Truppen erbeutet.

Obwohl es ein — aus retrospektiver Sicht sehr bedauerliches — deutsch-italienisches Abkommen gab, daß alle im Mittelmeerraum in Achsenhand anfallende Beute an Schiffen Italien überließ, gelang es in diesem Falle, unter Hinweis auf die erfolgte Überlassung der gesamten in Achsenhand gefallenen jugoslawischen Flotte und der Notwendigkeit eines kampfstärkeren Schiffes für die Versorgung deutscher Truppen auf Kreta und im Ägäis-Raum, den Zerstörer für die deutsche Marine zu erhalten, und, nach Hebung im Sommer 1941 und Instandsetzung beim Marine-Ausrüstungs- und Reparaturbetrieb (Maureb) Salamis, am 21.3.1942 als *ZG 3*, d.h. Zerstörer (griechisch) Nr. 3, in Dienst zu stellen. Die Beute-Zerstörer-Nummern 1–2 waren für holländische Neubauten vorgesehen, von denen jedoch nur *ZH 1* in Dienst kam.

Am 21.8.42 wurde dem Zerstörer in Würdigung seiner Verdienste um die deutsch-italienische Zusammenarbeit als einzigem während des Krieges in der deutschen Marine in Dienst gekommenen Zerstörer ein Name, *Hermes*, verliehen.

Abgesehen von dem militärischen Einsatzinteresse war die deutsche Marine natürlich auch nicht ganz uninteressiert an Erfahrungen mit jenem englischen Zerstörertyp, den die englische Marine nach dem Ersten Weltkrieg über lange Jahre hinweg systematisch von Klasse zu Klasse weiterentwickelt hatte. Zwar war auch der 1940 erbeutete und als *ZH 1* übernommene holländische Zerstörer *Gerard Callenburgh* von Yarrow auf der Basis des englischen Standardzerstörers für die holländische Marine entwickelt worden, doch hatten die holländischen Wünsche zu vergrößerten Hauptabmessungen und auch einigen sonstigen Änderungen geführt, während *ZG 3* tatsächlich sehr weitgehend jenem englischen Typ entsprach, der erst kurz vor dem Kriege durch die kampfstärkere J/K-Klasse ersetzt wurde, die dann zum Prototyp der englischen Kriegbauten wurde.

Das Schwesterschiff *Vasilissa Olga* setzte sich mit dem Rückzug der griechisch-englischen Truppen im April/Mai 1941 in den englischen Machtbereich ab und ging nach zahlreichen, vorherrschend von Alexandria aus gefahrenen Einsätzen gegen die Achsenmächte am 26.9.1943 vor Leros durch deutsche Kampfflugzeuge verloren.

2. Die Kommandanten

Den Zerstörer führten

— vom Tage der Indienststellung, dem 21.3.42 bis zum 2.4.43 Fregattenkapitän (später Kapitän zur See) **Rolf Johannesson**,

— vom 2.4.43 bis zur Selbstsprengung am 7.5.43 Fregattenkapitän **Curt Rechel**.

Beide Kommandanten wurden für ihren Einsatz auf *ZG 3/Hermes* mit dem Ritterkreuz des Eisernen Kreuzes und der italienischen Tapferkeitsmedaille ausgezeichnet.

Zum Verständnis der unterschiedlichen Mentalität beider Kommandanten und der Beurteilung mancher Vorgänge und Ereignisse im Kriegstagebuch ist ein kurzer Blick auf ihre Voreinsatzzeiten nicht ohne Interesse:

Kpt. Johannesson (Jahrgang 1900, Crew[1] VII/1918) war vom 8.6.38 bis zum 27.1.42 Kommandant des Zerstörers *Erich Steinbrinck*, der unter seinem Kommando folgende Einsätze erlebte:

- 2.9.39 Bekämpfung und Beschädigung des poln. U-Boots *Wilk*.
- Sept.–Jan. 1940 Mehrere Minenunternehmungen vor der englischen Küste und Handelskrieg im Skagerrak.
- 23.1.–6.5.40 Werftliegezeit. 26.5.40 Kriegsbereit (Kb) nach Abschluß der Gefechtsausbildung (zahlreiches neues Personal an Bord).
- 4.–8.6.40 Teilnahme an Operation »Juno« im Nordmeer mit Schlachtschiffen und dem Schweren Kreuzer *Hipper* (Versenkung englischer U-Jäger *Juniper*, Tanker *Oilpioneer*, Truppentransporter *Orama*). *Erich Steinbrinck* zur Maschinenreparatur nach Trondheim entlassen.
- 24.6.–14.8.40 Werftliegezeit. 31.8. Kb.
- 5.9.–17.9.40 Werftliegezeit.
- 22.9.40 Verlegung nach Westfrankreich.
- 28./29.9.40 Minenlegen in der Falmouth Bay.
- 17.10.40 Vorstoß in Bristol-Kanal. Artillerie- und Torpedogefecht mit zwei englischen Kreuzern und fünf Zerstörern.
- 5./6.11.40 Rückkehr nach Deutschland.
- 8.11.40.–Jan. 1941 Werftliegezeit.
- 7.3.41–21.3.41 Ausbildungszeit mehrfach durch Maschinenstörungen unterbrochen. 29.3.41 Kb.
- April 1941 Verlegung nach Brest-La Pallice.
- 22.4.41 Aufnahme Hilfskreuzer *Thor* in der Biskaya und Geleit bis Cherbourg. Anschließend Rückkehr nach La Pallice.
- 20.–25.7.41 Sicherung Schlachtschiff *Scharnhorst* Brest-La Pallice und zurück.
- 21.–23.8.41 Aufnahme Hilfskreuzer *Orion*.
- 6.–9.9.41 Verlegung nach Deutschland.
- 10.9.41–29.2.42 Werftliegezeit. Während nachfolgender Ausbildungsphase immer wieder Maschinenstörungen, die, bis zum 21.7.42 laufend, jeweils für Tage und Wochen, Werftaufenthalt nötig machten.

Die permanenten, zu längeren Werftliegezeiten zwingenden Maschinenstörungen, die auch die Teilnahme am Norwegen-Unternehmen verhinderten, schränkten die Verwendung von *Erich Steinbrinck* auch im weiteren Kriegsverlauf immer wieder ein.

J. wurde nach Abschluß seines Kommandos auf *Hermes* vom 10.4.43 bis zum 6.11.44 Chef der aus den modernsten Zerstörern bestehenden 4. Zerstörer-Flottille im Nordmeer und noch während des Krieges Admiral. Mit der Aufstellung der Bundesmarine war er ab 1956 der erste Befehlshaber der Flotte.

Kpt. Rechel (Jahrgang 1902, Crew 1922) war vom 6.12.38 bis zum 13.4.40 Kommandant des Zerstörers *Bernd von Arnim*, der unter seinem Kommando folgende Einsätze erlebte:
— Anfang Sept. 1939 Ostsee.
— Sept. bis Dez. 1939 Minenlegen und Handelskrieg in Nordsee/Skagerrak.
— 8.12.39–Ende März 1940 Werftliegezeit.
— Narvik-Unternehmen:
    8.4.40 Gefecht mit englischem Zerstörer *Glowworm*.
    9.4.40 Mit *Georg Thiele* als erster in Narvik eingelaufen und norwegischen Küstenpanzer *Norge* durch Torpedo versenkt. Als erster Zerstörer wieder beölt und einsatzklar.
    10.4.40 Mit *Georg Thiele* im Artilleriegefecht die englischen Zerstörer *Hardy* und *Hunter* zusammengeschossen. Dabei selbst fünf Artillerietreffer erhalten. Anschließendes Gefecht mit der 4. Zerstörerflottille gegen fünf englische Zerstörer wegen Munitionsmangel abgebrochen.
    11.4.40 Schadensbeseitigung mit Bordmitteln.
    13.4.40 Angriff des englischen Schlachtschiffs *Warspite* mit neun Zerstörern. Der Zerstörer *Bernd von Arnim* lief noch einmal 33 kn. Nach restlosem Verschießen der Munition um 1500 Uhr im Rombakenfjord selbst gesprengt.
Vom 25.6.41 bis zum 31.3.43 war Kpt. Rechel Kommandant des neugebauten Zerstörers *Z 29*, der unter seinem Kommando folgende Einsätze erlebte:
— 14.–20.1.42 Sicherung Schlachtschiff *Tirpitz* nach Norwegen und Rückkehr nach Kiel.
— 27.1.–3.2.42 Marsch nach Brest.
— 11.–13.2.42 Unternehmen »Cerberus«, Rückführung der Schlachtschiffe *Scharnhorst* und *Gneisenau* und des Schweren Kreuzers *Prinz Eugen* durch den Kanal nach Deutschland. Vor dem Gesamtverband führender Zerstörer (mit dem F.d.Z.[2] an Bord) *Z 29*. Abwehr von See- und Luftangriffen. Nach Minentreffer auf *Scharnhorst* *Z 29* herangerufen und trotz Seegang Befehlshaber der Schlachtschiffe (B.d.S.) mit kleinem Stab an Bord genommen. Beim Aufdampfen heftige Luftangriffe. Durch Rohrkrepierer am zweiten 15-cm-Geschütz an Bord Splitterschäden und Ausfall der Backbordmaschine. Zerstörer *Hermann Schoemann* herangerufen und — wegen Seegangs — mit Kutter des *Z 29* den B.d.S. trotz Luftangriffen übergesetzt. Nur noch zwei 15-cm-Geschütze einsatzklar.
— 14.2.–16.4.42 Reparatur. 16.4.42 Klar für Ausbildung.
— 15.5.42 Sicherung bei Überführung Panzerschiff *Lützow* nach Norwegen.
— 17./18.5.42 Minenlegen im Skagerrak, anschließend Weitermarsch nach Trondheim-Narvik-Alta.
— 5.7.42 Vergeblicher Ansatz innerhalb einer Kampfgruppe auf alliierten Geleitzug *PQ 17*.
— 5.–6.9.42 Minenlegen in Kara-Straße.
— 24.–26.9.42 Minenlegen im Weißen Meer.

— 7.–9.11.42 Marsch zur Ostsee und Sicherung Leichter Kreuzer *Nürnberg* nach Norwegen.

— 30./31.12.42 Unternehmen »Regenbogen« (Ansatz der Kampfgruppen *Admiral Hipper* und *Lützow* gegen alliiertes Geleit *JW 51B*). Artilleriegefecht mit englischem Zerstörer *Obdurate*; Erleben von Beschuß und Vernichtung des Zerstörers *Friedrich Eckoldt* durch englische Kreuzer.

— 24.1.–28.2.43 Rückmarsch nach Kiel.

— 12.2.43 Beginn Werftliegezeit.

FKpt. Rechel wurde während des Krieges noch Kpt.z.S., ließ sich jedoch in den fünfziger Jahren nicht mehr reaktivieren.

Es ist unübersehbar, daß diese vorangegangenen Kriegseinsätze beide Kommandanten für ihre Verwendung auf *ZG 3/Hermes* deutlich geprägt hatten:

Das von Kpt. Johannesson geführte Kriegstagebuch läßt immer wieder die Freude anklingen, mit einem störunanfälligen Fahrzeug so oft und hart wie möglich zum Einsatz zu kommen. Seine menschliche Wärme und seine hervorragenden Führereigenschaften machten ihn bei der eigenen Besatzung, den von ihm geführten italienischen Kriegsschiffkommandanten und den geleiteten Handelsschiffskapitänen gleichermaßen beliebt. Geleitsicherung durch *ZG 3/Hermes* nach Afrika schien eine Art »Lebensversicherung« zu werden, die nur unter dem Aspekt der hohen Verluste der Italien-Tripolis/Benghasi-Geleite richtig zu verstehen ist.

Kpt. Rechel konnte den Zerstörer nur für einen guten Monat führen. Rein äußerlich schon der »Prototyp« eines Zerstörerkommandanten und routinierter Könner auf dem Gebiet der Handhabung eines solchen Schiffes, war er beim Kommandoantritt auf *Hermes* durch die vorangegangenen Kriegserlebnisse, die in obiger Zusammenstellung nur sehr skizzenhaft erkennbar sind, nervlich deutlich gezeichnet. Umso beachtlicher ist seine hervorragende Führung des Zerstörers unter den Angriffen des 30.4.43 zu bewerten. Das Absetzen mit dem Schnellboot *S 156* nach der Selbstversenkung des Zerstörers zur Berichterstattung in Rom mag militärisch richtig gewesen sein. Bei der Besatzung hinterließ es einen gewissen — dem Menschen Rechel sicher nicht ganz gerecht werdenden — schalen Beigeschmack.

3. Die Einsätze

Der dem Admiral Ägäis[3], Vizeadmiral Förste, unterstellte Zerstörer *ZG 3* führte nach dem Einfahren von Schiff und Besatzung zunächst einige technisch einfachere Minenleg- und Geleitaufgaben im Ägäisraum durch, die die meist sehr junge Besatzung schnell mit kriegsmäßigen Aufgaben vertraut machte, ehe es dann der Vormarsch der deutsch-italienischen Panzerarmee in Nordafrika erlaubte, in enger Zusammenarbeit mit den italienischen Verbündeten (Marisudest[4]) frontnahe Nachschubgeleite via Kreta zum gerade eroberten Tobruk in Gang zu bringen. Hier fand *ZG 3/Hermes* in engster, stets sehr kameradschaftlicher Zusammenarbeit mit italienischen Zerstörern und Torpedobooten ein reiches Betätigungsfeld. Schon die erste Fahrt nach Tobruk brachte als »Beute« englische Khaki-Uniformen ein, die —

mit deutschen Abzeichen versehen und als Kurzhosen »umfunktioniert« — Standard-Bordanzug wurden. *ZG 3/Hermes* war der einzige deutsche Zerstörer, der Afrika sah!

Da man mit Freg.Kpt. (später Kpt.z.S.) Johannesson bewußt einen für ein Fahrzeug der Größenordnung von *ZG 3/Hermes* an sich dienstaltersmäßig nicht mehr ganz passenden Kommandanten gewählt hatte, fiel die Geleitführung fast immer an den deutschen Zerstörer und es zeigte sich bald, daß die italienischen Kommandanten nicht nur die ungewöhnlichen menschlichen Qualitäten, sondern auch die hohe fachliche Qualifikation dieses Mannes ohne jedes Wenn und Aber würdigten und willig seinen Weisungen folgten. Die Tatsache, daß *ZG 3/Hermes* keines der gesicherten Fahrzeuge verlor, brachte ihm bald einen fast schon »legendären« Ruf ein. Verfolgt man die Anmerkungen zum Kriegstagebuch (K.T.B.), so ist man überrascht, mit welch unzureichenden Mitteln, völlig überalterten und langsamen Schiffen, den deutsch-italienischen Truppen in Nordafrika Nachschub zugeführt werden mußte. Zwar konnten nicht bei allen Schiffen, vor allem den Beuteschiffen, die technischen Daten ermittelt werden, doch geben die Anmerkungen sicher ein anschauliches Bild.

Die Überführung des Zerstörers nach Italien war auch von Kpt. Johannesson schon immer erhofft worden, zumal hier die größeren — und meist auch wertvolleren — Afrika-Nachschubtransporte liefen. Im April 1943 lag sie zwar unter den obwaltenden Umständen nahe, doch war der Verlust des Zerstörers damit letztlich auch »vorprogrammiert« (s. Anmerkung 197). So könnte man — aus der Sicht April 1943!! — durchaus die Frage stellen, ob der Verbleib des einzigen kampfkräftigen deutschen Schiffes in der Ägäis nicht sinnvoller gewesen wäre. Tatsächlich wäre es jedoch im Hinblick auf die äußerst repressiven Forderungen des Oberbefehlshabers der Kriegsmarine, Großadmiral Dönitz, an die italienische Marine bezüglich des Einsatzes italienischer Kriegsschiffe zur Versorgung des deutsch-italienischen Brückenkopfes in Tunesien nicht möglich gewesen, den Zerstörer in der Ägäis zu belassen.

Die Kapitulation Italiens im September 1943, die dann erfolgende Übernahme zahlreicher italienischer Torpedoträger und der Verzicht der Alliierten auf Landungen im Balkanraum ergaben später dann völlig andere Perspektiven.

4. Das Kriegstagebuch

Das Kriegstagebuch der beiden Kommandanten — dementsprechend oft in Ich-Form geführt — wurde praktisch unverändert übernommen. Einige kleinere redaktionelle Änderungen dienten allein der besseren Lesbarkeit des einen oder anderen Absatzes. Zur Reduzierung des Umfanges wurden jene Stellen gestrichen, die — wie z.B. die laufenden Wetter- und Seegangsmeldungen und Anlagen wie taktische Befehle für Minenlegeunternehmen, für das Fahren mit italienischen Zerstörern usw. — für den heutigen Leser und den Sachzusammenhang uninteressant sind. Hinsichtlich des Stils der Darstellung ist zu bedenken, daß die Eintragungen teils während des Ablaufs der Ereignisse, teils nach anstrengender Fahrt diktiert und zu Papier gebracht wurden und nur militärische Berichterstattung waren.

Die Kriegstagebücher dienten einerseits zum Beleg eigener Handlungen, andererseits aber auch dem Festhalten von Ereignissen und Erfahrungen. Dementsprechend sind auch die Stellungnahmen der vorgesetzten Dienststelle, in diesem Falle zunächst des Admiral Ägäis, zuletzt des Deutschen Marinekommandos Italien, zu sehen. Diese Stellungnahmen sollten »nach unten« auf Gemeldetes Veranlaßtes sowie Lob und Tadel weitergeben, »nach oben«, d.h. an die weiter vorgesetzten Dienststellen aber auch Verständnis für Zusammenhänge aus der Sicht der dem Zerstörer direkt übergeordneten Kommandobehörde.

5. Die Anmerkungen (siehe Seite 233)

Die dem Verständnis und der Erläuterung des K.T.B. dienenden Anmerkungen wurden teils aus schriftlichen Quellen, teils aus meinen Erinnerungen zusammengestellt. Als Quellen wurden u.a. verwandt:

Harnack, W., Zerstörer unter deutscher Flagge, Herford 1978.

Gröner, E., Die deutschen Kriegsschiffe 1815–1945, München 1982 ff.

Gröner, E., Handelsschiffe der Welt, OKM 1941/42.

Bredt, Weyer's Taschenbuch der Kriegsflotten, Jg. 1941/42.

Ufficio Storico della Marina Militare. Il Cacciatorpediniere Italiani 1900–1966, Rom 1966.

Ufficio Storico della Marina Militare. Le Torpediniere Italiane 1881–1964, Rom 1964.

Fock, H., »Z VOR!«. Internationale Entwicklung der Zerstörer und Torpedoboote von 1914–1939, Herford 1989.

Lohmann/Hildebrandt, Die deutsche Kriegsmarine 1939/1945, Bad Nauheim 1956 ff.

Salewski, M., Die deutsche Seekriegsleitung 1935–1945, Bd. 2: 1942–1945, München 1975.

Rohwer/Hümmelchen, Chronik des Seekriegs 1939–1945, Hamburg-Oldenburg 1968.

Wagner (Herausg.), Lagevorträge der Oberbefehlshaber der Kriegsmarine vor Hitler, München 1972.

Damp, im Januar 1993   *Harald Fock*

Das Kriegstagebuch (K.T.B.)

Sonnabend, 21.3.42 1130 Uhr

Zerstörer *ZG 3* im Marine-Ausrüstungs- und -Reparaturbetrieb Salamis mit Ansprache des Kommandanten und feierlicher Hissung von Flagge und Wimpel in Dienst gestellt.

Der griechische Zerstörer *Vasilevs Georgios I.*, 1938 von Yarrow, Glasgow, nach dem Typ der englischen H-Klasse gebaut, wurde im Frühjahr 1941 durch eine deutsche Stukabombe im Achterschiff schwer beschädigt (Leckage von etwa 6 m Durchmesser), danach im Schwimmdock Salamis zur Reparatur gedockt. Das Dock wurde bei dem Vorrücken der deutschen Truppen von den Griechen oder durch Fliegerbeschuß von den Deutschen versenkt, nach Einrücken der 12. Armee gehoben und repariert.

Die Bombenbeschädigung deformierte das Achterschiff und die Bb-Welle erheblich. Der Bb-Wellenbock mußte schließlich 10 Zentimeter höher gesetzt werden, die Welle selbst wurde gerichtet und soll, bis auf einen geringen, in den tragenden Lagern nicht mehr spürbaren Schlag nach siebenmaligem Erwärmen brauchbar sein. Auf Grund der Ergebnisse der Standprobe wurde die Bb-Welle in dem Lager der Stopfbuchse zwischen Maschinenraum und Wellentunnel 8 mm abgedreht.

Der Zerstörer besitzt eine Verdrängung von 1700 t, ist 100 m lang, 9 m breit und hat einen Tiefgang von 4,6 Metern[5]. Der Schiffskörper hat weder Doppelboden noch Seitenzellen, aber eine stabile etwa 8–10 mm dicke Außenhaut.

Die Torpedoarmierung besteht aus zwei Vierlingsrohrsätzen, schwenkbar mit Hand, nach jeder Seite zwei feste Schußstellungen 90 und 110 Grad, Pulverausstoß. Richtmittel: ein Nachtzielapparat auf jeder Brückenseite. Die Torpedoanlage entspricht also etwa deutschen Verhältnissen des Jahres 1913.

Artillerie: Vier 12,7-cm-Geschütze mit einer holländischen Feuerleitanlage, die im Großen und Ganzen nach Wert etwa der deutschen entspricht. Bisher noch keine Einrichtung für Abkommschießübungen und keine Ladekanone.

Flakarmierung: Vier 3,7-cm-Einzellafetten in guter Aufstellung. Überdies fünf 2-cm- und zwei 0,8-cm-Maschinengewehre.

Nachrichtenmittel, Nebelanlage, Sperreinrichtungen entsprechen etwa der Anlage der deutschen Zerstörer 34. Minenwurfeinrichtung nicht vorhanden, wurde sofort dringend bei O.K.M. beantragt.

Die Maschinenanlage besteht aus zwei getrennten Turbinensätzen mit je einer Hochdruck- und Niederdruckvorwärts- und einer Rückwärtsturbine. Stb. und Bb.-Anlage in **einem** Raum, Leistung 34.000 WPS.

Drei Kesselräume mit je einem ölbefeuerten Einender-Yarrow-Wasserrohrkessel, Betriebsdruck 21,1 atü, 350 Grad Überhitzung.

Zwei Turb.Generatoren mit je 50 KW, zwei Diesel mit je 20 KW, 454,6 cbm Heizöl.

Außer dem Kommandanten befinden sich an Bord ein Oberleutnant zur See, ein Leutnant zur See und ein Oberfähnrich zur See, ein Oberleutnant (Ing.). Ein Schiffsarzt wird demnächst erwartet.

Die Besatzung besteht aus 7 Feldw., 32 Uffz., 128 Mannschaften. Trotz aller eingereichten Anträge ist die Besatzung, die vom 2.A.d.O.[6] in Flensburg im Herbst 1941 aus dem verfügbaren Personal fast ohne Rückgriff auf Zerstörer – oder überhaupt zur See gefahrenes Personal zusammengestellt und seit einem halben Jahr von Heeresoffizieren und Unteroffizieren infanteristisch ausgebildet wurde, erst am 19.2. in Marsch gesetzt worden, am 6.3. eingetroffen und wurde zunächst im Ausbildungslager Skaramanga untergebracht und ausgebildet. Von der seemännischen Besatzung (Mannschaften) waren 87 % noch nie an Bord gewesen, nur 7 % der Seeleute sind auf Zerstörern gefahren (handschriftl. Zusatz: 9 Mann vom Zerstörer *Steinbrinck* vom Kommandanten mitgebracht).

Von der technischen Besatzung waren ... % noch nicht an Bord, ... % kommen von Zerstörern[7].

Eine Baubelehrung wurde nicht kommandiert, lediglich der L.I. und ein Obermaschinist sind seit dem 7.1. bzw. 14.1. in Salamis. Es kann als sicher angenommen werden, daß das Unterlassen der Kommandierung einer Baubelehrung noch monatelang ungünstige Folgen zeitigen wird. Allein die Tatsache, daß Ausbildungsmaterial (Ladekanone, Zeichnungen, Klarschiffvorschriften, rechtzeitige Anforderung von Spezialisten für bestimmte Instrumente wie E-Messgerät usw.) bei der Indienststellung nicht klar war, erschwert und verzögert die Herstellung der Kriegsbereitschaft.

Anträge auf Kommandierung eines dritten Seeoffiziers als Bordnachrichtenoffizier wurden, obwohl vom F.d.Z. ein Offizier, der am 1. Juli zum B.d.U.[8] treten sollte, dem Kommando vorübergehend zur Verfügung gestellt war, vom Flottenkommando abgelehnt. Ein erneuter Antrag des Befehlshabers Admiral Ägäis wurde wiederum vom Flottenkommando abgelehnt, da noch keine Erfahrungen vorlägen. Nur gegen die vorübergehende Kommandierung eines Verwaltungsoffiziers zur Organisation der Tropenausrüstung, Einspielen der Verwaltung, der Verpflegung und Rechnungslegung wurden vom Flottenkommando Einwendungen nicht erhoben[9]. Auf die große Arbeitszunahme, die allein das Fehlen der Schiffskammer für jeden Waffenoffizier mit sich bringt, wird hingewiesen. Durch Unterstützung zahlreicher Dienststellen in der Ägäis ist es gelungen, die Ausrüstung soweit zu beschaffen, daß das Schiff fahrbereit ist.

Vor der Indienststellung wurde am 17.3.42 eine Werftprobefahrt durchgeführt, die ein befriedigendes Ergebnis hatte. Die erzielte Geschwindigkeit betrug nach Kopplung über 30 sm, das Schiff war spritzwasserfrei und lag gut in der See, die Erschütterungen des Schiffskörpers hielten sich in gewohnten Grenzen, eher geringer als mehr.

Folgendes ist am Indienststellungstage an wichtigen Dingen noch unfertig:

1. Es fehlt die Schiffskammer.
2. Die Wohnräume sind im augenblicklichen Zustand noch nicht beziehbar, eine Wache kann jedoch an Bord wohnen. Die Offizierskammern sind vollständig unfertig.

3. Der Einbau der Funkanlage ist eben erst begonnen, ebenso fast sämtliche elektrischen Anlagen.
4. Es fehlen drei 3,7-cm-Flak-Verschlüsse und die Vorrichtung zum 5-cm-Abkommschießen.
5. Es fehlen noch an der K(riegs)Stärke 1 Masch. (Pumpenmstr.), 1 Uffz. und 9 Mann technisches Personal.

Die Indienststellung erfolgte trotzdem, weil bei einem Herausschieben des Termins die Gefahr bestanden hätte, daß auch die knapp termingerecht fertig gewordenen Ressorts sich ein langsameres Arbeitstempo gegönnt hätten. Die besonderen Arbeitsverhältnisse (Hungersnot in Griechenland) und die schwierigen Nachschubverhältnisse (Unterbrechung der einzigen Eisenbahnlinie bei Lamia-Brücke) lassen einen anderen Maßstab, als in der Heimat gewohnt, angebracht erscheinen.

Sonntag, 22.3.42 – Dienstag, 24.3.42
Restarbeiten. Ausbildungsdienst in Skaramanga. Technisches Personal Unterricht in den Betriebsräumen.

Mittwoch, 25.3.42
Besatzung zieht an Bord.

Donnerstag, 26.3.42
Übergabefahrt. Bei der Höchstfahrt wurden nach Kopplung 33,5 kn erzielt. Bb-Traglager der 13 m langen Zwischenwelle wurde »über handwarm« und mußte mit öfterem Ölwechsel auf dieser Temperatur gehalten werden. Lager muß aufgenommen und stellenweise abgedreht werden. Im übrigen verlief die Fahrt ohne Störungen und ohne Ausstellungen. Das Kommando übernahm die einzelnen Abschnitte. Restarbeiten wurden festgelegt. 1600 Uhr Salamis festgemacht.
Bei der erzielten Geschwindigkeit ist zu berücksichtigen, daß einerseits das Schiff sehr leer war (keine Munition, keine Flakarmierung, nur 80 t Öl), andererseits mit ungeübtem Personal gefahren wurde, so daß die Maschinenleistung selbst sicher steigerungsfähig ist. Mit dem Erreichen von 33 sm ist die Voraussetzung geschaffen, den Zerstörer mit Aussicht auf Erfolg für alle in diesem Raum denkbaren Aufgaben einzusetzen.

Freitag, 27.3.42 – Sonnabend, 28.3.42
Schulmäßiges Dampfaufnehmen. Ausbildung auf Gefechtsstationen. Restarbeiten.

Sonntag, 29.3.42 – Dienstag, 31.3.42
Salamis. Unter der Voraussetzung, daß die Herrichtung der Geschützverschlüsse zum Abkommschießen noch rechtzeitig durchgeführt wird und daß keine anderweitigen Störungen oder Schwierigkeiten auftreten, ist mit der Herstellung der Kriegsbereitschaft im Laufe des Mai zu rechnen.

Mittwoch, 1.4.42

Salamis. Schulmäßiges Dampfaufmachen. Ausbildung im Hafen. Restarbeiten der Werft.

Bei der gegenwärtigen Seelage im Mittelmeer ergeben sich nach Herstellung der Kriegsbereitschaft im Mai folgende Überlegungen für die Verwendung des Zerstörers:

I. Einsatz des Zerstörers im Geleitdienst.

a) Der Geleitdienst in der Ägäis (in erster Linie Saloniki–Piräus und Piräus–Kreta) wird zur Zeit von ital. Torpedobooten, deutschen und ital. Vorpostenbooten, Schnellbooten und U-Jägern durchgeführt. Die langsame Marschgeschwindigkeit der Dampfer, die vergleichsweise kurzen Strecken, das bisherige Fehlen von Überwasser-Gegnern erfordern nicht den Einsatz oder die Verstärkung der Geleitfahrzeuge durch Zerstörer. Eine Verwendung in diesem Dienst mag gelegentlich und bis zur vollen Erreichung der Gefechtsbereitschaft in Frage kommen, grundsätzlich ist der Zerstörer hier nicht am Platze.

b) Der Geleitdienst Italien–Afrika wird von ital. Kreuzern und Zerstörern durchgeführt. Eine Verwendung in diesem Dienst, besonders zum Schutze deutscher Truppentransporte, ist eine dem Typ entsprechende Aufgabe, vorausgesetzt, daß die Italiener, denen hier die Führung zufällt, einverstanden sind und falls die zur Verfügung stehende Zahl italienischer Zerstörer auch die Verwendung eines gemischten ital.-deutschen Verbandes geboten erscheinen lassen.

II. Offensiver Einsatz des Zerstörers.

Der Vorteil der Überraschung, das Gewicht deutscher Kriegserfahrungen, die unabänderliche Tatsache, der einzige deutsche Zerstörer zu sein, die materielle Unterlegenheit weisen auf eine offensive, schlagartige Verwendung.

a) Minenunternehmungen an der afrikanischen Küste (Störung Nachschub Alexandrien–Tobruk). Entfernung Südküste Kreta–afrikanische Küste 180 sm–300 sm, Wassertiefe afrikanischen Küstenvorfelds unter 100 m. Minenfassung etwa 80 E.M.C.

b) Vorstöße an die afrikanische Küste zur Beunruhigung und Schädigung des Alexandrien-Tobruk-Verkehrs und des Nachschubes für Malta aus östlichem Mittelmeer.

Diese Operationen machen in materieller und organisatorischer Hinsicht folgende Einleitungsmaßnahmen bereits jetzt erforderlich:

1. Einbau von Minenschienen.
2. Bereitstellung geeigneter Minen in Skaramanga.
3. Überlegungen und Ausarbeitung offensiver Minensperren.
4. Verstärkung der Flakarmierung als Folge hiesiger Luftlage.
5. Vorbereitung der Sudabucht als Einsatzhafen, Benghasi und Derna als Ausweichhäfen.
6. Prüfung der Frage gemeinsamen Operierens mit Schnellbooten.
7. Klärung und Prüfung der Möglichkeit der Zuteilung eines ital. Zerstörers von etwa gleichem Typ. Frage der Aufnahme durch ital. Torpedoboote am Morgen nach der Unternehmung als U-Gruppe[10].

8. Erkundung Feindlage durch U-Boote und Luftwaffe unter dem Gesichtspunkt oben genannten Ansatzes (Transportzeiten, Transportwege, Stärke und Aufstellung der Sicherung).
9. Anmeldung zukünftiger Forderung von Jagdschutz durch X. Fliegerkorps.
10. Festlegung und Organisation der operativen Führung (Adm. Ägäis, Gruppe Nord[11], Dt. Marinekommando Italien[12]).

Donnerstag, 2.4.42
Anbordkommandierung des italienischen Verbindungsoffiziers, Leutnant zur See Carlos Boehm.

Freitag, 3.4.42
Keine besonderen Vorkommnisse.

Sonnabend, 4.4.42
Besichtigung von Boot und Besatzung durch Befehlshaber Admiral Ägäis, Vizeadmiral Förste, begleitet von italienischem Stabschef, Konteradmiral Herzog Catalano Gonzoga di Cirella.
In der Nacht vom 4.4. auf 5.4. Fliegeralarm von 2330 bis 0210 Uhr und 0450–0540 Uhr. Einzelflieger sind gemeldet worden, geringes Flakfeuer. Wahrscheinlich werden Minen geworfen.

Sonntag, 5.4.42 – Montag 6.4.42
Ostern.

Dienstag, 7.4.42 – Freitag, 10.4.42
Ausbildung im Hafen.

Sonnabend, 11.4.42 – Sonntag, 12.4.42
Heute, drei Wochen nach der befohlenen Fertigstellung und Indienststellung ist folgendes noch unfertig:
1. Die Schiffskammer mit dem Inventar sämtlicher Abschnitte, den Torpedos, der Gefechtsmunition und allen Reserveteilen ist noch immer nicht eingetroffen.
2. Die Torpedoanlage ist dem Kommando noch immer nicht übergeben.
3. In der Artillerieanlage fehlen Verschlüsse und Kurvenzylinder, Feuerleitanlage konnte daher noch nicht abgenommen werden.
4. Beide E-Turbinen sind noch nicht übergeben.
5. Kühllast und Kombüse ist noch immer nicht klar, es wird aus einer Feldküche gekocht.
6. Linoleumbelag und Sonnensegel (Mittelmeerklima) sind noch nicht fertig.

Montag, 13.4.42

Golf von Athen, Megarabucht. Die Besatzung ist nunmehr vollständig eingetroffen. Erstes Inseegehen mit eigenem Personal. Ich darf auf die Leistung des Leitenden Ingenieurs, Ob.Lt. (Ing.) Leser, hinweisen, trotz Fehlens einer Baubelehrung 5 Wochen nach Eintreffen des Personals und 17 Tage nach der Übergabefahrt der Werft an das Kommando, eine völlig fremde ausländische Maschinenanlage, die teilweise noch in griechischer Sprache beschildert ist, klar zur Fahrt zu melden.

Dienstag, 14.4.42 – Mittwoch, 15.4.42

Erprobungen der Maschinenanlage in Fahrt. Rollendienst, Gefechtsdienst, Einschießen der Fla-Armierung. Nachts vor Anker. Das Bb.-Wellenlager wird bei einer Fahrt von 26 sm an ab warm.

Stellungnahme des Admirals Ägäis zum K.T.B. vom 1.4.42–15.4.42: Zu den Überlegungen des Kommandanten über die Verwendung des Zerstörers (K.T.B. v. 1.4.42) wird bemerkt:

1. Die erste Voraussetzung für die Verwendung des Zerstörers ist seine Einrichtung als Minenträger.
2. Erst wenn der Zerstörer seine Gefechtsausbildung abgeschlossen hat, darf er operativ eingesetzt werden. Der Zeitpunkt dafür wird gemeldet werden.
3. Entscheidend für die Verwendung des einzigen deutschen Zerstörers ist die Zusammenarbeit mit ital. Streitkräften. Sie wird zur Zeit vorbereitet und muß durch die Praxis (gelegentliche Geleitfahrten u.a.) gefördert werden.
4. Innerhalb der Ägäis kommen u.a. auch Minenaufgaben in Frage (Ost-West-Wall).
5. Bei der Aufrechterhaltung des deutschen Führungsanspruches in der Ägäis, wo in der Überzahl italienische Streitkräfte vorhanden sind, spielt die Anwesenheit und der Einsatz des deutschen Zerstörers eine wichtige Rolle. Sein etwaiger Einsatz außerhalb der Ägäis im östlichen Mittelmeer sollte daher auch unter Führung des Admiral Ägäis erfolgen.

gez. Förste.

Donnerstag, 16.4.42

Bucht von Megara, Maschinenerprobungen. Wegen der übernormalen Temperatur des Bb.-Wellenlagers ist Werftvertreter an Bord. Bei 26 sm erhöht sich Lagertemperatur auf 70 Grad. Es ist beabsichtigt, das Durchhängen der Welle zu messen und Lager nach dem Ergebnis neu zu verpassen.

Freitag, 17.4.42

Bucht von Megara. Erprobung des S-Gerätes mit *U 371*. Das S-Gerät arbeitet gut, die Verhältnisse lagen besonders günstig: tiefes Wasser, gleichmäßige und niedrige Wassertemperatur, ruhige See. Das Gerät wird demzufolge vom Kommando abgenommen.

Sonnabend, 18.4.42 – Montag, 20.4.42

Salamis, Werft. Restarbeiten. Aufnahme des Bb.-Wellenlagers. Vorbereitende Arbeiten für den Einbau von Minenschienen. Führer-Geburtstag, Kommandantenmusterung. Ausbildung im Hafen.

Dienstag, 21.4.42

Bucht von Megara. Meilenfahrten zur Aufstellung der Fahrttabelle. Dreistündige Ölmeßfahrt mit 25 sm. Wegen Brennstoffmangel muß von weiteren Meßfahrten zunächst abgesehen werden. Ergebnis 4,8 cbm stündlicher Verbrauch bei 25 sm. Bb.-Wellenlager hält Temperatur bei 68 Grad. Es kann zunächst nichts weiter veranlaßt werden. U.U. läuft sich das Lager auch noch besser ein. Hiermit sind die Maschinenerprobungen zu einem gewissen Abschluß gebracht. Folgende Erfahrungen liegen vor:

1. Trotz ungeübten Personals sind die Fahrten ohne nennenswerte Störung und ohne nennenswerte Bedienungsfehler verlaufen. Nach Kopplung ist der Zerstörer auf Anhieb auf 34 sm gekommen, wobei die kaum 50 % Zuladung in Betracht gezogen werden muß.

2. Bei Seegang 2–3 (leichte weiße Kämme) auch gegen die See hat der Zerstörer bei sämtlichen Fahrtstufen keinen Tropfen Wasser, weder auf der Back, noch auf dem Achterschiff, übernommen. Keine Sprühregenbildung.

3. Schon bei geringem Ruderlegen legt der Zerstörer sich erheblich über. Er reagiert sehr stark auf das Ruder, sowohl bei Vorausfahrt, als auch bei Achterausfahrt.

4. Manövrieren (Arbeiten der Maschinen gegeneinander, Bestimmen des Fahrtmoments) schwierig und nur grob möglich, zum Teil auch durch Fehlen von brauchbaren Umdrehungsanzeigern begründet. Zum An- und Ablegen und zum Drehen im engeren Fahrwasser wird im allgemeinen Schlepperhilfe in Anspruch genommen werden müssen. ʹSehr geringe Rückwärtsleistung. Schnelles Anspringen und Stoppen der Maschine.

5. Ohne Anspruch auf absolute Genauigkeit und Richtigkeit, die erst nach Besserung der Brennstofflage auf Grund genügender Zahl von Brennstoffmeßfahrten erreicht werden kann, ist der Fahrbereich nach den bisher vorliegenden Werten unter Zugrundelegung eines nutzbaren Heizölbestandes von 400 cbm bei einer Fahrt von

15 sm = 4000 sm (in Blei 2100 sm)
21 sm = 2700 sm (in Blei 1500 sm)
25 sm = 2000 sm (in Blei 1150 sm)
27 sm = 1350 sm (in Blei 1000 sm)
30 sm = 900 sm (in Blei 750 sm).

Für die Anlage von Operationen ergibt sich

3 Stunden Höchstfahrt	(3 x 20 t	= 60 t) =	100 sm
6 Stunden 30 sm	(6 x 13,5 t =	81 t) =	180 t
52 Stunden 25 sm	(52 x 5 t	= 260 t) =	1300 t

ein Fahrbereich von 1580 sm, d.h. ca. 1600 sm. Das bedeutet eine Operationstiefe von 800 sm.

Mittwoch, 22.4.42 – Donnerstag, 23.4.42
Piräus Reede. Abstimmen der Torpedoanlage. T.E.K.[13] teilt mit, daß wegen unvorhergesehenen dringenden Erprobungen das für 27.4. vorgesehene Einschießen erst Anfang Mai stattfinden kann. Damit verschiebt sich das Torpedoschießen um mindestens eine Woche. Die Zeit kann auch nicht für die Erledigung der Artillerieschießübungen ausgenutzt werden, da die Änderung der Geschützverschlüsse (Umstellung von 4-cm- auf 5-cm-Abkommkaliber) ebenfalls erst in der ersten Maihälfte beendet ist. Es ist beabsichtigt, die folgende Woche daher mit Klarschiffdienst und Gefechtsbildern auszufüllen.

Freitag, 24.4.42
Salamis. Besichtigung durch den Oberbefehlshaber der Marinegruppe Süd, Admiral Schuster. Einpassen der Minenschienen.

Sonnabend, 25.4.42 – Sonntag, 26.4.42
Salamis. Vom O.K.M.[14] geht folgendes Fernschreiben ein: Umgehend Stand der Kriegsbereitschaft Zerstörer *ZG 3* melden.
Es wird geantwortet: Geh(eim). Herstellung Kriegsbereitschaft abhängig vom Einschießen Torpedoarmierung und technischer Fertigstellung der 5-cm-Abkommschießvorrichtung. Bei Einhalten der von T.E.K. und Maza[15] Athen gemeldeten Zeiten und bei erwartetem normalen Verlauf ist Zerstörer 17. Mai kriegsbereit. Torpedos sind 24.4. eingetroffen, Artilleriegefechtsmunition zur Zeit in Brindisi.

Montag, 27.4.42 – Donnerstag, 30.4.42
Bucht von Megara. Gefechtsausbildung. Üben von Gefechts- und Trefferbildern. Aus Gründen der Brennstoffersparnis z.T. vor Anker. Zieldarstellung durch ital. Schlepper. Nachts vor Anker.

Freitag, 1.5.42 – Sonnabend 2.5.42
Salamis. Ausbildung im Hafen.

Sonntag, 3.5.42
Skaramanga. Abstimmen der Art.-Anlage

Montag, 4.5.42
Skaramanga. Abstimmen der Art.-Anlage. Beginn der T.E.K.-Erprobungen (an der Pier). Es ist nicht gelungen, für die T.E.K.-Erprobungen eine ausreichende Zahl von Übungsköpfen zu beschaffen. Die Bemühungen, die seit Februar vom Kommando angestellt sind und ihren Niederschlag in einem Aktenbündel Schriftstücke gefunden haben, sind an den Nachschubschwierigkeiten gescheitert. Nur 2 Übungs-

köpfe konnten beschafft werden. Es ist also beispielsweise nicht möglich, den Viererschuß zu erproben, der doch als Normalfall des Torpedoeinsatzes angesehen werden muß. Ein weiteres Hinausschieben der T.E.K.-Erprobungen würde jedoch die Folge haben, daß die Beseitigung der beim Schießen auftretenden Mängel, und damit die Herstellung der Gefechtsbereitschaft, unübersehbar hinausgeschoben würde. Das notwendig werdende Umsetzen der Übungsköpfe bringt eine Verzögerung mit sich. Bei zwei Grundgängern ist eine Fortsetzung des Schießens unmöglich. Ergebnis des ersten Tages: Die deutschen Torpedos werden ohne Störung aus den englischen Rohrsätzen geschossen, die Abfeuerung ist unzulänglich, die Pulverpatronen sind eine Quelle zahlreicher Versager. Bei Dunkelheit bietet der Pulverausstoß einen hellen, langen und auf mehrere tausend Meter sichtbaren Feuerschein. Die Auswirkung muß sich bei Dreier- und Viererschüssen unerträglich steigern. Mit Werfthilfe wurden Abzugsfedern usw. verstärkt und geändert.

Dienstag, 5.5.42
Eleusisbucht. T.E.K.-Erprobungen in Fahrt. Nach Fallen des ersten Schusses rutscht ein zweiter Torpedo beim Überlegen des Bootes unbeabsichtigt aus dem Rohr und kommt bei 21 sm Fahrt in die Steuerbordschraube. Torpedo geborgen, Schraube beschädigt. Bedienungsfehler oder Materialversager. Abbruch des Torpedoschießens, Auslaufen mit einer Maschine zum Anschießen der Artilleriearmierung. Sämtliche 12,7-cm-Geschütze funktionieren störungsfrei. Keinerlei nennenswerte Schießschäden an Bord.

Mittwoch, 6.5.42 – Freitag, 8.5.42
Salamis, Werft. Eingedockt zur Reparatur der Stb. Schraube. Welle wird nachgemessen und in Ordnung befunden. Ein Schraubenflügel verbogen, ein Schraubenflügel durch Ausbrechen des Propellerrandes beschädigt. Schraube wird repariert. Bei Probefahrt nimmt der Bootskörper erhebliche Schwingungen auf, somit ist die Schraubenreparatur nicht geglückt. Schraubenwechsel wird für den 13.5. vorgesehen.

Sonnabend, 9.5.42
Bucht von Eleusis. Fortsetzung der T.E.K.-Erprobungen. 3. und 8. Schuß Grundgänger. Damit muß mangels Übungsköpfen Schießen abgebrochen werden. Der achte Schuß rutscht nach dem Losmachen aus dem Rohr, ohne daß die Ausstoßpatrone angeschlagen wird, schlägt mit dem Schwanz auf Deck auf, läuft seine Luftstrecke ab und sackt nach kurzem Aufkommen weg. Die Torpedoanlage kann damit vom T.E.K. nicht als einwandfrei angesehen werden. Sie ist nur beschränkt brauchbar. Entschluß: T.E.K.-Vertreter soll am nächsten Morgen nach Berlin fliegen und eine Auswechselung der beanstandeten Teile oder den Austausch gegen deutsche Rohrsätze mit den zuständigen Stellen prüfen und in die Wege leiten. Einbau müßte mit Fachpersonal aus der Heimat erfolgen. Es ist tragisch, daß an dem primitiven

Abzugsgestänge der Rohrsätze die Herstellung der uneingeschränkten Kriegsbereitschaft scheitert, nachdem die schwierigen Aufgaben, vor allem die Herrichtung der verbogenen Bb.-Welle, die komplizierte Art.-Feuerleitung u.a. zur Zufriedenheit bewältigt wurden.

Sonntag, 10.5.42
Eleusis Bucht. Bei den Grundgängern vor Anker.

Montag, 11.5.42
Megara-Bucht. Abkommschießen bei Tage und bei Nacht.

Mittwoch, 13.5.42
Salamis, Werft. Nach dem Docken wird nach Abnehmen der Schraube der Conus der Stb.-Welle gemessen. Auch hier ergibt sich kein Schlag. Dagegen sind die Weißmetall-Lagerschalen im Wellenbock beschädigt und weisen 4 mm Lose auf. Die aufgetretenen Erschütterungen werden nach diesem Befund auf die unzureichend reparierte Schraube zurückgeführt. Ausgießen der Lager und Aufsetzen einer neuen Schraube vorgesehen. Termin: 19.5. Die Dockzeit wird zum Einbau der Minenschienen benutzt sowie zur Übernahme der Schiffskammer.

Donnerstag, 14.5.42 – Freitag, 15.5.42
Salamis, Werft. Himmelfahrt. Beide Grundgänger geborgen. Vom T.E.K. geht Anweisung ein, Armaturen loszumachen und im Flugzeug nach Berlin zu schicken. Vom O.K.M. geht Entscheidung ein, daß Torpedobewaffnung nicht freigegeben wird wegen grundsätzlicher Mängel an den Ausstoßrohren. Die Änderung nimmt mindestens vier Wochen in Anspruch und soll in der Heimat durch Fachpersonal durchgeführt werden. Hieraus ergibt sich für die gegenwärtige Verwendung:
1. Ein Ansatz mit dem Ziel der Vernichtung von Überwassergegnern (Nachschub an der Afrika-Küste oder nach Malta und sonstige durch Aufklärung erfaßte Feindgruppen) entfällt bis zum Klarwerden der Torpedobewaffnung.
2. Bei Anbordnahme von Minen sind ohnehin beide Rohrsätze nicht in Schußstellung schwenkbar. Daher bedeutet das Unklarsein der Torpedobewaffnung für Hinmarsch und Durchführung der Aufgabe keine Einbuße, lediglich beim Auftreffen auf den Gegner beim Rückmarsch wäre der Zerstörer allein auf seine Artillerie angewiesen.
3. Bei Geleitaufgaben in der Ägäis ist bisher mit feindlichen Überwasserstreitkräften nicht gerechnet worden, so daß für diesen Aufgabenbereich sich nichts geändert hat. Bei Geleitaufgaben nach Afrika würde der Zerstörer ohnehin nicht allein eingesetzt, so daß seine Verwendung hierbei nicht erwünscht, aber bei dringendem Bedarf tragbar erscheint.
   Die Vernichtung von drei Zerstörern (*Lively, Jackal* und *Kipling*[16]) durch die deutsche Luftwaffe weist eindringlich auf die Verstärkung der Flakarmierung hin. Nach Reparatur des Stb.-Wellenlagers ist der Zerstörer personell und materiell — die Torpedowaffe ausgenommen — etwa am 22. Mai kriegsbereit.

Sonnabend, 16.5.42 – Montag, 18.5.42
Dock Salamis. Schraubenwechsel. Ausgießen des Stb.-Wellenlagers.

Dienstag, 19.5.42
Ausdocken, Probefahrt. Steuerbordschraube und -welle in Ordnung.

Mittwoch, 20.5.42 – Freitag, 22.5.42
Golf von Athen. Auf Befehl des O.K.M. werden vom E.K.K.[17] Erprobungsgruppe Zerstörer eine Reihe Erprobungen durchgeführt, namentlich Meilenfahrten, Fahrbereichsmeßfahrten, Maschinenmanöver und Drehkreisbestimmungen. Die Erprobungen werden planmäßig erledigt[18].

Sonnabend, 23.5.42 – Sonntag, 24.5.42 (Pfingstsonntag)
Übernehmen der Schiffskammer.
Vom Deutschen Marinekommando Italien geht ein Antrag beim Admiral Ägäis ein, den Zerstörer nach Suda zu verlegen, um von hier den Versorgungsdampfer *Bengasi*[19] der 3. Schnellbootflottille (Derna) zu sichern und für andere sich aus der Afrika-Lage ergebende Aufgaben bereitzustehen.
Bei meinem Vortrag beim Befehlshaber Admiral Ägäis führe ich aus, daß bei entsprechender Luftsicherung keine Bedenken — auch ohne völlig klare Torpedowaffe — gegen Übernahme der in Betracht kommenden Aufgaben bestehen, zumal diese ja in erster Linie auf dem Gebiet des U-Boot- und Flakschutzes liegen. Nach Abmontierung und Versand der Abfeuerungsgestänge der Torpedorohrsätze sind mit Bordmitteln einfache mechanische Abfeuereinrichtungen angefertigt worden, ein Probeschießen hat die Brauchbarkeit erwiesen.
Es ist beabsichtigt, Einverständnis der Gruppe Süd vorausgesetzt, den Zerstörer am 29.5. nach Suda zu verlegen und dort zur Verfügung Deutsches Marinekommando Italien zu halten.

Montag, 25.5.42
Krängungsversuch. Gruppe ist mit beabsichtigter Verwendung grundsätzlich einverstanden.

Dienstag, 26.5.42
Golf von Athen und Bucht von Megara. Fla-Schießen gegen Luftscheibe. 12,7-cm-Tag- und Nachtschießen gegen geschleppte Scheibe.
Kriegsbereitschaft hergestellt.

Mittwoch, 27.5.42 – Donnerstag, 28.5.42
Salamis. Restarbeiten der Werft. Das Auslaufen nach Suda wird vom 29.5. wegen Verzögerung des Dampfers *Bengasi* aus Augusta auf den 30.5. verschoben.

Freitag, 29.5.42 – Sonnabend, 30.5.42

Straße von Salamis. M.E.S.[20]-Erprobungen in Fahrt. Auslaufen nach Suda wird wiederum verschoben, voraussichtlich auf den 1. Juni. Eintreffen der Artillerieschiffskammer und der Ladekanone, anschließend sofortige Übernahme.

Sonntag, 31.5.42

Salamis. In meinem Kriegstagebuch vom 1.4.42 habe ich die Herstellung der Kriegsbereitschaft für den Mai in Aussicht gestellt. Durch den Fleiß der deutschen Werftarbeiter, den rastlosen Einsatz der Offiziere und Feldwebel und den guten Willen der Besatzung ist es gelungen, in der zweiten Maihälfte den Zerstörer einsatzbereit zu machen. Auch die Ausrüstung ist so gut wie vollständig an Bord. Eine gewisse Zahl von Restarbeiten, vor allem die beiden E-Diesel, die Lenzerprobung, die Fahrtmeßanlage u.a., sollen nach Angabe der Werft in den nächsten Tagen ihre Erledigung finden.

Für die **Ausbildung** stand eine ungestörte Zeit von acht Wochen zur Verfügung. Die Zeit ist als ausreichend anzusehen, um die Grundlage zu schaffen, auf denen nun durch See-Gewöhnung und Kriegserfahrung im Laufe der nächsten Monate eine gute, erfahrene Besatzung erzogen werden kann[21].

Die Besatzung ist im wesentlichen — einschließlich Unteroffiziere — seeunerfahren, besteht jedoch in überwiegender Mehrzahl aus jungen, kräftigen, freiwillig dienenden Leuten.

Die **materielle Kriegsbereitschaft** ist eingeschränkt durch grundsätzliche Mängel an den Ausstoßrohren; es ist damit zu rechnen, daß Ende Juni die versandten Teile in Salamis eintreffen und die Waffe dann klar sein wird. Die vom Kommando eingebaute provisorische Abfeuerung wird bis dahin als Ersatz dienen. Die übrigen Waffen arbeiten ohne Störung. Es muß betont werden, daß die Maschinenanlage seit dem Tage der Indienststellung nicht eine einzige beachtliche Störung gehabt hat; es steht daher zu erwarten, daß der Zerstörer damit wirklich werftunabhängig wird. Daß die Geschwindigkeit, je nach seiner Zuladung, zwischen 31 und 34 sm liegt, war bei 34.000 PS nicht anders zu erwarten. Die in Salamis instandgesetzte Bb.-Welle hat sich eingelaufen und gibt zu Besorgnissen keinen Anlaß mehr. Artillerie einschließlich Förderwerke sind in Ordnung, über Streuungen wird ein zuverlässiges Urteil erst nach Eingang der beantragten Punkteapparate möglich sein, sie liegen z.Zt. an der oberen zulässigen Grenze (ungeübte Geschützführer). Über Seeeigenschaften und Stabilität liegen an Hand des stets guten Wetters Erfahrungen noch nicht vor. Mit der in den Grundlagen durchgeführten Ausbildung und an Hand der festgestellten materiellen Kriegsbereitschaft ist der Weg frei zum Einsatz. Unter Bezugnahme auf mein Kriegstagebuch vom 1.4.42 wiederhole ich, daß nach Lage der Dinge der offensive Einsatz als Minenträger an der afrikanischen Küste das Gegebene ist. Da die Minen die Rohrsätze ohnehin verblocken, wirken sich die Mängel der Torpedowaffe weniger aus, so daß das Risiko zu verantworten wäre, zumal in Anbetracht der möglichen Erfolge, die eine Verminung des englischen Nachschubweges für das deutsche Afrikakorps bedeutet. Es sollte keine Neumondperiode vergehen, ohne daß der Zerstörer von Suda aus durch Minensperren den englischen Nachschub zwischen Tobruk und Alexandria erschwert. Entfernung, Wassertiefen und militärische Lage müssen geradezu als ideal angesehen werden. Nach Eintreten der ersten Erfolge werden meiner Überzeugung nach die Italiener an uns herantreten, um sich an den Unternehmungen zu beteiligen. Damit wäre dann auch der augenblickliche, z.Zt. nicht zu ändernde Nachteil, derartige Unternehmungen als Alleinfahrer durchzuführen, behoben.

Stellungnahme des Admiral Ägäis zum K.T.B. vom 16.5.42–31.5.42 (mit handschriftlichen Bordvermerken versehen):
Nach den hier vorhandenen Unterlagen laufen die Geleitzugwege an der nordafrikanischen Küste wie üblich auf tiefem Wasser (*Bleistiftvermerk*: Nein! Dicht unter Land! *Bleistiftvermerk*: Wenn der Admiral die hiesigen U-Bootkommandanten sprechen würde, würde er seinen Irrtum merken), so daß eine erfolgreiche Minenversuchung nur in unmittelbarer Nähe der Verkehrsbrennpunkte, d.h. vor Tobruk, Alexandrien, Port Said usw. möglich ist (*Bleistiftvermerk*: Minen mit 550 m Ankertau!).
Ein Alleinfahren des einzigen deutschen Zerstörers zu Minenunternehmungen an der afrikanischen Küste, der noch dazu in seiner Gefechtsbereitschaft (Torpedowaffe) erheblich eingeschränkt ist und über dessen Seeeigenschaften und Verbräuche keine oder nur geringe Erfahrungen vorliegen und der auch personalmäßig noch nicht im Einsatz gestanden hat, kann nicht verantwortet werden. Es kommt h.E. nur in Frage, daß *ZG 3* später mit einem ital. Zerstörer zusammen operiert (*Bleistiftvermerk*: Wann? Was ist veranlaßt in dieser Richtung?).
Bevor eine Verwendung für offensive Minenaufgaben ins Auge gefaßt werden kann, ist es zunächst notwendig, daß sich das Zusammenfahren zwischen *ZG 3* und den ital. Seestreitkräften einspielt. *ZG 3* wird deshalb als Geleitführer bei der Kretastaffel für 3 Geleitfahrten eingesetzt werden. Weiter ist es notwendig, daß der Zerstörer zur eigenen Ausbildung im Minendienst unter einfacheren Verhältnissen Minen legt. *ZG 3* wird deshalb beim Auslegen der deutschen Sperren in der mittleren Ägäis (Ost-West-Wall) eingesetzt werden.
gez. Förste
(*Bleistiftabschlußvermerk*: Und was nach diesen 2–3 Wochen?)

Montag, 1.6.42

1210 Uhr fernmündlicher Befehl von Admiral Ägäis, sofort seeklar zu machen zur Sicherung des wichtigen Versorgungs-Dampfers *Bengasi* bei der Überführung nach Suda. Weitere Sicherungsstreitkräfte: ital. Torpedoboote *Lupo*[22] und *Monzambano*[23]. Zerstörer soll dann in Suda zur weiteren Verfügung des Dt. Marinekommandos Italien stehen. Geleitführer *ZG 3*. 1400 Uhr Salamis abgelegt. 1430 Uhr Netzsperre Piräus auslaufend passiert, ital. Torpedoboote *Lupo* und *Monzambano* sammeln auf *ZG 3*. 1500 Uhr befohlener Aufnahmepunkt 148/Dampfer *Bengasi* erreicht. Dampfer kommt nicht in Sicht. 1545 Uhr KR[24] 1531 von Admiral

Ägäis: Entgegen früherer Befehle muß *Bengasi* zunächst Piräus einlaufen, bleibt bis auf weiteres hier. Aufgabe damit zunächst erledigt. Daraufhin Kurs auf Piräus genommen. Auf Rückmarsch Fahrübungen mit den italienischen Torpedobooten. 1715 Uhr Netzsperre einlaufend passiert. *Lupo* und *Monzambano* detachiert. Anschließend Brennstoffübernahme und 1930 Uhr Salamis fest.

Das erste Zusammenfahren mit italienischen Torpedobooten verlief ohne Schwierigkeiten, alle Signale und Befehle waren eindeutig, wie in einer anschließenden Kommandantensitzung festgestellt werden konnte.

Dienstag, 2.6.42 – Sonntag, 7.6.42
Salamis. Restarbeiten. Ausbildungsdienst im Hafen.

Montag, 8.6.42 – Dienstag, 9.6.42
Megarabucht. Gefechtsausbildung in See. Fla-Schießen.

Mittwoch, 10.6.42
Italienischer »Tag des Meeres«. Bei Paradeaufstellung vor dem italienischen Oberkommandierenden und Befehlshaber der italienischen Besatzungsarmee, General Geloso, stellt Zerstörer die deutsche Abordnung.

Donnerstag, 11.6.42
Piräus. Eintreffen der Arbeitsgruppe der Kriegsmarinewerft Kiel für Torpedoausstoßrohre. In der Nacht vom 11.6. auf 12.6. 2300–0205 Uhr Fliegeralarm im Raum Athen–Piräus. Alarm wird erst gegeben nach Fallen der ersten Leuchtbombe. Starkes Flakfeuer, ein Flugzeug zeitweilig im Scheinwerfer. 0005 Uhr fällt eine Bombe auf Krankai, Alonhafen, ein Soldat getötet, einer schwer verletzt. Eine weitere Bombe detoniert im Griechenviertel: 30 Tote. Zahlreiche Leuchtschirme, der Hafen ist zeitweilig taghell erleuchtet.

Freitag, 12.6.42 – Montag, 15.6.42
Salamis. Änderung der Torpedosausstoßrohre. Dauer vier–fünf Tage, so daß Zerstörer voraussichtlich am 20.6. uneingeschränkt kriegsbereit ist.

Infolge der Lage in Afrika entfiel der beabsichtigte Einsatz. Die Zeit wurde zur Durchführung der letzten Restarbeiten ausgenutzt, auch konnte die Gefechtsbereitschaft durch Ausbildung im Hafen und in See und durch Fla-Schießübungen weiter gefördert werden.

Das Einsetzen der heißen Jahreszeit hat bei der Besatzung teilweise akute Magen- und Darmkatarrhe, vielleicht auch leichte Ruhranfälle zur Folge gehabt, ebenfalls Fieber und Atemnot. Bei der knapp bemessenen Personalstärke ist jeder Ausfall von technischen Unteroffizieren von Einfluß auf die Fahrbereitschaft. Lassen die Erkrankungen nicht nach angemessener Gewöhnung der Besatzung an das Mittelmeerklima nach, wird ein Antrag auf eine gewisse Personalreserve gestellt werden. Die Lüftungseinrichtungen des Zerstörers tragen den hiesigen Verhältnissen erstaunlicherweise keine Rechnung, sie sind schlechter als auf den deutschen Zerstörern. Die Temperatur schwankt tagsüber um 30 Grad, abends sinkt sie, je nach den Windverhältnissen. Der Zerstörer gibt aber die hohe Tagestemperatur nur sehr schwer und langsam ab, so daß die Decks bis Mitternacht fast unbewohnbar sind. Im Verschlußzustand werden Erleichterungen eingeführt.

In den Maschinenräumen beträgt die Temperatur zwischen 50 und 65 Grad.

Dienstag, 16.6.42 – Donnerstag, 18.6.42
Salamis. Änderung der Torpedoausstoßrohre. Ausbildungsdienst. Arbeiten an der E-Anlage, die noch nicht befriedigt.

Freitag, 19.6.42
Bucht von Eleusis. T.E.K.-Einschießen der aptierten Rohre. Abfeuerung arbeitet störungsfrei. T.E.K. gibt die Waffe einschließlich bis Höchstfahrt frei.
Uneingeschränkte Kriegsbereitschaftsmeldung erstattet.

Sonnabend, 20.6.42
Salamis-Straße, Temperatur im Schatten 38 Grad. Funkbeschickung wiederholt, um Peiler nach Einbau Peiltochter abzustimmen.
Der Antrag, ein feuerscheingedämpftes Pulver für den Pulverausstoß der Torpedorohre baldmöglichst einzubauen, da der Feuerschein nachts mehrere tausend Meter weit zu sehen, eine unbemerkte Schußabgabe damit unmöglich, die Trefferaussichten einerseits auf ein Minimum schrumpfen, das Boot andererseits in höchstem Grad gefährden, wird vom O.K.M. nicht genehmigt. Bei späterer Werftliegezeit sei Umarmierung auf deutsche Armierung beabsichtigt.
Die Waffe mit entscheidendem Charakter ist die Torpedowaffe. Minimale Erfolgsaussichten und gleichzeitiger voller Einsatz von Boot und Bewaffnung stellt an die Bootsführung große Anforderungen.
Von einer geplanten Werftliegezeit ist dem Kommando nichts bekannt. Es ist bisher peinlichst vermieden worden, an Bord den Gedanken einer Werftliegezeit aufkommen zu lassen.

Sonntag, 21.6.42
Salamis. Tobruk gefallen. Eingedockt zur Anbringung des Hüllkörpers für S-Gerät.

Montag, 22.6.42
Anbringen des Hüllkörpers.

Dienstag, 23.6.42
Ausgedockt. Eingang des Befehls, die 19. Kretastaffel durch *ZG 3* von Piräus nach Suda zu überführen. 1700 Uhr Sitzung der Kommandanten und Kapitäne der 19. Kretastaffel. Leitung Kommandant *ZG 3*. Festlegung der taktischen Nummern, der Auslauf- und Marschformationen, Form der Sicherung, Durchführen der U-Bootjagd und Verhalten bei Havarie.

Mittwoch, 24.6.42

1000 Uhr. Salamis ausgelaufen. 1030 Uhr. Netzsperre auslaufend passiert. 1130 Uhr. Sammeln des Geleitzuges. Führung Zerstörer *ZG 3*. Dampfer *Citta di Alessandria*[25], *Citta di Savona*[26], *Citta di Agrigendo*[27], *Re Alessandro*[28], Dampfer *Delos*[29], Dampfer *Monstella*[30] beladen mit 1200 Mann Truppen, Wehrmachtsgut, Verpflegung, Fahrzeugen, Pferden und allgemeinem Kretanachschub. Sicherungsfahrzeuge: Zerstörer *ZG 3*, italienische Torpedoboote *Sirio*[31] und *Calatafimi*[32], deutscher U-Jäger *2107*[33], Hilfskriegsschiff *Bulgaria*[34]. Sicht 40 sm. Insel Milos kommt 8 sm hinter Kap Sunion bereits in Sicht.

Luftsicherung: Enge Sicherung durch Gruppe 126 (3 Arado 196).

Marschformation: Die Dampfer in zwei Dwarslinien hintereinander, davor U-Jäger *2107* und Torpedoboot *Calatafimi*, beide mit S-Gerät, seitlich *ZG 3* und *Sirio*. Reisegeschwindigkeit 9 sm.

2100 Uhr. Mondschein. S-Gerät meldet ein klares Zeichen, wird vom Horchpersonal als getauchtes U-Boot angesprochen. U-Bootsalarm. Nach Kehrtmachen des Zerstörers, währenddessen der Verband weiterläuft, wird Zeichen im S-Gerät wieder festgestellt. Demzufolge werden zunächst drei Wabos als Schreckbomben geworfen. Beim nächsten Überlauf Zeichen wieder sehr deutlich, 3 Gruppen Wasserbomben. Nach verschiedenen Überläufen, bei denen wieder Wabos geworfen werden, ergibt sich, daß bei Fahrt auf Land zu Echo stets vorhanden ist, bei entgegengesetztem Kurs dagegen keine Spur eines Zeichens spürbar ist. Hieraus kann mit gewisser Wahrscheinlichkeit geschlossen werden, daß es sich um kein U-Boot, sondern um eine besondere Bodengestaltung (80 m Wassertiefe) handelt, so daß nach 2 1/2 Stunden die U-Jagd ohne Ergebnis abgebrochen wird und dem Verband nachgefolgt wird, der gegen 0030 Uhr wieder erreicht wird. Auch die S-Geräte von *2107* und *Calatafimi* hatten im S-Gerät Zeichen, die nicht klar deutbar, festgestellt.

Donnerstag, 25.6.42

Vor Suda. *Sirio* und *Calatafimi* mit Dampfer *Re Alessandro* und *Monstella* nach Iraklion detachiert. Netzsperre Suda passiert. 0730 Uhr. Der übrige Geleitzug läuft Suda ein. Dampfer zum Löschen ihrer Ladung an die Pier, *ZG 3*, U-Jäger *2107*, *Bulgaria* vor Anker. Das Zusammenfahren des Verbandes bei Tag und Nacht verlief ohne Schwierigkeiten. Das günstige Wetter, das Ausbleiben jeglicher Zwischenfälle erleichterte die Überführung der Kretastaffel.

Freitag, 26.6.42

0240 Uhr. Seekommandant Kreta teilt mit, daß von Flak an Land ein halbgetauchtes U-Boot zwischen innerer und äußerer Netzsperre gesehen sein soll. Italienische Schnellboote sind entsandt. Da die Sudabucht in den letzten Monaten als besonders u-bootgefährdet gilt, wird im Zusammenhang mit dieser Nachricht U-Jäger *2107* von mir zur U-Jagd vor der Sudabucht entsandt. Um 1100 Uhr soll in der Sudabucht, von Iraklion kommend, *Re Alessandro*, der entgegen bisheriger Anordnung (Lage in Afrika) durch ein Torpedoboot ohne S-Gerät (*Sirio*) geleitet werden muß, eintreffen. Um 1100 Uhr sollen außerdem die vier Dampfer unseres Geleitzuges aus Suda auslaufen. Bei dieser Lage entschließe ich mich, U-Jäger *2107* dem Dampfer *Re Alessandro* entgegenzuschicken und mit dem Zerstörer von 0800–1100 Uhr selbst U-Jagd vor der Sudabucht zu übernehmen. Da die Sicherheit der genannten Dampfer mir anvertraut ist und Seekommandant Kreta über keinerlei geeignete Mittel verfügt, entschließe ich mich zu dieser Maßnahme, obwohl zweifellos vorsorgliche U-Jagd nicht zu den eigentlichen Aufgaben des Zerstörers gehört und für ihn selbst eine beachtliche Gefährdung bedeutet.

Wegen Verzögerung des Eintreffens von *Re Alessandro* wird Auslaufen verschoben. Daraufhin 1030 Uhr wieder Suda eingelaufen. 1325 Uhr. Anker auf. 1350 Uhr. Netzsperre auslaufend passiert. Mit *Re Alessandro*, *Citta di Alessandria*, *Citta di Savona*, *Citta di Agrigendo*, *Delos*, *Bulgaria*, Torpedoboot *Sirio* und U-Jäger *2107* Reisemarsch nach Piräus angetreten. Nach Fortfall von *Calatafimi* (S-Gerät) ist die Sicherung des Geleitzuges gegen U-Boote recht dürftig.

Reisemarsch mit 9 sm. Formation wie auf dem Hinmarsch. Luftsicherung am Tage durch 3 Maschinen, nachts durch eine Maschine mit Unterbrechungen. Reisemarsch ohne besondere Ereignisse.

Sonnabend, 27.6.42

1100 Uhr. Vor Piräus Geleitzug und Sicherungsstreitkräfte entlassen. 1130 Uhr. Netzsperre Piräus einlaufend passiert. 1440 Uhr nach Brennstoffergänzung im Shellager Perama in Salamis festgemacht.

Auch der Rückmarsch erfolgte ohne besondere Vorkommnisse. Die Dampferkapitäne hielten ihre Position gut.

Von Admiral Ägäis geht Operations- und Sperrbefehl für eine defensive Sperre in der Ägäis ein, die von *ZG 3*, *Barletta*[35] und *Bulgaria* am Abend des 30.6. gelegt werden soll unter Zuteilung von Sicherungsstreitkräften. Verbandsführer und Leitung der Unternehmung: Kommandant *ZG 3*.

Sonntag, 28.6.42

Übernahme von 77 U.M.A.-Minen (Dauer 2 1/2 Stunden). Aufstellen des Sonderbefehls gemäß SA II Minentaktik und Zustellung an die beteiligten Kommandos.

Montag, 29.6.42

1700 Uhr. Sitzung der Kommandanten des ital. H.K.S. *Barletta*, Torpedoboote *Lupo*, *Cassiopeia*[36], deutsches H.K.S. *Bulgaria*, U-Jäger *2104*[37], *2107* an Bord *ZG 3*. Besprechung der Minenaufgabe und des erlassenen Befehls für die Durchführung der befohlenen Aufgabe. Die Zusammensetzung des Verbandes macht eine besonders gründliche, auf Einzelheiten eingehende Befehlserteilung notwendig. Außerdem sind die italienischen Kommandanten an verhältnismäßig wenig Selbständigkeit gewöhnt. Seeklar-Befehl: 30.6. 1230 Uhr.

Marsa-Matruk von Afrikakorps gestürmt.

Dienstag, 30.6.42

Nach Wettervoraussage von 0900 Uhr ist mit Winden aus Nord Stärke 4, an den Küsten um 5, zu rechnen.

0930 Uhr. Befehl von Admiral Ägäis: Unternehmen wegen Wetterlage um 24 Stunden verschoben.

Mittwoch, 1.7.42

0810 Uhr. Admiral Ägäis: Wegen Wetterlage wird Unternehmung erneut um 24 Stunden verschoben.

Donnerstag, 2.7.42

Wettervorhersage der Marinewetterwarte Athen: Mittlere Ägäis N 3–4, heiter bis wolkenlos, Sicht 15–20 sm. Damit sind die Wetterbedingungen für die geplante Minenunternehmung erfüllt. 1145 Uhr. Salamis abgelegt. 1220 Uhr. Netzsperre auslaufend passiert, Gruppenstander gesetzt.

Golf von Athen. 1230 Uhr. Verband sammelt. Wurfverband (*ZG 3*, *Barletta*, *Bulgaria*) in Kiellinie, Torpedoboot *Lupo* an Stb., Torpedoboot *Cassiopeia* an Bb., Marschfahrt 10 sm.

1400 Uhr. Insel Phleves. Wurfverband in Dwarslinie, von links nach rechts *ZG 3*, *Barletta*, *Bulgaria*, 4 hm Abstand, Torpedoboote wie vorher. U-Jäger *2104* und *2107* vor dem Verband. Kurs 141 Grad, 10 sm. Drei Arado 196[38] als Luftsicherung beim Verband.

1500 Uhr. Ägäis, Cycladen. Kurs 90 Grad, Abstand soll sein 3 hm.

1520 Uhr. U-Jäger *2107* meldet, daß er bei dieser Fahrt keine U-Bootortung mehr hat. 1525 Uhr. Verband geht daher auf 9 sm. 1550 Uhr. Kurs 180 Grad. 1600 Uhr. Kurs 132 Grad. 1702 Uhr. Kurs 83 Grad. Bis 1900 Uhr Vorbereitungsformation, Wurfformation und Übergänge als Vorübung für die Nacht geübt.

1905 Uhr. Kurs 97 Grad. Sonnenuntergang 1950 Uhr. 2100 Uhr. Kurs 110 Grad. 2145 Uhr. Kurs 152 Grad. Die Umrisse der Insel Syros sind zwar verschwommen, aber eindeutig auszumachen. Da keine Befeuerung vorhanden ist, bleibt abzuwarten, ob die nur 7 m hohe Insel Nata, der Anfangspunkt der zu legenden Sperre, rechtzeitig in Sicht kommt. Sicht auf 3–4000 m geschätzt. Es wird nach Osten ausgeholt, um später leichter in den Wurfkurs einsteuern zu können. Kurs 165 Grad. Die Vorbereitungsformation wird auf Signalbefehl eingenommen. Fahrt auf 10 sm vermehrt. Ein wenig später ist die Insel Nata Bb. voraus auszumachen. Bald danach auch das ausgelegte grüne, sehr schwache Bojenlicht.

2258 Uhr. Mond geht auf. Auf Signalbefehl auf Wurfkurs durch gleichzeitiges Wenden des Verbandes. Ohne Kursverbesserung hat der Verband das grüne Licht recht voraus. Wurfkurs 66 Grad, Insel Nata etwa 250 m an Stb.

2313 Uhr. Beginn des Minenwerfens. Die befohlenen Wurfkurse 66 Grad, 60 Grad, 33 Grad und 62 Grad planmäßig gesteuert. *Barletta* braucht drei Minuten länger als vorgesehen, Grund unbekannt. *ZG 3* fällt entsprechend später ein und verringert Wurfintervall von 13 sec auf 10 bis 12 sec.

2358 Uhr. Minenwerfen beendet, rotes Bojenlicht als Hilfsboje nicht vorhanden. Sperre liegt planmäßig, wie auch Kreuzpeilungskontrolle der Huks der Insel Rineia bestätigt. Auslegen der Sperre durch Kurzsignal an Adm. Ägäis gemeldet.

Freitag, 3.7.42

0003 Uhr mit *Bulgaria* und *2104* Sammelplatz angesteuert. 0055 Uhr. Verband gesammelt. Bei Mondlicht keine besonderen Schwierigkeiten. Formation für Rückmarsch eingenommen. *Barletta*, *Bulgaria* in Dwarslinie, Torpedoboote und U-Jäger als Sicherung, *ZG 3* östlich des Verbandes in weiter U-Bootsicherung.

0400 Uhr. 37 Grad 27 ′ N, 24 Grad 28 ′ O.

0405 Uhr. S-Gerät meldet ein Echo, vermutlich U-Boot. U-Bootalarm. U-Jäger *2104* erhält Befehl, zur U-Jagd an *ZG 3* heranzuschließen, während der Verband Reisemarsch fortsetzt. Echo ist unsicher. Da auch *2104* Grundecho annimmt, wird U-Jagd 0510 Uhr ohne Ergebnis abgebrochen. Mit *2104* dem Verband nachgesteuert, der 0545 Uhr wieder in Sicht kommt.

0730 Uhr wieder am Verband. U-Bootsicherung an Bb. durch *ZG 3*. Die Torpedoboote nach Piräus entlassen. *Barletta*, bei der während der Nacht die Signalgebung lag, setzt Signal, daß sie Formation verläßt und läuft unter Ausnutzung ihrer Geschwindigkeit weiter. *ZG 3* führt weiter *Bulgaria* und 0810 Uhr Phleves Verband entlassen. 0845 Uhr. Netzsperre Piräus einlaufend passiert, Gruppenstander niedergeholt. 0915 Uhr. Salamis festgemacht.

Das Auslegen der Sperre ist planmäßig erfolgt. Es kam einmal auf genaueste Navigation für die unmittelbar unter Land zu legende Sperre, zum anderen auf geschlossenes Fahren des Verbandes, da der Reihenabstand nur 175 m betrug und außerdem auf eine notwendig werdende Ablösung der Minenträger, die in etwa Mitte der Sperre vorgesehen war, an. Feuer sollten aus Geheimhaltungsgründen nicht angesteckt werden. Beides wurde erreicht, unterstützt von ruhiger See und ausreichender Sicht und durch mehrmaliges Vorüben der Vorbereitungs- und Wurfformation auf dem Hinmarsch bei Tage.

Es ist aber darauf hinzuweisen, daß bei Ereignissen, die in See und im Kriege nichts außergewöhnliches sind wie Nebel, Havarie, Luftangriffe, Feindberührungen, ein aus deutschen und italienischen Schiffen gemischter Verband nicht zu führen ist ohne den Besitz eines italienischen Signalbuchs und italienischer Schlüsselmittel für das an Bord befindliche 134-m-Funkgerät. Die Gründe, warum die italienische Marine trotz wiederholter Aufforderung seit drei Monaten zögert, den Zerstörer mit diesen Büchern auszurüsten, sind dem Kommando nicht bekannt. Das angewandte italienische Signalverfahren beruht auf wenigen Kurs-, Formations- und Fahrtsignalen, die durch Vermittlung des italienischen Verbindungsoffiziers beim Admiral Ägäis der Kommandant des Torpedoboots *Sirius* mir niedergeschrieben und ausgehändigt hat.

Störungen in der Maschinenanlage, Bedienungsfehler und dergl. sind nicht vorgekommen. Die E-Anlage ist der schwache Punkt des Zerstörers. Grundsätzliche Abhilfe ist beantragt.

Die Besatzung ist durch die Geleitaufgabe und die Minenaufgabe in der Hand-habung der Kriegswache, des Ausgucks, des Brückenbetriebes in willkommener Weise erzogen worden. Wegen des guten Wetters bei beiden Unternehmungen kann ein Urteil über die Seeigenschaften des Zerstörers noch immer nicht abge-geben werden. Mit dem T.E.K.-Schießen und der Erledigung der beiden Aufgaben im Juni sind die Voraussetzungen für den Einsatz auch zu größeren Aufgaben gegeben.

Stellungnahme Admiral Ägäis zum K.T.B. vom 1.6.42–3.7.42
— zum 20.6.42: Die Anbordgabe von feuerscheingedämpften Pulverausstoßpatro-nen ist dringend und muß beeilt werden, unabhängig davon, ob der Zerstörer später zu gegebener Zeit mit deutschen Torpedorohrsätzen ausgerüstet wird. Bei der augenblicklichen Lage (Einsatz und Geleitdienst nach Afrika) ist an diesen Einsatz nicht zu denken.
— zum 24.6.42: 2100 Uhr: Es handelt sich um Grund-Echos. Die Stelle ist dafür bekannt, sie wird demnächst mit S-Gerät genau festgelegt werden. Der Zerstörer hat sich 2 1/2 Stunden vom Geleit entfernt, um U-Jagd zu machen. Der Komman-dant ist darauf hingewiesen, daß seine Hauptaufgabe in der Sicherung des Geleits besteht.
— zum 26.6.42: 0800–1100 Uhr: Die U-Jagd durch den Zerstörer vor der Suda-Bucht ist nicht in meinem Sinne, da sie für den wertvollen Zerstörer, wie auch der Kommandant selbst ausführt, eine »beachtliche Gefährdung« bedeutet.
— zum 3.7.42: Die Signal- und Funkschlüsselmittel sind inzwischen mit Hilfe des O.K.M. von Supermarina an *ZG 3* ausgehändigt worden, als der Einsatz des Zerstörers im Kreta-Afrika-Geleit ohne diese Schlüsselmittel in Frage gestellt wurde.
gez. i.V. Maßmann

Sonnabend, 4.7.42
Salamis. Admiral Ägäis teilt mit: »Seekriegsleitung hat grundsätzliches Einver-ständnis zum Antrag des Deutschen Marinekommandos Italien gegeben, bei Fort-schreiten der Operationen in Ägypten nach dem Fall Alexandrias den Zerstörer zur Verfügung des Deutschen Marine-Kommandos zu stellen.« Hiermit würden die im K.T.B. v. 1.4. gemachten Ausführungen über die Verwendung des Zerstörers im weiteren Mittelmeerraum ihre Erfüllung finden.
Auf Grund der Fortschritte in Nordafrika befiehlt der Wehrmachtsbefehlshaber Südost[39] Transport Inf.Rgt. 382 und 3./Bat. Pionier 220 mit Gerät (bisher Festungsdivision Kreta) von Kreta nach Afrika. Admiral Ägäis schlägt hierzu vor: Transport mit drei *Citta*-Dampfern, Gerät mit zwei weiteren Dampfern. Siche-rungsstreitkräfte *ZG 3*, Torpedoboote *Sirio*, *Cassiopeia* und *U-Jäger 2104* und *2107*. Führung des Geleitzuges durch Kommandant *ZG 3*. Gesamtsteuerung durch Super-marina Rom nach dem Auslaufen von Suda. Erster Termin 7.7. 0500 Uhr. Zerstörer verlegt dazu zunächst nach Suda.

Sonntag, 5.7.42

Besprechung des Afrika-Transportes bei Admiral Ägäis Stabschef. Die Seelage im Mittelmeer ist zur Zeit so, daß Transport auf dem nächsten Wege (Kreta–Tobruk) möglich ist. Die Hauptschwierigkeit liegt in der Weigerung der italienischen Marine, dem Zerstörer italienische Schlüsselmittel anzuvertrauen, obwohl doch die Möglichkeit besteht, diese unter Verschluß des italienischen an Bord kommandierten Verb.Offiziers zu halten. Ein erneuter Vorstoß soll von Admiral Ägäis beim Dt.Mar.Kdo. Italien und bei der Seekriegsleitung[40] gemacht werden. Bis zur Entscheidung soll zunächst der Funkoffizier des Torpedoboots *Lupo* mit seinen Funkgästen und den Schlüsselmitteln einsteigen, damit, falls die Genehmigung erteilt wird, die technischen Voraussetzungen erfüllt sind.

Im Falle, daß Mannschaftstransport auf dem Luftwege erfolgen sollte und demzufolge nur zwei Transportdampfer für das Gerät erforderlich sind, besteht die Möglichkeit, die Sicherung durch zwei bereits in Suda befindliche ital. Torpedoboote im Hinblick auf ihren geringen Brennstoffverbrauch durchzuführen.

Ich schlage vor, **in jedem Fall** *ZG 3* mit dem Geleit nach Tobruk zu betrauen, da 1. gerade **außerhalb** der Ägäis die eigentlichen Aufgaben des Zerstörers liegen (erhebliche Flakarmierung) und 2. bei Supermarina für diese immerhin nicht ungefährliche Aufgabe der Zerstörer als Führer dieses für die deutschen Afrikaner wichtigen Geleits angemeldet ist. Demgegenüber spielen einige Tonnen Brennstoff keine Rolle, zumal, wenn sie vorhanden sind. Der heikle Punkt ist die Zurverfügungstellung der ital. Schlüsselmittel, die eine unumgängliche Voraussetzung für die beabsichtigte Aufgabe sind, da Supermarina südlich Kreta die Gesamtführung obliegt.

Konteradmiral Catalano, ital. Stabschef des Admiral Ägäis, gibt mir die von Supermarina beabsichtigte Kursanweisung. Betreffs der Schlüsselmittel wartet er auf Antwort aus Rom. Eine mögliche Nachrichtenverbindung bestünde in der Nachrichtenübermittlung über das Torpedoboot *Sirio*, das dann anfallende Funksprüche an *ZG 3* optisch weitergibt. Da möglichst starker Geleitschutz für das Herüberkommen des Geleits die Hauptsache ist, gebe ich meinem Befremden über diese Regelung keinen Ausdruck und mache trotz dieses völlig ungewöhnlichen, unsicheren und umständlichen Verfahrens Bedenken nicht geltend. Admiral Catalano schließt seine Ausführungen mit dem Hinweis auf das 8. Leichte Kreuzergeschwader, das für den Fall des Eingreifens englischer Seestreitkräfte in Navarino klarliegt (also etwa 250 sm entfernt). Die Entscheidung über Teilnahme *ZG 3* soll am Abend fallen. Auslaufen am 6.7. früh, falls kein Gegenbefehl eingeht.

Montag, 6.7.42

0500 Uhr abgelegt. Die italienische Schlüsselgruppe mit Schlüsselmitteln trifft verspätet ein. Zerstörer läuft nach Anbordkommen eines Offiziers, Personal und Schlüsselmittel und nach Ölergänzung mit 1 1/2 stündiger Verspätung aus. 0800 Uhr. Netzsperre auslaufend passiert. Mit 21 sm Marschfahrt geraden Kurs nach Suda gesteuert. 1530 Uhr. Suda-Netzsperre einlaufend passiert.

Dienstag, 7.7.42

0500 Uhr geht als »Neue Lage« ein Funkbefehl von Admiral Ägäis ein, nachdem *ZG 3* am Konvoi nicht mehr beteiligt ist. Es wird ersetzt durch italienischen Zerstörer *Mitragliere*[41], der zum 8. Kreuzergeschwader in Navarino gehört und nachts in Suda eingetroffen ist. Damit ist die Schlüsselmittelfrage allerdings in unzweideutiger Weise entschieden, indem Kommandant *Mitragliere* mit der Führung der Kretastaffel beauftragt wurde. Ich führe trotzdem die eingeleitete Organisation der Luftsicherung weiter, fliege nach Iraklion und mache mit dem Chef des Stabes des X. Fliegerkorps ab:

1. Die Fernaufklärung wird am Tage des Auslaufens zeitlich so geflogen, daß der Aufklärungsstreifen vor der Dämmerung vor Alexandria steht. Da Überwasserstreitkräfte von Alexandria bis Kreta-Ras el Tin mindestens 12 Stunden brauchen, können nach Einbruch der Dunkelheit auslaufende Seestreitkräfte den Konvoi nicht mehr vor Erreichen der afrikanischen Küste stellen.

2. Die Aufklärung wird an diesem Tag ausnahmsweise von Osten nach Westen geflogen, so daß auch Haifa-Streitkräfte rechtzeitig erfaßt würden.

3. Der Aufklärungsstreifen wird so eng gemacht, daß das Seegebiet — klares Wetter vorausgesetzt — effektiv eingesehen wird.

4. Es wird angestrebt, daß außer der bereits zugesagten engen Sicherung von Arado 196 auch Kampfflugzeuge (Ju 88 und He 111) als Schutz gegen Torpedoflugzeuge den Konvoi begleiten.

5. Es wird Vorsorge getroffen, daß bei Meldung eines britischen Fühlungshalters durch den Konvoi oder bei Erkennen eines Fühlungshalters durch den B-Dienst Kampfflugzeuge zum Konvoi in möglichst großer Zahl stoßen, vor allem nach Einbruch der Morgendämmerung beim Verband stehen. Infolge der angespannten Afrikalage kann Sicheres nicht versprochen werden, das Mögliche wird getan werden.

Auf meinen Befehl fragt der Adjutant bei AI Admiral Ägäis fernmündlich an, ob *ZG 3* tatsächlich für die Sicherung des Konvois entfällt. Es ergibt sich, daß es sich um einen Übermittlungsfehler handelt, daß lediglich die Führung des Konvois von *ZG 3* auf *Mitragliere* übergeht[42].

1700 Uhr. Kommandant *Mitragliere* an Bord zur Vorbesprechung der Befehle. Die auf *ZG 3* vorbereitet gewesenen Befehle werden übermittelt, begründet und erklärt. Es besteht in allen wesentlichen Dingen Übereinstimmung, schließlich handelt es sich ja auch um ein Geleit, das deutsches Wehrmachtgut, deutsche Soldaten, auf zur Hälfte deutscher Tonnage, gesichert durch deutsche U-Jäger, deutsche Fernaufklärung, deutsche Nahsicherung und deutsche Kampfflugzeuge für das deutsche Afrikakorps überführt. Der italienische Nachrichtenoffizier steigt mit seiner Gruppe wieder aus, zwei ital. Funkgäste bleiben an Bord.

Auslaufen auf 8.7. abends verschoben.

Mittwoch, 8.7.42

Sitzung der Kommandanten und Kapitäne der Zerstörer *Mitragliere, ZG 3*, der Torpedoboote *Sirio* und *Cassiopeia*, der U-Jäger *2104, 2107* der Dampfer *Citta di*

Alessandria, Citta di Savona, Citta di Agrigento, Delos, Santa Fe[43] an Bord *Mitragliere.*

Von Supermarina ist Auslaufen Suda 9.7. 0000 Uhr befohlen. 1130 Uhr soll der Konvoi 34 Grad 50 ' N und 23 Grad 10 ' O stehen, das sind 108 sm. Verband kann 8 sm laufen, so daß ein Koppelfehler von Supermarina vorliegt. Kommandant *Mitragliere* kann sich nicht entschließen, das seiner vorgesetzten Stelle zu melden, so daß ein Widerspruch besteht zwischen der von mir auf Grund richtiger Koppelunterlagen bestellten Luftsicherung und dem Reiseplan von Supermarina, was leicht zu Rückschlägen führen kann. Seeklar wird für 2200 Uhr befohlen, wodurch wenigstens ein Teil des Koppelfehlers ausgeglichen wird. 2200 Uhr Anker gelichtet. 2210 Uhr äußere Netzsperre auslaufend passiert, ins Kielwasser von *Mitragliere* gesteuert.

2310 Uhr. Wie vermutet, ist Sammeln des Verbandes innerhalb einer Stunde und in mondloser Nacht nicht möglich. Ich gebe daher optisch an Signalstelle Suda für X. Fliegerkorps, daß die angegebenen Positionen etwa 90 Minuten später erreicht werden. *Santa Fe* ist noch nicht in Sicht. Marschfahrt 4 sm. 35 Grad 30 ' N, 24 Grad 14 ' O.

Donnerstag, 9.7.42

0205 Uhr. Befehl Dwarslinie: *ZG 3* steht dazu 2000 m vor dem Verband, die Dampfer in zwei Dwarslinien, U-Jäger und Torpedoboote als nahe Sicherung gegen U-Boote bei Konvoi. 0315 Uhr bei Hellwerden 10.000 m vor dem Verband als Vorreiter.

0400 Uhr. 35 Grad 43 ' N, 23 Grad 57 ' O, Marschfahrt 9 sm. *Santa Fe* stößt zum Verband.

0530 Uhr. ES-Austausch mit auf Gegenkurs passierenden Torpedoboot *Calatafimi.*

0900 Uhr. Ju 88 und Me 110 als Luftsicherung beim Verband. Luftsicherung durch 3 Arado 196.

1200 Uhr. Zerstörer *Turbine*[44] und Dampfer *Alberto Fassio*[45] gliedern sich in den Verband ein. Kurs 169 Grad, Marschfahrt 9 sm, Kurs auf Sidi Abeida. 1305 Uhr. Admiral Ägäis teilt mit, daß 0804 Uhr ägyptischer Aufklärer ein unbekanntes Schiff in 34 Grad (??) 57 ' N, 22 Grad (??) 18 ' O, 25 sm, gemeldet hat. Kann sich nicht um eigenen Verband handeln.

1345 Uhr ein unbekanntes Flugzeug ziemlich tief in großer Entfernung. Kann Fühlungshalter sein. Wegen der vielen Transportmaschinen nach Afrika kein sicherer Anhalt.

1430 Uhr. *Mitragliere* teilt mit, daß er ein feindliches Flugzeug in großer Höhe zu erkennen geglaubt hat. Ich übermittle ihm meine Beobachtung vor einer halben Stunde.

1545 Uhr. *Mitragliere* teilt mit, daß Supermarina ihm übermittelt hat, daß unser Geleitzug von einem feindl. Flugzeug gesehen ist.

1600 Uhr. 34 Grad 19 ' N, 23 Grad 15 ' O.

1645 Uhr. Da mit Luftangriffen gerechnet werden muß, schlage ich *Mitragliere* vor, meinen Abstand zum Konvoi zu verringern, um bei Luftangriffen zur Stelle zu sein.

1650 Uhr. *Mitragliere* auf 134 m übermittelt, 1. daß Supermarina die Anwesenheit feindlicher Seestreitkräfte mitteilt. Es solle klar zum Nebeln gemacht werden. 2. daß Supermarina am nächsten Morgen mit U-Bootangriffen rechnet.

1710 Uhr. Erster Teil obiger Meldung wird widerrufen.

1715 Uhr. Unbekanntes Flugzeug 200 Grad. Fl.Meldung[46] abgegeben. 1745 Uhr. An Verband herangeschlossen, da Luftgefahr zur Zeit größer als U-Bootgefahr.

1750 Uhr. Von *Mitragliere* an *ZG 3*: »Verband ist von feindlichem Flugzeug gesichtet. Bitte in der Nacht klar sein zum Nebeln. Voraussichtlich mehrere U-Bootangriffe nach Sonnenaufgang. U-Jäger sind davon unterrichtet.«

1830 Uhr. Unbekanntes Flugzeug wieder in Sicht. Wird als feindl. Fühlungshalter ausgemacht. Mit vorderem 12,7-cm-Geschütz in die Richtung des Flugzeugs mehrere Male geschossen, um eigene Luftsicherung auf Fühlungshalter aufmerksam zu machen. Ohne Erfolg. Fühlungshalter kommt im Südosten außer Sicht.

2000 Uhr. 34 Grad 3 ′ N, 23 Grad 18 ′ O, 169 Grad, 7–8 sm Fahrt.

2235 Uhr. Flugzeuggeräusche über dem Zerstörer. Mehrere Male wiederholt. Kurs der Flugzeuge Nord. Zunächst als eigene, aus Afrika zurückkehrende Transportmaschinen angesprochen. 2250 Uhr. Leuchtbombe über dem Verband. Fl.Meldung erstattet. 2220 Uhr. Flugzeuge überfliegen von jetzt ab laufend den Verband. Zerstörer und Torpedoboote nebeln Verband ein. 2328 Uhr. Leuchtbombe an Bb. 2332 Uhr. Verband wendet 3 Dez nach Stb. 2342 Uhr. 8 Leuchtbomben Stb. querab. 2344 Uhr. Verband wendet 3 Dez nach Stb. 2354 Uhr. Leuchtbomben voraus. 2357 Uhr. 8 Leuchtbomben Stb.

Freitag, 10.7.42

0017 Uhr. 6 Leuchtbomben Bb. voraus. 0113 Uhr. Motorengeräusche, 2 Leuchtbomben, Einnebeln. Flak eröffnet Feuer. Ab und zu heben sich Flugzeuge als schnelle Schatten von dem klaren Sternenhimmel ab, besonders vor dem hellen Band der Milchstraße. Bombenabwürfe beim Verband erkennbar. Auffassen der Flieger für Flak sehr schwer. Wenn es gelingt, wird sofort Feuer eröffnet. Verband ist erkannt. Die Dampfer haben meines Erachtens durch ihre wenig Erfolg versprechende Feuereröffnung mit leichten Maschinengewehren zum Gesichtetwerden und Auffinden des Verbandes beigetragen. Verschiedene Kursänderungen werden von den Dampferkapitänen in recht gut geschlossener Formation erstaunlich sicher ausgeführt. Die Bomben liegen zwar in der Nähe, doch sehr gestreut. Es besteht nicht der Eindruck eines genauen Zielens. Wahrscheinlich sind trotz der reichlichen Verwendung von Leuchtbomben die Ziele auf dem dunklen Wasser schwer auszumachen. Der Verband steuert mit 5 sm. Der Nebel deckt bei fast windstillem Wetter nicht so, daß Verband von Torpedobooten gut eingenebelt werden könnte. Im Einzelnen wird beobachtet: 0137 Uhr. Flakfeuer, Bombenabwurf. 0148 Uhr. Leuchtbomben an Stb. 0150 Uhr. Leuchtbomben achteraus, Leuchtbomben Stb. voraus. 0152 Uhr. Bombenabwurf achteraus. 0155 Uhr. Leuchtbombe voraus. 0159 Uhr. Leuchtbomben Stb. 0227 Uhr. Leuchtbombe Stb. voraus. 0229 Uhr. Flugzeuge über dem Zerstörer. 0230 Uhr. Leuchtbomben an Stb. 0234 Uhr. Leuchtbomben an Stb. 0236 Uhr.

Leuchtbombe an Stb. 0238 Uhr. Zwei Leuchtbomben an Stb. 0240 Uhr. Flugzeuge überfliegen den Verband. 0247 Uhr. Leuchtbombe achteraus. 0248 Uhr. Leuchtbombe achteraus. 0253 Uhr. 2 Leuchtbomben voraus. 0256 Uhr. Leuchtbomben Stb. querab. 0303 Uhr. Leuchtbombe achteraus. 0306 Uhr. Vier Leuchtbomben Stb. voraus. 0308 Uhr. Leuchtbomben rings um den Verband. 0310 Uhr. Leuchtbomben senkrecht über dem Verband. 0310 Uhr. Bombenabwurf. 0320 Uhr. Bombenabwurf achteraus. 0323 Uhr. 2 Bombenabwürfe achteraus.

0400 Uhr. 32 Grad 07 ' N, 23 Grad 26 ' O. Ich gebe eine Standortmeldung an Adm. Ägäis, um sicherzustellen, daß morgendliche Luftsicherung uns trotz Zurückstehens findet. Kurs 150 Grad, 6 sm.

0438 Uhr. Erste leichte Morgendämmerung im Osten. Flugzeuge an Stb. Feuer eröffnet. 0505 Uhr. Kurs 170 Grad 6 sm. 0510 Uhr. Flugzeuge an Stb. Feuer eröffnet. Anscheinend die Torpedostaffel, die aus dem dunklen westlichen Horizont angreift. Flugzeuge sind nur ganz kurz in Sicht. Bei der fahlen Morgendämmerung ist Typ nicht auszumachen. Angriffszeit und Angriffsstellung ist hervorragend gewählt. 0540 Uhr. Dämmerung geht in Tag über. Eigene Flugzeuge treffen ein. ES-Austausch[47]. Haben Verband sehr gut gefunden. Zunächst 2 Ju 88, 2 ital. Kampfflugzeuge, 2 ital. Jäger. Auf letztere wird kurz Feuer eröffnet, da Typ unbekannt war und kein ES trotz Anfliegens des Verbandes gezeigt wurde. Zerstörer setzt sich wieder als Vorreiter vor den Verband.

0730 Uhr. Afrika in Sicht! 0800 Uhr. 32 Grad 43 ' N, 23 Grad 38 ' O.

0815 Uhr. Ital. Torpedoboot in Sicht. Hält auf uns zu.

0830 Uhr. 20 Ju 52 passieren Richtung Afrika[48].

0855 Uhr. Kurs 185 Grad, Kurs 124 Grad, Formation Kiellinie. Zerstörer macht kehrt und schert hinter das ital. Lotsen-Torpedoboot und *Mitragliere* in die Kiellinie ein. Torpedoboote gehen an den Schluß der Linie. Wegen ungeklärter Minenlage wird die Fahrt bis auf 4 sm verringert. 1035 Uhr. Kurs 124 Grad. 1130 Uhr. Kurs 105 Grad. 1220 Uhr. Kurs 150 Grad.

1315 Uhr. Tobruk Außensperre einlaufend passiert. 1400 Uhr. Tobruk Hafen geankert. Adjutant an Land. Nach Klärung der Minenlage und Luftlage wird Ankerplatz 1930 Uhr weiter nach Osten unmittelbar an die Netzsperre verlegt.

2000 Uhr. An Flakschutz befinden sich in Tobruk nur acht 8,8-cm-Geschütze und Fla-Maschinenwaffen. Da nach Mitteilung der Seetransportstelle Tobruk die Frist für das Löschen der Dampfer nicht zu übersehen ist, aber nicht unter 14 Tagen anzunehmen ist, ist ein Abwarten des Zerstörers und der U-Jäger hier nicht zweckmäßig. Vielmehr ist Zurückziehung bis zum Termin des Wiederauslaufens ratsam. Entsprechender Antrag durch Funkspruch an Admiral Ägäis gestellt. Zerstörer verholt an die Südkante des Hafens, da erfahrungsgemäß hier weniger Bomben fallen.

Fliegeralarm. Es war damit zu rechnen, daß die Engländer, nachdem sie den Geleitzug nicht in See erwischt hatten, durch Luftangriffe die Dampfer und Ladung im Hafen zerstören wollten. 2255 Uhr. Mondlose, sternklare Nacht. Ständig einige Feindmaschinen über Stadt und Hafen. Langsam sich mehrende Verwendung von

Leuchtbomben. Bombenabwürfe in regelmäßigen Abständen. Fallen vor allem in inneren Hafenteil und in Stadtgebiet, aber auch einige zwischen die am Hafenausgang vor Anker liegenden Dampfer. Mehrere Male Einsatz der Bordflak gegen tieffliegende Flugzeuge. 1 Schlepper, 3 Segler werden versenkt, an Land mehrere Detonationen und Brände.

Sonnabend, 11.7.42

0200 Uhr. Fliegeralarm beendet.
0930 Uhr. Besuch bei den deutschen Dienststellen, Seetransportchef Nordafrika und Seetransportstelle Tobruk. 1030 Uhr. Besuch beim italienischen Stationschef, Divisionsadmiral Lombardi. Ich bitte ihn, Supermarina laufend über die Lage zu unterrichten, damit sofort nach Löschen der Dampfer die erforderlichen Geleitfahrzeuge klar stehen. Auch Meldung zu erstatten, sobald ein Teil des Geleitzuges auslaufklar ist.
Für die Nacht behält der Zerstörer den gestern gewählten Liegeplatz bei, da er sich nach den Erfahrungen des vergangenen Luftangriffs bewährt hat. Die U-Jäger verholen außerhalb der Netzsperre in eine kleine Bucht südlich von Tobruk. Sämtliche ital. Zerstörer und Torpedoboote verlassen den Hafen am Abend, teils, um draußen vor dem Hafen sicherer vor Fliegerangriffen zu sein. Irgend eine Mitteilung hierüber geht mir nicht zu, ich erfahre es unter der Hand. Nach der mir vom Seetransportchef gegebenen Darstellung der Minenlage ist das Verholen auf nicht abgesuchten Wegen bei der Ausfahrt von Tobruk bedenklich. Ich entschließe mich, auf dem Liegeplatz hart an der Sperre zu bleiben, zumal auch bei gestrigem Luftangriff der Schwerpunkt wiederum auf dem Innenhafen lag.
2240 bis 0130 Uhr. Beginn der Luftangriffe auf Stadt und Hafen in zahlreichen Wellen mit kurzen Abständen. Große Mengen von Leuchtbomben beleuchten Stadt und die im Hafen liegenden Schiffe. Schwerpunkt der Bombenangriffe wiederum Innenhafen und Stadtmitte. Zahllose schwere Bomben, Brände, Explosionen und Abbrennen von Munitions- und Minenlagern. Einige Flugzeuge kurze Zeit im Scheinwerferlicht. Abwehr wenig methodisch, ziemlich unwirksam. Ein Flugzeug abgestürzt und brennt an Land. Verwendung von geschleppten Leuchtkörpern zur Irreführung der Flak. Bordflak greift mehrere Male ein.

Sonntag, 12.7.42

0130 Uhr. Fliegeralarm beendet. 0630 Uhr. Kapitän von Dampfer *Delos* kommt an Bord und teilt mit, daß Dampfer heute nacht Bombentreffer erhalten hat, Wasser macht und wachsende Schlagseite hat. Maschinenanlage erheblich zerstört. *ZG 3* 0720 Uhr geht Anker auf und zur Hilfeleistung längsseits *Delos*. Untersuchung durch Taucher usw. ergibt, daß Außenhaut unbeschädigt. Zunächst zur Unterstützung längsseits liegengeblieben. Auf *Delos* ein Toter, ein Verwundeter, ein Volltreffer, ein Blindgänger.
1800 Uhr. Nachdem gestern Zerstörer *Mitragliere* den Heimmarsch angetreten hat, verläßt heute *Sirio* Tobruk, so daß die deutschen Seestreitkräfte noch vollständig im Hafen sind, während von den Italienern lediglich *Cassiopeia* zurückbleibt.

1830 Uhr. Dampfer *Delos* abgelegt. Nach den Ereignissen der beiden letzten Nächte entschließe ich mich, die ungeklärte Minenlage in Kauf zu nehmen und die Nacht außerhalb des Hafens an der Küste zu verbringen. Es ist ein Glücksspiel. Die Luftgefährdung im Hafen oder die Minengefährdung draußen. Da meines Wissens nach keine Mine gefunden wurde, halte ich es für sehr wohl möglich, daß die Engländer mit ihren großzügigen Mitteln die deutschen Luftminen geräumt haben und selbst keine Sperre gegen Überwasserschiffe gelegt haben, da sie mit einer Aktion der ital. Flotte gegen Tobruk nicht rechneten.

2020 Uhr. 10 sm östlich von Tobruk vor Anker gegangen. Es muß nach der deutschen Übersichtskarte Nr. 701 1 : 1.000.000 navigiert werden, da es meinem italienischen Verbindungsoffizier nicht gelang, eine Spezialkarte von der italienischen Kolonie aufzutreiben. Heute, am dritten Tage des Aufenthaltes in Tobruk, ist von dem Konvoi nur der allerkleinste Teil entladen, da es an allen Löschvorrichtungen fehlt und italienischerseits keine Mittel nach Tobruk geleitet werden können.

Der Hafen von Tobruk ist durch etwa 15 Wracks für das Manövrieren sehr beengt. Teilweise ragen nur unscheinbare Mastspitzen aus dem Wasser, so daß große Vorsicht geboten ist. Nach Einbruch der Dämmerung ist Befahren des Hafens nicht mehr ratsam.

An deutschen Dienststellen befinden sich die Seetransportstelle Tobruk und der Seetransportchef Nordafrika am Platze. An italienischen Dienststellen gibt es einen Stationschef, Vizeadmiral Lombardi, mit einem größeren Stab am Ort. Die Organisation und Durchführung der Entladung usw. liegt jedoch in deutschen Händen. Befeuerung, Lotsendienst usw. nicht vorhanden. Die Stadt ist so gut wie völlig zerstört, auf der Via Alba rollen Tag und Nacht die Nachschubtransporte für Rommel. Die Umgebung ist noch vermint und zeigt das Aussehen frischen Kampfgeländes, zerstörte Tanks, herumliegende Ausrüstungsgegenstände. Keine Nachrichtenmittel außer Funk. Brennstoff ist gefunden, die Übernahme noch nicht in Gang gebracht.

Montag, 13.7.42

0500 Uhr. Anker auf und in den Hafen verholt. 0530 Uhr. Geankert. Kommandant in Marsa Matruk zwecks Meldung beim Befehlshaber Deutsches Marinekommando Italien.

1930 Uhr. Anflug von 5 viermotorigen Bombern von Süden, etwa 4500 m Höhe. Abwehrfeuer der schweren Flak setzt erst spät ein. 3 mal Bombenwurf von je 3 Bomben. Erster Einschlag 200 m querab von *ZG 3*. Einsatz der Bordflak. 2000 Uhr. Aus dem Hafen verholt und 5 sm westlich vor Hafenausfahrt geankert. 2240 Uhr. Flieger über Tobruk. Zerstörer kommt einige Male in das Licht der Leuchtbomben. Über Hafen und Stadt die üblichen Bombenabwürfe und Detonationen.

Dienstag, 14.7.42

0500 Uhr. Anker auf gegangen und in den Hafen verholt. Längsseits Dampfer *Santa Fe* zur Ergänzung des Wasservorrats. 1345 Uhr. Abgelegt im Hinblick auf Luftgefährdung und im Hafen geankert.

1600 Uhr. Befehlshaber des Deutschen Marinekommandos Italien, Vizeadmiral Weichold, an Bord zur Begrüßung der Besatzung und kurzer Besichtigung des Zerstörers.
1930 Uhr. Anker auf gegangen und ausgelaufen. Kurze Lagemeldung an Admiral Ägäis erstattet. 2100 Uhr. 12 sm östlich von Tobruk 400 m von der Küste entfernt geankert (32 Grad 08 ′ N, 23 Grad 53,5 ′ O). 2300 Uhr. Fliegeralarm über Tobruk, Beendigung 0210 Uhr. Der Zerstörer liegt völlig außerhalb der gefährdeten Zone.

Mittwoch, 15.7.42
0430 Uhr. Anker auf gegangen und nach Tobruk gesteuert. Ein Warten in Tobruk auf die Entladung der Dampfer ist nachteilig: Im Hafen ist ein nächtliches Liegen wegen der großen Gefährdung durch Luftangriffe nicht am Platze, ein Auf- und Abstehen vor dem Hafen müht Anlage und Besatzung ab, ist überdies nicht ungefährlich, solange über die Minenlage keine sicheren Unterlagen bestehen. Ein Ankern unter der Küste in See scheint noch das Beste zu sein, bietet jedoch Bomben- und Torpedoflugzeugen ein lohnendes und leichtes Ziel, auch ist ein Angriff leichter Seestreitkräfte nicht ausgeschlossen, zumal bei gewohnheitsmäßigem Verfahren damit gerechnet werden muß, daß dem Engländer dies bekannt und er entsprechenden Ansatz veranlassen wird. Es wäre also das Beste, sofort nach Abgabe des Konvois einen anderen Konvoi zurückzuleiten oder allein mit höherer Fahrt nach Suda zurück zu fahren. Der Brennstoffverbrauch ist im letzteren Falle nicht erheblich größer als das tägliche Dampfaufmachen und Ein- und Auslaufen. Tobruk. 1200 Uhr übermittelt Kommandant *Cassiopeia*, daß nach seinen Nachrichten heute Abend unter Führung *ZG 3* ausgelaufen würde (meine heute früh bei deutschen und italienischen Dienststellen angestellten Erkundigungen hatten hiervon nichts erfahren). Daher Befehl an die U-Jäger, mit Auslaufen rechnen. Ein zum Seetransportchef Nordafrika geschickter Offizier bestätigt 1400 Uhr, daß heute abend ausgelaufen werden soll und zwar die Dampfer *Citta di Alessandria* und *Citta di Savona* mit *ZG 3* und *Cassiopeia* heute, Dampfer *Santa Fe* mit den beiden U-Jägern *2104* und *2107* morgen abend. Ich teile dem Seetransportchef Nordafrika meine Bedenken gegen diese Regelung mit. Schlage vor, alle gemeinsam morgen auszulaufen oder je einen Zerstörer bzw. Torpedoboot mit je einem U-Jäger als Sicherungsfahrzeug abzuteilen. Einen Dampfer nur von langsamen und wenig widerstandsfähigen U-Jägern zu sichern, halte ich für unrichtig. Seetransportchef erwidert, daß es zu spät zu einer Änderung sei, daß er jedoch Sorge tragen werde, daß dem morgigen Geleit ein italienisches Torpedoboot beigegeben würde.
Eine Besprechung der Dampferkapitäne und Kommandanten vor der Ausfahrt ist unmöglich, da der Zerstörer über kein geeignetes Kraftboot bei den weit auseinandergezogen liegenden Dampfern verfügt. Das seit Monaten bei Admiral Ägäis beantragte Kraftboot konnte bisher für den Zerstörer nicht beschafft werden[49]. Ich gab dem Verband optisch den Befehl, erst nach eingetretener Dunkelheit auszulaufen, um der englischen Abendaufklärung das Auslaufen zu verbergen. Leider laufen kurz vor Sonnenuntergang der ital. Zerstörer *Turbine* mit Dampfer *Ankara*[50]

nach Westen aus. Leichter kann in der Tat der englischen Abendaufklärung die Fühlungnahme nicht gemacht werden.

1930 Uhr. Sonnenuntergang. 2030 Uhr. Anker aufgegangen und ausgelaufen. Verband: *Citta di Alessandria, Citta di Savona* in Dwarslinie, an Bb. *ZG 3*, an Stb. *Cassiopeia*, Marschfahrt 9 sm.

2240 Uhr. Fliegerangriff auf Tobruk. Verband steht außerhalb der Reichweite der Leuchtbomben. 2335 Uhr. Kurs 349 Grad, 9 sm. 2400 Uhr. 32 Grad 25 ′ N, 23 Grad 45 ′ O.

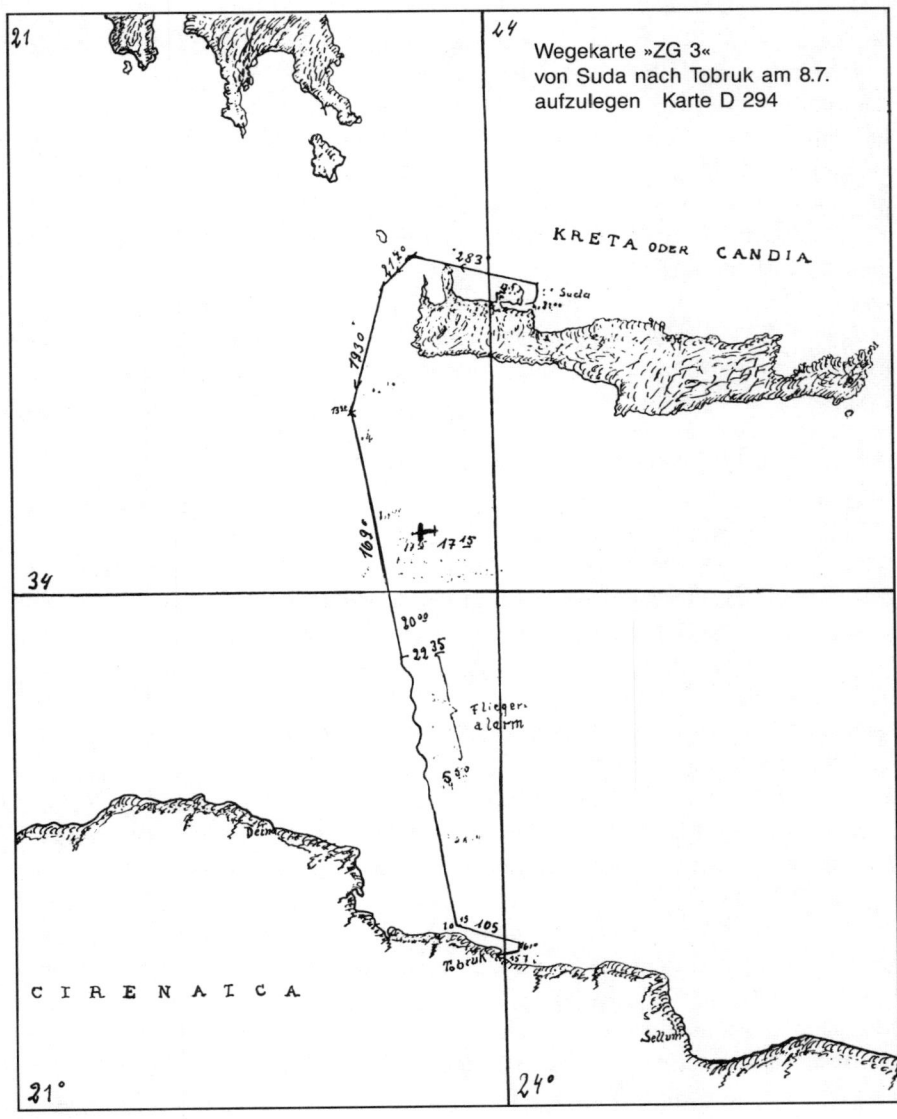

Skizze 1

Stellungnahme des Admiral Ägäis zum K.T.B. vom 1.7.–15.7.42:

— zum 7.7.42: Von Supermarina ist inzwischen die Genehmigung eingegangen, ital. Funkschlüsselmittel und Signalbuch an *ZG 3* auszuhändigen.

— zum 8.7.42: Der Koppelfehler von Supermarina ist darauf zurückzuführen, daß Supermarina bis zum Einlaufen in Tobruk mit einer Geschwindigkeit von 10 sm durchgekoppelt hatte, während die tatsächliche Geschwindigkeit nur 9 sm betrug und das letzte Ende des Weges auf Küstenkursen vor Tobruk wegen der vermuteten Grundminengefahr nur mit 4 sm/h marschiert werden konnte. Supermarina ist inzwischen unterrichtet.

— zum 9.7.42: 1650 Uhr: Die Anweisungen von Supermarina sind im allgemeinen sehr weitgehend und enthalten z. Teil ins einzelne gehende Befehle, die bei uns von dem mit der Führung beauftragten Geleitführer gegeben werden. In diesem Falle hat Supermarina sogar das Klarmachen zum Nebeln befohlen.

— zum 9.7.42: 1750 Uhr: Die Abgabe der Fl.Meldung durch *ZG 3* war zwischen dem Geleitführer, Kdt. *Mitragliere*, und Kdt. *ZG 3* vorher verabredet worden, da *ZG 3* die Luftaufklärungswelle besetzt und ins einzelne gehende Absprachen mit dem X. Fliegerkorps vorher getroffen hatte.

— zum 10.7.42: 0113 Uhr: 1. Bei deutscher Führung eines Geleits ist grundsätzlich befohlen, daß bei dunkler Nacht das Feuer durch die Dampfer nicht zu eröffnen ist, um den Flugzeugen das Auffinden des Verbandes zu erschweren. 2. Die 2 *Citta*-Dampfer sind für gutes Fahren im Ägäis-Raum bekannt. Sie sind seit Jahresfrist geschlossen zwischen dem Festlande und Kreta für Truppentransporte eingesetzt; der ganze Bordbetrieb ist militärisch durchorganisiert.

— zum 10.7.42: Der Gedanke des Kommandanten, den Zerstörer und die deutschen U-Jäger aus dem luftgefährdeten und schlecht geschützten Tobruk-Hafen herauszuziehen, war richtig, nur konnte dem Antrag von hier nicht ohne weiteres stattgegeben werden, da Supermarina in diesem Gebiet die Führung hatte.

— zum 11.7.42: Es war richtig vom Kommandanten, seinen Liegplatz nach draußen zu verlegen. Das Verholen der ital. T-Boote **ohne** vorherige Mitteilung an *ZG 3* ist unverständlich.

— zum 12.7.42: Das Längsseitsgehen von *ZG 3* zur Hilfeleistung bei dem durch Bombentreffer erheblich beschädigten Dampfer *Delos* wird anerkannt. Der Kapitän der *Delos* hat die Hilfe durch *ZG 3* dankbar empfunden. Diese Hilfeleistung durch *ZG 3* gegenüber dem langsamer marschierenden D. *Delos* ist auch besonders auf dem Marsch von Suda nach Tobruk von dem Kapitän D. *Delos* anerkannt worden.

— zum 12.7. und 15.7.42: Bei den primitiven und größtenteils zerstörten Entladeeinrichtungen im Hafen von Tobruk sind die Entladezeiten der Dampfer entsprechend lang. Hinzu kommt die fehlende straffe Organisation des Hafen- und Löschbetriebes. Inzwischen ist Supermarina darüber unterrichtet und gebeten worden, hierauf Rücksicht zu nehmen und die Anzahl der einlaufenden Schiffe zu begrenzen. Die wertvollen Geleitstreitkräfte werden in Zukunft für die Dauer der Entladezeit sofort nach Suda zurückgeholt.

gez. Förste

Donnerstag, 16.7.42

0105 Uhr. Motorengeräusch über dem Verband in geringer Höhe. Fliegeralarm. Verband wird von Feindmaschine überflogen. Wird jedoch nicht ausgemacht.

0400 Uhr. 32 Grad 54 ' N, 23 Grad 36 ' O.

0515 Uhr. Luftsicherung (1 Ju 88) beim Verband. Da von den 2 E-Turbinen und 2 E-Dieseln nur die Stb.-E-Maschine während der ganzen Reise klar war, ist erwünscht, die Beladezeit der Dampfer in Kreta zur Reparatur und Herstellung der E-Anlage auszunutzen. Außerdem besteht eine Lose im Bb.-Wellenbocklager, deren Beseitigung durch Ausgießen der Weißmetall-Lagerschalen ebenfalls in dieser Zeit erledigt werden kann. Antrag an Admiral Ägäis auf 3 Reparaturtage in Salamis durch Funkspruch gestellt.

0530 Uhr. Sonnenaufgang. ES-Austausch mit zwei weiteren zum Verband stoßenden Flugzeugen. 0750 Uhr. 27 Ju 52 überfliegen den Verband von NO nach SW. Transportstaffel nach Afrika.

0800 Uhr. 33 Grad 28 ' N, 23 Grad 28 ' O. Keine besonderen Ereignisse. Verband steuert gut geschlossen mit 9 sm nach Norden. 1200 Uhr. 34 Grad 06 ' N, 23 Grad 15 ' O. 1600 Uhr. 34 Grad 41 ' N, 23 Grad 11 ' O. 1620 Uhr. Kurs 15 Grad.

1635 Uhr. Fühlungshalter im Osten. Fliegersichtmeldung erstattet. Unbekanntes Flugzeug verschwindet nach wenigen Minuten im Osten.

2000 Uhr. 35 Grad 5 ' N, 23 Grad 20 ' O.

2100 Uhr. Winkspruch von *Cassiopeia*: »Ich gebe folgenden Funkspruch von Supermarina bekannt: Steuern sie Candia statt Suda mit *Alessandria* und *Savona* an.« Der an Bord aufgenommene Funkspruch war nicht ganz klar entschlüsselt worden. Anschriften des Funkspruchs waren *ZG 3* und *Cassiopeia*.

2400 Uhr. 35 Grad 39 ' N, 23 Grad 26 ' O, Kurs 70 Grad.

Freitag, 17.7.42

0138 Uhr. Kurs 100 Grad. 0521 Uhr. Sonnenaufgang. Es erscheint keine Luftsicherung.

0800 Uhr. 35 Grad 32 ' N, 25 Grad 5 ' O. Marsch ohne Luftsicherung. 0845 Uhr. Kurs 180 Grad.

1000 Uhr. Iraklion Netzsperre passiert, im Hafen geankert. Die Dampfer gehen an die Mole, um neue Ladung für Afrika zu nehmen. *Cassiopeia* ankert. Geleit beendet.

1300 Uhr. Eintrifft Funkspruch von Admiral Ägäis, daß 3 Reparaturtage in Salamis genehmigt. 1345 Uhr. Anker gelichtet und mit 21 sm Marsch nach Salamis angetreten. 1600 Uhr. 36 Grad 06 ' N, 24 Grad 57 ' O. 2100 Uhr. Phleves passiert. 2140 Uhr. Netzsperre Piräus passiert. Da das Schwimmdock nicht klar ist, wird am Liegeplatz Maureb[51] festgemacht. Der erbetene sofortige Arbeitseinsatz daher nicht in Gang gekommen.

Sonnabend, 18.7.42

Es kann erst um 0800 Uhr mit dem Eindocken begonnen werden. Termin der Fertigstellung wird von Maureb auf den 20.7. abends angegeben. Die zweite E-Dieselmaschine ist noch nicht fertig, muß auf späteren Zeitpunkt, etwa 28.7., eingebaut werden. Terminbestimmend ist Bb.-Wellenlager.

Diese erste größere Unternehmung war für Geist und Stimmung der Besatzung von großem Nutzen. Sinn und Zweck der vergangenen Ausbildung ist nun jedem Soldaten klar geworden. Die zahlreichen Luftangriffe gaben der Flak eine willkommene Übung in der Waffe, die bei der abgelehnten Erhöhung der Übungsmunition besonders erwünscht war. Zu beachten ist auch, daß der Zerstörer maschinell ohne Störungen gefahren ist. Die jetzigen drei Tage Werft sind begründet in Restarbeiten seit der Indienststellung, haben sich also nicht erst bei der Fahrt herausgestellt und sind keine Folgen der Fahrt.

Sonntag, 19.7.42
Salamis. Werftarbeiten. Antragsgemäß Flakarmierung um zwei 1,32-cm-Hotchkiss-Masch. Gewehre in den beiden Nocken der unteren Brücke vermehrt. Nunmehr vorhanden: vier 3,7-cm-Einzellafetten, fünf 2-cm, zwei 1,32-cm, vier 0,76-cm, alle in guter Aufstellung.

Montag, 20.7.42
Es stellt sich heraus, daß Termin heute abend nicht gehalten werden kann. Neuer Termin 21.7. 1400 Uhr. Grund für die Verzögerung: Schwierigkeiten im Drehen der Lagerschalen. Diesel ist eingebaut und läuft zur Zufriedenheit.

Dienstag, 21.7.42
1800 Uhr. Ausgedockt. Reparatur beendet. Öl ergänzt in Neu Perama. Befehl von Admiral Ägäis: Überführung der Dampfer *Citta di Alessandria* und *Citta di Savona* am 23.7. von Suda nach Tobruk mit Kriegsmaterial für Afrikakorps. Geleitschutz *ZG 3* (Geleitführer) und ital. Torpedoboot *Sagittario*[52]. Der Reiseplan sieht, umgekehrt wie bei der ersten Reise, die nördliche Hälfte der Überquerung des Mittelmeeres bei Nacht, die südliche bei Tag vor, so daß sich damit die Gefahr nächtlicher Luftangriffe vermindert.

Mittwoch, 22.7.42
0800 Uhr. Ausgelaufen nach Suda. Marschfahrt 19 sm, zugleich als Brennstoffmeßfahrt. 0810 Uhr. Netzsperre Piräus auslaufend passiert. 1200 Uhr. 36 Grad 57 ' N, 24 Grad 10 ' O. 1645 Uhr. Suda Sperre einlaufend passiert und in Innenbucht geankert. Die Steuerung des vorgesehenen Geleits liegt entsprechend der generellen Regelung über Afrikatransporte ab Suda bei Supermarina in Rom. Der über Admiral Ägäis übermittelte Befehl von Supermarina sieht ein Auslaufen am 23.7. um 1400 Uhr vor und ein Einlaufen in Tobruk am 24.7. um 1730 Uhr bei einer Reisegeschwindigkeit von 10 sm. Auf den von Supermarina befohlenen Kursen beträgt der Reiseweg 290 sm. Wir können also nicht um 1730 Uhr, sondern erst um 1900 Uhr in Tobruk sein, da der Marsch bei 10 sm 29 Stunden beansprucht. Außerdem können die italienischen Dampfer nicht 10 sm, sondern nur 9 sm laufen. Beide Miß-

stimmigkeiten heben sich nicht auf, sondern addieren sich unglücklicherweise (vergl. auch den Koppelunterschied von Supermarina bei der 1. Tobrukreise K.T.B. v. 8.7.). Die Reise dauert etwa 7 Stunden länger als von Supermarina veranschlagt. Um den Zielhafen am befohlenen Tage (24.7.) noch bei Helligkeit zu erreichen, ziehe ich die Auslaufzeit von 1400 Uhr auf 0830 Uhr vor, was eine Umbestellung der Luftsicherung, der Wasserversorgung usw. zur Folge hat. Die notwendigen zahlreichen Besprechungen mit ital. Kommandanten und Kapitänen, Hafenkapitän, Seekommandant werden in der ausgedehnten Sudabucht sehr erschwert und herausgezögert, weil der Zerstörer über kein Kraftboot verfügt und alle seit 3 Monaten bei Admiral Ägäis gestellten Anträge bisher ohne praktischen Erfolg geblieben sind. Änderung der Auslaufzeit wird an Supermarina Rom und Admiral Ägäis gemeldet.

Von italienischer Seite wurde angeregt, den Reiseplan in der Hinsicht zu ändern, daß auf Grund der Luftlage in Tobruk ein Einlaufen erst am 25.7. früh erfolgt. Wenngleich zugegeben werden muß, daß ein Einlaufen kurz vor Eintritt der Dämmerung Nachteile mit sich bringt, da eine — u.U. vermeidbare — Luftgefährdung in der Nacht zum 25.7. eintritt, so beruht der Reiseplan ja noch auf anderen taktischen Überlegungen wie: welche Seegebiete bei Tag, welche bei Nacht durchschritten werden sollen, Zeitpunkt des Drehens auf Südkurs, Rücksicht auf Fühungshalter, Einfluß des Mondes auf Größe der Luftgefahr usw., deren Ergebnis dann der befohlene Reiseplan ist. Da die Lage in Tobruk selbst Supermarina bekannt ist, sah ich meine Aufgabe darin, den befohlenen Plan so genau wie möglich zu erfüllen, d.h. 5 Stunden früher auszulaufen und 2 Stunden später einzulaufen: Ich habe daher das diesbezügliche Ansinnen des ital. Verbindungsoffiziers in Kreta, Korv. Kpt. Manca, und des ital. Torpedobootskommandanten abgelehnt. Die ital. Kursanweisung berücksichtigt nicht das wegen Minenverdachts nördl. Kreta gesperrte Seegebiet. Entsprechende Anweisung an Verband erlassen.

Donnerstag, 23.7.42

0900 Uhr. Sperre Suda auslaufend passiert. Kiellinie in Reihenfolge *ZG 3*, *Citta di Alessandria*, *Citta di Savona*, Torpedoboot *Sagittario*. Ladung *Citta di Alessandria* 400 t Munition, 100 t Verpflegung, L.K.W. und Geschütze, *Citta di Savona* 600 t Munition, 170 t Benzin, L.K.W. und Geschütze[53]. Drei Arado beim Verband. Marschfahrt gegen die See kaum 9 sm.
0955 Uhr. Kurs 0 Grad, 1042 Uhr. Kurs 270 Grad, 1132 Uhr. Kurs 230 Grad.
1245 Uhr. Nach Passieren der Warn- und Sperrgebiete: Dwarslinie. *ZG 3* vor und an Bb. des Verbandes, *Sagittario* (ohne S-Gerät) an Stb. des Verbandes. Zickzackkurse. 1405 Uhr. Kurs 259 Grad. Hält der Nordwind in dieser Stärke an, wird er beschleunigend auf die Reisegeschwindigkeit einwirken. Hauptsache, daß wir nicht nach Einbruch der Dunkelheit in Tobruk erscheinen, da Wracks, Sperren usw. 1555 Uhr. Kurs 196 Grad. Kurs in Richtung Afrika muß also bei vollem Tageslicht eingeschlagen werden. Bei Schiffen mit auch nur 15 sm Geschwindigkeit könnte die Überfahrt Kreta-Afrika innerhalb einer Nacht durchgeführt werden. Ein Fühlungsgewinnen wäre dann fast ausgeschlossen. Wahrscheinlich ist diese geringe Damp-

fergeschwindigkeit auch der Grund, warum Supermarina stets den kürzesten, also denselben Überquerungsweg wählt. Nachdem der Kurs der englischen Aufklärung bekannt sein muß, liegt hierin eine große Chance für den Einsatz von U-Booten. 1940 Uhr. Sonnenuntergang. Luftsicherung tritt ab. 2000 Uhr. 34 Grad 58 ' N, 23 Grad 13 ' O. Nachtformation eingenommen. *ZG 3* dreihundert Meter von den eng in Dwarslinie fahrenden Dampfern, *Sagittario* an der mondabgewandten Seite. 2035 Uhr. Kurs 170 Grad. Bei dem achterlichen Wind ist bei der geringen Fahrt die Brücke durch Ölqualm der niedrigen Schornsteine derart behindert, daß die Bootsführung usw. auf die untere Brücke übergehen muß.

2130–2150 Uhr. Flugzeuggeräusche über uns. Zweimotoriges Flugzeug feindlichen Typs wird erkannt. Höhe sehr schwer zu schätzen, zwischen 200 und 800 m. Zunächst kein Feuereröffnen, da es nicht klar ist, ob Flugzeug uns erkannt hat. Als durch Umkreisen des Verbandes in Höhe von wenigen hundert Metern ein Zweifel nicht mehr besteht, wird Feuer eröffnet. Es handelt sich um einzelne Flugzeuge. Einzelne Leuchtbomben fallen in unregelmäßigen Abständen, ohne daß zunächst Bomben geworfen werden. Sei es, daß die Bomben die Zusammensetzung des Verbandes deutlich machen sollen, sei es, daß sie ein optisches Fühlungshaltersignal für andere Flugzeuge oder auch U-Boote darstellen, ähnlich wie unsere Signalraketen.

Freitag, 24.7.42

Die Nacht ist hell, der 3/4 Mond wirft ein breites Band über die See. Die hochbordigen Passagierdampfer heben sich deutlich ab. In folgender Formation wird marschiert: Die Dampfer in geöffneter Staffel, um möglichst manövrierfähig zu sein. In der Verlängerung der Mondbahn als wahrscheinlichste Anflugrichtung der Flugzeuge *ZG 3*. Lagewinkel der Dampfer etwa 240 Grad. *Sagittario* an der Stb.-Seite des Verbandes etwas achteraus, so daß beide Sicherungsfahrzeuge zum Verband in Windluv stehen, klar zum Einnebeln. Bei dem Schiebewind macht der Verband jetzt etwa 10 sm durchs Wasser.

0030 Uhr. Erster Bombenabwurf. Nachdem Feuer eröffnet wurde, halten sich die Flugzeuge in respektvoller Höhe. Bomben liegen weit, teilweise werden Erschütterungen von detonierenden Bomben verspürt, ohne daß die Wassersäulen überhaupt sichtbar sind.

0050 Uhr. Während ein Flugzeug im Centralflug in etwa 1200 m Höhe die Aufmerksamkeit auf sich zieht, greift ein zweites sehr geschickt aus dem mondabgewandten dunklen Horizont im Tiefflug an. Torpedoabwurf deutlich zu beobachten, etwa 800 m an Bb. Zwei Blasenbahnen passieren zwischen *Citta di Alessandria* und *ZG 3*. Parallel zu den Bahnen gedreht und Verband durch rotes Blinken Kursänderung nach Bb. Der taktisch sehr geschickt angesetzte Angriff bleibt erfolglos, weil der Flieger sich nicht auf eine genügend nahe Schußentfernung heranwagte. Nach der Angriffsrichtung des Flugzeuges müssen der Zerstörer und der Dampfer mitten in der Mondbahn gewesen sein. Der Angriff war bei anscheinend abgestellten Motoren nicht zu erkennen oder zu hören gewesen. Er hätte zum Erfolg führen müssen, wenn das taktisch hervorragende Verhalten der Flieger mit dem Schneid, auf nächste Entfernung heranzugehen, gepaart gewesen wäre. Es überrascht immer wieder, mit welcher Sicherheit und Geschicklichkeit die Engländer das Nachtfliegen beherrschen. Ein Abwehrmanöver der Schiffe konnte sich zweifellos nicht auswirken. Weitere Leuchtbomben bis 0300 Uhr. Nachdem um 0201 Uhr der Mond untergegangen war, bestand der Eindruck, daß die Fühlung mit dem Verband verloren gegangen war und die Leuchtbomben vergeblich die abgerissene Fühlung wiederherstellen sollten.

0450 Uhr. Position für die in der Morgendämmerung vermuteten Torpedoangriffe eingenommen: *ZG 3* vor dem westlichen Dampfer, *Sagrittario* westlich der Dampfer vor dem dunklen Horizont. Es erfolgen keine weiteren Luftangriffe.

0534 Uhr. Sonnenaufgang. Drei Ju 88 treffen eine halbe Stunde nach Dämmerung beim Verband ein. ES-Austausch.

0550 Uhr. U-Bootalarm einer Ju 88. *Sagittario* die Führung des Verbandes übergeben und auf die Alarmstelle mit Höchstfahrt gehalten. Ju 88 wirft Bomben. Eine Ölbahn ist auf dem Wasser sichtbar. S-Gerät gibt zunächst kein Zeichen. Leider gelingt eine Nachrichtenverbindung mit den Flugzeugen nicht, obwohl der Zerstörer die Sicherungswelle geschaltet hat. Eine Ölspur wird erkannt, abgelaufen und am Ende drei Wabos geworfen (Schreckbomben). Später meldet S-Gerät klares und deutliches Zeichen. Es werden verschiedene Anläufe gefahren, Rauchboje geworfen und zwei weitere Gruppen Wasserbomben. Es besteht große Wahrscheinlichkeit, aber keine Sicherheit (ungeübtes Personal) über die Anwesenheit eines U-Boots. Als S-Gerät kein sicheres Zeichen mehr meldet, sehe ich von einer weiteren systematischen U-Jagd ab. Der Verband durfte mit seiner für die Lage in Afrika so wichtigen Ladung nicht allein einem T-Boot ohne S-Gerät mit nur zwei 2-cm-Flak in diesem Gebiet als Sicherungsboot überlassen werden. Bei der ganzen Lage war das sichere Geleiten der Dampfer wichtiger als eine längere Bekämpfung des nicht ganz sicher festgestellten U-Boots, auch auf die Gefahr hin, daß schließlich die Aufgabe der U-Jagd einen möglichen Erfolg vereitelt hat. Nach 1 Stunde und 20 Minuten wieder Kurs auf den Verband genommen und 0800 Uhr Sicherung des Verbandes übernommen. 33 Grad 04 ' N, 23 Grad 33 ' O.

Luftsicherung wird durch ital. Maschinen ersetzt (Cant 1007, Z 501, Macchi 200 und 2 Me 110). *Sagittario* in der Sonne, *ZG 3* vor dem Verband Zickzackkurse. Der günstige Nord schiebt, nach astronomischem Besteck stehen wir 6 sm vor dem gekoppelten Schiffsort.

1210 Uhr. Afrik. Küste in Sicht. 32 Grad 27 ' N, 23 Grad 40,5 ' O.

1245 Uhr. Von Admiral Ägäis geht Funkspruch ein, daß Supermarina befohlen hat, daß *ZG 3* und *Sagittario* sofort nach Einlaufen des Geleitzuges nach Suda gehen. Von Supermarina unmittelbar ist nichts eingegangen, wie Rückfrage bei *Sagittario* ergibt.

1340 Uhr. Kiellinie. Küstenkurs auf Tobruk. Einlaufkurse gemäß Kursanweisung gesteuert. 1625 Uhr. Sperrlücke Tobruk. Dampfer *Citta di Alessandria* und *Citta di Savona* laufen in den Hafen ein, *ZG 3* und *Sagittario* machen kehrt und steuern die Auslaufkurse gemäß Kursanweisung. Fahrt 18 sm, später wegen Seegangs mit Rücksicht auf *Sagittario* 14 sm.

1930 Uhr. Nach Funkbefehl Supermarina *Sagittario* detachiert. Marschfahrt wieder 18 sm. Zerstörer liegt gut in der See. Zum ersten Mal Seegang nach der Indienststellung. 2140 Uhr. Motorengeräusche. Unbekanntes Flugzeug überfliegt zweimal den Zerstörer in mittlerer Höhe. Leuchtbombenabwurf. Fliegeralarm. Wegen großer Höhe keine Feuereröffnung. 2400 Uhr. 33 Grad 58 ' N, 23 Grad 36 ' O.

Sonnabend, 25.7.42
0400 Uhr. Monduntergang. 0830 Uhr. Sperre Suda einlaufend passiert. Bei Tanker längsseits zur Brennstoffergänzung.

Auch das zweite Tobrukgeleit stand unter dem Zeichen zahlreicher, über die ganze Nacht anhaltender Luftangriffe. Während beim ersten Geleit der Eindruck bestand, daß der Fühlungshalter am Tage die Luftangriffe in planmäßiger Weise ausgelöst hatte, so schien es sich beim 2. Geleit mehr um eine bewaffnete Aufklärung zu handeln. Anscheinend setzen die Engländer auch Torpedoflugzeuge, vielleicht gemeinsam mit einem Bombenflugzeug, zur Aufklärung an. Jedenfalls steht der ganze Marsch Kap Krios (Kreta) bis Abeida (Afrika) des nachts unter englischer Luftkontrolle, so daß es unwesentlich ist, ob der Nachtmarsch in der südlichen Hälfte, wie bei dem ersten Geleit, oder in der nördlichen Hälfte der Strecke Kreta-Afrika, wie bei dem zweiten Geleit liegt. Die Stärke des ersten Geleits (7 Dampfer) mag die größere Intensität der Angriffe ausgelöst haben. Daß dem Engländer das Auffinden durch ein Gerät[54] erleichtert wird, muß angenommen werden. Trotz im Einzelnen geschickten Verhaltens besteht jedoch der Eindruck, daß es sich bei den Flugzeugbesatzungen um Leute handelt, die nicht bereit sind, unter vollem persönlichen Einsatz die Angriffe durchzuführen. Es muß aber damit gerechnet werden, daß bei Erkennen der Schwäche unserer Abwehr die Angriffe näher herangetragen werden und damit die Erfolgsaussichten steigen. Der Torpedoangriff in der vergangenen Nacht mußte Erfolg haben, wäre er auf nähere Entfernung herangetragen worden. Es ist nicht anzunehmen, daß sich die Angriffe auf die Nacht beschränken werden. Es wird kaum möglich sein, mit 3 Maschinen in der Sicherung einen Tagangriff abzuwehren[55]. Bei der geringen Marschgeschwindigkeit ist ein Ausweichen so gut wie zwecklos und verlängert letzten Endes nur die Gefahrzeit. Wenn irgend möglich, müßte man schnellere Schiffe für den Afrika-Transport einsetzen, eine Forderung, die auch durch den sehr wohl möglichen Einsatz von britischen Raids durch Überwasserstreitkräfte unterstrichen wird. Aus allen diesen Gesichtspunkten heraus scheint es richtig zu sein, die Geleitzüge stärker, wenn möglich auch schneller zu machen, um ihnen dann eine stärkere Sicherung von Luft- und Seestreitkräften geben zu können. Kreuzer als Rückhalt wären von Nutzen.

Die Fernaufklärung des Seegebietes von Alexandria hat entscheidende Bedeutung für den Fall des Angriffs leichter Überwasserstreitkräfte, mit denen wohl im Hinblick auf die bekannte Wirkung der deutschen Luftwaffe nachts gerechnet werden müßte. Die Funkverbindung zwischen Geleitzugführer und Luftsicherungskräften muß eingespielt sein. Ermittlungen über die Ursache des Versagens beim letzten Geleit sind angestellt.

Das wiederholte Befahren des Weges Kap Krios-Abeida ohne Umlegen der Kurse gibt der englischen Luftwaffe wachsende Erfolgsaussichten.

0900 Uhr. Tankerwrack *Maersk*[56] zur Beölung festgemacht. Trotz Inbetriebnahme der drei zur Verfügung stehenden Heizölbetriebspumpen gelang es nicht, die erforderliche Saughöhe von 6 m zu erreichen, daher abgelegt und 1200 Uhr Tankerwrack *Olna*[57] festgemacht. Auch hier gelang es nicht, die Saughöhe zu überwinden. Auch eine vom ital. Torpedoboot *Castore* geliehene elektrische Pumpe leistete nur 5 t pro Stunde, fiel jedoch aus, als die Saughöhe stieg. Aus einem zufällig in Suda liegenden ital. Tanker (ehemaliges U-Boot) Brennstoff zu übernehmen, scheiterte an Zuständigkeitsfragen[58].

Sonntag, 26.7.42
Suda. 1130 Uhr. Es wird nach langwierigen Verhandlungen aus dem ital. U-Boottanker getankt. 1815 Uhr. Brennstoffübernahme beendet. Ankerplatz dicht unter Land am Südufer der Sudabucht eingenommen.

Montag, 27.7.42
Suda. Eingang der Fahrttabelle und des Berichts über die E.K.K.-Erprobungen des Zerstörers. Zusammenfassend können vier Punkte herausgestellt werden:

1. Der Größe nach, und damit dem erforderlichen Aufwand an Arbeit und Rohstoffen, entspricht der Zerstörer weit mehr den deutschen Flottentorpedobooten 39 als den deutschen Zerstörern. In seinem Gefechtswert dagegen ist er mit den deutschen Zerstörern zu vergleichen. Seine geringere Geschwindigkeit findet jedoch einen nicht zu gering anzuschlagenden Ausgleich in der größeren Betriebssicherheit der Maschinenanlage. Bis heute, im fünften Monat der Indiensthaltung, ist noch nicht **eine** Maschinenstörungsmeldung herausgegangen (wobei von der konstruktiv fehlerhaften E-Anlage abgesehen wird). Einer der Gründe hierfür ist die spartanische Einschränkung aller Hilfsmaschinen.

2. Die vom E.K.K. mit 75 % Zuladung aufgestellte Fahrttabelle zeigt viel ungünstigere Verhältnisse als die seiner Zeit mit knapp 50 % Zuladung vom Kommando überschläglich angestellten Berechnungen. Bei 25 sm war der damals abgelesene stündliche Heizölverbrauch 4,8 cbm, in der Tabelle des E.K.K. sind 8,89 für dieselbe Fahrtstufe eingesetzt. Die Gründe werden eingehend nachgeprüft werden. Zweifellos nimmt die Zuladung einen unverhältnismäßig großen Prozentsatz der Gesamtverdrängung ein (1950 t : 566 t), so daß ihr Einfluß auf den Fahrbereich erheblich ist. Doch dürfte hiermit kaum die Höhe des größeren Brennstoffverbrauchs zu erklären sein. Auch der Verlust von 3 sm an Höchstgeschwindigkeit ist in erster Linie auf den Einfluß der größeren Zuladung zurückzuführen.

3. Die schlechten Maschinenraumtemperaturverhältnisse stellen an die Fahrmannschaft derart hohe Anforderungen, daß ein solches Boot von der Kriegsmarine niemals abgenommen würde. Auch die Gesamtbauausführung der Kesselanlage wäre nach den z.Zt. bestehenden Forderungen nicht abgenommen worden. Da bei diesen Verhältnissen noch eine weitere Belastung dadurch eintritt, daß der Zerstörer in

Griechenland und Afrika eingesetzt wird, ist es dringend erforderlich, eine Personalreserve für das Maschinenpersonal zu haben, da bei der geringen Kopfstärke von 52 Mann (Zweiwachsystem) jeder Ausfall sich bereits auf die Fahrbereitschaft des Zerstörers auswirkt. Die ersten Ausfälle sind bereits eingetreten. Ein Antrag auf zunächst überplanmäßige Kommandierung von 3 U.O. und 2 Mann müßte daher, trotz der bekannten schlechten Personallage, gestellt werden.

4. Der vom E.K.K. vorgeschlagene Schraubenwechsel, der vom Kommando beantragt ist, sollte trotz der augenblicklichen Rohstoff- und Arbeitslage durchgeführt werden. Hat er die vom E.K.K. erwartete Vergrößerung des Fahrbereichs und eine Verbesserung der Höchstgeschwindigkeit zur Folge, so käme der Zerstörer in seinen operativen Eigenschaften unseren deutschen Zerstörern sehr nahe, was bedeuten würde, daß etwa mit dem halben Aufwand derselbe Nutzen erzielt würde, eine Erkenntnis, die für unseren ferneren Schiffbau doch von wesentlichem praktischen Nutzen sein würde[59]. In diesem Zusammenhang scheint noch ein Punkt erwähnenswert, auf dessen Beurteilung der E.K.K.-Bericht nicht eingeht: Nach den bisherigen Erfahrungen ist der Zerstörer nicht nur nicht störanfällig, sondern er hat auch einen erstaunlich geringen Abnutzungsgrad. Es liegt bisher kein Anhalt dafür vor, daß eine Werftliegezeit in absehbarer Zeit nötig ist. Wenn man die Verhältnisse, unter denen die Indienststellung mit geringen Mitteln durchgeführt wurde, in Betracht zieht, und wenn man sich des Jahresplanes der planmäßigen Werftliegezeiten, Überholungszeiten und Kesselreinigungszeiten eines (deutschen!) Zerstörerverbandes erinnert, so sollte die erfreuliche Tatsache, daß der Zerstörer offenbar fährt, ohne der Werft zu bedürfen, nicht gering angeschlagen werden.

Dienstag, 28.7.42
Sudabucht. In Suda sammeln sich immer mehr italienische Zerstörer und Torpedoboote. Z.Zt. liegen acht Einheiten hier: Zerstörer *Sella*[60], *Bersagliere*[61], Torpedoboote *Lupo*, *Lince*[62], *Lira*[63], *Castore*[64], *Sagittario*, *Polluce*[65]. Sehr häufig machen die Kommandanten nach dem Einlaufen an Bord Besuch. Sind erfreulich aufgeschlossen und kameradschaftlich. Viele kommen auf Kommodore Bonte zu sprechen, den manche aus seiner Kommandozeit im Frühjahr 1939 bei der italienischen Marine kennen. Der überwiegende Teil der Kommandanten macht einen guten, für ihren Beruf passionierten Eindruck. Beim Vergleich mit den im spanischen Bürgerkrieg kennengelernten Armeeoffizieren ist zu spüren, daß in Italien von jeher die Marine der angesehenste Wehrmachtteil war und die größte Tradition und entsprechende Anziehungskraft besaß, so daß man bei der Wahl des Offiz. Ersatzes einen hohen Maßstab anlegen konnte. Sämtliche Kommandanten vermeiden ein Wort des Vertrauens oder des Stolzes auf ihre Führung oder erzählen aus ihren bisherigen Kriegserlebnissen. Dagegen verhehlen sie nicht ihre Bewunderung und ihr nur schwer zu befriedigendes Interesse an der deutschen Marine, vor allem dem Norwegen-Unternehmen, am *Bismarck*-Unternehmen und an unseren technischen Einrichtungen. Eigene Vorschläge, selbständige Entschlüsse, eigene Verantwortungsfreudigkeit sind selten, schlechtes Wetter meiden sie, wenn irgend möglich. Es fällt

auf, wie gut und sicher die Boote bei schwierigen Manövern geführt werden. Der Nachrichtendienst, optisch und auch Funk, ist nicht auf der Höhe des deutschen. Die Boote sind mit Offizieren sehr reichlich besetzt. Stets führt der älteste Kommandant, auch größere Verbände. Chefs[66] in unserem Sinne gibt es nicht.

1930 Uhr. Unmittelbar nach Sonnenuntergang erschienen aus dem Westen in dem wolkenlosen Himmel über die Höhenzüge kommend 12 Bomber, die verhältnismäßig spät erkannt werden. Höhe 4000 m. Über dem Hafen werfen sie eine größere Zahl Sprengbomben ab, die zum Teil in der Nähe der in der Bucht verstreut liegenden Zerstörer und Torpedoboote, zum Teil am Ufer in der Höhe des Strandes einschlagen. Zweifellos waren die Kriegsschiffe das Ziel. Der gut geschlossene Verband wurde wirkungslos von den Flakbatterien und der Schiffsflak beschossen. Dem Anschein nach hat es sich um schwere Bomben gehandelt. Nach zehn Minuten waren die Bomber im Nordosten ohne Verluste verschwunden. Die Einschläge lagen sicherlich mehrere hundert Meter von *ZG 3* entfernt. Typ der Bomber nicht mit Sicherheit ausgemacht.

2230 Uhr geht Funkspruch von Admiral Ägäis ein, daß italienischerseits gewisse Minensperren im afrikanischen Küstenvorfeld beabsichtigt sind, die, falls Durchführung durch Italiener sich verzögert, von *ZG 3* geworfen werden. Der Zerstörer ist klar, es bedarf nur der Übernahme der Minen, damit es losgehen kann. Die Nachforschung der Gründe für das Versagen der Funkverbindung mit den Sicherungsflugzeugen am 24.7. früh beim U-Bootalarm wurde dadurch erschwert, daß es sich um Afrika-Flugzeuge handelte. Auch gibt es keine Möglichkeit zu einer mündlichen Besprechung mit NaFü[67] X. Fliegerkorps in Iraklion aus Verkehrschwierigkeiten. Die Flugzeuge standen nach den Feststellungen nicht auf der Sicherungswelle, sondern auf der Welle ihrer Bodenstation. Da erfahrungsgemäß eine optische Morseverbindung lediglich mit den Flugzeugen der Gruppe 126 gelingt[68], ist es notwendig, daß die Sicherungsflugzeuge zum Mindesten die vom X. Fliegerkorps übermittelte Sicherungswelle schalten. Entsprechende Anträge an Admiral Ägäis und X. Fliegerkorps gestellt. Es ist allerhöchste Zeit, daß die leidige Nachrichtenverbindung zwischen Flugzeug und Kriegsschiff ohne Versager in Gang kommt.

Mittwoch, 29.7.42 – Donnerstag, 30.7.42

Sudabucht. Nichts besonderes. Die italienischen leichten Streitkräfte sind bis auf 2 in der Nacht des 30.7. zur Sicherung eines italienischen Mannschaftstransportes von Brindisi nach Benghasi ausgelaufen.

Freitag, 31.7.42

Sudabucht. Der vergangene Monat stand unter dem Zeichen des Afrika-Nachschubs auf Grund des Vormarsches auf Ägypten. Das Bewußtsein, an einer großen, vielleicht entscheidenden Aktion beteiligt zu sein, war in jedem Manne der Besatzung lebendig, auch wenn sich unsere Arbeit lediglich auf zwei Geleite nach Tobruk beschränkte. Wie lange die gegenwärtige Gunst der Lage — Räumung des

Seegebiets Kreta-Afrika durch engl. Seestreitkräfte und Mangel an vollem Einsatz und an Geschick bei der engl. Luftwaffe bei ihrer Störung dieser Seeverbindung — erhalten bleibt, ist ungewiß und muß auf das äußerste ausgenutzt werden. Die Voraussetzung, die personelle und materielle Einsatzbereitschaft des Zerstörers, ist ohne jede Einschränkung vorhanden.

Stellungnahme des Admiral Ägäis zum K.T.B. vom 15.7.42–31.7.42:

— zum 15.7.42 und 22.7.42 — Kraftboot für *ZG 3* —: Für *ZG 3* war eine Motorpinasse, die s.Zt. in Saloniki lag, vorgesehen. Das Boot war bereits auf einem Dampfer verladen, mußte aber wieder heruntergeholt werden, da der Dampfer dringend zum Transport von Torpedoschutznetzen nach Kreta gebraucht wurde. Von einer Überführung mit eigener Kraft auf dem Wasserwege von Saloniki nach Athen mußte abgesehen werden, weil der Motor einer solchen Dauerbeanspruchung nicht gewachsen war. Die Pinasse wird mit nächster Gelegenheit mit Dampfer nach hier überführt werden. Auf ein als Ersatz bis zum Eintreffen der Pinasse angebotenes Motorboot des Lazarettschiffs *Graz* hat der Kommandant *ZG* verzichtet.

— zum 17.7.42 0521 Uhr: Bezüglich der fehlenden Luftsicherung teilte das X. Fl.-Korps mit, daß eine Anforderung hierfür nicht vorlag. Die Anforderung ist von Tobruk aus erfolgt, es ist durchaus möglich, daß bei der wenig eingespielten Organisation die Anforderung nicht durchgedrungen ist.

— zum 17.7.42 2140 Uhr: Der Zerstörer hat nach Angaben des Maureb Salamis 2240 Uhr vor dem Dock in Salamis gestanden, wobei es schon völlig dunkel war. Durch den Hüllkörper für das S-Gerät ist der Tiefgang des Zerstörers so groß, daß er nicht, wie üblich, Mitte Dock eingefahren werden kann, sondern seitlich von der Mittelpallenreihe hineingeholt werden muß, um dann nach Mitte Dock versetzt zu werden, so daß der Hüllkörper in einen Zwischenraum der Mittelpallenreihe zu liegen kommt. Das schwierige Einfahrmanöver bedingt ausreichende Arbeiterzahl und Tageslicht, zumal das Eindocken nach Anbringen des Hüllkörpers zum ersten Male erfolgen sollte. Da diese Voraussetzung nicht erfüllt war, glaubte der Maureb, Kpt. z. See (Ing) Schulze, die Verantwortung für seine sofortige Dockung nicht übernehmen zu können. (*Bleistiftvermerk*: Man kann **alles** begründen! Es war windstilles Wetter! Windstill, das ist die Hauptsache!)

— zum 19.7.42: Der Zerstörer verfügt über eine Flakarmierung, wie sie die ital. Streitkräfte nicht aufweisen können. Diese sind z. Teil flakmäßig unterarmiert. Es wird versucht werden, die Flakbewaffnung zu verstärken.

— zum 22.7.42, 1645 Uhr: Supermarina ist über den Koppelfehler und über die falsch angesetzte Marschgeschwindigkeit der Dampfer unterrichtet worden.

— zum 24.7.42, 0550 Uhr: Die Nachrichtenverbindung zwischen Sicherungsstreitkräften und Flugzeugen der Sicherung wird gesondert erfolgen.

— zum 25.7.42: Die an Bord von *ZG 3* befindlichen Heizölpumpen sind nicht für die Übernahme von Heizöl geeignet, sondern lediglich zum Saugen aus den Bordbunkern konstruiert. Falls also *ZG 3* mit eigenen Mitteln Heizöl übernehmen will, muß eine besondere Übernahmepumpe eingebaut werden. Eine derartige Übernahmepumpe haben ital. Zerstörer und T-Boote. Von hier aus ist die Übernahme einer transportablen Übernahmepumpe in die Wege geleitet worden, um in Zukunft in Suda von Bord der schwimmenden Tankstation Heizöl an die Verbraucher abgeben zu können. Daneben ist beabsichtigt, *ZG 3* mit einer Übernahmepumpe auszurüsten. Inzwischen ist die Ölübernahme in Suda mit Hilfe der Pumpen des ital. Tankers *Balilla* sichergestellt.

— zum 27.7.42: 2. Absatz: Im Zuge der inzwischen eingeleiteten »Entrümpelungsmaßnahmen«, die auf dem Zerstörer durchgeführt werden, werden auch die Minenschienen abgegeben, da sie immerhin ein beachtliches Gewicht darstellen. Zur Durchführung von Minenaufgaben muß der Zerstörer ohnehin nach Salamis kommen, wo dann die Schienen in kürzester Zeit wieder eingbaut werden können. 3. Absatz: 2 überplanmäßige Unteroffiziere sind bereits kommandiert. Der dritte ist beantragt. Ein Antrag auf zwei weitere Soldaten liegt noch nicht vor. 4. Absatz: Der Schraubenwechsel wird für notwendig gehalten und befürwortet.

— zum 28.7.42, 2230 Uhr: Zur Zeit hat der Zerstörer den Luftaufklärungskreis geschaltet, außerdem die Sicherungswelle, auf der die Flugzeuge stehen. Durch O.B. Süd erfolgt demnächst eine zusammenfassende Regelung für deutsche und ital. Geleitstreitkräfte.

gez. Förste

Sonnabend, 1.8.42

Sudabucht. Feststellungen über die Unterschiede in der Fahrttabelle des E.K.K. (K.T.B. v. 27.7.) mit den Ergebnissen der Meilenfahrten im April 1942 ergaben folgendes, das auf Anfrage auch dem F.d.Z. übermittelt wurde:

1. Die damaligen Meilenfahrten mußten infolge Brennstoffmangels mit kaum 50 % Heizöl durchgeführt werden, wie seinerzeit auch ausdrücklich niedergelegt.
2. Außerdem war ein Teil der Schiffskammer, der Munition, der Artillerie, der Torpedowaffe noch nicht an Bord. Die Flakartillerie wurde in der Zwischenzeit erheblich verstärkt.
3. Die E.K.K.-Tabelle legt einen Heizölwert von 8800 kcal. zu Grunde, wir sind mit Heizöl von etwa 10.000 kcal. gefahren.

Da eine Brennstoffmeßfahrt bei der Ausreise zur Afrikaverwendung, wo das Boot 100 % Zuladung hatte, außerdem 2 Reservetorpedos, Minenschienen, 39 Wabos, 21 Stempel, Verpflegung für vier Wochen, reichlich Reserveteile usw. bei 19 sm gleiche Werte wie die E.K.K.-Tabelle ergab, so geht hieraus hervor, daß die wahren Verbräuche zwischen beiden Kurven liegen, allerdings wohl näher an der E.K.K.-Kurve. Die Schwierigkeiten der Ablesungen bei Vorhandensein von nur 4 großen Bunkern sind auch eine Quelle der Ungenauigkeit.

Es ist beabsichtigt, sobald die Lage es erlaubt, eine grundsätzliche Entrümpelung des Zerstörers vorzunehmen, um möglichst nahe an die damals vom Kommando aufgestellten Werte heranzukommen. Gelegenheiten zu Brennstoffmeßfahrten bei Unternehmungen müssen ausgenutzt werden.

Sonntag, 2.8.42 – Montag, 3.8.42
Sudabucht. Nichts besonderes.

Dienstag, 4.8.42
Sudabucht. Es geht Befehl von Admiral Ägäis ein. *U 97*, das havariert und tauchunklar ist, in der Cerigotto-Durchfahrt aufzunehmen und nach Salamis zu geleiten. Befohlener Treffpunkt 5.8. 1400 Uhr. Quadrat CO 2592.

Mittwoch, 5.8.42
0900 Uhr. Suda ausgelaufen. Nach einer Standortmeldung des U-Boots kann dieses bereits um 1200 Uhr an dem befohlenen Treffpunkt stehen bei der durch FT. mitgeteilten Reisegeschwindigkeit von 12 sm. Nach einer Standortmeldung vom 4.8. 1705 Uhr marschiert *U 97* sogar mit einer Geschwindigkeit von 14 sm. Ich weiß nicht, ob der U-Bootkommandant sich an den vereinbarten Ort und die Zeit der Aufnahme hält oder ob er mit möglichst hoher Fahrt aus der Gefahrenzone heimwärts strebt, zumal durch seine beiden Standortmeldungen seine höhere Fahrt bekannt ist. Ich entschließe mich, das U-Boot mit etwa 14 sm nach seinem letzten (0445 Uhr) Standort zu koppeln, den sich hieraus ergebenden Treffpunkt anzusteuern und von diesem Punkt den U-Bootkurs so zurückzulaufen, daß um 1400 Uhr der befohlene Treffpunkt erreicht wird. Selbst bei einer Marschfahrt von 15 bis 16 sm muß das Boot bei der guten Sicht erfaßt werden. Als das Boot nach Erreichen dieses Punktes nicht in Sicht kommt, wird dem U-Boot entgegengefahren und dieses um 1339 Uhr Stb. voraus gesichtet. Der U-Bootkommandant hatte einen halben Tag Fahrt vermindert, um den befohlenen Treffpunkt nicht zu früh zu erreichen. 1400 Uhr. U-Boot aufgenommen und in Kiellinie mit 6 hm Abstand Heimmarsch angetreten. *U 97* hatte erhebliche Beschädigungen durch Wasserbomben durch engl. Flieger nachts davongetragen. U.a. war es tauchunklar, Kompaß war unbrauchbar und hatte Wassereinbruch gehabt. Klar war jedoch die Dieselanlage, so daß 16 sm Marschfahrt gehalten werden konnten. *U 97* stand nur um 5 sm verkehrt. Eine Ju 88 als Luftsicherung beim Verband. Kurs auf Salamis genommen. 1600 Uhr. 36 Grad 30 ′ N, 23 Grad 15 ′ O. 1721 Uhr. Funkspruch von Poros, daß gestern zwischen Monemvasio und Spusia ein Motorsegler von U-Boot versenkt wurde. Ort liegt wenige Meilen von unserem Standort. Also U-Bootsgefahr und erhöhte Aufmerksamkeit.
1815 Uhr. 2 Arados als Luftsicherung beim Verband. 2000 Uhr. 37 Grad 23 ′ N, 23 Grad 38 ′ O. Reisemarsch. 2125 Uhr. Leuchttonne Kap Turlo passiert 50 m an Bb. Einlaufen ohne Feuer ohne besondere Schwierigkeiten. 2200 Uhr. Netzsperre Piräus passiert und nach Salamis gesteuert. Am alten Liegeplatz festgemacht. *U97* beim Stützpunkt festgemacht.

Donnerstag, 6.8.42
Salamis, Dieseleinbau beim Maureb Salamis. Der erste Diesel ist bereits wieder zusammengebrochen und wird zur Reparatur ausgebaut und an Maureb abgegeben.

Freitag, 7.8.42

Salamis. Abgabe aller irgendwie entbehrlichen Gewichte zur Verbesserung von Geschwindigkeit und Fahrbereich.

In der Ägäis in der Nähe der Insel Milos ein weiterer Motorsegler durch Artilleriefeuer eines U-Boots vernichtet, der Dampfer *Wachtfels* torpediert und gesunken, Tanker *Rondine* ein 6-Fächer-Fehlschuß. Sämtlicher Schiffsverkehr in der Ägäis ist gesperrt.

Sonnabend, 8.8.42

Salamis. E-Diesel eingebaut und betriebsklar. Da noch kein neuer Befehl für Unternehmung vorliegt, ist für Morgen Abkomm- und Kaliberschießen vorgesehen.

Sonntag, 9.8.42

Golf von Attica. Artillerieschießen. Planmäßiger Verlauf von 6 Abkommanläufen und 2 Kaliberanläufen. Zum Teil gleichzeitiger Einsatz der Fla-Maschinenwaffen. Das Schießen hat gezeigt, daß Batterie und Anlage kriegsbrauchbar sind. Die Feuerleitanlage hat einwandfrei und ohne Störung gearbeitet, die Streuungen waren voll befriedigend. Die Anlage, gegenüber deutschen Anlagen bedeutend einfacher und weniger umfangreich, entspricht vollauf den an eine Zerstöreranlage zu stellenden Anforderungen und ist h.E. eine glückliche Lösung, wenn sie auch in mancher Hinsicht noch besser durchkonstruiert sein könnte. Nicht ausreichend ist die Zielgeberoptik. Sie ist so lichtschwach, daß das Ziel beim Nachtschießen ohne künstliche Beleuchtung nicht auszumachen war, obgleich durch jedes normale Brückenglas mit Nachtoptik (DF 7 x50) die Scheibe gut sichtbar war. Die Munitionsförderwerke — einfache Paternosterwerke — haben sich gut bewährt. Sie sind betriebssicher, die Förderleistung ist mehr als ausreichend. Bei gleichzeitigem Einsatz von 12,7-cm-Batterie und Flak bei Nacht mußte die Erfahrung gemacht werden, daß die L-Spur, insbesondere der 3,7-cm, so stark blendet, daß der Zielgeber das Ziel verliert. Gleichzeitiger Einsatz von 12,7-cm-Batterie und Flak kommt daher nur mit Scheinwerferbeleuchtung oder auf ganz geringe Entfernung in Frage.

Sperrung der Ägäis wird aufgehoben ab 11.8. 0800 Uhr. Sie bleibt noch bestehen für Mannschaftstransporte und ungesicherte Kleinschiffahrt.

Montag, 10.8.42

Mittags eingeht Befehl, Dampfer *Sportivo*[69] und *Bianchi*[70] von Piräus nach Tobruk zu geleiten. Ladung Flugzeugbenzin. Sicherung durch ZG 3 (Geleitführer) und Torpedoboot *Lince* und *Calatafimi*. Letzteres Cerigotto (Grenze Ägäis). Führung in der Ägäis durch Admiral Ägäis, danach durch Supermarina Rom. Geschaltet Ägäis-Kurzwelle und Befehlswelle Rom, besetzt durch das eingeschiffte ital. Funkpersonal (3 Funker).

Dienstag, 11.8.42

0730 Uhr. Kommandantensitzung auf ZG 3. Die Dampfer können eine Reisegeschwindigkeit von nur 8 sm halten, so daß für die Reise über 50 Stunden gerechnet werden müssen.

0800 Uhr. Verband geht Piräus Reede Anker auf. Zunächst passieren die Dampfer die Sperre, danach die Sicherungsstreitkräfte. Kiellinie, vorn *ZG 3*, *Bianchi*, *Sportivo*, *Calatafimi*, *Lince*. 0840 Uhr. Nach Passieren von Phleves: Dampfer in Dwarslinie, davor *ZG 3*, an Stb. beide Torpedoboote. 0935 Uhr. Luftsicherung durch Arado 196 und Ju 88 trifft beim Verband ein.

1030 Uhr. FT. von Admiral Ägäis, daß nach Beobachtung Funkverkehrs sowie nach Bewegungen, die bei Gibraltar festgestellt wurden, mit der Möglichkeit einer größeren kombinierten engl. Operation von Westen nach Osten zu rechnen ist. Nachdem bei den Geleitzugschlachten im Juni *ZG 3* wegen noch nicht fertiggestellter Torpedoarmierung nicht dabei war, steht jetzt zu hoffen, daß wir diesmal herangezogen werden. Auch die Marinepeilstelle Athen hatte heute früh um 0615 Uhr äußerst lebhaften dringenden Verkehr für Befehlshaber westl. Mittelmeer als Bestätigung größerer Schiffsbewegungen in diesem Gebiet gemeldet.

1200 Uhr. Auf der Befehlswelle von Rom gehen Funksprüche ein, nach denen südlich Menorka bzw. Ibiza drei Gruppen mit östl. Kurs heute um 0438 Uhr bzw. 0930 Uhr gesichtet wurden. 1. Gruppe: 1 Schlachtschiff, 1 Träger, mehrere Zerstörer, 2. Gruppe: 1 Träger, 4 Kreuzer, 7 Zerstörer, 1 Dampfer großer Tonnage, 3. Gruppe: 6 Zerstörer. Ob 1. und 2. Gruppe identisch ist, möglich, aber nicht wahrscheinlich. Erfahrungsgemäß lösen Operationen im westl. Mittelmeer gleichzeitige Operationen im östl. Mittelmeer aus, wohl zur Zersplitterung der Achsenkräfte.

Vor Alexandrien sind ein Dampfer mittlerer Tonnage und 2 Korvetten um 0820 Uhr, Kurs 240 Grad, gesichtet worden. Wohl Nachschub nach Alexandrien.

Bei einem Reisemarsch von 7–8 sm ist es schwierig, eine gute sichernde Stellung mit einer der eigenen Sicherheit des Zerstörers angemessenen Fahrt zu verbinden, wobei die Zickzackkurse andererseits so eingerichtet werden müssen, daß das S-Gerät nicht durch das stehenbleibende eigene Schraubenwasser beeinträchtigt wird. Es wird mit 16 sm Fahrt in langen Schleifen 2–3000 m vor dem Verband gefahren. Die beiden Torpedoboote zu jeder Seite des Verbandes Zickzackkurse. Vorwärtsgeschwindigkeit wie zur Segelschiffzeit.

1200 Uhr. 37 Grad 37,5 ' N, 24 Grad 04 ' O.

1340 Uhr. Wassersäule wie von einer Wabo beobachtet. Kurz darauf recht voraus 10 sm Abstand eine zweite hohe Wassersäule. Nicht zu erklären.

Der heutige Wehrmachtbericht meldet zunehmende Lufttätigkeit im Mittelmeerraum und über Nordafrika.

Admiral Ägäis teilt mit, daß auf Reede Tobruk-Hafen ein Marine-Fährprahm durch Minenexplosion gesunken ist. Hafen von Marsa Matruk wegen Luftminenabwurf gesperrt.

1600 Uhr. 37 Grad 10 ' N, 24 Grad 01 ' O. 1745 Uhr. U-Bootalarm. S-Gerät meldet Zeichen. Wird darauf zugedreht. Zeichen ist sicher und wird von Horchpersonal als U-Boot angesprochen. Darauf Verband 5 Dez nach Stb. wenden lassen und U-Jagd aufgenommen. Drei Schreckbomben geworfen. Zeichen wird noch verschiedentlich wahrgenommen: Mal sicher, mal unsicher. FT.-Kurzsignal: Ungenaues feindl.

U-Boot Qua. 3726. Infolge Fehlens von U-Jagdstreitkräften kann Jagd nicht fortgesetzt werden. *Calatafimi* setzt ebenfalls Signal für verdächtiges Zeichen. Verhalten der Torpedoboote zeigt keinerlei eigene Initiative und Anpassen an die Lage. Halten Kurs und Fahrt durch und müssen durch Winksprüche angewiesen werden.

1800 Uhr. Sondermeldung: Träger *Eagle* im westl. Mittelmeer durch dt. U-Boot versenkt.

1830 Uhr. Ju 88 verlassen den Verband. 1850 Uhr. Arado 196 verlassen den Verband.

1920 Uhr. Sonnenuntergang. Nachtmarschformation. *ZG 3*, *Bianchi*, *Sportivo* in Kiellinie bzw. Staffel, Torpedoboote an beiden Seiten, nahe am Verband. Keine Zickzackkurse.

2000 Uhr. 36 Grad 38 ′ N, 23 Grad 48 ′ O. 2400 Uhr. Reisemarsch ohne Ereignisse. Geschwindigkeit durchschnittlich 7 sm.

Mittwoch, 12.8.42

0125 Uhr. Torpedoboot *Lince* gibt optisch an *ZG 3*, daß Supermarina befohlen hat, Kurs auf Suda zu nehmen. Es ist außerordentlich schwierig, den Verband von 205 Grad auf 117 Grad umzulegen. Als alle Morsesprüche nichts fruchten, geht *ZG 3* auf Gegenkurs, um mit Megaphon den Dampfern den neuen Kurs zuzurufen, ein Manöver, das bei der dunklen Nacht, der Formation mit den seitlichen Torpedobooten und dem nicht zu erklärenden Verhalten der Dampfer ein scheußliches und gefährliches ist. Endlich liegt nach 3/4 Stunden der Verband auf Kurs nach Suda. Der Funkspruch war nicht an *ZG 3* als Geleitführer, sondern nur an *Lince* adressiert. Er wurde etwas später auch von *ZG 3* entschlüsselt. *ZG 3* war überhaupt nicht erwähnt.

0400 Uhr. Windwarnung: Bis Stärke 7 auffrischende Winde aus Nord. 35 Grad 43 ′ N, 25 Grad 47 ′ O. 0525 Uhr. Luftsicherung durch 3 Arados mit Einbruch Dämmerung zur Stelle. 0642 Uhr. Reisemarsch nach Suda. Kiellinie.

0745 Uhr. FT. von Admiral Ägäis: 1. Supermarina hat befohlen, daß Geleit nach Suda geht, 2. Südlich Zypern 11.8. 1700 Uhr 4 engl. Kreuzer, 10 Zerstörer Kurs West gesichtet. Es wird angenommen, daß sich dieser Verband mit dem aus Westen kommenden vereinigen will. *ZG 3* ist nach Einlaufen Suda auf Bitten Supermarina der 8. (italienischen) Kreuzer-Division in Navarino zugeteilt worden, für den Fall, daß die Division ausläuft.

0800 Uhr. 35 Grad 30 ′ N, 24 Grad 13 ′ O. Aus von Supermarina eingehenden Funksprüchen geht hervor, daß südlich von Sardinien eine Kampfgruppe von 3 Schlachtschiffen, 2 Trägern, 3 Kreuzern, 10 Zerstörern und 20 Dampfern Kurs 90 Grad gemeldet ist. Ob eine zweite Kampfgruppe von 2 Schlachtschiffen, 2 Trägern, 15 Zerstörern, mehreren Dampfern, die etwa 40 sm südlich von der ersten gemeldet ist, mit dieser identisch ist, ist nicht sicher, aber wahrscheinlich.

0815 Uhr. Sperre Suda einlaufend passiert, Geleitzug durch Signalbefehl auf Ankerplätze entlassen. Gewitter und Regenböen (seit Februar der erste Regen), Wind NW 6. Bei ital. U-Bootanker längsseits. Nach einigen Verhandlungen erhalten wir nach Vermittlung des Seekommandanten Öl.

1250 Uhr geht FT. 1201/35 von Admiral Ägäis ein: »ZG 3 nach Einlaufen sofort nach Navarino gehen. Vorübergehend 8. Kreuzer-Division unterstellt.« Ölübernahme ist beendet, es wird 1315 Uhr ausgelaufen. Marschfahrt von 21 sm läßt zwar Navarino erst bei Dunkelheit erreichen, mit Rücksicht auf Beanspruchung Maschinenanlage und Heizölverbrauch jedoch für richtig gehalten. Außerdem rechne ich, daß 8. Kreuzerdivision in See gegangen ist und wir uns in See anschließen.
1345 Uhr. Suda-Netzsperre auslaufend passiert. Reisemarsch 21 sm durch Cerigo-Durchfahrt nach Navarino. 1530 Uhr. Luftsicherung, eine Arado 196, trifft beim Zerstörer ein. Von Admiral Ägäis geht durch Funkspruch minenfreier Weg nach Navarino ein. Lotsenboot wird gestellt. Leuchtfeuer Sapienza wird durch FT. angefordert.
1845 Uhr geht von Rom neue Feindmeldung ein: Zwischen Sardinien und Nordafrika, etwa 25 sm von letzterem entfernt, steht das Gros, 3 Flugzeugträger, 2 Schlachtschiffe, 5-10.000-t-Kreuzer, 12 Zerstörer, mehrere Dampfer, Kurs 90 Grad, 14–16 sm Geschwindigkeit, mit Flugzeugsicherung. Danach könnte die Absicht sein, die Straße von Sizilien nachts zu passieren und dann nach Alexandrien zu gehen.
1850 Uhr. Luftsicherung meldet sich ab.
1925 Uhr. Sonnenuntergang. 2000 Uhr. 36 Grad 01,5 ′ N, 22 Grad 02 ′ O. Admiral Ägäis bestätigt bestelltes Leuchtfeuer Sapienza. Auch Phylos wird brennen.
2030 Uhr. Sapienza, ab 2030 Uhr angefordert, brennt nicht. Auch der Lotse ist 2140 Uhr nicht auf Position. Da Einlaufen ohne Feuer und ohne Lotse nicht möglich, wird in See auf- und abgestanden. Aus vielen Gründen (Navigation, U-Bootgefahr, Minensperrgebiete) nicht angenehm.
2150 Uhr. Gemäß Funkspruch Admiral Ägäis kommt Lotse erst um 2300 Uhr an den verabredeten Punkt. Lotse ist auch 2300 Uhr nicht da.
2335 Uhr. Lotsenboot in Sicht. Im Kielwasser Lotsenboot Einfahrt nach Navarino und Ankerplatz in der Bucht angesteuert.

Donnerstag, 13.8.42
0025 Uhr. In der Bucht von Navarino auf 40 m Wasser geankert. Nach dem Ankern kommt ital. Offizier von der Ausrüstungsstelle an Bord und regelt Öl- und Wasserversorgung. Bald danach kommt Flaggleutnant der 8. Kreuzer-Division an Bord zur Begrüßung und übermittelt, daß Admiral Meldung des Kommandanten erst am nächsten Morgen um 0930 Uhr erwartet. Im Hafen drei Kreuzer und vier Zerstörer.
0930 Uhr. Meldung beim Chef der 8. Kreuzer-Division, Divisionsadmiral de Courten, bestehend aus den Kreuzern *Giuseppe Garibaldi*[71], *Emanuele Filberto Duca D'Aosta*[72], *Luigi di Savoia Duca Degli D'Abrucci*[73]. Admiral, früher Attaché in Berlin, spricht fließend deutsch. Er beurteilt die Lage wie folgt: Kampfgruppe im östl. Mittelmeer heute durch Luftaufklärung nicht mehr erfaßt, so daß wahrscheinlich Irreführung durch engl. Gebrauch unserer Schlüsselmittel vorlag. Großer Geleitzug im westl. Mittelmeer betritt jetzt die Straße von Sizilien. Wahrscheinlich großer Nachschub für Malta. Der kleine Nachschubtransport erfordert ebenfalls großen Aufwand, so daß eine einmalige, für 6 Monate reichende Bevorratung beab-

sichtigt sein könnte. Da Italien über kein Dete-Gerät[74] verfügt, nachts keine Aktion erwünscht, auch wegen Anwesenheit schwerer Schlachtschiffe. Kreuzer aus dem Tyrrhenischen Meer daher wieder kehrt gemacht. Gelingt wider Erwarten Durchbruch am heutigen Tage durch Straße von Sizilien und findet Weitermarsch ins östliche Mittelmeer statt, so werden die Schlachtschiffe aus Tarent auslaufen und wir aus Navarino. *ZG 3* wird hierzu der 13. Zerstörerflotille zugeteilt, die aus den modernen Zerstörern *Alpino*[75], *Bersagliere*[76], *Coracciere*[77] und *Mitragliere* besteht.

Anschließend Besprechung mit Chef der 13. Zerstörerflottille (Kpt. z. S., Jahrg. (Crew) 13, zugl. Kommandant des Führerboots *Mitragliere*) über Signal- und Funkverfahren, taktische und Waffenfragen. Da jederzeit mit dem Auslaufen gerechnet werden muß, ist es notwendig, in kürzester Zeit eine Art von kleiner Fahrvorschrift und Seekriegsanleitung aufzustellen. Mittags ist Kommandant *ZG 3* Gast des Admirals. Anwesend sind der Flaggschiffkommandant, der Chef des Stabes, der AI[78] und der Flaggleutnant. Das Gespräch dreht sich um das Flottentorpedoschießen (Garben- und Fächerschießen) vom Sommer 1939, an dem der Admiral auf *Graf Spee*[79] teilgenommen hat und ich als Kommandant *Steinbrinck*. Sodann um die *Glorious*-Aktion[80], den Durchbruch der Schlachtschiffe durch den Kanal und die Umarmierung *Gneisenau*[81], ihm bekannt nach einem Bericht der »Illustrated London News« und nach Reuternachrichten. Admiral betont liebenswürdig. Ich habe nicht den Eindruck, daß Admiral noch mit Auslaufen rechnet. Kreuzerverband liegt seit 40 Tagen in Navarino, ohne einmal in See gegangen zu sein[82]. Sieben Einheiten hinter Schutznetzen in drei Päckchen zusammengedrängt. Liegeplatz ausschließlich bestimmt durch Gesichtspunkte der Lufttorpedoangriffe. Bzgl. Bombenangriffen sehr ungünstig. Schiffe sehr sauber, Besatzung recht stramm. Nach meinen eingezogenen Erkundigungen sollen Disziplin und Stimmung der Besatzung gut sein. Durchgehende Abneigung gegen Nachtgefechte[83].

Auf meine Bitte stellt er mir einen erfahrenen Seeoffizier zur Vefügung, mit dem weitere Einzelheiten geregelt werden und der bei Auslaufen auf *ZG 3* eingeschifft wird. Das eingeschiffte ital. Funk- und Signalpersonal wird verstärkt. *ZG 3* ist takt. Nr. 5 der 13. Zerst. Flotille.

Ein Teil des Geleitzuges ist beschädigt oder versenkt.

1800 Uhr. *ZG 3* verholt auf flaches Wasser, ein Torpedoschutznetz zur Tiefwasserseite wegen Lufttorpedogefahr wird in Aussicht gestellt. Luftgefahr wegen der Nähe Maltas erheblich.

Der Nachmittag wird zu weiteren Vereinbarungen zu signaltechnischen und taktischen Fragen ausgenutzt. Zwei der ital. Zerstörerkommandanten sind bereits durch die vergangenen Unternehmungen uns bekannt.

1900 Uhr. Sondermeldung des O.K.W.: Ein im westl. Mittelmeer auf der Fahrt nach Alexandrien befindlicher Geleitzug wird seit 11.8. von dt.-ital. Streitkräften angegriffen. Neun Handelsschiffe versenkt, Rest versprengt, teils Gibraltar oder auf Westmarsch, teils nach Malta. Aussichten, zum Einsatz zu kommen, sinken.

Flaggleutnant 8. Kreuzergeschwader übermittelt Befehl, daß *ZG 3* entlassen ist und nach Suda zurückgehen soll. 0200 Uhr seeklar befohlen.

Freitag, 14.8.42

0200 Uhr. Anker aufgegangen und Sperre Navarino passiert. Lotsenboot bis Sperre. L.I. meldet, daß Salz im Wasserkreislauf, zunächst jedoch keine Anzeichen, daß Fahrt nicht gehalten werden könnte.

0230 Uhr. Passieren der Sperre, Kurs 189 Grad. Wegen Gefahr des Kesselkochens muß Fahrt ermäßigt werden. Schließlich auf geringste Fahrt. Salzgehalt ist so groß, daß alle Mittel fruchtlos und Wiedereinlaufen unvermeidlich. 0340 Uhr. Kurs 9 Grad. Es wird mit geringster Fahrt eingelaufen. Kein Feuer. Sperreöffnen wird durch Sternsignal angefordert. Verbindung mit Signalstelle wird hergestellt.

0445 Uhr. Vor Sperre geankert. 0505 Uhr. Anker gelichtet und 0515 Sperre passiert. 0530 Uhr. Vor der Ausrüstungsstelle geankert. Nach dem Ankern wird Meldung über Versalzen, Absicht des Wasserwechsels und anschließendes Wiederauslaufen an Admiral auf *Giuseppe Garibaldi* erstattet, mit der Bitte, Admiral Ägäis zu benachrichtigen.

0930 Uhr. Absicht gemeldet, daß voraussichtlich 1200 Uhr wieder ausgelaufen wird. Bitte um Benachrichtigung von Supermarina und Admiral Ägäis.

1150 Uhr kommt Flaggleutnant im Auftrag des Admirals an Bord, um uns zu verabschieden und im Auftrag des Admirals eine gute Reise zu wünschen. Die Unterstützung der ital. Marine war betont freundlich und vorbildlich hilfsbereit.

1200 Uhr. Anker gelichtet und mit 20 sm Reisemarsch durch die Cerigo-Durchfahrt nach Suda angetreten. Speisewasser ist in Ordnung. Ursache der Störung: Es wurde zunächst angenommen, daß die Ursache der plötzlichen starken Versalzung der gesamten Anlage von den Frischwassererzeugern herrührte. Die Kessel machten daher Wasserwechsel, die Speisewasser-, Betriebs- und Vorratszelle wurden entleert. Nach Durchführung dieser Maßnahme wurde seeklar gemacht. Die Betriebsverhältnisse waren normal, so daß um 1145 Uhr die Masch. Anlage klar zur Fahrt gemeldet werden konnte. Befehlsgemäß wurde das erzeugte Wasser halbstündlich untersucht. Es zeigten sich keine Veränderungen. In dieser Meßspanne muß die Versalzung eingetreten sein. Da selbstanzeigende Salzmeßgeräte fehlen, wurde die Versalzung erst festgestellt, nachdem sich so viel Salz in den Kesseln angereichert hatte, daß diese zum Kochen neigten. Als Vorbeugungsmaßnahme für eine ähnliche Störung wird jetzt das erzeugte Speisewasser alle 10 Minuten auf Salzgehalt untersucht. Außerdem ist beantragt worden: a) der Einbau eines selbsttätigen Salzmeßgerätes in die gemeinsame Leitung der Frischwassererzeuger zur Betriebszelle, b) getrennte Leitungen für jeden Frischwassererzeuger zur Betriebszelle und Einbau eines selbsttätigen Salzmeßgerätes in jede Leitung.

1950 Uhr. Keine besonderen Ereignisse. Piräus-Geleit passiert an Bb.

2045 Uhr. Suda-Netzsperre einlaufend passiert und anschließend auf Reede geankert. Es wird sofort ein Offizier an Land geschickt, um zwecks weiterer Befehle Verbindung mit Seekommandant aufzunehmen.

Zwei ital. Offiziere des Zerstörers *Premuda*[84] kommen an Bord und teilen mit, daß *Premuda* und Torpedoboot *Partenope*[85] mit den Dampfern *Bianchi* und *Sportivo* heute abend 2200 Uhr nach Tobruk auslaufen. Es wird angenommen, daß der ursprünglich für die Reise vorgesehene *ZG 3* nicht reiseklar sein würde. Da wir klar sind, übernimmt *ZG 3* die Führung, *Premuda* bleibt im Hafen.

Kurze Besprechung mit Kommandant *Partenope* an Bord *ZG 3*. Dampfer laufen zeitgerecht 2200 Uhr aus, danach *Partenope* und *ZG 3*.

2245 Uhr. Anker gelichtet und ausgelaufen. Mit dem Verband in Kiellinie in Reihenfolge *ZG 3*, *Bianchi*, *Sportivo*, *Partenope*, Marschfahrt 8 sm. Die funktelegraphisch von Admiral Ägäis übermittelten Kurse sind dieselben, auf denen bisher nach Tobruk gefahren wurde. Der Zeit nach können die angegebenen Positionen nicht rechtzeitig erreicht werden. Etwa 2–3 Stunden Verspätung trotz pünktlichen Auslaufens. Bei der geringen Reisegeschwindigkeit ist anzunehmen, daß Luftsicherung uns trotzdem findet.

Sonnabend, 15.8.42

0500 Uhr. Luftsicherung (Arado 196) trifft ein. 0610 Uhr. Ju 88 trifft ein. Tagmarschformation: Dampfer Dwarslinie, *ZG 3* an Bb., *Partenope* an Stb. Zickzackkurse.

1400 Uhr. Sondermeldung: Von den 21 Transportern des Geleitzuges sind 15 vernichtet, zwei Kreuzer und drei Zerstörer versenkt.

1420 Uhr. Torpedoboot *Pallade*[86] hat heute 0800 Uhr ein U-Boot 33 Grad 26 ' N, 21 Grad 15 ' O gesichtet. Ort liegt etwas westl. von unserem Kurs. Ganz zweifellos ist besonders morgen früh mit U-Booten zu rechnen. 1600 Uhr. 34 Grad 29 ' N, 23 Grad 10 ' O. Supermarina teilt durch Funkspruch mit, daß unser Verband um 1430 Uhr von einem feindl. Flugzeug gesichtet wurde. Wird Bombenangriffe und tags U-Boote nach sich ziehen. Im Hinblick auf die zu erwartenden Luftangriffe wird als Nachtmarschformation befohlen: Die Dampfer in enger Dwarslinie oder stumpfer Staffel an Bb., *ZG 3* an Stb., *Partenope* nahe an den Verband heranschließen, geraden Kurs. Möglichst kein Feuer eröffnen in der mondlosen Nacht. 1915 Uhr. Sonnenuntergang. Nachtmarschformation eingenommen. 1935 Uhr. Luftsicherung (2 Ju 88) geht ein.

2000 Uhr. 33 Grad 54 ' N, 23 Grad 20 ' O. 2400 Uhr. 33 Grad 23 ' N, 23 Grad 22 ' O.

Sonntag, 16.8.42

0008 Uhr. Leuchtbombe Stb. achteraus. Fliegeralarm. Da die Leuchtbombe 90 hm gemessen wird, ist anzunehmen, daß die Flugzeuge uns nach Kurs und Vormarschgeschwindigkeit gekoppelt haben, uns aber weder sehen noch mit ihrem Gerät erfaßt haben. Die nächste Leuchtbombe fällt ebenfalls an Stb. 75 hm entfernt, dann kommen die Bomben mehr voraus, bleiben dort eine lange Zeit in gleicher Richtung aber wechselnder Entfernung, gehen schließlich nach Bb. herüber, wo die letzte Bombe 0145 Uhr beobachtet wird. Außerdem werden Stb. achteraus und voraus zwei helle, blinkende Lichtzeichen beobachtet, anscheinend Orientierungsbojen der Flugzeuge für ihren Standort. Nach Peilung und Messung ergibt sich etwa folgendes Bild:

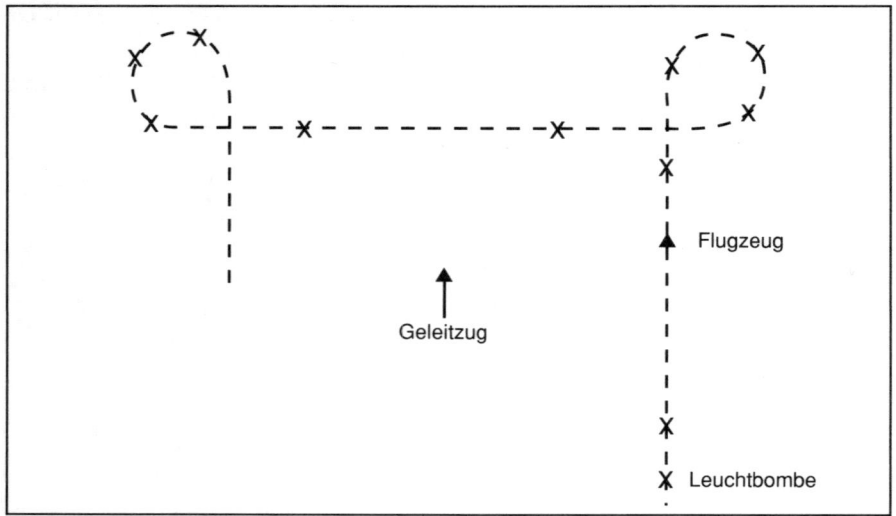

Skizze 2

Als nach rund 2 Stunden der Geleitzug nicht gefunden war, wurde die Suche abgebrochen.

0400 Uhr. 32 Grad 50 ' N, 23 Grad 36 ' O, Reisemarsch 7–8 sm.

0600 Uhr. Messerschmidt-Zerstörer treffen beim Verband ein. Kurz danach auch ital. Jäger. Auf den befohlenen Küstenkursen gesteuert.

0906 Uhr. Signalstelle Tobruk setzt Signal »Auf ihrem Kurs liegen Minen«. Zunächst auf Kurs in tieferes Wasser gedreht. Es gelingt nicht, eine Verbindung mit der Signalstelle Tobruk herzustellen, da diese keinen Scheinwerfer besitzt. Situation ist äußerst unbehaglich. Es wird, eng aufgeschlossen, in Kiellinie von *ZG 3* gesteuert. Fahrt auf 4 sm verringert. Nachdem keine Sperrung durch Funk eingegangen ist, entschließe ich mich, Marsch fortzusetzen und Tobruk anzusteuern. 0955 Uhr. Lotsenboot kommt und setzt Signal zum Folgen. 1040 Uhr. Sperre Tobruk passiert. Im Hafen liegen seit dem letzten Anlaufen zahlreiche neue Wracks. Die Dampfer entlassen, geankert und einen Offizier zum Befehlsempfang an Land geschickt.

Gemäß Funkbefehl Admiral Ägäis soll heute Abend 1800 Uhr der deutsche Dampfer *Ankara* nach Tarent geleitet werden, zusätzliche Sicherung durch Torpedoboot *Partenope*. Westl. Kreta soll *ZG 3* durch ital. Zerstörer *Premuda* abgelöst werden und *ZG 3* nach Suda einlaufen. Operationsbefehl geht durch ital. Kommando Tobruk ein.

1830 Uhr. Tobruk Anker gelichtet, nachdem *Ankara* und Torpedoboot *Partenope* 8000 m abstehen, um Abendaufklärung gemeinsames Auslaufen, das auf die besondere Wichtigkeit des Dampfers einen Rückschluß zulassen würde, zu verheimlichen.

1909 Uhr. Sonnenuntergang. 1950 Uhr. Vor *Ankara* gesetzt. Auslauf-Küstenkurse gesteuert.

64

2030 Uhr. Kurs 349 Grad, 13 sm. 2155 Uhr. Monduntergang. Während des Nacht-marsches wird der Verband von der engl. Luftwaffe nicht erfaßt. Dies ist das erste Mal, daß zwischen Kreta und Afrika die Engländer keine Fühlung gewinnen. Die bisher ungewohnte hohe Marschgeschwindigkeit von 13 kn erleichtert das Fahren. 2400 Uhr. 32 Grad 51 ′ N, 23 Grad 38 ′ O.

Stellungnahme des Admiral Ägäis zum K.T.B. vom 1.8.–15.8.42:
— zum 12.8.42 0125 Uhr: Es hat sich als richtig herausgestellt, daß alle wissenswer-ten Nachrichten bzw. Befehle von Supermarina an Zerstörer *Hermes* mit Funk-spruch durch Admiral Ägäis übermittelt werden, da, wie der Vorfall zeigt, nicht sichergestellt ist, daß Befehle von Supermarina auf italienischer Befehlswelle auch tatsächlich den Zerstörer erreichen.
— zum 12.8.42 2000 Uhr: Der Admiral Marimorea ist vom Nichtbrennen des Leuchtfeuers und der Unpünktlichkeit der Lotsengestellung unterrichtet worden.
— zum 13.8.42: Die gute Zusammenarbeit mit der 13. ital. Zerstörerflottille wird hervorgehoben. Die Schaffung von Unterlagen für taktische Zusammenarbeit und Fahren im Verbande verdient besondere Anerkennung.
gez. Förste

Montag, 17.8.42
0400 Uhr. 33 Grad 41 ′ N, 23 Grad 21 ′ O.
0500 Uhr. Sonnenaufgang. Zickzackkurse, *ZG 3* an Stb., *Partenope* an Bb.
0920 Uhr. Kursänderung auf 325 Grad. Luftsicherung (2 Ju 88) trifft ein. Rück-marsch ohne Ereignisse.
1520 Uhr. Zerstörer *Premuda*, aus Suda kommend, trifft zur Ablösung ein. *ZG 3* nimmt befehlsgemäß Kurs auf Suda, Fahrt 20 sm, keine Luftsicherung. Obwohl die hohe Geschwindigkeit eine Luftsicherung **gegen U-Boote** vielleicht entbehrlich erscheinen läßt, so ist es doch im Kriege für einen Alleinfahrer ein beruhigendes Gefühl, wenn ein Flugzeug in der Nähe ist, das, den Umständen entsprechend, als Aufklärer, als Melder, als Übermittler (Anforderung der Seenotstaffel usw.) dienen kann.
1820 Uhr. KR von Admiral Ägäis: »Sofort Piräus gehen.« Kurs auf Golf von Athen genommen.

Dienstag, 18.8.42
0037 Uhr. Turlos Leuchttonne passiert. 0145 Uhr. Shellager festgemacht zur Öl-übernahme.
Vormittags: Salamis. 0800 Uhr. *U 83* ist durch Fliegerbomben tauchunklar auf dem Rückmarsch vor Alexandria nach Versenkung eines 12.000-t-Hilfskreuzers aus einem gesicherten Flottenverband. Es fordert durch Funkspruch Hilfeleistung an.
1100 Uhr. Vom F.d.U. Rom[87] geht Anfrage bei Admiral Ägäis ein, ob *ZG 3* zur Hilfeleistung zur Verfügung gestellt werden kann. Auf Befragen des Befehlshabers melde ich, daß Zerstörer hierzu klar und 1500 Uhr auslaufbereit ist. Aufnahme

U 83 bis etwa 100 sm über Kreta hinaus, voraussichtlich am frühen Morgen des 19.8.42.

1730 Uhr geht Befehl ein, sofort Hilfeleistung für *U 83* auszulaufen.

1830 Uhr abgelegt. 1900 Uhr. Netzsperre Piräus auslaufend passiert. Marschfahrt 25 sm. Kurs auf Ostecke Kreta, Casos-Straße, genommen.

2400 Uhr. 36 Grad 25 ' N, 26 Grad 35 ' O.

Mittwoch, 19.8.42

0335 Uhr. Kurs 141 Grad. Zwischen 7 und 8 Uhr müssen wir auf diesem Kurs *U 83* in Sicht bekommen, falls U-Bootstandort gestern abend, seine Fahrt und sein gemeldeter Kurs stimmen, was ja bei der schweren Beschädigung sehr fraglich ist.

0400 Uhr. 35 Grad 15 ' N, 26 Grad 35 ' O. Schwedischer Getreidedampfer *Hallaren* hell erleuchtet passiert an Stb.[88]

0536 Uhr. Sonnenaufgang, Von F.d.U. geht 0625 Uhr Standort *U 83* von 0230 Uhr ein, Kurs 285 Grad, 7 sm. Darauf Kurs auf 165 Grad, 25 sm geändert. *U 83* muß gegen 0730 Uhr in Sicht kommen. 0644 Uhr geht derselbe Standort für Uhrzeit von 0400 Uhr von Admiral Ägäis ein. Annehme Übermittlungsfehler. Befehlsführung bleibt gemäß FT. vom Dt.Mar.Kdo. Italien bei Admiral Ägäis. Wind frisch erheblich auf. 5–6 aus Nord.

0710 Uhr. Luftsicherung (1 Ju 88) trifft ein. Ich lasse alle fünf Minuten mit dem vorderen Schornstein schwarz qualmen, um mich dem U-Boot bemerkbar zu machen. Es ist zwar recht gute Sicht, die weißen Schaumköpfe der See erschweren jedoch das Erkennen von niedrigen Fahrzeugen. Durch Signalscheinwerfer und auf der Sicherungswelle wird versucht, das Flugzeug nach Osten aufklären zu lassen. Verständigung mit Flugzeug gelingt nicht.

0743 Uhr. Von Osten kommend erscheint eine zweite Ju 88. Kann Luftsicherung des U-Boots sein. 0745 Uhr. Ju 88 wackelt, annehme, daß sie das U-Boot in Sicht hat und gehe planmäßig 0746 Uhr auf 105 Grad. Während der Kursänderung kommt ein U-Boot in Sicht. Auf Anruf meldet sich *U 77*. Dahinter wird ein zweites U-Boot ausgemacht. Auf Anruf meldet sich *U 83*.

0752 Uhr. Kurzsignal abgegeben: Geleitschutz bei eigenem U-Boot. Winkspruch von *U 83*: »Nun glaube ich, daß wir wieder heil nach Hause kommen.« *U 83* liegt vorn erheblich tief, vorderer Einstiegsdeckel abgeschlagen. Vorschiff hat offensichtlich wenig Auftrieb. Vorbereitungen zum Schleppen sind getroffen. Wind hat auf 7–8 aufgefrischt aus Norden. *U 83* kann nicht Kurs auf Heimat wegen der groben See nehmen, daher Kurs 270 Grad, der uns zwar nicht nach Hause führt, aber immerhin weiter aus der Gefahrenzone heraus. Als Beschädigung meldet *U 83* auf Anfrage: »Im Boot alles ausgefallen. Tauchunklar. Bugwellenleck.« Fahrt zwischen 8 und 9 sm, jedoch nicht regulierbar. *U 77* meldet sich ab, um Rückfahrt mit hoher Geschwindigkeit allein fortzusetzen.

1100 Uhr. Abgabe eines Kurzsignals: Quadrat 6384, 270 Grad, 7 sm. Die Aufnahme ist nach Zeit und Ort planmäßig erfolgt (100 sm südöstlich Kreta). Wenn das Wetter nicht so schlecht wäre, wäre *U 83* wohl aus der Hauptgefahrenzone heraus.

Es steht eine sehr hohe, lange und steile See, wie wir sie bisher im Mittelmeer noch nicht erlebt haben. *U 83* ist zeitweise in der See völlig verschwunden, die Vorlastigkeit ist deutlich sichtbar. Von Bord aus sieht es so aus, als ob das havarierte Boot diese See nicht unbegrenzt lange vertragen kann, so daß alle Möglichkeiten in Rechnung gestellt werden. Der Zerstörer liegt sehr gut in der See. *U 83* wird in die Leestaffel geschickt, wo es etwas besser liegt.

1120 Uhr. Keine Luftsicherung mehr.

1300 Uhr. 33 Grad 59 ′ N, 27 Grad 21 ′ O. Seit Mittag wesentliche Besserung der Wetterlage spürbar. FT.-Spruch an Adm. Ägäis: »Seit 1120 Uhr keine Luftsicherung« vorbereitet, aber wegen Peilgefahr noch nicht abgegeben. Gehen auf 11 sm und drehen 5 Grad um 5 Grad nach Norden. Seit Mittag Wind und Seegang nachgelassen.

1400 Uhr. Wind hat nachgelassen. Schaumkämme kaum noch zu sehen. 1415 Uhr. Drehen ab auf 341 Grad. Fahrt 9 sm. Nehmen Kurs auf Ostecke Kreta (Casos-Straße). 1440 Uhr. Standort, Kurs und Fahrt als Kurzsignal gemeldet.

1500 Uhr. Fast völlig abgeflaut. 1535 Uhr FT.-Spruch an Adm. Ägäis abgegeben: »Luftsicherung nicht mehr vorhanden.«

1600 Uhr. 340 Grad, Marschfahrt 10 sm. 34 Grad 18 ′ N, 26 Grad 2 ′ O nach Besteck. Trotz Aufforderung durch FT. noch immer keine Luftsicherung eingetroffen.

1858 Uhr. Sonnenuntergang.

1926 Uhr wird folgender FT. von Admiral Ägäis vorgelegt: Uhrz.Gr. 1823 19/31 »Sofort Sicherungswelle besetzt halten, Standortmeldungen für Luftsicherung auf dieser Welle geben.« Der FT.-Spruch ist hier unverständlich, weil diese Welle die ganze Zeit über besetzt gehalten wurde und weil bei jetzt einbrechender Dunkelheit Geleit mit (richtig wohl: von) Luftsicherung sowieso nicht zu sehen ist.

2000 Uhr. 34 Grad 58 ′ N, 26 Grad 27 ′ O. 2010 Uhr. *U 83* geht in unser Kielwasser. Gegen Abend Wind wieder auffrischend, Marschfahrt 8–9 sm.

2348 Uhr. Monduntergang.

Donnerstag, 20.8.42

0000 Uhr. 35 Grad 21 ′ N, 26 Grad 24 ′ O. 0100 Uhr. Geschwindigkeit 8 sm.

0210 Uhr. ES-Austausch mit einem sehr hoch fliegenden Flugzeug. Gegen 0300 Uhr läßt Wind wieder an Stärke nach.

0400 Uhr. 35 Grad 43 ′ N, 25 Grad 58 ′ O. 0530 Uhr von *U 83*: »Bitte Gustav 11«[89].

0542 Uhr. Sonnenaufgang. 0545 Uhr. ES-Austausch mit Flugzeug. He 111 als Luftsicherung. 0615 Uhr. ES-Austausch. Zweite He 111 als Luftsicherung.

1010 Uhr. FT 09 24/20 44 Athen meldet: »Um 0338 Uhr eine engl. Einheit in 36 Grad 38 ′ N, 23 Grad 38 ′ O.« Der Standort ist 60 sm westlich vom Kurs *ZG 3*, mithin ohne Bedeutung für den Weg.

1030 Uhr. Nur noch eine He 111 als Sicherung.

1200 Uhr. 36 Grad 35 ′ N, 24 Grad 50 ′ O.

1340 Uhr. FT. 1144/20/47. »Flugzeug meldet halbgetauchtes U-Boot 1035 Uhr Lw. Quadrat 4871, Kurs 32 Grad.« An *U 83* durch Winkspruch abgegeben. Kurs wird berichtigt auf 320 Grad.

1355 Uhr. Winkspruch an *U 83*. »Ich beabsichtige von Punkt 214 mit 300 Grad den Westweg anzutreten, vorausgesetzt, daß keine wesentliche Wetterverschlechterung eintritt.« Ein weiteres Ausholen aus dem u-bootgefährdeten Gebiet kommt wegen des Zustandes von *U 83* nicht in Betracht. Die gesamte Besatzung wird als Ausguck abgeteilt und Marsch wird fortgesetzt.

1500 Uhr. 37 Grad 11 ′ N, 24 Grad 17 ′ O. ES von Flugzeug Bb. querab. Arado 196 ES erwidert. Ablösung der Luftsicherung. Drehen ab nach Bb. auf 300 Grad.

1605 Uhr. ES von Flugzeug. He 111 als zweite Maschine bei *ZG 3* und *U 83*.

1700 Uhr. Luftsicherung 1 He 111. 2 Arados.

1730 Uhr. Von *U 83*: »Ein Motor ausgefallen, kann nur 8 sm laufen.« 1741 Uhr von *U 83*: »Bin wieder klar für 11 sm.« 1900 Uhr. *U 83* geht in Kiellinie von *ZG 3*. 1913 Uhr. Sonnenuntergang. 1920 Uhr. Keine Luftsicherung mehr. 1950 Uhr. Kursänderung auf 270 Grad.

2000 Uhr. 37 Grad 37,5 ′ N, 24 Grad 02 ′ O. 2025 Uhr. Kursänderung auf 321 Grad.

2245 Uhr. Netzsperre Piräus einlaufend passiert. Erschwert, da Sperre nicht beleuchtet. 2300 Uhr. Machen fest Salamis. *U 83* läuft Stützpunkt Salamis.

Freitag, 21.8.42

0045 Uhr geht von Adm. Ägäis anerkennender Funkspruch für das Gelingen des Einbringens ein.

0900 Uhr. Salamis. Von Shellager nach Brennstoffergänzung nach Salamis verholt.

1100 Uhr. Admiral Ägäis kommt an Bord, spricht zu Besatzung. Bekanntgabe, daß Ob.d.M. den Namen *Hermes* für *ZG 3* bestimmt hat, womit dem Kommando in sachlicher Hinsicht zwecks Vermeidung unliebsamer Verwechslungen geholfen ist und gleichzeitig ein langgehegter Wunsch der Besatzung seine Erfüllung gefunden hat[90].

Kleine Arbeiten, wie Verpacken von einigen Dichtungen und Erneuern der Kesselmauern. Deutsches Mar.Kdo. Italien erkennt Wert der Aufnahme *U 83* und sichere Einbringung in einem Fernschreiben an Adm. Ägäis an.

Sonnabend, 22.8.42

0500 Uhr. Salamis. Eingeht Befehl 0930 Uhr seeklar zu sein. Aufgabe: Geleit Dampfer *Istria* (5000 t, 12 sm) und *Dielphi* (1500 t, 7 sm), nach Suda. Dort zur Verfügung Supermarina zwecks Weiterfahrt nach Tobruk. D. *Istria* hat besonders wertvolles Wehrmachtgut geladen. Begleitmannschaft wird auf *Hermes* und *Sirio* eingeschifft.

0930 Uhr abgelegt. 1000 Uhr. Dampfer erst 1140 Uhr seeklar. Daher Piräus Reede vor Anker.

1150 Uhr. Beide Dampfer klar, ausgelaufen. 1210 Uhr. Netzsperre Piräus auslaufend passiert. Dampfer zunächst in Kiellinie, vorn Zerstörer *Hermes*, an Stb. Torpedoboot *Sirio*. Marschfahrt 7 sm.

1430 Uhr. Luftsicherung (2 Arados) zur Stelle.

1600 Uhr. 37 Grad 38 ′ N, 24 Grad O. Dampfer in Dwarslinie, *Hermes* davor und an Bb. Zickzackkurse, *Sirio* (kein S-Gerät) an Stb., vor allem in der Sonne stehend. *Dielphi* macht Signal, daß er Fahrt um 2 sm verringert hat. Reisemarschgeschwindigkeit nunmehr noch 5 sm. Zerstörer läuft große Schleifen mit 12 sm Geschwindigkeit. Kurs 169 Grad auf Insel Milos. Vormarschgeschwindigkeit nach Peilungen 5 sm. Bei dieser Lage ist zu erwägen, *Istria* und ein Sicherungsfahrzeug mit 12 sm weiterlaufen zu lassen. *Dielphi* mit 5 sm mit dem zweiten Sicherungsfahrzeug nachmarschieren zu lassen. Läge dies jedoch im Sinne des Admiral Ägäis (Luftsicherung, *Sirio* ohne S-gerät), wäre wohl von vornherein der Marsch getrennt worden. Es wird daher in bisheriger Zusammensetzung weitermarschiert.

1930 Uhr. Einbruch der Dämmerung: *Hermes* dicht vor dem Verband, gerader Kurs. *Sirio* sichert in der Mondbahn. *Dielphi* meldet auf Anfrage, daß sie 7 sm laufen kann.

2200 Uhr. Bei hellem Mondschein Reisemarsch mit 7 sm fortgesetzt. Zwischen Milos und Antimilos einige Zeichen im S-Gerät, die aber als Grundecho angesprochen werden. Erfahrungsgemäß sind hier stets Zeichen wahrzunehmen. Auch die Sperre des Warngebiets könnte der Grund für die Zeichen sein.

Sonntag, 23.8.42

0000 Uhr. 36 Grad 44 ′ N, 24 Grad 15 ′ O, Kurs 178 Grad, 8 sm Fahrt, Kurs auf Suda. Dampfer fahren gut geschlossen in Dwarslinie, *Sirio* im entgegengesetzten Azimut des Mondes. Dampfer qualmen erheblich.

0205 Uhr. In 270 Grad ein abgeblendetes Fahrzeug, ähnlich einem Marinefährprahm an der Grenze der Sicht, etwa 6–8 sm vor uns im Mondlicht. *Sirio* erhält Befehl, es zu untersuchen. Fahrzeug sehr undeutlich.

0220 Uhr. Monduntergang. *Sirio* stößt kurz in 280 Grad vor, macht dann kehrt und geht auf seinen alten Platz. Erhält einen Befehl zur **gründlichen** Untersuchung. Fahrzeug nicht mehr gefunden.

0400 Uhr. 36 Grad 14 ′ N, 24 Grad 16 ′ O.

0510 Uhr. Dämmerung. Eine He 111 als Luftsicherung beim Verband.

0625 Uhr. KR von Adm. Ägäis: »Nach ital. Meldung steht 36 Grad 42 ′ N, 24 Grad 42 ′ O ein feindliches U-Boot mit Südostkurs. Meldung wird als sicher bezeichnet. Uhrzeit 0050 Uhr.« Danach hart östlich Milos auf derselben Breite wie unser Geleitzug heute nacht, 10 sm entfernt. Wir haben Milos hart westlich passiert.

0815 Uhr. Verband geht in Kiellinie. Einlaufkurs nach Suda.

1000 Uhr. Suda Netzsperre einlaufend passiert. Geleit entlassen. Geankert.

Montag, 24.8.42
Suda.

Dienstag, 25.8.42
Sudabucht. Kommandant wird nach Athen zur Besprechung bei Admiral Ägäis befohlen. Abreise im Flugzeug.

Mittwoch, 26.8.42

Besprechung auf (ital.) Zerstörer *Da Verazzano*[91]. Anwesend Konteradmiral Catalano, (ital.) Flottillenchef, (ital.) Kommandant, Kpt.z.S. Rocca und Kommandant *Hermes*. Supermarina hat angeordnet, daß vom Zerstörer *Da Verazzano*, *Hermes*, Torpedoboot *Calliope* und *Orione* freie U-Jagd in einem Gebiet und zu einer Zeit gemacht werden, wo besonders wichtige Afrikageleite U-Bootangriffen ausgesetzt sein können. Beginnend in der Cerigotto-Durchfahrt soll am Abend des 26. bis Abend des 27.8. nach Südwest und Süden das Seegebiet systematisch nach U-Booten abgesucht werden. Die ursprüngliche Absicht, die vier Fahrzeuge geschlossen zu einer Suchaktion in breiter Formation einzusetzen, wird auf Vorschlag Kommandant *Hermes* im Hinblick auf die enorme Größe des zu sichernden Gebiets fallengelassen und dafür jedem Zerstörer ein Sektor und eine bestimme Vormarschgeschwindigkeit zugewiesen, wo er nach eigenem Ermessen, Kurs und Fahrt selbst bestimmend, feindl. U-Boote weggeräumt und jagt. Da die einzelnen Afrika-Nachschubdampfer einen recht schwachen Geleitschutz besitzen, teilweise nur **ein** Sicherungsfahrzeug, wäre es nach deutscher Auffassung richtiger gewesen, die zur Verfügung stehenden Zerstörer zur Verstärkung der engen Sicherung zu verwenden. Das Ausnutzen des weiten Seeraums durch strahlenförmig auseinandergezogene Kurse schränkt naturgemäß die Wirksamkeit einer systematischen freien U-Jagd erheblich ein. Wegen Zeitmangel keine schriftliche Befehlserteilung an Kommandant *Hermes*. Dampferkurse und zugewiesene U-Jagdsektoren siehe Anlage (im K.T.B. nicht vorhanden).

1445 Uhr. Rückkehr Kommandant aus Athen. 1645 Uhr seeklar. 1715 Uhr. Sudasperre passiert. Da ein Geleit in der Nähe und Marsch unter der Küste von Kreta erfolgt, verzichte ich in Anbetracht der Anspannung der Luftsicherungskräfte auf eine eigene Luftsicherung. Mit 21 sm Anfangsstellung in der Cerigotto-Straße angesteuert.

1900 Uhr. Sonnenuntergang. *Hermes* hat den östlichen Sektor zugewiesen erhalten, nach Westen schließen an: *Orione*[92], *Calliope*[93] und *Verazzano*, dessen Kommandant als Ältester die Gesamtunternehmung führt. Außer der Ägäis-Kurzwelle hat *Hermes* Supermarina und die ital. Verbandwelle von 178 m geschaltet.

2052 Uhr. Nördlich Kreta. S-Gerät meldet ein Echo in 35 Grad 44 ′ N, 23 Grad 31,5 ′ O. Cap Spatha in 106,5 Grad, 10 sm ab. Wird vom Horchpersonal als U-Boot angesprochen. Kehrt gemacht. Stelle wiedergefunden. Rauchboje geworfen. Kehrt gemacht. Stelle wieder, Echo erkannt, 3 Gruppen Wabos geworfen. Danach kehrt gemacht. Echo ist jetzt schlecht, wohl auch gestört durch die stehenden Echos der Waboerschütterungen. Die Verantwortung für unsichere U-Bootmeldung ist jetzt sehr groß. Kann hier doch gerade an diesem Ort ein Abstoppen der Afrika-Transporte zur Folge haben. Es werden zunächst noch einige Überläufe gemacht. Stets in der Nähe der Rauchboje erscheint mehr oder weniger klar das Echo. Die genaue Beobachtung des Lots ergibt, daß die Wassertiefe hier plötzlich 140 m bis 250 m schwankt, während kurz davor und dahinter 800 bis 1000 m Wasser sind, so, wie die Seekarte angibt. Es wird daher angenommen, daß die auffällige Bodengestaltung der Grund für die Echos ist. Daher von einer weiteren U-Jagd abgesehen und auch keine Meldung über einen U-Bootverdacht erstattet. Das Lot ist eine wichtige Ergänzung des S-Geräts. Marsch in angewiesenem Sektor fortgesetzt.

2400 Uhr. 35 Grad 36,5 ′ N, 23 Grad 22,5 ′ O. Die Nacht ist ungewöhnlich sichtig. Um 2330 Uhr sind Inseln in einem Abstand von 18.000 m noch zu erkennen. Es wird mit 15 sm in langen Zickzackkursen marschiert.

Donnerstag, 27.8.42

0030 Uhr. FT. von Adm. Ägäis, daß Wegführung Geleit Tanker *Giorgio*[94] von dem bisher durch *Hermes* gesicherten Gebiet in einen weiter westlich liegenden Sektor geändert. Somit läuft in unserem Sektor nur das *Istria*-Geleit, das etwa 40 sm hinter uns steht. Schränke daraufhin unseren Sektor von 110 Grad auf 65 Grad zweckmäßigerweise ein.

0130 Uhr. Unbekanntes Flugzeug an Bb. Fliegeralarm. Als feindl. Maschine erkannt. Darauf Fl.-Meldung abgegeben. Flugzeug kommt im Nordwesten außer Sicht, also in Richtung auf eigene Streitkräfte. 0210 Uhr. Flugzeug wieder in Sicht. Feuer eröffnet. Flugzeug erwidert Feuer mit Bordwaffen. 3,7-cm haben Störung: erstens Hülse nicht ausgeworfen, zweitens Verschluß klemmt. 2-cm-Flak feuert störungsfrei. Erfolg nicht beobachtet. Flugzeug dreht ab. Auf der Back zwei Mann verwundet (Oberschenkeldurchschuß, Handschuß).

0230 Uhr. Fühlungshaltermeldung erstattet. 0235 Uhr. Fliegeralarm beendet.

0245 Uhr meldet auch *Partenope* Angriff von Flugzeugen auf Geleit.

0355 Uhr. Torpedoboot *Cascino*[95] meldet Luft-Torpedoangriff auf Geleit.

0445 Uhr. Torpedoboot *Orione* meldet: Mehrere Minen im Gerät erfaßt südl. Cerigotto. Erfahrungsgemäß sind solche Meldungen mit Vorbehalt aufzunehmen.

0522 Uhr. Wind frischt auf. Zwei Ju 88. ES-Austausch. Flugzeuge bleiben nicht beim Zerstörer, sichern anscheinend das gesamte Operationsgebiet.

0555 Uhr. Sonnenaufgang. Die sieben Dampfer verteilen sich im Laufe des Tages auf ein Seegebiet von etwa 100 sm Breite. Da starkes Streuen der Kurse und U-Jagd weit abgesetzt vorn in einem gewissen Gegensatz stehen, daher U-Jagd auf solch weitem Gebiet doch von zweifelhafter Wirkung ist und außerdem starke Luftangriffe nach dem Fühlungsgewinnen der englischen Luftaufklärung einsetzen werden, rechne ich damit, daß die Fahrzeuge aus der U-Jagd aus dem weiten Seeraum zurückgezogen werden, um den eigenen Schutz der sechs Geleite zu verstärken. Ich halte mich deswegen an die *Istria* heran. Das auffrischende Wetter ist ebenfalls nicht günstig für die U-Jagd, da es das Arbeiten des S-Geräts beeinträchtigt.

1010 Uhr. Wegen Minenverdacht sperrt Adm. Ägäis einen Umkreis von 5 sm um den von *Orione* heute früh gemeldeten Ort.

1020 Uhr. An Stb. kommt im Tiefflug ein Flugzeug in Sicht, das auf 60 hm als engl. Martin-Bomber ausgemacht wird. Flugzeug dreht ab, hält eine Zeitlang Fühlung und verschwindet im Nordwesten. Fl.-Meldung erstattet. Eigene Luftsicherung durch deutsche und italienische Flugzeuge zeitweise beim Zerstörer.

1200 Uhr. 34 Grad 50 ′ N, 23 Grad 41 ′ O. Zickzackkurse mit 15 sm weiter gesteuert. Diese Fahrt läßt S-Gerät noch gut arbeiten, bietet andererseits doch einen gewissen Eigenschutz für Zerstörer vor U-Bootangriffen.

1300 Uhr. Nachdem den ganzen Vormittag keine deutsche Sicherung zu sehen war, erscheinen jetzt zwei Messerschmidt-Zerstörer.

1430 Uhr. Admiral Ägäis funkt, daß für 28. oder 30. Geleit Piräus-Nordafrika *Hermes* vorgesehen ist und am Vormittag des 28. mit Auslaufen nach Piräus zu rechnen ist.

1550 Uhr. S-Gerät in Gebrauch, gegen die See beeinträchtigt. Dampfer *Istria* und Torpedoboot *Pegaso*[96] kommen im Norden in Sicht. *Hermes* sichert an der Grenze der Sicht, etwa 15 sm vor *Istria*, den befohlenen Sektor.

1528 Uhr. Wieder ein Martin-Aufklärer 70 hm im Osten. Hält eine Viertelstunde außerhalb der effektiven Reichweite der Geschütze Fühlung, dreht dann nach Westen ab und verschwindet. Fl.-Meldung erstattet.

1620 Uhr. Ital. Verb. Offizier legt Funkspruch vor, aus dem hervorgeht, daß Torpedoboot *Polluce* heute Mittag 251 Schiffbrüchige aufgenommen hat (davon 30 verwundet) und nach Piräus geht. Anscheinend also ein Dampfer (*Capmaerio*, *Tergestea*) aus Geleit … versenkt. U-Boot oder Flieger? Nachrichtenübermittlung auf ital. Befehlswelle ist nicht in Ordnung. 100 sm südwestl. Kreta.

1815 Uhr. Kurz vor der Südgrenze des zugewiesenen Sektors wird das Geleit *Istria*, 2 Fährprähme mit Torpedoboot *Pegaso* als Geleitschutz passiert. Zwei Ju 88 als Sicherung. *Pegaso* ohne Zickzack etwa 2000 m, also sehr weit, davor.

Zwei unbekannte Maschinen in großer Höhe fliegen aus dem Osten an. Typ teils als Viermotorige, teils als Me 110 angesprochen. Verschwinden wieder im Osten, um wenige Minuten noch einmal etwa 3500 m hoch aufzutauchen. Halte sie für viermotorige amerikanische Bomber, mache kehrt und nehme Kurs auf *Istria*, um als Flakschutz zur Stelle zu sein. Fliegen direkt den Zerstörer an. Als sie senkrecht über ihm sind und kein ES schießen, eröffne ich mit einer 3,7-cm-Flak Feuer, um Nationalität zu klären und Ju 88 aufmerksam zu machen. Zeigen immer noch kein ES! Werden aber jetzt vom E-Meßgerät als deutsche Messerschmidt ausgemacht. Fl.Fl. einmal abgegeben, nicht wiederholt und damit erledigt.

1900 Uhr. Sonnenuntergang. Mit 18 sm Rückmarsch angetreten. S-Gerät ausgeschaltet, da gegen die See in dieser Fahrt kein wirkungsvolles Arbeiten mehr.

2100 Uhr. Wegen des bei Cerigotto heute morgen gemeldeten U-Boots auf 21 sm Fahrt erhöht. Insel Ponticonesi kommt in der hellen Mondnacht auf einer Entfernung von 10 sm in Sicht.

Freitag, 28.8.42

Suda eingelaufen und geankert. Zerstörer *Da Verazzano*, Torpedoboot *Calliope* und *Orione* sind nicht in Suda, wie es im Operationsbefehl vorgesehen war. Es gehen weder Funkbefehle ein, noch liegen in Suda Befehle vor. Ölergänzung in Suda nicht vor dem 29.8. mittags möglich, wenn Tanker *Ossag* aus Iraklion eintrifft. Warte auf Befehl, nach Piräus zu gehen.

1330 Uhr. Funkmeldung über Brennstofflage an Admiral Ägäis erstattet. Vom Torpedoboot *Lira*, das im Hafen liegt, erfahre ich, daß Truppentransporter *Camperio*[97] gestern früh 0800 Uhr durch ein U-Boot torpediert und gesunken ist und heute Nacht 0200 Uhr Dampfer *Istria* von Flugzeugen versenkt wurde. Damit sind von den sieben Dampfern zwei vernichtet. Es ist klar, daß die Nachrichten und Unterlagen, die auf der Brücke des Zerstörers vorhanden sind, nicht ausreichend sind, um ein **objektives** Bild über die von Supermarina gesteuerte Lage gewinnen zu können. Vom subjektiven Standpunkt aus gesehen ist es verständlich, daß dem Kommandanten, den Offizieren und dem Nachrichtenpersonal ein bitteres Gefühl aufkommt, daß wir mit der stärksten Flakarmierung und kriegserfahrener Besatzung die *Istria* mit geringem Geleit ihrem Schicksal überlassen mußten, um selbst einen Hafen anzulaufen, ohne einen neuen Einsatzbefehl zu erhalten. Das Gefühl wird noch bestärkt beim Durchblättern der Eintragungen des Kriegstagebuchs der beiden letzten Tage.

Die Funkmeldung 1335 Uhr heute mittag geschah, weil bis 1300 Uhr kein entsprechender Befehl eingeht und ich damit rechnen muß, von **Suda** aus zu Afrika-Geleiten eingesetzt zu werden. Dazu ist dann allerdings Brennstoffergänzung notwendig. Von Supermarina geht auch keinerlei Nachricht ein, wo die drei Zerstörer und Torpedoboote sind, die nach dem ursprünglichen Befehl ebenfalls in Suda einlaufen sollten.

1800 Uhr. Admiral Ägäis fragt an, ob Brennstoffbestand noch bis Iraklion reicht zur Ergänzung aus Tanker *Ossag*. Muß Mißverständnis vorliegen. 1825 Uhr zurückgefunkt, daß Brennstoffbestand 280 t, daß, falls Kreta-Ergänzung beabsichtigt, nur aus *Ossag* sein könnte, da Einrichtung in Suda unbrauchbar für *Hermes*.

Sonnabend, 29.8.42
Admiral Ägäis: Wenn Brennstoff ausreicht, sofort Iraklion gehen. Es muß irgendwo ein Mißverständnis vorliegen. Es ist doch gestern abend Bestand gemeldet worden. 0631 Uhr. Klar zum Auslaufen. Wegen Gestellung von Luftsicherung erst 0810 Uhr Anker gelichtet. Sperre Suda auslaufend passiert. 0830 Uhr. Kurs 76 Grad.

0837 Uhr. Noch einmal angefragt, ob aus *Ossag* oder Piräus geölt werden soll, da bekannt, daß Brennstofflage in Kreta meist schwierig. Marschfahrt 19 sm nach Iraklion. ES-Austausch mit He 111 als Luftsicherung.

1115 Uhr. Kursänderung auf 180 Grad. 1145 Uhr. Sperre Iraklion einlaufend passiert. 1155 Uhr. Machen fest mit Stb.-Seite, über den Achtersteven anlegend, am Tanker *Ossag*. Bei dem herrschenden Wind und dem durch Wracks noch weiter eingeengten kleinen Hafen ein schwieriges Kraftmanöver.

1510 Uhr. Legen ab ohne Schlepper, wiederum bei anständigem Wind ein Kraftmanöver. 1520 Uhr. Sperre auslaufend passiert. Kurs 0 Grad. *Ossag* in Kiellinie.

1640 Uhr. Kurs 275 Grad. Luftsicherung 1 Arado 196 und 1 Ju 88. Von 1650 Uhr bis 1855 Uhr mit 15 sm gezackt. 1710 Uhr. Ablösung der Arados. Ab Sonnenuntergang 1854 Uhr mit 12 sm weiter gezackt. 1905 Uhr. Ju 88 Luftsicherung beendet. 1935 Uhr. Arado Luftsicherung beendet.

2000 Uhr. 36 Grad 31 ′ N, 24 Grad 27 ′ O. 2106 Uhr. Mondaufgang. 2215 Uhr. Geleit *Ossag* beendet. Marsch nach Piräus. Kurs 357 Grad, 17 sm. 2400 Uhr. 35 Grad 1 ′ N, 24 Grad 15 ′ O.

Sonntag, 30.8.42
0200 Uhr. Kursänderung auf 351 Grad. 0258 Uhr. Kursänderung auf 357 Grad.
0400 Uhr. 37 Grad 04 ′ N, 24 Grad 10 ′ O.
0410 Uhr. Begegnen ital. T-Boot *Cassiopeia*, Passieren an Bb. ES-Austausch mit ital. Lampen-ES. 0558 Uhr. Kursänderung auf 270 Grad.
0600 Uhr. Begegnen Geleit *Monzambano* und *Calatafimi*. 0627 Uhr. Kursänderung auf 321 Grad. 0726 Uhr. Kursänderung auf 322 Grad.
0755 Uhr. Sperre Piräus einlaufend passiert. 0810 Uhr. Anlegen an Shellager Bb.-Seite. 30 t Brennstoff ergänzt.

Montag, 31.8.42
Große Regelung der Torpedos.
1. In den letzten Wochen, besonders seit nach dem Fall Tobruks der Nachschub von Kreta aus nach Afrika geleitet wird, ist der Zerstörer unausgesetzt im Geleitdienst und anderen Unternehmungen tätig gewesen. Trotzdem lagen gestern nach dem Einlaufen in die Werft so gut wie keine Arbeiten vor. Ausgenommen der laufenden Reparaturen an der E-Anlage ist der Zerstörer allen Beanspruchungen gerecht geworden, ohne daß Reparaturen notwendig sind. So bleibt uns das unerfreuliche, aber leider in der Heimat so gewohnte Bild erspart, daß nach dem Einlaufen von einer Unternehmung das Schiff von Arbeitermassen überschwemmt wird und der Kampf um die Termine beginnt[98].
2. Es geht Befehl ein, heute nacht klar zum Auslaufen zum Geleit des Tankers *Stige*[99] nach Afrika zu sein. Zerstörer ist klar.
3. Im vergangenen Monat ist der Zerstörer bei Wind und See von reichlich Stärke 8 eingesetzt gewesen. Er lag gut in der See, hat keinerlei Seeschäden davongetragen, die Bewegungen waren weich, das Vorschiff hatte sehr guten Auftrieb.
4. Die Entrümpelung hat das Schiff 5 cm höher getaucht durch Abgabe von 30 t entbehrlichem Gut.
5. Auch der Dampfer *Dielphi* ist auf dem Wege nach Afrika versenkt worden, so daß von dem großen Afrika-Nachschub von 7 Dampfern mit Bestimmtheit 3 versenkt, ein vierter mindestens beschädigt ist. Das Auflösen des Nachschubs in ein bis zwei Fahrzeuge mit schwacher Sicherung hat sich wieder einmal nicht bewährt. Der Vorschlag vom 25.7. ... die Geleitzüge stärker zu machen und ihnen damit eine stärkere Sicherung geben zu können, wird daher wiederholt. Man sollte nicht weniger als drei Sicherungsfahrzeuge einstellen, um eine einigermaßen effektive Abwehr der Flugzeuge möglich machen zu können. Ob diese drei Sicherungsfahrzeuge dann einen, zwei oder drei Dampfer sichern, ist fast dasselbe. Keinesfalls aber darf, wie bei dem *Istria*-Geleit — **ein** Torpedoboot einen wertvollen Dampfer und zwei Fährprähme sichern.

Stellungnahme des Admiral Ägäis zum K.T.B. vom 15.8.–30.8.42

— zum 17.8.42: O.B.S.[100] hat entgegen ursprünglicher Ansicht des X. Fliegerkorps dahingehend entschieden, daß auch einzeln fahrende Zerstörer oder T-Boote Luftsicherung bekommen.

Den Ausführungen des Kommandanten über das »Alleinfahren« des Zerstörers *Hermes* wird voll zugestimmt. Besonders unangenehm wurde das Alleinfahren des Zerstörers *Hermes* anläßlich des Einholens von *U 83* empfunden, wo *Hermes* etwa 100 sm weit in das Seegebiet südostwärts des Casos-Straße vorstoßen mußte. Leider ließ sich bisher ein zweites deutsches Fahrzeug, das mit *Hermes* zusammen operieren kann, nicht bereitstellen. Bei dem in der Suda-Bucht versenkten griechischen Zerstörer *Leon*[101] ist ein Teil des Achterschiffs abgerissen, so daß nach einer evtl. Hebung nur eine langdauernde Instandsetzung auf einer ital. Werft in Frage gekommen wäre, wobei im Hinblick auf den umfangreichen Umbau der Zerstörer von den Italienern wohl übernommen worden wäre.

— zum 18. u. 19.8.42: Zur Einbringung von *U 83* durch den Zerstörer *Hermes* ist das Notwendige schon anderer Stelle gesagt worden. Das geschickte und umsichtige Verhalten des Kdt. *Hermes* ist hervorzuheben. Die Anerkennung der erfolgreichen Einbringung von *U 83* ist dem Kommandanten und seiner Besatzung von den zuständigen Kommandostellen ausgesprochen worden. Die Zusammenarbeit zwischen Admiral Ägäis, Zerstörer *Hermes*, X. Fliegerkorps und F.d.U. erfolgte glatt und reibungslos.

— zum 20.8.42 0210 Uhr: Bei dem sehr hoch fliegenden Flugzeug handelte es sich um eine Maschine des O.B.Süd mit Sendeeinrichtung (A.S.V.-Gerät[102]), die die Sicherung nach Osten zu durchführte.

— zum 26.8.42: Den Ausführungen des Kommandanten über den Wert der U-Jagd in Sektoren und über Geleitschutz der Afrika-Dampfer wird voll zugestimmt. Die Verluste unter den Nachschubdampfern sprechen gegen das von Supermarina angewandte Verfahren.

— zum 27.8.42: Die Auswechslung der 3,7-cm-SK (Rheinmetall, griech. Beutewaffen) gegen 3,7-cm-SK/C 30 U-Bootslafette ist beantragt und ist dringend notwendig.

— zum 28.8. und 29.8.42: Bzgl. Brennstoffversorgung ist das Mißverständnis durch zu späten Eingang eines FT. entstanden.

— zum 29.8.42: Ein Einlaufen von Iraklion durch Zerstörer *Hermes* konnte bisher immer vermieden werden, in diesem Falle war es jedoch notwendig.

— zum 31.8.42 Ziffer 5: Die Führung im Seegebiet zwischen Kreta und Afrika hat leider (mit Blaustift unterstrichen) nicht Admiral Ägäis, sondern Supermarina.
gez. Förste

Dienstag, 1.9.42

Der ital. Kriegsmarine-Benzin-Tanker *Stige* (1300 t) soll von Piräus nach Tobruk mit Luftwaffen-Brennstoff geleitet werden. Sicherung durch Zerstörer *Hermes* und U-Jäger *2104*. Auslaufen 1.9. 0600 Uhr. Einlaufen Tobruk 3.9. mittags. Marschfahrt 7 sm. Seeklar wird mehrere Male verschoben. Führung Supermarina Rom auf ital. Welle unmittelbar an *Hermes*. Innerhalb Ägäis: Admiral Ägäis.

1040 Uhr abgelegt. *Stige* ist jedoch noch nicht auslaufbereit. Piräus Reede geankert. 1345 Uhr. Wieder Anker gelichtet und Netzsperre Piräus passiert. Golf von Athen, in Kiellinie ausgelaufen, außerhalb der Warngebiete U-Jäger *2104* vorn mit S-Gerät, dahinter *Stige*, an Bb. *Hermes* Zickzackkurse. Reisemarsch mit 7 sm durch die Ägäis nach Cerigotto angetreten.

1600 Uhr. 37 Grad 38 ′ N, 23 Grad 34 ′ O. Luftsicherung durch eine Arado 196 und eine Blohm & Voss 138. U-Jäger *2104* vor *Stige*.

1850 Uhr. Sonnenuntergang. *Hermes* hinter dem Verband mit großen Schleifen nach beiden Seiten, aufgetauchte U-Boote vergrämend. 12 sm Fahrt.

2015 Uhr. Meldung vom Luftangriff auf Iraklion, wobei Afrika-Dampfer *Menes* beschädigt wird.

2045 Uhr. Ägäis. Es wird eine dunkle Nacht. Zickzackkurse hören auf, in Bb.-Staffel hinter dem Geleit gesteuert.

Torpedoboot *Monzambano* meldet, daß sein Geleit von feindl. Flugzeugen um 1900 Uhr 60 sm 340 Grad von Ras el Tin angegriffen wurde. Etwas später: Tanker *Abbruzzi*[103] ist getroffen, *Calatafimi* versucht ihn in Schlepp zu nehmen. Angriff ist also kurz vor Einbruch der Dunkelheit taktisch zum richtigen Zeitpunkt angesetzt.

2330 Uhr. Nach Mondaufgang an Stb., der dem Mond abgewandten Seite, gesichert, zunächst auf geradem Kurs, von 0015 Uhr ab auf langgestreckten Zickzackkursen.

Mittwoch, 2.9.42

Cerigotto-Durchfahrt. In der Nacht treffen noch einige Fühlungshalter- und Angriffsmeldungen von Geleiten nördlich Ras el Tin ein.

0540 Uhr. Bei Kap Spatha, nordwestl. Kreta. Vier Arados beim Verband als Luftsicherung. Bei Dämmerungsanbruch vor Sonnenaufgang pünktlich zur Stelle. Von der angekündigten U-Jagd in der Cerigotto-Durchfahrt ist nichts zu sehen.

0600 Uhr. Sonnenaufgang. Mit 14 sm Zickzackkurse gesteuert.

0950 Uhr. Westküste Kreta. Cerigotto-Durchfahrt passiert. Ital. Welle geschaltet für Supermarina Rom. Geht auf der Luftwaffen-Sicherungswelle Funkspruch ein, daß feindl. Aufklärungsflugzeug am eigenen Geleit gestanden hat. Da kein Zusatzbuchstabe gegeben ist, ist nicht ersichtlich, um welchen Geleitzug es sich handelt, so daß die Meldung keine geeignete Unterlage für Entschlüsse ist. Ein neues Beispiel für die mangelnde Nachrichtenverbindung zwischen uns und der Luftwaffe in diesem Raum.

1000 Uhr. Achterlicher Wind beschleunigt. Position Bb., der Sonnenseite, eingenommen und dort Zickzackkurse mit 14 sm Fahrt gesteuert. U-Jäger *2104* wie bisher vor *Stige*. Luftsicherung von 4 Arados und 1 Ju 88. Rauchfahne voraus in Sicht. Als Geleitzug ausgemacht. ES-Austausch mit führendem Torpedoboot gelingt nicht. Ablösung der 4 Arados durch 4 Ju 88. Reisemarsch fortgesetzt.

1600 Uhr. 34 Grad 18 ′ N, 23 Grad 34 O, südwestlich Kreta. Befehl für das verhalten bei Nacht bzgl. Formation, Einsatz der Flak, Signale und Verhalten bei Havarie durch Winkspruch erteilt. Nach den eingegangenen Meldungen ist engl. Lufttätigkeit in unserem Seegebiet rege. Auf der ital. Welle gehen keinerlei Nachrichten ein. Vor dem Auslaufen erfahre ich, daß die letzten Schlüsselmittel versehentlich nach Suda gegangen sind. Es besteht bei mir Unsicherheit über die Zuverlässigkeit der Funkverbindung mit Rom. Technisch ist der Apparat nicht ganz klar. Es ist fast unmöglich, den Dingen auf den Grund zu gehen, weil unklare, unvollständige und ausweichende Antworten das Bild verwirren. Ich erinnere an die Schwierigkeiten, bis die Schlüsselmittel in den Besitz des ital. Verb. Offiziers an Bord gelangten. Mißtrauen und Zweifel an der Leistungsfähigkeit ihres Funkwesens sind auf Schritt und Tritt spürbar. Da Admiral Ägäis wichtige Nachrichten auf den Ägäis-Kurzwelle wiederholt, ist das für mich nicht so schlimm, aber eine klare Verantwortung kann auf diese Weise schwerlich hergestellt werden und ich bin immer froh, wenn ich wieder in das Gebiet deutscher Führung komme.

1720 Uhr. Aus Funksprüchen des Oberbefehlshabers Süd, Feldmarschall Kesselring, geht hervor, daß außer dem beschädigten Tanker *Abbruzzi* der Tanker *Picci Fassio*[104] versenkt wurde, also aus dem gestrigen Suda-Tobruk-Geleit beide Schiffe durch Luftangriffe getroffen sind. Damit hätten Verluste an eigenem Schiffsraum durch feindliche Luftangriffe unerträgliches Maß angenommen. Hieraus erklärt sich wahrscheinlich die bisher ungewohnte starke Sicherung durch vier Maschinen.

1849 Uhr. Sonnenuntergang. Weißer Stern vom Flugzeug an Stb. U-Bootalarm! Mit aller Fahrt auf Sichtungsstelle zugehalten. Dampfer durch rote Sterne zum Abdrehen veranlaßt, U-Jäger *2104* herangezogen. Flugzeug wirft eine Wabo, S-Gerät meldet einwandfreies Zeichen. Drei Gruppen (d.h. 12) Wabos geworfen sowie Rauchboje. Sobald U-Jäger heran ist und meldet, daß sein S-Gerät Zeichen aufgenommen hat, übertrage ich dem U-Jäger die U-Jagd und gehe zum Tanker zurück. Die Hauptaufgabe ist, den dringend in Afrika benötigten Tanker heute herüberzubringen. So muß ich der Verlockung widerstehen, eine recht aussichtsreiche U-Jagd fortzusetzen, die sich allerdings erfahrungsgemäß auf viele Stunden, wenn nicht Tage hätte erstrecken können. Daß der U-Jäger das U-Boot vernichtet, ist zu hoffen, jedenfalls muß aber das U-Boot verhindert werden, an dem langsam marschierenden Tanker Fühlung zu halten und im Laufe der Nacht über Wasser anzugreifen. Funkmeldung über U-Bootsichtung erstattet. U-Jäger erhält Befehl, die U-Jagd so abzubrechen, daß er um 0100 Uhr, also nach Mondaufgang, wieder beim Verband steht.

2010 Uhr. Nach Eintritt der Dunkelheit, kurz nachdem die Luftsicherung im Norden außer Sicht geflogen ist, werden rote Einzelsterne in kurzen Abständen in der Luft im Norden beobachtet. Kann sich nur um Signal von Flugzeugen handeln »Brauche Hilfe«. Ich halte mit großer Fahrt in Richtung der roten Sterne, die nach wenigen Minuten nicht mehr wiederholt werden. Der U-Jäger erhält optisch den Befehl, in die Nähe zu kommen. Er soll, in der Annahme, daß es sich um den Seenotfall einer deutschen Maschine handelt, eine Suchaktion durchführen und u.U. bis Hellwerden fortsetzen. Findet er auch bei Tageslicht nichts, so soll er nach Suda gehen. FT.-Meldung über den Seenotfall sowie über Detachierung des U-Jägers verschiebe ich auf 1 1/2 Stunde vor Hellwerden, da dann zum Starten der Seenot-staffel noch Zeit ist und ich andererseits bereits an der afrikanischen Küste stehe, wo ein Durchbrechen der Funkstille tragbar erscheint. Danach zurück zum Tanker und Marsch fortgesetzt. Die Detachierung von U-Jäger *2104* ist zweifellos eine Schwächung der Sicherung, auch wenn er seine Hauptaufgabe — Sicherung bei Tage mittels S-Gerät — erfüllt hatte. Aber sollten die deutschen Flieger ohne Hilfe sich selbst überlassen werden und bei dem unbeständigen Wetter mit ziemlicher Sicherheit ums Leben kommen? Die Entscheidung ist mir sehr schwer gefallen. Mit meiner guten Flakarmierung hoffte ich zuversichtlich, den ziemlich kleinen, daher schwer zu treffenden Tanker sicher an seinen Bestimmungsort zu geleiten.

2342 Uhr. Mondaufgang. Zwischen Kreta und afrik. Küste. *Hermes* sichert an der mondabgewandten Seite. Reisemarsch auf den vorgeschriebenen Kursen. U-Jäger *2104* schließt nicht heran, hat also bisher offensichtlich nichts gefunden. Lazarett-schiff an Stb. in Sicht, hat ebenfalls Kurs auf Tobruk.

Donnerstag, 3.9.42

0445 Uhr. FT. über Seenotfall abgegeben. 0630 Uhr. Halbe Stunde nach Sonnen-aufgang Luftsicherung (Do 215) beim Verband, später noch eine He 111 und Ju 88. 0830 Uhr. Signalstelle Tobruk: Minengefahrsignal (wie üblich). 0945 Uhr. Tobruk Netzsperre passiert. 1000 Uhr. Tobruk Hafen geankert. *Stige* geht an die Mole und beginnt unverzüglich den Betriebsstoff für die Luftwaffe zu löschen.

Aufgabe durchgeführt.

Der 400 sm lange Weg ist in 44 Stunden zurückgelegt, also mit durchschnittlich 9 sm. Der in dieser Jahreszeit stets nördliche Wind hat sich außerordentlich günstig ausgewirkt. Es ist das erste Mal, daß bei der Fahrt nach Afrika uns die engl. Luft-waffe offensichtlich nicht erfaßt hat.

Der an Land geschickte Offizier meldet, daß die Absicht besteht, heute abend *Her-mes* mit dem Tanker *Giorgio* (4800 t), Marschfahrt 7,5 sm, auslaufen zu lassen, morgen um 1000 Uhr mit einem aus Benghasi laufenden Geleit *Tergestea*[105], *Cas-siopeia* (10 sm) zu vereinigen und nach Piräus zu bringen. Seeklar 1900 Uhr. Ich schicke dem ital. Verb. Offizier an Bord *Giorgio* zur Übermittlung und Erklärung der Befehle für das Geleit.

1900 Uhr. Anker gelichtet. 1915 Uhr. Sperre Tobruk auslaufend passiert. Dann vor-geschriebene Auslaufkurse. Von dem Benghasi-Geleit (Torpedoboot *Cassiopeia*) mit dem wir uns morgen 1000 Uhr vereinigen sollen, geht 2200 Uhr folgender Funkspruch ein: »Ich gebe bekannt, daß wegen starken Windes die Geschwindig-keit des Dampfers *Tergestea* es erst erlaubt, uns mit dem *Hermes*-Geleit nicht frü-her als 1300 Uhr auf dem festgelegten Versammlungsort vereinigen zu können.« Dieser Funkspruch ist ziemlich unverständlich. Das um 1500 Uhr aus Benghasi ausgelaufene Geleit hat 2 Stunden Reserve, soll 10 sm laufen. Wie kann 12 Stunden vor der Treffpunktzeit gesagt werden, daß das Wetter eine Verspätung von 3 Stun-den zur Folge haben wird? Geleit *Hermes–Giorgio* hat etwa 40 Minuten Verspä-tung. Da *Cassiopeia* ihrer Meldung gemäß nicht 10 sm sondern 7–8 sm macht, stehen wir gut 21 sm vor *Cassiopeia*, müssen also voraussichtlich bei den hiesigen Sichtverhältnissen in Sichtweite sein. Mit weniger als 7 sm Fahrt zu fahren, um auf *Cassiopeia* zu warten, ist in diesem luft- und u-bootgefährdetem Gebiet nicht am Platze.

2230 Uhr. Punkt E erreicht, gehen auf Kurs 330 Grad. 2400 Uhr. 32 Grad 22 ' N, 23 Grad 39 ' O.

Freitag, 4.9.92

0020 Uhr. Mondaufgang. 0030 Uhr. Eine Leuchtbombe rw. 40 Grad. Außer Meßbereich. 0045 Uhr. Eine weitere Leuchtbombe in rw. O Grad. Außer Meßbereich. 0100 Uhr. Mit zunehmender Mondbeleuchtung fährt Zerstörer *Hermes* mit 10 sm Zickzackkurse. 0130 Uhr. Leuchtbomben Stb. voraus, Entfernung 300 hm. Wahrscheinlich auf den Geleitzug *Sportivo*, *Bianchi*, *Ravenna* mit 4 T-Booten von Norden, Kurs Tobruk. Motorengeräusch Stb. voraus. Eine Leuchtbombe, Entfernung 130 hm. 0155 Uhr. Richtung 355 Grad eine Detonation, ungefähre Messung 350 hm. Messung unsicher. Nach der Detonation ein heller Feuerschein, weithin sichtbar. Schwaches Flakfeuer aus leichten Flaks.

0400 Uhr. 32 Grad 47 ' N, 23 Grad 22 ' O. Motorengeräusche an Bb. Wir werden anscheinend nicht gefunden. Um 0400 Uhr gehen mehrere Funksprüche von Supermarina ein. Zwei entschlüsselt, drei konnten nicht entschlüsselt werden, da die Schlüssel fehlen und in Suda liegen sollen. Ein Flugzeug von voraus kommend überfliegt *Hermes* Richtung N–S. Hat uns offensichtlich nicht gesehen. Zwei Lazarettschiffe sichtbar. Ein Lazarettschiff hält auf die Unfallstelle zu, das zweite passiert Geleit *Hermes* Richtung N–S. Ich nehme davon Abstand, auf die Unfallstelle zuzuhalten, da ich eigenes Geleit nicht verlassen will. Immer neue Detonationen, Stichflammen und Ölbrände sind auf dem brennenden Dampfer sichtbar, dessen Wrack jetzt stundenlang in Sicht bleibt.

0450 Uhr. ES an Stb. 0512 Uhr. Ein Flugzeug mit Lichtern überfliegt uns.

0520 Uhr. Astronomisches Besteck (3 Sterne) 32 Grad 53 ' N, 23 Grad 9 ' O stimmt mit Kopplung überein.

0603 Uhr. Sonnenaufgang. 0605 Uhr. Eine He 111. ES-Anruf. ES wird erwidert.

0700 Uhr. Astronomisches Besteck (Sonne und Mond) 33 Grad 1,5 ' N, 23 Grad 4 ' O stimmt wieder mit Kopplung überein.

0710 Uhr. S-Gerät hat ein Echo. *Hermes* läßt Dampfer abdrehen. Echo bestätigt sich nicht.

0800 Uhr. Eine Cant Z 501 als Luftsicherung.

0910 Uhr. FT. meldet auf Sicherungswelle von Flugzeug DD. Es fehlt aber der Kennbuchstabe, so daß unklar ist, wer gemeint ist.

0920 Uhr. Eine weitere Ju 88 beim Verband.

1155 Uhr. Funkspruch von Admiral Ägäis: Geleit *Tergestea* hat 3 Stunden Verspätung. *Hermes* setzt Marsch fort, da Aufenthalt in diesem Seegebiet zu gefährlich. Geleit *Tergestea* ist mit 10 sm Marschfahrt angegeben. Hat also Geleit *Giorgio* gegenüber 2,5 sm Fahrtüberschuß. Die beiden Geleite fahren unter denselben Witterungsverhältnissen. Infolgedessen müßte Geleit *Tergestea* spätestens bis zur Abenddämmerung Geleit *Giorgio* aufgelaufen und eigentlich jetzt bereits in Sicht achteraus sein.

1200 Uhr. 33 Grad 40 ' N, 23 Grad 0 ' O. *Cassiopeia* noch immer, auch aus dem Krähennest, nicht in Sicht. Marsch fortgesetzt.

1330 Uhr. Zwei neue Ju beim Verband. Ablösung der Luftsicherung.

1600 Uhr. 34 Grad 08 ' N, 23 Grad 06 ' O.

1645 Uhr. 2 Ju 88, Ablösung der Luftsicherung.

1815 Uhr. Funkspruch von *Cassiopeia*: »Um 1740 Uhr 4 feindl. Bomber 90 sm Nord Ras el Tin.« Danach vermute ich *Cassiopeia* noch hinter uns.

1830 Uhr. Ich gehe mit *Giorgio* auf Gegenkurs, um zu *Cassiopeia* zu stoßen und meine Luftsicherung auf die Bomber mit anzusetzen. 1853 Uhr. Sonnenuntergang. *Cassiopeia* ist zwar noch immer nicht in Sicht, kann aber nicht mehr als 20 sm hinter mir stehen. Laufe bis 1910 Uhr mit 24 sm zurück. Da *Cassiopeia* bis dahin nicht in Sicht und Dunkelheit hereinbricht, mache ich kehrt und gehe wieder zu *Giorgio*. Verband geht wieder auf 13 Grad und setzt Marsch fort. Es ist unverständlich, wo das *Cassiopeia*-Geleit steckt.

2150 Uhr. Astronomisches Besteck 34 Grad 4 ' N, 23 Grad 15 ' O. Es gelingt, Verbindung mit *Cassiopeia* durch Signalatori/134 m herzustellen. *Hermes* gibt Standort von 2130 Uhr, Kurs und Fahrt an *Cassiopeia*. 2200 Uhr geht Standort von *Cassiopeia* ein, nach dem sie 17 sm vor *Hermes* steht. Ist sie westlich vorbeigelaufen? Dann ist es verständlich, warum wir sie 1830 Uhr nicht gefunden haben. Bei der herrschenden guten Sicht müßte das Besteck *Hermes* und Besteck *Cassiopeia* eine Längendifferenz von mindestens 20 sm gehabt haben. Nach der astronomischen Besteckkontrolle von *Hermes* ist das für uns unwahrscheinlich.

2400 Uhr. 34 Grad 36 ' N, 23 Grad 26 ' O nach Kopplung.

Sonnabend, 5.9.42

0119 Uhr. Mondaufgang. 0400 Uhr. 35 Grad N, 23 Grad 30 ' O nach Kopplung. 0700 Uhr. Standort nach astronomischem Besteck 34 Grad 37 ' N, 23 Grad 12 ' O. Mitteilung über unser Besteck an *Cassiopeia*. Meldung an Supermarina über Besteck und Fahrt wird versucht, gelingt nicht wegen technischer Unzulänglichkeiten. **Lage**: Wir treten auf der Stelle, Seegang 8. Anfrage, ob Dampfer Maschinenstörung hat. *Cassiopeia* steht bei Cerigo, Kurs 200 Grad, 7 sm. Ich nehme an, daß sie, ohne zu warten, einläuft. An Admiral Ägäis wird FT. gemacht, um Luftsicherung für uns und für *Cassiopeia* zu erbitten. Astronomisches Besteck übereinstimmt mit heute früh, als Gavdos gepeilt werden konnte. *Giorgio* meldet, daß er keine Maschinenstörung, sondern bewachsenen Kiel hat. Das hohe, leere Schiff ist ein guter Windfang, die Schraube arbeitet zur Hälfte in der Luft. Der Zerstörer fährt mit geringster Fahrt, oft eine Maschine gestoppt, vor *Giorgio* Zickzack, mal die See 4 Dez an Bb., mal 4 Dez an Stb. Kreisen ist nicht möglich, da vermieden werden muß, daß See quer kommt. Wenn es nicht abflaut, werden wir noch lange auf der Stelle treten.

0722 Uhr. Nach astronomischem Besteck 34 Grad 37 ' N, 23 Grad 12 ' O, 40 sm südlich SW-Ecke Kreta. Kurs 15 Grad, um mehr in Schutz von Kreta zu kommen. Kurs auf Cerigotto-Durchfahrt. Von Kreta und Gavdos ist nichts zu sehen. Nach Westen dagegen sehr gute Sicht. Wir kommen mit der Geschwindigkeit eines Fußgängers vorwärts.

0730 Uhr. Zwei Ju 88 als Luftsicherung eingetroffen. *Giorgio* meldet auf Anfrage, daß er nach seinem Log 4 sm Fahrt läuft.

0800 Uhr. *Cassiopeia* meldet, daß eine Vereinigung nicht möglich ist, da er Öl gerade bis Piräus hat. Da sein Standort 55 sm von unserem entfernt ist, hatte ich auch mit einem Sammeln nicht mehr gerechnet.

0800 Uhr. Windstärke N 10, sehr grobe, hohe und lange See. Nach Kopplung ist Besteck 34 Grad 42 ' N, 23 Grad 14 ' O. Kreta kommt verschwommen in Sicht. Es ist deutlich, daß wir sehr zurückstehen. Bei der groben, wirklich sehr hohen See, kommt *Giorgio* nicht von der Stelle. Es sieht so aus, als ob sie sich gerade gegen die See hält.

0845 Uhr. Drei Flugzeuge erscheinen als Luftsicherung (Ju 88).

0915 Uhr. *Giorgio* teilt mit, daß sie nur noch 31 t Brennstoff besitzt, es unmöglich ist, nach Piräus zu gehen und bittet um weitere Befehle. Ich gebe zurück, daß ich hoffe, daß es abflaut und wir nach Suda gehen können. Nach astronomischem Besteck machen wir 3–4 sm Fahrt. Es werden 20–24 m/s Wind gemessen.

1200 Uhr. Kreta kommt deutlicher in Sicht. Es flaut auf 7–8 ab. Wir machen jetzt etwa 5 sm Fahrt.

1800 Uhr. Es flaut kräftig ab. Cerigotto-Enge. Neue Prüfung der Brennstofflage ergibt, daß *Giorgio* keinesfalls bis Piräus kommt, selbst wenn 6 sm Fahrt angenommen werden. Daher Befehl für Suda erteilt.

2000 Uhr. Wind NO 3–4. Kurs auf Suda. Meldung an Supermarina gelingt über Zwischenstelle Patras, daß 0600 Uhr Einlaufen Suda beabsichtigt.

Sonntag, 6.9.42

0410 Uhr. Suda-Netzsperre. Finden der Sperrlücke schwierig. Sperrbeleuchtung war in Erwartung des Einlaufens erst bei Morgendämmerung bestellt worden. Im entscheidenden Moment verschwindet der Mond hinter den Wolken. Passieren und Durchlotsen des Dampfers durch Sperrlücken gelingt. 0500 Uhr. Suda mit *Giorgio* geankert. *Giorgio* ergänzt Brennstoff, *Hermes* kann mangels geeigneter Ölübernahmepumpen das gleiche nicht tun. *Giorgio* muß noch Kesselschaden reparieren, so daß Auslaufen erst gegen Abend möglich. Meldung an Supermarina und Admiral Ägäis erstattet.

1800 Uhr. Suda aus. Mit *Giorgio* Kurs auf Piräus. *Hermes* Zickzackkurse vor dem Tanker. Nichts besonderes. Bei dem guten Wetter und nach Behebung des Kesselschadens Reisemarsch jetzt 6–7 sm.

Montag, 7.9.42

0540 Uhr. Passieren Geleit *Barletta*, *Bione* auf Gegenkurs. 0600 Uhr. Luftsicherung trifft ein (2 Arados). 1740 Uhr. Piräus Netzsperre passiert.

Aufgabe durchgeführt.

Für die 285 sm lange Strecke Tobruk–Suda haben wir 58 Stunden gebraucht. Das entspricht einer Reisegeschwindigkeit von knapp 5 sm. Für den Gegner, sowohl für Luftwaffe und U-Boote, liegt hierin eine große Chance, für den Begleitzerstörer bedeutet es einen großen Aufwand von Brennstoff, maschinentechnischen Schwierigkeiten und navigatorischen Unsicherheiten. Wenn dann noch bekannt wird, daß das vom Tanker beförderte Benzin wegen Verschmutzung nicht für seinen gedachten Zweck verwendbar war, er auch nur halb geladen hatte, so ist der Nutzen einer solchen Fahrt mehr als fragwürdig.

Dienstag, 8.9.42

Maureb Salamis. Keine größeren Reparaturen. Einbau des zweiten Diesels. Wie auf Nachfrage *Cassiopeia* mitteilt, hat sie auf Grund ihrer Verspätung von Benghasi kommend uns mittels einer Kreuzeraufgabe treffen wollen und hat nicht den befohlenen Kurs gesteuert. Da *Hermes* auch 40 Minuten Verspätung hatte und im Laufe des Tages weniger Fahrt als vorgesehen lief, ist *Cassiopeia* damit im Westen vorbeigestoßen, wobei es erstaunlich ist, daß wir sie bei der guten Sicht nicht gesehen haben. Besteckfehler?

Mittwoch, 9.9.42

Es geht Befehl ein, einen Truppentransport von 400 deutschen Soldaten und Wehrmachtsgut auf Dampfer *Citta di Savona* von Piräus nach Suda zu überführen. Dazu als Sicherung ital. Zerstörer *Pigafetta* (früher *Esploratore*[106]) und Zerstörer *Hermes*. Da der ital. Kommandant, Kpt.z.S A. Lavallo, älter ist, liegt die Führung bei ihm, also Admiral Ägäis über Marisudest an *Pigafetta* als Verbandsführer. Wir schalten hierzu die 134-m-Befehlswelle (Signalatori).

Sitzung bei Kommandant *Pigafetta*. Durchsprechen des Operationsbefehls, der sehr lang ist, aber nach unseren Begriffen wenig Tatsächliches enthält. Unter anderem ist darin vermerkt, daß sich Deutschland und Italien im Kriege mit England, Amerika und Rußland befinden. Somit sind alle Mißverständnisse ausgeschlossen. Da die Italiener sich nachts fast ausschließlich der U.K. als Befehlsmittel bedienen, wir aber keine besitzen, ist die B.Ü.[107] erschwert.

1800 Uhr. Netzsperre auslaufend passiert. Golf von Athen. Da *Pigafetta* kein S-Gerät besitzt, fährt er achtern, *Hermes* vor *Citta di Savona*, die Küstenkurse bis Cap Sunion in Kiellinie. Marschfahrt 8,5 sm. 1844 Uhr. Sonnenuntergang.

2200 Uhr. Dunkle Nacht, klarer Sternenhimmel. Auf 170 Grad, den direkten Kurs nach Suda gegangen. Den ital. Dampfer, dessen Navigation *Hermes* überwachen und korrigieren soll, auf den richtigen Kurs zu bringen, dauert geraume Zeit. Anscheinend ist der Kompaß *Citta di Savona* nicht in Ordnung. Dann geht *Hermes* in die Stb.-Seitensicherung, *Pigafetta* in die Bb.-Seitensicherung. *Pigafetta* hat kein S-Gerät. Seine helle Hecklaterne wird erst auf Winkspruch von *Hermes* gelöscht. 2400 Uhr. 34 Grad 17 ′ N, 24 Grad 08 ′ O.

Donnerstag, 10.9.42

0100 Uhr. Die Hecklaterne *Pigafetta* brennt wieder! Bei einem wichtigen Truppentransport eine unverantwortliche Gefährdung! Ich lasse einen unmißverständlichen Morsespruch hinübergeben. Leichter können wir das Fühlungshalten der U-Boote wirklich nicht machen. Es dauert fast eine Stunde, bis Hecklaterne gelöscht wird.

0400 Uhr. Bei Milos. 36 Grad 43 ′ N, 24 Grad 12 ′ O. *Citta di Savona* von *Hermes* nach Passieren von Milos erneut auf Kurs nach Kreta gebracht. Nach Einbruch der Dämmerung Tagesmarschformation eingenommen: *Hermes* vor *Citta di Savona* mit 14 sm. *Pigafetta* hinter *Citta di Savona* Zickzackkurse steuernd. Die spiegelglatte See ist für U-Boote nicht günstig. Ohne Störung des S-Geräts können 14 sm gelaufen werden.

0600 Uhr. Sonnenaufgang. *Pigafetta* steht über 20 hm hinter *Citta di Savona*, auch Zickzackkurse steuernd. M.E. ist der Abstand viel zu groß. Wenn er sich schon für die Stellung achtern entscheidet, muß er so hart hinter *Citta di Savona* stehen, daß er die aus Lage 90–110 Grad angreifenden U-Boote, die vorn durchgerutscht sind, beim Angriff stört. Zwei Arados beim Verband als Luftsicherung. Fliegen sachgemäß in etwa 50 m Höhe vorlich und seitlich. Im Gegensatz zu der Gruppe 126 fliegen die Ju 88 und He 111 des X. Fliegerkorps fast stets viel zu hoch und seitlich zu weit herausgestaffelt.

0900 Uhr. Kreta in Sicht. Da Kapitän *Citta di Savona* Suda nicht kennt, soll *Hermes* den Dampfer zum Ankerplatz führen. Einlaufen in Kiellinie in Reihenfolge *Hermes*, *Citta di Savona*, *Pigafetta*. Signalgebung durch *Hermes*. Einlaufkurse gesteuert.

1200 Uhr. Es geht von Marisudest ein Funkspruch an den Geleitführer *Pigafetta* ein, den unsere ital. Funkstation an Bord aufnimmt, jedoch sich vergeblich bemüht, ihn zu entschlüsseln.

1330 Uhr. Suda eingelaufen, geankert.

Aufgabe durchgeführt.

In dem Operationsbefehl von Marisudest ist enthalten, daß *Hermes* am 11.9. den Dampfer *Minerva* aus Iraklion nach Suda überführen soll. Da ich bei keiner deutschen Stelle etwas hierüber in Erfahrung bringen kann, scheint es sich um ein Mißverständnis zu handeln.

1800 Uhr. Suda. Fliegeralarm. Zahl und Typ der Flieger über der Wolkendecke nicht auszumachen. Es fallen einige schlecht gezielte Bomben in der Einfahrt der Bucht bei der Suda-Insel.

2300 Uhr. Von Admiral Ägäis: »Mit Auslaufen nach Derna mit Geleitzug 12.9. 0200 Uhr rechnen.«

Freitag, 11.9.42

Nachrichtentechnische ital. Kommission überprüft ital. Sender an Bord und macht ihn angeblich betriebsklar. Befehl vom Marisudest geht ein über Auslaufen nach Derna und weiter nach Tobruk heute Nacht mit Benzintanker *Alberto Fassio*, fünf Fährprähmen und Torpedoboot *Cassiopeia*. Geleitführer *Hermes*. Wetterlage für Fährprähme ungünstig.

1700 Uhr. Kommandantensitzung auf *Hermes*: Die ital. Fährprähme werden sämtlich von Offizieren (Kptlt. u. Ob.Lt.) geführt. Seetüchtigkeit wird von ihnen als gering bezeichnet. Bis Seegang 2–3. Wetterlage und Wettervorhersage: NW 3 und mehr. Auslaufen wird daher in Frage gestellt. Es ist versäumt worden, die z.Zt. gültigen ital. Schlüsselmittel an Bord zu geben. Unmittelbarer Verkehr mit Supermarina ist nicht möglich. Ich erstatte hierüber Funkmeldung an Admiral Ägäis. Die Verbindung muß über *Cassiopeia* erfolgen. Bei Trennung des Geleits aus irgendwelchen, sehr wohl möglichen Gründen, bin ich ohne Funkverbindung mit der Stelle, die mich steuert. Der Verantwortungsfreudigkeit des Geleitführers werden keine Grenzen gestellt (im Original mit Bleistift vom Kdt. unterstrichen!). Ich lasse mir alle zwei Stunden das Wetter aus Chania geben. Es ist weiterhin ungünstig. Brennstoff voll aufgefüllt. Wegen Wetterlage heute kein Auslaufen.

Sonnabend, 12.9.42
Die Besichtigung eines ital. Fährprahms überzeugt mich von der geringen Seetüchtigkeit dieser Fahrzeuge. Außerdem sind sie schlecht gestaut. Große Gewichte liegen ohne Zurrung herum. Mehr als Seegang 3 ist ihnen nicht zuzumuten. Wegen Wetterlage kein Auslaufen. Die Wetternachrichten sind weiter schlecht. Nord 5–6, kurzfristig abflauend, nach Mitternacht erneut böig auffrischend. Supermarina Rom bestätigt Verschiebung um 24 Stunden. Die Verzögerung der Überführung der Fährprähme infolge des ungünstigen September-Wetters wirkt sich bedauerlicherweise auch auf die Überfahrt des Benzintankers *Alberto Fassio* aus.

Sonntag, 13.9.42
Suda. Wetterbericht: Noch immer Nordwinde, jedoch abflauend. Mittags Wetterbesserung. Auslaufen wird für die Nacht in Aussicht genommen. Auch von der ital. Verbindungsstelle geht übereinstimmende Auffassung ein. Funkspruch von Admiral Ägäis: »Auslaufen nach eigenem Ermessen.« Für 0000 Uhr Ankerlichten befohlen. Für Sammeln und Formieren des uneingefahrenen Verbandes rechne ich 1 Stunde. Die Kurse zwischen Derna und Tobruk sind mir nicht bekannt. Sie sollten übermittelt werden, es gelingt jedoch nicht, sie von irgendeiner Stelle zu erhalten. Ein Funkspruch von Admiral Ägäis teilt mit, daß bei Eintreffen vor Derna ein Boot des Marinekommandos Derna die Küstenkurse, die z.Zt. gesperrt sind, überbringen wird. Was soll geschehen, wenn das Boot nicht eintrifft oder uns verfehlt? Gerade, wo italienischerseits nicht der bei uns gewohnte Maßstab an Pünktlichkeit angenommen werden darf.

Montag, 14.9.42
0015 Uhr. Anker gelichtet. Als letzter ausgelaufen, um Verband übersehen und ordnen zu können. 0100 Uhr. Netzsperre auslaufend passiert. Verband sammelt. Reihenfolge: Torpedoboot *Cassiopeia*, *Alberto Fassio*, 5 Fährprähme, *Hermes*. Durch Megaphon Verband in gewünschte Formation gebracht. Windstill, kein Mond.

0240 Uhr. Kurs 277 Grad. Marsch an der Nordküste Kretas. *Hermes* übernimmt vorn die Führung. 0540 Uhr. Luftsicherung 2 He 111 beim Verband. Verband hat sich während der Nacht gelockert, wird durch Megaphon wieder in alte Ordnung gebracht.

0710 Uhr. Cerigotto-Durchfahrt passiert. Es sind jetzt 4 Flugzeuge am Verband.

0730 Uhr. Nordwestl. Kreta. Auf ital. Welle geht Funkspruch im Klartext ein, daß Jäger und Bomber unbedingt benötigt werden zur Abwehr feindl. Truppen in der Nähe Tobruk und zur Abwehr feindl. Seestreitkräfte[108].

Weitere FT.'s:

Um 0500 Uhr beschießen 3 unbekannte Einheiten Tobruk (ital. Welle).

1000 Uhr. M.V.O.[109] Cyrenaika meldet Landung ostwärts Tobruk.

1015 Uhr geht KR ohne Unterschrift ein, daß Feindlandung außerhalb der Netzsperre am Südufer. Ital. Gegenangriff im Gange (Ägäis Kurzwelle). Ich vermute, daß vor Mittag kein Befehl an mich über Abbruch oder Fortsetzung der Reise eingeht, da Entwicklung Lage im Laufe des Tages erst abgewartet werden wird.

1050 Uhr. General Deindl teilt mit, daß Landung gescheitert sei, der Flottenverband seit 0600 Uhr Kurs Ost steuert. Zwei feindl. Schiffe brennen (Ägäis Kurzwelle).

Es brist etwas, die Fährprähme steuern vor der See befriedigend. *Hermes* fährt Zickzack vor und an Bb., *Cassiopeia* an Stb. des Verbandes. Die Fährprähme stehen an beiden Stellen etwas achteraus von *Alberto Fassio*.

1145 Uhr. Seekommandant Kreta teilt durch Funkspruch Sichten eines aufgetauchten U-Boots um 1045 Uhr an Südküste Kreta mit. Sichtungsstelle ist etwa 9 sm von unserem Standort entfernt.

1240 Uhr. Admiral Ägäis unterrichtet *Hermes* durch KR-Funkspruch über Lage Tobruk. Auch hiernach ist Landung gescheitert und feindl. Flottenverband auf dem Rückmarsch. Marsch wird fortgesetzt. Wetter hat auf Nord 3–4 aufgefrischt. Prähme halten Fahrt und Position.

1245 Uhr südwestlich Kreta Funkspruch von Marisudest an *Cassiopeia* über Begegnungsmöglichkeit heute nachmittag mit Geleit *Olympos*. Funkspruch wird hier aufgenommen und entschlüsselt. Hätte m.E. an den Geleitführer gehen müssen.

1515 Uhr. Südwestspitze Kreta, Kap Krios in 18 Grad 42 sm ab, wirft eine Maschine etwa 6000 m vor dem Geleitzug eine Bombe, kurz danach dieselbe Maschine oder eine andere eine zweite Bombe. Der Zerstörer hält auf die Stelle mit hoher Fahrt hin. Von der Maschine der Luftsicherung wird weder ein Sternsignal gegeben, noch geht auf der Luftsicherungswelle irgendetwas ein. Der Versuch, optisch mit den Flugzeugen in Verbindung zu treten, schlägt fehl. So bleibt nichts übrig, als den Umkreis des Bombenwurfes mit dem S-Gerät abzusuchen und danach den alten Platz im Verband wieder einzunehmen. Dieser Mangel an Verständigung nimmt dem großen Aufwand an Luftsicherung einen Teil seines Wertes für das Geleit.

1800 Uhr. Zwischen Kreta und Afrika. Wetter wieder abgeflaut. Geleit steuert gut geschlossen. Da wir etwas voraus stehen, gebe ich an den Verband, von 2000 Uhr ab die Geschwindigkeit von 8 auf 7 sm zu vermindern, um das Lotsenboot vor Derna, das ohnehin in der Dunkelheit um 0500 Uhr nicht leicht zu finden sein wird, zur beabsichtigten Zeit zu treffen. Beim Verband sind jetzt in der kritischen Zeit der Abenddämmerung 5 He 111, 1 Ju 88 und 2 Me 110.

1834 Uhr. Sonnenuntergang. Mond 1/Viertel, geht 2115 Uhr unter. Lage in Tobruk: Feindgefahr beseitigt. Zwei oder drei Zerstörer, zwei Korvetten versenkt[110]. An zwei Stellen noch Kämpfe gegen eingekreiste kleine Abteilungen. Ob Einlaufen des Verbandes morgen Abend möglich, hängt wohl auch davon ab, ob Wracklage bekannt.

1920 Uhr. Unterrichtung durch Admiral Ägäis über Lage: Quadrat 8210 und 8330 feindl. Einheiten, u.U. Durchbruch Alexandria–Malta, da mit westlichen Kursen heute Vormittag um 1230 Uhr 7 Einheiten, 1 Kreuzer brennend im Schlepp, gesichtet. Abstand zu unserem gegenwärtigen Standort etwa 240 sm. Halte Kurs durch.

2000 Uhr. Etwa Mitte zwischen Kreta und Afrika. 33 Grad 53 ′ N, 23 Grad 17 ′ O. Es erscheint fraglich, ob die gemeldeten Einheiten tatsächl. westl. Kurs steuern, zumal der geschleppte Kreuzer. Zutreffendenfalls ist ein Zusammentreffen allerdings sehr wohl im Bereich der Möglichkeit.

2115 Uhr. Monduntergang.

2330 Uhr. Flugzeuggeräusche. Eine große Wellington ist gegen den klaren Nachthimmel deutlich auszumachen. Er überfliegt uns in 4–600 m Höhe, macht kehrt und zieht noch einmal seitlich vorbei, so daß angenommen werden muß, daß er den Verband ausgemacht hat. An Supermarina Rom und danach an Admiral Ägäis Fliegersichtmeldung abgegeben. 2345 Uhr erneut Flieger über uns.

Dienstag, 15.9.42

0000 Uhr. In 40 Grad Aufblitzen wie von Mündungsfeuer an der Kimm. Entfernung etwa 400 hm. Könnte zusammenhängen mit den Nachrichten über Westmarsch feindl. Seestreitkräfte. Zwei Flugzeuge überfliegen den Zerstörer, offensichtlich Fühlungshalter, die den Verband nicht loslassen.

0030 Uhr. Funkspruch von Supermarina an *Cassiopeia* (also nicht an *Hermes* als Geleitführer): »Sie sind um 2330 Uhr von Luftaufklärung gemeldet.« Damit ist klar, daß wir entdeckt sind. Es liegt mir nahe, bei den nächsten Überflügen Feuer zu eröffnen. Dieser Verlockung widerstehe ich in der Überzeugung, daß die Fühlungshalter Kampfverbände heranziehen werden, deren Ansatz bei Nacht jedoch eine schwierige Sache ist. Eröffne ich Feuer, erleichtere ich das Heranführen der Bomber und gefährde damit die Erfüllung meiner Aufgabe, wofür selbst ein oder zwei gelungene Abschüsse keinen Ausgleich bedeuten würden, wenngleich natürlich eine Erschwerung des Handwerks der Engländer außerordentlich erwünscht wäre. Es fallen jetzt in schneller Reihenfolge vier Reihen von Leuchtbomben und ebenfalls schwimmende Leuchtbojen. Gerade aus dem Gebrauch letzterer geht hervor, daß mit Ansatz von Kampfflugzeugen gerechnet werden muß.

0050 Uhr schlage ich mit dem Verband einen Haken nach Westen und gehe auf 250 Grad, 6 Dez nach Stb. Trotz eingehender Besprechung bei der Kommandantensitzung ist das Manöver mit den sechs Schutzbefohlenen schwierig, zumal noch einige Kursänderungen entsprechend der wechselnden Position der Leuchtbomben nach Bb. und Stb. vorgenommen werden müssen. Zeitweise scheint es, als ob der Verband von schwimmenden Leuchtkörpern eingekreist ist. Es gelingt aber immer wieder ein Durchbruch. Es mögen vier große Wellington beim Verband stehen und sich bemühen, ihn nicht loszulassen. Gemäß erlassenem Befehl eröffnet keines der Fahrzeuge das Feuer. *Cassiopeia* wird zur Betreuung und Dirigierung zu den Fährprähmen geschickt, *Hermes* nimmt bei *Albert Fassio* Aufstellung, klar zum Nebeln, sobald Bombenangriffe einsetzen. Ein Probenebel ergibt allerdings gute Sichtbarkeit des weißen Nebels im Scheine der Leuchtbomben.

0230 Uhr. Zum letzten Male Fühlungshalter ausgemacht. Ich laufe drei Stunden mit 250 Grad ab, da ich annehme, daß südlicher Kurs und ziemlich genaue Fahrt vom Fühlungshalter gemeldet ist. Es ist mit Bestimmtheit in Kürze mit dem Angriff von Bombern zu rechnen, in der Morgendämmerung mit dem Ansatz von Torpedoflugzeugen. Mannschaft auf Gefechtsstationen. Drei Kessel in Betrieb.

0325 Uhr. Seit 0230 Uhr kein Flugzeug mehr am Verband. Fühlung verloren? *Cassiopeia* teilt mit, daß ein Fährprahm abhanden gekommen ist.

0330 Uhr. Auf 140 Grad gegangen. Treffpunkt Lotsenboot Derna angesteuert.

0530 Uhr. Morgendämmerung. He 111 erscheint als Luftsicherung kurz nach Eintritt der Dämmerung. 0540 Uhr. Astronomisches Besteck bestätigt Koppelbesteck.

0550 Uhr. Ein ital. Torpedoboot und Schnellboot kommt in Sicht. Auch der verlorengegangene Fährprahm findet sich wieder ein. Schnellboot übergibt Küstenkurse nach Tobruk, beschädigt bei Längsseitskommen M.E.S.-Kabel, so daß M.E.S. ausfällt.

0613 Uhr. Sonnenaufgang. Es werden bis acht Maschinen Luftsicherung festgestellt. Fährprahm 764 planmäßig nach Derna detachiert. Mit dem Verband Marsch nach Tobruk fortgesetzt.

0800 Uhr. 32 Grad 49 ′ N, 23 Grad 10 ′ O. Wegen Häufigkeit des Auftretens von U-Booten bei Ras el Tin an beiden Seiten von *Alberto Fassio* je zwei Fährprähme, zugleich ein gewisser U-Bootschutz. Vorn *Hermes* Zickzack, an Bb., der Seeseite *Cassiopeia* Zickzack. Marsch mit 8 sm fortgesetzt. 1130 Uhr. Nach Passieren von Ras el Tin in Kiellinie wegen Minengefahr gegangen. *Hermes — Fassio — Cassiopeia* — an Bb. und Stb. je zwei Fährprähme. Luftsicherung durch ital. Flugzeuge und Messerschmidt-Zerstörer. Da die heute morgen vor Derna übermittelten Kurse nicht die bekanntgemachte unsichere Wracklage bei Abeida berücksichtigen, ist eine Änderung der Kurse notwendig und wird vorgenommen.

1200 Uhr. Zwischen Abeida und Tobruk nach ital. Meldung ein U-Boot gesichtet. Fährprähme werden 600 m querab *Alberto Fassio* aufgestellt. Verstärkter U-Bootausguck. Umgehung kommt wegen gesperrter Küste nicht in Betracht.

1600 Uhr. Bei der Durchfahrt durch das u-bootgefährdete Gebiet ist von irgendwelcher U-Bootbekämpfung nichts zu spüren. Nicht einmal eine Luftüberwachung befindet sich über dem fraglichen Gebiet. Die Fährprähme scheinen nach 40 Stunden Fahrzeit am Ende ihrer Leistung angelangt zu sein. Sind ihre Motoren ja auch ursprünglich nicht für Schiffe, sondern für Motorlokomotiven gebaut. Es ist ein Gück, daß es fast windstill ist und nur eine ganz schwache nördliche Dünung herrscht.

1800 Uhr. Tobruk eingelaufen. Meldung von *Hermes* an Supermarina erstattet. **Aufgabe durchgeführt.**

Es ist sehr wahrscheinlich, daß die Engländer nach Aufnahme der Fühlung um 2330 Uhr auf das aus acht Fahrzeugen bestehende Geleit Kampfflugzeuge angesetzt haben. Das geht auch aus der zahlreichen Verwendung von schwimmenden Leuchtkörpern hervor, mit denen die Aufklärungsflugzeuge den Standort des Geleits zu bezeichnen sich bemühten. Daß die Fühlung nach 0200 Uhr abriß und daß Bomben- und Torpedoflugzeuge weder in der Nacht noch in der Morgendämmerung zum Angriff kamen, wird in erster Linie auf den Haken nach Westen von 0050–0330 Uhr zurückgeführt. Die Fortsetzung des Marsches trotz des engl. Angriffs auf Tobruk, auch wenn die ersten Nachrichten recht alarmierend wirkten, hat sich als richtig erwiesen. Die Überführung der wenig seetüchtigen Fährprähme wurde durch das für September besonders gute Wetter begünstigt. Damit hat der Zerstörer fünf Geleite glücklich und ohne Verluste nach Afrika gebracht, von denen vier von *Hermes* geführt wurden.

2200–2300 Uhr. Fliegeralarm. Es werden etwa 80 Bomben geworfen, meist in das Stadtgebiet. Die Abwehr ist seit dem letzten Mal bedeutend vervollkommnet. Gute Scheinwerfer. Leider wird von dem allgemeinen gut liegenden intensiven Flakfeuer kein Abschuß erzielt. Eigene 3,7-cm und 2-cm beteiligen sich an der Abwehr. Im Hafen keine Verluste. 3,7-cm wiederum Störungen.

Nach übereinstimmenden Beobachtungen von Land aus soll beim Einlaufen die Blasenbahn eines Torpedos, die weit achteraus von unserem Geleit vorbeilief, gesichtet worden sein. Der Kommandant *Cassiopeia* hat eine Detonation am Ufer zur selben Zeit beobachtet. Es besteht der Verdacht, daß das hier gemeldete U-Boot einen mißlungenen Torpedoangriff auf das Geleit beim Einlaufen unternommen hat.

Die hinter uns liegende erste September-Hälfte ist durch pausenlosen Einsatz gekennzeichnet: Zweimal wurden wichtige Brennstofftanker nach Afrika überführt, ein Truppentransporter nach Kreta geleitet und ein Tanker im tagelangen Kampf mit schwerem Wetter und mit Brennstoffmangel von Tobruk nach Piräus gebracht. Alle Aufgaben wurden glatt durchgeführt, der Zerstörer ist nach wie vor voll einsatzbereit. Es darf jedoch nicht übersehen werden, daß das Maschinenpersonal auf die Dauer diesen Anstrengungen nicht gewachsen ist. Die Leute sehen schlecht und abgezehrt aus. Es sind Anträge gestellt auf Erhöhung des Solls (12 U.O. und 36 Mann), um 6 U.O. und 9 Mann, von deren Bewilligung die Aufrechterhaltung der Fahrbereitschaft abhängt. Bei den hohen Raumtemperaturen, dem südlichen Klima, ist das deutsche Personal den Anstrengungen nur gewachsen, wenn ein Teil stets zum Gewinnen frischer Kräfte vorübergehend ausgeschifft wird.

Stellungnahme des Admiral Ägäis zum K.T.B. vom 1.9. bis 15.9.42
— zum 1.9.42: Wie sich später herausgestellt hat, ist der Dampfer *Abbruzzi* völlig unbeschädigt gewesen. Er ist von seiner Besatzung und den ital. Seestreitkräften

verlassen worden. *Abbruzzi* wurde später in den Hafen von Ras el Hilal eingebracht und anschließend wieder in Marsch gesetzt. Eine Untersuchung des Vorfalls ist italienischerseits eingeleitet worden.

— zum 2.9.42 0550 Uhr: Vom X. Fliegerkorps ist versäumt worden, in der Aufklärungsmeldung den Kennbuchstaben hinzuzufügen, so daß keine Klarheit darüber bestand, welches Geleit gemeint war. Inzwischen ist durch ergänzende Befehle des X. Fliegerkorps sichergestellt, daß bei derartigen Meldungen eine einwandfreie Kennzeichnung erfolgt.

— zum 2.9.42 1600 Uhr: Eine Nachprüfung an Bord hat ergeben, daß die dem ital. Funktrupp zur Verfügung gestellten Geräte einwandfrei in Ordnung gewesen sind. Es sind Bedienungsfehler durch die ital. Funkgasten vorgekommen.

— zum 2.9.42 2110 Uhr: Auf Grund des Funkspruchs von Zerstörer *Hermes* war für Admiral Ägäis nicht zu übersehen, welche zwingenden Gründe den Kdt. *Hermes* bewogen hatten, den zur Sicherung wichtigen U-Jäger zurückzulassen. Der Stand bei Eingang der Funkmeldung war der, daß *Hermes* kurz vor Tobruk stand, der U-Jäger mußte etwa auf halber Strecke Kreta–Afrika angenommen werden. Die Meldung bzw. Anfrage durch *Hermes* hätte nicht an Admiral Ägäis gerichtet werden dürfen, sondern war an Supermarina zu richten, der *Hermes* führungsmäßig unterstellt war. Das Geleit ist dann von 2010 Uhr bis zum Einlaufen in Tobruk um 0945 Uhr am nächsten Morgen ohne den U-Jäger *2104* marschiert, der U-Jäger selbst nach Suda zurückgelaufen. So schwer vielleicht auch der Entschluß für den Kdt. *Hermes* war, hätte doch der U-Jäger zum mindesten nach kurzem Absuchen den Befehl zum Heranschließen an das Geleit bekommen müssen.

— zum 4.9.42: Die Zusammenstellung der ital. Schlüsselunterlagen erfolgt unmittelbar durch den ital. Verbindungsstab, ohne daß Admiral Ägäis Einblick oder auch nur Kenntnis über Gültigkeitsdauer der Schlüsselmittel usw. erhält.

— zum 5.9.42 0700 Uhr: Vergleiche die Bemerkung zu 2.9. 1600 Uhr.

— zum 6.9.42 0410 Uhr: Das Auffinden der Sperrlücke wird in Zukunft durch Vergrößerung der Reichweiten der Leuchtfeuer und Änderung der Sektoren sowie Auslegen einer Leuchtboje erleichtert werden.

— zum 6.9.42 0500 Uhr: Bis zur Ausrüstung Zerstörer *Hermes* mit einer eigenen Brennstoffpumpe wird ein Heizölprahm mit 2 Übernahmepumpen nach Suda gelegt werden, so daß Brennstoffergänzung dort möglich ist.

— zum 9.9.42 1530 Uhr: Das Kurzwellengerät von *Hermes*, das einen anderen Bereich als das italienische besitzt, ist inzwischen gegen ein italienisches ausgewechselt worden.

— zum 10.9.42 0600 Uhr: Die Höhe, in der U-Bootsicherung geflogen wird, richtet sich ganz nach den Beleuchtungsverhältnissen und dem Zustand der Wasseroberfläche. Im allgemeinen ist die Flughöhe bei U-Bootsicherung größer als 50 m und zwar meistens zwischen 100 bis 200 m.

— zum 14.9.42 1245 Uhr: *Cassiopeia* war gem. Vorangegangenem als Funkwiederholer eingesetzt.

— zum 14.9.42 1515 Uhr: Es ist wiederholt festgestellt worden, daß die optische Signalverbindung mit Flugzeugen der Aufklärungsgruppe 126 (Skaramanga) besser funktioniert als mit den Flugzeugen des X. Fliegerkorps[III].

— zum 15.9.42 0930 Uhr: Wie zum 14.9.42 1245 Uhr.

— zum 15.9.42: Dem Entschluß des Kommandanten, das Feuer nicht zu eröffnen, wird zugestimmt.

— zum 15.9.42 0050 Uhr: Die Verwendung von schwimmenden Leuchtkörpern im Raume Kreta–Afrika zur Bezeichnung der Geleitzugposition ist Admiral Ägäis erstmalig durch *Hermes* bekannt geworden. Bei dem langsam laufendem Geleit, dem das Ausweichen nur schwer möglich ist, ist ihre Anwendung besonders erfolgversprechend.

— zum 15.9.42: 1. Die 3,7-cm (griech. Beutewaffe Rheinmetall) werden während der Maschinen-Überholungszeit, die voraussichtlich am 12.10 beginnt, gegen 3,7-cm SK/C 30 in U-Bootlafetten ausgetauscht. 2. Die vorzüglichen Leistungen des Zerstörers *Hermes* im Geleitdienst haben dem Kommandanten *Hermes* eine besondere Anerkennung durch Excellenz Riccardi, Oberbefehlshaber der ital. Kriegsmarine eingetragen. Es ist festzustellen, daß alle Geleite, die von *Hermes* geführt oder bei denen *Hermes* beteiligt war, ohne Verluste angekommen sind. Die Besatzung, insbesondere das Maschinenpersonal, ist durch den pausenlosen Einsatz unter tropischen Verhältnissen auf einem Zerstörer, dessen Belüftung nach deutschen Maßstäben unzureichend ist, bis an die Grenze seiner Leistungsfähigkeit beansprucht. Werftliegezeiten, Maschinenreparaturen und damit Ausspannungsmöglichkeiten hat der Zerstörer nicht gehabt. Die Lage der Panzerarmee verlangte dauernden Einsatz. Die im Mittelmeerraum stark auftretenden Krankheiten (Pappataci-Fieber, Durchfall, allgemeine Ermüdungserscheinungen infolge großer Hitze und aus den anderen oben erwähnten Gründen) machen den geforderten Personalzuschlag dringend notwendig, der erforderlich ist, um die durch Krankheit ausfallenden Soldaten laufend zu ergänzen bzw. auszuwechseln.

gez. Förste

Mittwoch, 16.9.42

Tobruk. Vom ital. Marinekommando Tobruk wird mitgeteilt, daß Zerstörer *Hermes* heute nachmittag ausläuft, um, zusammen mit dem Torpedoboot *Cassiopeia*, das deutsche Motorschiff *Ankara* nach Piräus zu geleiten. 1600 Uhr Seeklar. 1130 Uhr. Besprechung mit dem Kapitän der *Ankara*. Kurse und Führung durch Supermarina. Marschfahrt 13,5 sm. 1600 Uhr ausgelaufen. Die Auslaufkurse führen zunächst über Wassertiefen von 20–200 m. Trotz der einwandfrei festgestellten Anwesenheit eines U-Boots vor dem Hafen, trotz der allnächtlichen Fliegerangriffe, auf Grund deren mit Magnetminen zu rechnen ist, und schließlich trotz des vorgestrigen Raids engl. Überwasserstreitkräfte, in dessen Verlauf sehr wohl Ankertauminnen gelegt sein können, sind auch jetzt in Tobruk noch keine Mittel vorhanden, eine U-Jagd vor dem Hafen zu machen, einen Sperrbrecher zum Auslaufen zu erhalten oder auf mit Räumgerät abgesuchten Kursen zu laufen. Nicht einmal eine Luftüberwachung ist eingerichtet, die das Auftauchen und Aufladen der Akkumulatoren (des U-Boots) verhindert. Auch die Wracks der am 15.9. gesunkenen Zerstörer oder des torpedierten Lazarettschiffs *Arm*[112] sind nicht bezeichnet. Somit sind die Zwangskurse illusorisch und man ist auf sein Glück angewiesen. Große Öllachen geben einen gewissen Anhalt für die Lage der Zerstörerwracks[113]. An Bb. am Ufer in 3500 m Abstand eine große Detonation mit hoher Wassersäule.

Das Geleit hat eine Marschfahrt von 13 sm. Der vorgeschriebene Kurs sieht ein Ausholen von etwa 10 sm nach Westen von der Verbindungslinie Südwestecke Kreta–Tobruk vor, was zu begrüßen ist, da der nächste und gerade Weg als besonders u-boots- und luftgefährdet zu halten ist. Nördlich Abeida stößt auch noch das Torpedoboot *Castelfidardo*[114] zum Geleit, so daß die kostbare *Ankara* — einziger Dampfer mit schwerem Ladegeschirr — von nun drei Sicherungsfahrzeugen gesichert ist. Außer einigen Jägern befindet sich keine Luftsicherung gegen U-Boote beim Geleit. 2100 Uhr. Vor *Ankara* steht *Hermes*, an Stb. *Castelfidardo*, an Bb. *Cassiopeia*. Zickzackkurse. Nachdem der Mond eine Bahn wirft, geht *Hermes* in das Mondlee zu *Ankara*. Kurs 338 Grad, später 342 Grad, 13 sm.

2145 Uhr. Feindliche Flugzeuge am Verband als Fühlungshalter. Erstatte Meldung an Rom. Von Rom wird gebeten, erste Gruppe zu wiederholen. Da jetzt Sendestation wieder einmal ausfällt, wiederholt *Cassiopeia* für *Hermes*. Es fallen Leuchtbomben in verschiedenen Richtungen, meist sehr weit entfernt. Wenn die Fühlungshalter sich zu nah heranwagen, werden sie durch Einsatz der 3,7-cm und 2-cm vertrieben. Nachdem eine zeitlang die Fühlung abgerissen ist, schlage ich einen Haken nach Westen und gehe 2330 Uhr auf 230 Grad, laufe 8 sm ab, um dann wieder auf 340 Grad zurückzudrehen. Es ist außerordentlich schwierig, *Ankara* auf andere Kurse zu bringen. Rotes und grünes Blinken gemäß vorheriger Vereinbarung bleibt wirkungslos. Der Zerstörer muß jedesmal 50 m querab gehen, um seine Befehle durchzubekommen. Befehlsübermittlung mit den ital. Torpedobooten durch Radiosignalatori einwandfrei. Rom teilt mit, daß Verband um 2130 Uhr von feindlichen Flugzeugen gemeldet ist.

Donnerstag, 17.9.42

0515 Uhr. Kursänderung auf 0 Grad. Cerigo vorausgenommen. Nachtmarsch ohne Feststellung von feindl. Flugzeugen. 0550 Uhr. Beim ersten Einbruch der Dämmerung erscheinen drei He 111 beim Verband, von Westen anfliegend. Obwohl der Verband durch die Bewegungen der Nacht eine Besteckdifferenz von 12 sm nach Osten hat, treffen die Flugzeuge sicher und zur frühestmöglichen Zeit ein. Es gelingt, eine optische Verbindung herzustellen. Schiffsort nach astronomischen Besteck um 0524 Uhr: 34 Grad 15 ′ N, 23 Grad 05 ′ O.

0750 Uhr passiert an Bb. der nach Afrika laufende Geleitzug *Nerucci*[115], *Doro*[116], *Corso Fougier*[117], geführt von italienischen Torpedobooten *Sirio* und *Lupo* in 120 hm Abstand. Die Dampfer fahren in weit auseinandergezogener Kiellinie. Abstand etwa 1200 m, ein Torpedoboot vorn, das andere Stb. achteraus.

Nach deutscher Auffassung eine denkbar ungünstige Formation, da nur bei eng geschlossenem Fahren des Geleits eine wirksame Aufstellung der Sicherungsfahrzeuge möglich ist. Wir versuchen ES-Austausch. Auf unseren Anruf kommt anstelle des Antwortbuchstabens: »Ich bin *Lupo.*«

1200 Uhr. 35 Grad 30 ′ N, 22 Grad 58 ′ O. Bei nordöstlichem Wind und wenig Seegang wird der Reisemarsch ohne besondere Vorkommnisse fortgesetzt mit starker Sicherung — drei Sicherungsfahrzeuge und drei He 111.

1330 Uhr kommt Cerigo und Cerigotto in Sicht. Kursänderung auf 15 Grad in die Cerigo-Straße zur Ägäis. Auf festgelegten Kursen durch die Ägäis gesteuert.

1837 Uhr. Sonnenuntergang. Formation für die Nacht: *Hermes* vorn in Mondlee, *Cassiopeia* und *Castelfidardo* seitlich etwas achteraus von *Ankara*, leichte Zickzackkurse. Luftsicherung bleibt bis Anbruch völliger Dunkelheit um 1900 Uhr erfreulicherweise am Verband. Nichts besonderes. 2335 Uhr. Leuchttonne Turlos unter Ägina passiert. Torpedoboote entlassen.

Freitag, 18.9.42

0015 Uhr. Netzsperre Piräus passiert. *Ankara* entlassen.

Aufgabe durchgeführt.

0200 Uhr. Salamis festgemacht. Brennstoffergänzung. Ruhe. Befehlshaber Admiral Ägäis verleiht die ersten E.K.'s an Bord *Hermes* (Soldaten, die bereits andere Frontkommandos längere Zeit gehabt haben).

Sonnabend, 19.9.42

Salamis. Nichts besonderes. Eingang des Befehls, einen Truppentransport auf *Re Alessandro* von Piräus nach Iraklion zu geleiten. Außer *Hermes* ital. H.K.S. *Barletta.* Geleitführer Kommandant *Hermes*, Steuerung Admiral Ägäis.

Sonntag, 20.9.42

1130 Uhr. Kommandantensitzung auf *Hermes.*

1730 Uhr. Salamis abgelegt. Reiseplan: über Iraklion nach Suda. Dort Dampfer *Ardena*[118] aufnehmen und zurück nach Piräus, wo Eintreffen am 22.9.42 0250 Uhr beabsichtigt.

1800 Uhr. Golf von Athen. *Re Alessandro* hat 30 Minuten Verspätung. 1830 Uhr ausgelaufen. Marschfahrt 14 sm. *Hermes, Re Alessandro* in Kiellinie, *Barletta* Stb. von *Re Alessandro*. Die befohlenen Kurse über Sunion, östlich Milos nach Iraklion gesteuert. Reisemarsch 14 sm. Heller Mondschein. Eine Arado zeitweise beim Verband in weiter Sicherung. Nichts besonderes.

Montag, 21.9.42

0000 Uhr. 36 Grad 55 ′ N, 24 Grad 32 ′ O. Ein abgeblendeter spanischer Dampfer passiert. *Hermes* sichert in Mondlee, *Barletta* an Stb.

0715 Uhr. Iraklion eingelaufen. *Re Alessandro* schifft an der Mole seine 400 Mann Truppen aus, *Hermes* und *Barletta* vor Anker.

1130 Uhr. Befehlsgemäß nach Suda. Sicherung *Hermes* an Stb., *Barletta* an Bb. Gemäß Funkspruch Admiral Ägäis wird Plan dahin abgeändert, daß Zerstörer *Hermes* vor Suda ersetzt wird durch Zerstörer *Freccia*[119], während *Hermes* am 22.9. Geleitaufgabe nach Tobruk durchführen soll.

1600 Uhr. Suda ein. Mit *Re Alessandro* und *Barletta* geankert. Teilaufgabe erledigt, beide Schiffe entlassen zur Fahrt nach Piräus, sobald Geleit eintrifft. Neue Aufgabe: Tanker *Rondine*[120] (6000 t), zusammen mit Torpedoboot *Orsa*[121], von Suda nach Tobruk zu geleiten. Marschfahrt 9 sm. Auslaufen 22.9. 0600 Uhr. Die vorgeschriebenen Kurse sehen ein Knie nach Westen etwa in der Mitte zwischen Kreta und Abeida vor. Eintreffen in Tobruk 23.9. 0200 Uhr vorgesehen. Tanker enthält größere Mengen äußerst wichtigen Brennstoffs für Luftwaffe und Panzer in Afrika.

1900 Uhr. Kommandantensitzung auf *Hermes*. Der Kapitän *Rondine* weist auf seine störungsanfällige Maschinenanlage hin, da beantragte Reparatur nicht durchgeführt werden durfte, da die Brennstofflage in Afrika die sofortige Abfahrt erfordere. Er glaube nicht, die vorgesehenen 9 sm Marschfahrt halten zu können. Torpedoboot *Orsa* hat S-Gerät.

Leitender Ingenieur, Kptlt. (Ing.) Leser, beendet heute sein Kommando. Nachfolger Lt. (Ing.) Stappmann. Die schnelle Herstellung der Fahrbereitschaft und ihre ausnahmslose Aufrechterhaltung in den sechs Monaten seit der Indienststellung ist sein (Leser's) Verdienst, das an Hand der geringen Hilfsmittel besonders hervorgehoben werden muß.

Dienstag, 22.9.42

Rondine, die 0530 Uhr Anker aufgehen sollte, manövriert mit einem Schlepper herum und meldet schließlich, daß sie wegen unklarer Maschinenanlage ankern müsse. Ein Motor von *Rondine* ist nicht klar zu bekommen. Schicke Boot zur Klärung der Lage hinüber. Zunächst halbstündige Bereitschaft. Länger als zwei Stunden darf die Störung nicht dauern, anderenfalls Erreichen Tobruk am 23. bei **Tage** in Frage gestellt, nachts wegen Wracklage, Sperre usw. unerwünscht.

0800 Uhr. *Rondine* noch immer unklar. Beide Motoren sind nicht zum Anspringen zu bringen. Funkmeldung an Supermarina Rom und Admiral Ägäis, daß wegen Maschinenstörung *Rondine* nicht ausgelaufen. Wird von Marina Suda[122] Auslaufbefehl aufgehoben. Feuer aus. Personal des italienischen Werkstattschiffs in Suda bemüht sich um die Motoren von *Rondine*.

1400 Uhr. Seetransportstelle Suda meldet, daß *Rondine* voraussichtlich heute 1900 Uhr auslaufbereit ist. In Anbetracht der störanfälligen Maschinenanlage ist nur mit einer Geschwindigkeit von 7,5–8 sm zu rechnen. Ich schlage daher eine vierstündige Vorverlegung von 0600 Uhr auf 0200 Uhr des Inseegehens vor.

Mittwoch, 23.9.42

0200 Uhr. Gewässer um Kreta. Anker gelichtet. Anscheinend wegen schon wieder auftretender Maschinenschwierigkeiten *Rondine* mit halbstündiger Verspätung ausgelaufen. Auf den Zwangskursen nördlich Kreta nach Westen gesteuert. Fahrt knapp 8 sm. An Bb. *Hermes*, an Stb. *Orsa* mit ausgefahrenem S-Gerät. 0613 Uhr. Sonnenaufgang. Drei Maschinen als Luftsicherung beim Verband. 0800 Uhr. Kap Spatha, Kreta. Kapitän *Rondine* teilt auf Anfrage mit, daß Motoren bisher in Ordnung, er aber nicht mehr als 7–8 kn machen könne. 0810 Uhr. Zwischen Kreta und Pontikronisi zur Abkürzung gesteuert. *Rondine* setzt Signal: »Maschinenschaden!« In Rufweite gegangen. Kapitän teilt mit: »Bb.-Motor ausgefallen. Störungsursache wird z.Zt. noch gesucht. Weitermarsch mit einem Motor nicht möglich, da Schiff nicht manövrierfähig.« Anordnung gegeben, Marsch fortzusetzen bis auf Weiteres. *Rondine* steuert mit Ruderlage hart Steuerbord recht gut. Geschwindigkeit 4–5 sm. 0900 Uhr in Rufweite von *Rondine*: Ölpumpe Bb.-Motor ist Ursache der Störung. Reparatur wird versucht. Dauer etwa zwei Stunden. Erfolg unbestimmt. Entschluß: Zunächst Weitermarsch bis Erfolg oder Mißerfolg der Reparatur feststeht, dann weitere Entschlüsse über Fortsetzung oder Rückmarsch. Dies an Dampferkapitän durch Megaphon übermittelt. Das Wetter ist besonders günstig. Es ist fast windstill und diesig, leichte Herbstnebel liegen über dem Wasser, besonders in Küstennähe. Auch heute Nacht waren die Schiffe auf Reede trotz des Vollmondes nur schwer zu erkennen. Wird also den feindlichen Fliegern heute Nacht das Auffinden erschweren.

Eine Rücksprache mit meinem L.I. ergibt, daß trotz unserer stets mit besonderer Sorge zu betrachtenden Bb.-Welle Bedenken gegen ein Schleppen mit geringer Fahrt **nicht** bestehen. Auch *Orsa* meldet, daß er Schleppmanöver des öfteren ohne Schaden für seine Drucklager ausgeführt hat[123].

Rondine hält sich gut mit einem Motor auf Kurs. Vor der Ausfahrt hatte ich mit dem Kapitän *Rondine* ein etwa notwendig werdendes Schleppmanöver vorsorglich abgesprochen. *Rondine* kommt auch gut auf neuen Kurs. Unter diesen Umständen entschließe ich mich, die Reise fortzusetzen ohne Rücksicht auf das Klarkommen des Bb.-Motors und unter Inkaufnahme eines etwaigen Ausfalls des Stb.-Motors in der Überzeugung des großen Einflusses der Weiterfahrt auf die äußerst kritische Brennstofflage in Afrika, die ja schließlich die Voraussetzung für das Inseeschicken dieses maschinenschwachen Schiffes ist.

1000 Uhr. Auf *Rondine* sind Vorbereitungen zum Geschlepptwerden getroffen. Ich unterrichte Supermarina durch folgenden Funkspruch über die Lage: »Bb.-Motor *Rondine* ausgefallen. Reparatur ungewiß. Ich beabsichtige Weitermarsch unter allen Umständen, auch im Schlepp. Wetter günstig. *Hermes*.« An Admiral Ägäis wird gemeldet, daß dieser Funkspruch an Rom abgegeben ist.

1040 Uhr. *Rondine* meldet, daß Bb.-Motor wieder bedingt klar ist. Er macht zwar weniger Umdrehungen als der Stb.-Motor.

1100 Uhr. Cerigotto-Straße. *Orsa* meldet, daß S-Gerät ausgefallen und nicht zu reparieren ist. Erhält Befehl, an Stb. Zickzackkurse zu steuern. *Hermes* sichert vorlich und an Bb. Luftsicherung: 4 He 111, 2 Ju 88, in Zeitabständen 2 Me 110 in großer Höhe. Zur Wegabkürzung wird Pontikronisi an Stb. gelassen, danach auf den Kurs 195 Grad dicht unter Land gegangen, um die hier unter Kreta schlechte Sicht auszunutzen. Der ital. Verb.Offizier meldet, daß Abgabe des Funkspruchs an

Supermarina Rom eine Stunde und 15 Minuten vergeblich versucht wurde. Er habe daher den Funkspruch über Marisudest Athen nach Rom gegeben. Hierdurch ist in der Abgabe eine erhebliche Verspätung eingetreten. Die ital. Funkstation an Bord ist also immer noch nicht in Ordnung. *Orsa* wird gebeten, sicherheitshalber wichtige FT's auf ital. Welle an uns zu wiederholen.

1255 Uhr. Ein unbekanntes Flugzeug im Südosten. Typ nicht auszumachen.

1340 Uhr. Westl. Kreta. Ein Flugzeug unbekannten Typs sehr niedrig über der Kimm. Kann engl. Aufklärer sein. Verschwindet wieder, bevor eigene Sicherung angesetzt. Es ist ungewiß, ob es sich um ein eigenes oder ein feindliches Flugzeug gehandelt hat. Um die eigene Luftsicherung zum Abschütteln anzusetzen, werden drei Schuß 12,7-cm nacheinander in Richtung auf Flugzeug gefeuert. Auf der Sicherungswelle dauert es etwa 12 Minuten, bis Luftsicherung entsprechende Mitteilung wiederholt. Es ist mittlerweile viel zu spät. Es geschieht nichts. Es bezieht sich allmählich. Es wäre sehr zu wünschen, daß die Vollmondnacht bedeckten Himmel hätte.

1430 Uhr. *Orsa* meldet Flugzeug über uns. Von Bord aus sind dann und wann zwei Messerschmidt-Zerstörer zu sehen. *Orsa* eröffnet aus einer 10-cm-Flak mit einigen Schuß Feuer auf die Flugzeuge, die hier jedoch nicht ausgemacht werden können. Auf deutsche Messerschmidt-Zerstörer geschossen?

Orsa gibt einen Funkspruch an Marisudest ab, daß 1345 Uhr feindl. Aufklärer folgen. 40 sm SW Cap Kryo. Diesen Funkspruch abzugeben hatte *Orsa* keine Berechtigung. Ich gebe aber nunmehr einen Funkspruch, daß *Rondine* wieder klar ist, nicht ab, da dies aus Standortangabe von *Orsa* für Rom und Athen ersichtlich.

1450 Uhr. Funkspruch von Sicherungsflugzeug: »Feindliche Flugzeuge haben Kurs auf Sie.« Es werden die Klarschiffstationen daraufhin besetzt. 1500 Uhr. Sicherungsflugzeug gibt denselben Funkspruch noch einmal. Es sind keine feindlichen Flugzeuge zu erkennen. Dies ist das erste Mal, daß eine Funkverbindung zwischen Zerstörer und Sicherungsflugzeugen gelungen ist.

1515 Uhr. Südwestlich Kreta. Funkspruch von Supermarina: »1415: Weiterfahren. Melden Sie heute Abend die Position von morgen früh 0800 Uhr für Luftsicherung.« Hiermit wird meine Lagebeurteilung von Supermarina gebilligt.

1600 Uhr. Besteckvergleich mit *Rondine*: 34 Grad 39 ′ N, 23 Grad 14 ′ O.

1700 Uhr. Signal von *Rondine*: »Habe Maschinenhavarie!« Gehe in Rufweite. Diesmal ist es der Stb.-Motor. Hofft, daß er ihn wieder klar bekommt.

1720 Uhr. Signal von *Rondine*: »Havarie behoben«. Großartig!

1830 Uhr. Mit Sonnenuntergang setzt eine weitergehende Bewölkung in niederer Höhe ein. Der Vollmond ist im Osten aufgegangen. Wenn *Rondine* weiter durchhält, stehen wir morgen 0600 Uhr auf dem im Operationsbefehl festgelegten Punkt. »Wenn!!«

2000 Uhr. Luftsicherung geht ein, wirft ihre Bomben über See ab. *Rondine* geht mit der Fahrt herunter. In Rufweite. Kleine Störung, schnell beseitigt. Reisemarsch 8 sm 195 Grad wird fortgesetzt. Bisher liegt noch keine Nachricht von Supermarina vor, daß engl. Luftaufklärung uns während des Tages erfaßt hat.

2015 Uhr. Befehlsgemäß Funkspruch an Supermarina abgegeben über morgigen Standort 0600 Uhr. Infolge des von 0600 Uhr auf 0200 Uhr vorgezogenen Auslaufens und des eingeschlagenen kurzen Weges stehen wir voraussichtlich auf dem befohlenen Punkt. Hoffentlich wird Funkspruch uns nicht den Engländern verraten. 2200 Uhr. Nachtformation: *Hermes* wechselt Platz mit *Orsa*, um in Mondlee (Stb.) zu stehen. Wolken sind leider verschwunden. Ganz klarer Himmel, sehr helle Mondnacht.

2300 Uhr. *Rondine* wieder Maschinenschaden. Macht ganz geringe Fahrt. 2340 Uhr. Maschinenschaden behoben. Es bezieht sich wieder.

Donnerstag, 24.9.42
Von Osten kommend wird ein Flugzeug zunächst am Geräusch erkannt, dann über *Rondine* ausgemacht in niedriger Höhe. *Rondine* eröffnet das Feuer, daraufhin schießt *Hermes* ebenfalls. Flugzeug verschwindet im Westen. Ob das Feuereröffnen von *Rondine* richtig war, bleibt dahingestellt. Damit sind wir erkannt und werden in der Vollmondnacht nicht lange auf Bomben- und Torpedoflugzeuge warten, zumal es noch 5 Stunden dunkel ist. Funkmeldung an Rom erstattet. Danach Fl.-Meldung an Admiral Ägäis. Von Rom geht ein Funkspruch ein, daß wir um 0030 Uhr gemeldet worden sind.

Um 0140 Uhr Flugzeuggeräusche an Stb. Ein Flugzeug fliegt den Verband an. Es wird Feuer eröffnet. Flugzeug dreht nach Süden ab. Ab 0200 Uhr erneut Flugzeug am Verband. *Rondine* wird jetzt von *Hermes* und *Orsa* eingenebelt. Die leichte achterliche Brise, mit der der Nebel etwas schneller als die Fahrtgeschwindigkeit der *Rondine* zieht, aber fast in Fahrtrichtung, ist zwar nicht sehr günstig für das Einnebeln, weil der Nebelträger nicht vorn stehen kann, doch ist es immerhin möglich, im allgemeinen *Rondine* der Sicht zu entziehen. Während *Hermes* in großen Schleifen hinter und neben *Rondine* Nebelbänke legt, nebelt *Orsa* mit seinem schwächeren, dafür aber unerschöpflichen Naphtanebel mehr in der Nähe. Ich habe den Eindruck, daß ein systematischer Flugzeugangriff kaum mehr möglich. Ganz plötzlich taucht hier und da aus dem Nebel ein Flugzeug auf, ist selbst überrascht, uns plötzlich vor sich zu haben, dreht wieder ab, bevor es überhaupt zu einem Zielwurf gekommen ist. Das Feuer der drei Flugzeuge liegt gut. Ob es sich bei den Angriffen um den geschlossenen Ansatz einer Staffel handelt oder ob die feindliche Aufklärung auf uns sammelt und nacheinander zum Angriff kommt, ist nicht zu erkennen. Die Bomben fallen ungesehen, meist nur am Gerumpse und an den Erschütterungen des Wassers spürbar. Da auch Leuchtbomben verwendet werden, ist klar, daß der Feind uns nur sehr schlecht sieht. Die Luft ist sehr feucht, der Himmel auch teilweise wieder bedeckt. Angriffe werden bis 0350 Uhr fortgesetzt, dann habe ich den Eindruck, daß die Fühlung abreißt. Durch schwimmende Leuchtkörper soll unsere Position festgehalten werden. Ich drehe mit dem Verband um 0350 Uhr auf 180 Grad, um den Leuchtbojen das Heck zu zeigen. Die Vernebelung im gemeinsamen Operieren mit *Orsa* macht keine Schwierigkeiten. Trotz der teilweisen großen Dichte sind Gefahrenlagen der Schiffe nicht entstanden, indem *Rondine* Kurs und

Fahrt durchhielt und *Orsa* sehr geschickt manövrierte. Nachdem die Fühlung eine Stunde abgerissen war, gehe ich 0400 Uhr wieder auf den alten Kurs von 150 Grad. 0515 Uhr. Astronomisches Besteck (Nordstern, Jupiter, Rigel) 32 Grad 57' N, 23 Grad 29' O. Besteckversetzung 180 Grad 7 sm. 150 Grad weiter gesteuert bis 0622 Uhr zum Schnittpunkt mit dem beabsichtigten Kurs 182 Grad.

0630 Uhr. Eine Viertelstunde nach Sonnenaufgang erscheint eine ital. Maschine, Cant 1007, als Luftsicherung. Ital. Rauch-ES ist falsch. Kurz darauf Luftsicherung 2 Jäger, 2 Cant 1007, ab 0700 Uhr außerdem 2 Ju 88, 1 He 111.

0652 Uhr. Auf 182 Grad gegangen.

0855 Uhr kommt afrikanische Küste in Sicht. Besteck nach Landpeilung ergibt wahren Schiffsort 2 sm östlicher als gekoppelten. Keine Kursverbesserung mehr vorgenommen, da Ort der Einmündung in Sicherheitskurs an der Küste von geringer Bedeutung, zumal dieser Einmündungspunkt (Punkt E) ohnehin wegen wahrscheinlichen Vorhandenseins von Feindminen verlegt war (was in Kursanweisung von Marina Suda nicht berücksichtigt war), außerdem eine Kursverbesserung nach Westen und damit eine Verlängerung des Weges bei dem Maschinenzustand *Rondine* ohnehin unerwünscht wäre. 1010 Uhr. Formation Kiellinie und auf 113 Grad, Fahrt 4 sm, Abstand 6 hm gegangen und die bekannten Küstenkurse gesteuert. Vor der Einfahrt erscheint ein ital. Lotsenboot, dem wir bis an die Sperre folgen. 1315 Uhr. Tobruk. Verband entlassen.

Aufgabe durchgeführt.

Rondine geht pünktlich an die Pier zum Löschen. Nachdem in der letzten Vollmondnacht vor vier Wochen ein großer Teil der Dampfer verloren gegangen war, waren die Schwierigkeiten der Überführung eines langsamen und in der Maschinenanlage mehr als unzuverlässigen Tankers deutlich, zumal, wenn er hätte geschleppt werden müssen, was bei der Entschlußfassung am Vormittag des 23.9. in Rechnung gestellt werden mußte. Abgesehen von dem schließlich doch guten Durchhalten der Motoren der *Rondine* wird die Ursache für den Erfolg in dem Umstand gesehen, daß durch die Wahl der Kurse dicht unter Kreta in unsichtigem Küstengebiet dem Engländer die Aufnahme der Fühlung am Tage nicht gelang, so daß Nachtangriffe nicht mit hinreichender Stärke erfolgten. Außerdem hat das intensive Einnebeln einen großen Einfluß ausgeübt, wobei das geschickte Verhalten des Kommandanten *Orsa* zu erwähnen ist. Während der ganzen Fahrt, bei den Megaphongesprächen, konnte ich die positive, aktivistische Haltung des Kapitäns der *Rondine* feststellen. Am Nachmittag kommt Kommandant *Orsa* an Bord. Nach seinen Beobachtungen hat es sich um Torpedoflugzeuge gehandelt. Die Torpedos seien z.T. frühzeitig detoniert, einige Blasenbahnen seien dicht bei ihm bzw. bei *Rondine* vorbeigelaufen. *Orsa* selbst habe eine leichte Undichtigkeit davongetragen. Meldung über Einlaufen des Geleits wird durch Marina Tobruk an Supermarina erstattet.

1400 Uhr eingeht Befehl von ital. Marinekommando Tobruk, heute abend 1700 Uhr mit dem ital. Motorschiff *Foscolo* (3000 t, sehr schnelles Motorschiff, wird in Italien jetzt serienweise gebaut, 7000 t Ladetonnen, Marschfahrt 15,5 sm[124]) von

Tobruk nach Piräus auszulaufen. Geleit: *Hermes* (Geleitführer) und Torpedoboot *Orsa*. Der ausgehändigte Operationsbefehl enthält genaue Kursanweisung, und zwar über die Cerigo-Enge hinaus auch in der Ägäis, wo Admiral Ägäis zuständig ist und die Führung zufällt. Die Ägäis-Kurse weichen von den in der Ägäis grundsätzlich befohlenen Kursen ab. Sie führen dicht unter die Küste. Die Überfahrt Trobruk–Peleponnes sieht ein Ausholen nach Westen vor, womit Fliegern und U-Booten unser Auffinden und Ansteuern erschwert wird.

Torpedoboot *Orsa* kann erst um 1800 Uhr klar sein infolge einer Störung, die durch die Frühdetonation eines Torpedos heute Nacht in seiner unmittelbaren Nähe bei dem Angriff auf unser Geleit eingetreten ist.

1745 Uhr. Anker gelichtet und Netzsperre Tobruk passiert. In Reihe folgt *Hermes*, *Foscolo*, *Orsa*. Die Zwangskurse unter der Küste zunächst mit 4 sm, danach mit 15,5 sm gesteuert. Flakfeuer über dem Hafen von Tobruk. Abgangsort von der Küste genau, da Abeida im Mondlicht gut zu peilen und zu messen. Kurs 346 Grad, Fahrt 16 sm.

2022 Uhr. Ganz schwacher Wind NNW, leicht diesige Luft. 1835 Uhr ist der Vollmond aufgegangen. Formation: *Hermes* sichert an Bb. in der Mondbahn, *Orsa* an Stb. *Foscolo* muß mit einiger Mühe auf den befohlenen Kurs gebracht werden. Sie strebt dem geraden, nächsten Kurs nach Cerigo zu. Zeitweise bezieht sich der Himmel, schließlich ist er jedoch wieder wolkenlos klar. Bei dem Vollmond herrscht eine Sicht von etwa 10 bis 15 km, für die englische Luftwaffe ein denkbar günstiges Wetter, *Foscolo* hält die hohe Fahrt ausgezeichnet. Wir durchqueren dasselbe Fahrwasser wie gestern mit der doppelten Geschwindigkeit. Für den Fall englischer Luftangriffe werden zur Feststellung des besten Nebelkurses einige Nebelversuche gemacht.

Freitag, 25.9.42

Nach einem Funkspruch von Rom sind um 1710 Uhr eine unbestimmte Zahl von Schnellbooten etwa 100 sm nordwestlich von Alexandrien mit hoher Fahrt Kurs 300 Grad gemeldet worden. Kurs und Fahrt lassen auf ein Zusammentreffen im Laufe der Nacht mit unserem Geleit im Bereich der Möglichkeit erscheinen. Immerhin ist es nicht wahrscheinlich, S-Boote so weit von den eigenen Stützpunkten einzusetzen, wenigstens nach den bisherigen Erfahrungen. Bei der sehr guten Sicht im Vollmondlicht ist ein ungesehener Angriff nicht möglich. Der Vorteil liegt auf unserer Seite. Eine Anregung des Kommandanten *Orsa*, unsere Geschwindigkeit noch mehr zu steigern (*Foscolo* soll angeblich 20 sm laufen können) lehne ich daher ab und übermittle ihm meine Lagebeurteilung. *Hermes* ändert seine Position auf die Ostseite als Angriffsseite der Schnellboote. 0340 Uhr. Astronomisches Besteck (Mond, Jupiter, Rigel) 34 Grad 13 ′ N, 23 Grad 13 ′ O. Besteckversetzung um 2,5 sm in Richtung 135 Grad. Noch immer kein engl. Aufklärer ausgemacht.

0545 Uhr. Eine halbe Stunde vor Sonnenaufgang zwei He 111 als Luftsicherung eingetroffen. 0610 Uhr eine dritte Maschine.

0615 Uhr. Gemäß Operationsbefehl Kursänderung auf 3 Grad. Luftsicherung vier He 111.

1050 Uhr. Kurs 25 Grad. Eintritt in den Raum der Ägäis. Das von Piräus nach Tobruk durch die Cerigotto-Durchfahrt steuernde Geleit *Menes Gualdi*[125] und fünf Sicherungsfahrzeuge wird 300 hm ausgemacht und passiert an Stb.

1056 Uhr. Kurs 28 Grad. Cerigo-Enge passiert. 1200 Uhr. 36 Grad 24 ′ N, 23 Grad 15 ′ O. Luftsicherung vier He 11. 1343 Uhr. Kurs 17 Grad. 1540 Uhr. Kurs 336 Grad. 1615 Uhr. Kiellinie: *Hermes*, *Foscolo*, *Orsa*. 1800 Uhr. Netzsperre Piräus passiert. Trotz einstündiger Verspätung beim Auslaufen aus Tobruk pünktlich Piräus eingetroffen.

Aufgabe durchgeführt.

Sonnabend, 26.9.42

Salamis. Brennstoffübernahme. Wechsel des Turbinenöls. Eingang des Befehls, die Tanker *Albaro*[126] und *Celeno*[127] mit dem Torpedoboot *Sirio* zu den Dardanellen zu geleiten. Auslaufen 28.9. 1300 Uhr. Abgabe der Tanker vor den Dardanellen 29.9. 1600 Uhr. Danach mit *Sirio* zurück nach Piräus. Marschfahrt 8,5 sm.

Sonntag, 27.9.42

Salamis. Der Oberbefehlshaber der kgl. ital. Marine, Admiral Riccardi, läßt dem Kommandanten des Zerstörers *Hermes* seine besondere Anerkennung für die Durchführung des Geleits des Tankers *Rondine* durch Konteradmiral Catalano Gonzoga di Cirella aussprechen.

Montag, 28.9.42

1000 Uhr. Kommandantensitzung. *Euro*[128]-Kommandant ist nicht anwesend. 1230 Uhr. Piräus auslaufend passiert. 1305 Uhr. *Hermes* setzt sich vor beide Tanker. 1310 Uhr. Signal Kiellinie. *Hermes* vorn als Geleitführer, dahinter Tanker *Albaro*, Tanker *Celeno*, Zerst. *Euro*. Nach Passieren der Sperre Piräus Kurs 143 Grad. Die befohlenen Kurse gesteuert. Marschfahrt durch die Doro-Durchfahrt und über die Spitfire-Bänke geradewegs vor die Dardanellen. Marschfahrt 8 sm.

1410 Uhr. Zwei Arados als Sicherung.

1443 Uhr. Signal für Tagformation (Dwarslinie, *Hermes* voraus, beide Tanker in Dwarslinie). 1500 Uhr optischer Signalverkehr mit Sicherungsflugzeugen hergestellt. 1600 Uhr. 37 Grad 38 ′ N, 23 Grad 57 ′ O. Drei Arados 196 beim Verband. 1700 Uhr. Kursänderung auf 39 Grad. *Hermes* fährt Zickzackkurse vor dem Verband.

1810 Uhr. Kursänderung auf 56 Grad. 1816 Uhr. Sonnenuntergang. 1900 Uhr. Nachmarschformation eingenommen. *Hermes* sichert an Bb., *Euro* an Stb.

2000 Uhr. 37 Grad 54 ′ N, 24 Grad 27 ′ O. 2135 Uhr. Kursänderung auf 20 Grad. 2145 Uhr. Mondaufgang. 2400 Uhr. 38 Grad 21 ′ N, 24 Grad 54 ′ O.

Dienstag, 29.9.42

0400 Uhr. 38 Grad 52 ′ N, 25 Grad 08,5 ′ O. 0600 Uhr kommt die kleinasiatische Küste an Stb. in Sicht. Ziemlich diesig. 0612 Uhr. Sonnenaufgang. 0613 Uhr. Flugzeug (He 111) aus Richtung 170 Grad kommend, genau mit Sonnenaufgang. 0615 Uhr. Kursänderung. 0620 Uhr zweite Maschine (He 111) schießt ES. Der optische Verkehr mit den Flugzeugen ist trotz aller Bemühungen nicht herzustellen.

0800 Uhr. 39 Grad 15′ N, 25 Grad 30′ O. Drei He 111 als Luftsicherung beim Verband.

0920 Uhr. Kurs 7 Grad. Die Küste ist nicht mehr zu sehen, da das Wetter jetzt sehr diesig.

1200 Uhr. 39 Grad 50′ N, 25 Grad 49′ O. 1243 Uhr. Kursänderung auf 62 Grad.

1330 Uhr. Die Einfahrt kommt in Sicht, liegt leider in ziemlichem Dunst. Das große Dardanellen-Denkmal auf dem nördlichen Ufer ist gut zu erkennen. Der Zerstörer steht an einem jahrtausendalten Brennpunkt der Weltgeschichte[129].

1410 Uhr. Signal »Freies Manöver«. Die Tanker nehmen Kurs auf die Einfahrt der Dardanellen. Die 6-sm-Grenze ist durch eine rote Tonne in der Form eines türkischen Fez bezeichnet. Zerstörer wartet hier noch das Einlaufen der Tanker in die Dardanellen ab und tritt den Rückmarsch an.

1510 Uhr. Kursänderung auf 187 Grad. 1600 Uhr. 34 Grad 42′ N, 25 Grad 48′ O. 1700 Uhr. *Euro* auf Punkt 183 entlassen nach Leros. *Hermes* setzt seinen Rückmarsch nach Piräus fort. Marschfahrt 15 sm. Derselbe Weg wie Hinmarsch.

1805 Uhr. Sonnenuntergang. 1928 Uhr. Kursänderung auf 200 Grad. 2000 Uhr. 38 Grad 55′ N, 25 Grad 09′ O. 2119 Uhr Mondaufgang.

Mittwoch, 30.9.42
0545 Uhr. Vor Passieren der Sperre von Phleves FT.-Spruch von Admiral Ägäis: »*Hermes* am 30.9. 0900 Uhr mit Dampfer *Zara*[130] sofort nach Iraklion gehen.« Ankern auf Piräus Reede, um 0900 Uhr Anker aufzugehen. Nach einigen Änderungen und Umdisponierungen, wie sie der Krieg mit sich bringt, ergeht schließlich 1500 Uhr Befehl mit einem Geleit von drei Dampfern um 1700 Uhr nach Iraklion zu gehen.

1500 Uhr. Kommandantensitzung für Geleit *Ardena, Zara, Re Alessandro* nach Iraklion. Sicherung: *Hermes* (Geleitführer), Torpedoboot *Calatafimi* und H.K.S. *Barletta*. 1700 Uhr ab Piräus, 1200 Uhr an Iraklion. Marschfahrt 12 sm. *Calatafimi* muß folgen, da Reparatur erst 2030 Uhr beendet. Kommandant *Zara* und *Ardena* sind zum ersten Mal dabei, daher eingehende Besprechung nötig. Gebe Signalgasten von *Hermes* an Bord *Ardena*. 1700 Uhr. Außerhalb Netzsperre Verband gesammelt. *Re Alessandro* fehlt, so daß noch einmal kehrtgemacht werden muß und erst bei eintretender Dunkelheit Verband schließlich um 1900 Uhr Formation (Kiellinie) eingenommen. Marsch mit 12 sm auf den bekannten Kursen über Phleves angetreten. 1915 Uhr. Feindliches U-Boot zwischen Milos und Cerigotto-Straße gemeldet, ablaufender (südwestl.) Kurs.

2000 Uhr. Von 2000–2115 Uhr wird das Geleit *Citta di Savona, Citta di Alexandria* bei Kap Sunion (9 sm) auf Ostkurs überholt. Da das Geleit keinen Raum nach Süden gibt, ist es schwierig, unter der Küste vorbeizukommen und gelingt erst nach unerwünschtem optischen Signalverkehr für Kurs, Fahrt, Sammelsignale.

2115 Uhr. Verband geht auf Morsebefehl in Dwarslinie, *Hermes* Schlangenlinie vor dem Verband. 2207 Uhr. Mondaufgang. Dunkle Nacht. Dampfer steuern recht gut Dwarslinie, auch bevor Mond aufgegangen, wenn auch in zu großen Abständen. 2400 Uhr. 37 Grad 18 ′ N, 24 Grad 37 ′ O. Nach Funkspruch Admiral Ägäis ist Ankertaumine bei Kap Trypiti (Kreta) festgestellt. Verminung des Weges Suda–Tobruk offensichtlich beabsichtigt. Normaler Nachtmarsch.

0330 Uhr. Torpedoboot *Calatafimi* stößt zum Verband. Darauf sichert *Hermes* an Stb., *Calatafimi* an Bb.

0610 Uhr zwischen Milos und Kreta. Kurs 176 Grad auf Iraklion genommen. Der Verband steht in weiten Abständen und wird durch Flaggensignal endlich in die notwendige enge Formation gebracht.

0640 Uhr. Drei Arados 196 treffen ein und übernehmen Luftsicherung. Herstellung der optischen Verbindung durch Morselampe gelingt. Sicherung erscheint später als sonst bei der pünktlichen Gruppe 126 gewohnt. Sollte gerade Funkspruch über Ausbleiben abgegeben werden.

0800 Uhr. 35 Grad 55 ′ N, 25 Grad 07 ′ O. Verband fährt jetzt ohne besondere Ereignisse in gut geschlossener Formation Richtung Iraklion. Kreta ist in Sicht.

0830 Uhr geht Funkspruch von Marisudest ein, daß Torpedoboot *Solferino*[131] sich mit Geleit *Hermes* vereinigt. Alles Nähere fehlt. Ob *Solverino Calatafimi* ersetzt, ist unklar. 1100 Uhr. Iraklion-Sperre einlaufend passiert. *Zara*, *Re Alessandro* an die Pier, *Hermes*, *Calatafimi*, *Ardena* vor Anker.

Erfahrungen aus dem Geleitdienst bei Gefahr von U-Boot- und Luftangriffen

1. Anzustreben ist eine Sicherung durch vier Sicherungsfahrzeuge, an jeder Seite zwei, die ihre Position nach Sonne, Mondlee, Nebelposition, S-Gerätschirm, Sichtverhältnissen gegen Flieger, U-Boote bei Tag und Nacht wählen. Da im allgemeinen **eine** Seite die wichtigere ist, ist ein ähnlicher Schutz auch durch drei Fahrzeuge zu erzielen, indem auf dieser Seite dann zwei, auf der minder wichtigen Seite ein Fahrzeug steht. Hiervon sollten zwei Fahrzeuge S-Gerät haben. Es ist nicht ausschlaggebend, ob ein, zwei oder sogar drei Dampfer gesichert werden, vorausgesetzt, daß die Kapitäne eine dicht geschlossene Dwarslinie tags und nachts halten. Zwei Sicherungsfahrzeuge sind an sich zu wenig, bei gut eingespieltem Zusammenarbeiten noch tragbar, vorausgesetzt, daß beide S-Gerät haben. **Ein** Sicherungsfahrzeug, auch bei **einem** Dampfer ist in jedem Fall zu wenig. Die Fahrt der *Istria*, gesichert durch Torpedoboot *Pegasus*, war im Fall feindlicher Angriffe von vornherein eine Todesfahrt, wie sie dann ja auch dem ersten Angriff zum Opfer fiel. Am ökonomischsten und sichersten ist daher ein Geleit von 3–4 Dampfern, gesichert von vier Sicherungsfahrzeugen.

2. Mit dem Ablauf des Monats ist seit dem Tage der Herstellung der Kriegsbereitschaft am 19. Juni ein wichtiges Vierteljahr vergangen. In dieser Zeit hat der Zerstörer 22 Unternehmungen durchgeführt, darunter sechs Geleite nach Tobruk, davon allein im September drei. Die See- und Hafentage verteilen sich wie folgt:

Juli	13 Seetage	18 Hafentage
August	19 Seetage	12 Hafentage
September	22 Seetage	8 Hafentage.

Einer gesundheitlichen Krise des Maschinenpersonals (Zweiwachsystem bei 60–70 Grad Maschinenraumtemperatur) ist durch rechtzeitiges persönliches Eingreifen des Admiral Ägäis durch zusätzliche Kommandierung von Personal der Laufbahn II vorgebeugt. Der Zerstörer ist personell und materiell klar. Eine Kesselreinigung ist in absehbarer Zeit jedoch notwendig.

3. In materieller Hinsicht ist noch unbefriedigend:

a) Der feuerscheinstarke Pulverausstoß der engl. Rohrsätze macht den unbemerkten Schuß unmöglich. Damit Treffaussichten fast Null, dagegen totaler Einsatz von Schiff und Besatzung. Antrag ist gestellt.

b) Die unerträgliche Hitze in den Maschinenräumen liegt zum Teil an der mangelhaften Isolierung und Belüftung, zum Teil an undichten Flanschen und Ventilen. Letzteres abzustellen ist bisher an der Schwierigkeit des Nachschubs gescheitert.

c) Die unbefriedigende Geschwindigkeit beruht zum großen Teil nach dem Erprobungsbericht des E.K.K. (B.Nr. G E.K.K. 4554 Ing.) auf der Art der Schraube. Die Anfertigung neuer Schrauben ist beantragt. Eine beschleunigte Fertigstellung wäre von entscheidender Bedeutung.

Stellungnahme des Admiral Ägäis zum K.T.B. vom 16.9.–1.10.42

— zum 16.9.42 1600 Uhr: Inzwischen sind vor Tobruk etwa 20 Ankertauminen festgestellt worden. Die Lage der Sperre wurde bekanntgegeben.

— zum 23.9.42: Die unmittelbare Funkverbindung mit Supermarina ist inzwischen sichergestellt worden. Eine deutsch-ital. Kommission, die am 7.10 an Bord von *Hermes* war, hat eindeutig festgestellt, daß Funkgerät *Hermes* technisch einwandfrei in Ordnung war und Bedienungsfehler durch den ital. Funktrupp vorgekommen sind.

— zum 24.9.42: Den Ausführungen des Kommandanten bzgl. der Wahl der Kurse dicht unter der unsichtigen Kreta-Küste wird zugestimmt. Nach den bisherigen Erfahrungen muß angenommen werden, daß ein ital. Geleitzugführer von sich aus kaum die Initiative aufgebracht hätte, Küstenkurse unter Kreta zu steuern, um damit vielleicht von einem Befehl Supermarina's um ein geringes Maß abzuweichen.

— zum 24.9.42: Supermarina ist mehrfach darauf hingewiesen worden, daß die Kursbefehle in der Ägäis nur durch den Admiral Ägäis gegeben werden. Da die Auslaufmeldungen aus den afrikanischen Häfen mit erheblicher Verspätung hier eintreffen und damit Kursbefehle unter Umständen zu spät bei den Geleiten eintreffen würden, ist Supermarina ein Vorschlag auf feste Wegzuweisung für von Süden kommende Geleite gemacht worden. Eine Antwort steht noch aus.

— zum 24.9.42: Mit schnellen Schiffen wie *Foscolo* ist die Strecke Kreta–Tobruk fast ganz im Schutz der Dunkelheit zu überbrücken. Es können energische Ausweichbewegungen gemacht werden. Nicht nur für die Geleitstreitkräfte bedeuten solche schnellen Geleite eine wesentliche Erleichterung, sondern auch der Brennstoffverbrauch wäre geringer, die Transportleistung erheblich höher und das Verlustrisiko wesentlich geringer. Dem Vernehmen nach sollen in Italien schnelle Schiffe von 20 sm Geschwindigkeit gebaut werden.

— zum 29.9.42 1410 Uhr: Nach Mitteilung von Marisudest gilt für Italiener die 6-sm-Zone als türkisches Hoheitsgewässer. Deutscherseits ist nur die 3-sm-Zone anerkannt. Deutsche Geleitstreitkräfte haben deshalb wie bisher an die 3-sm-Grenze heranzugehen.

— zum 30.9.42 2400 Uhr: Es handelt sich um eine englische Mine aus dem Sperrgebiet vor der Akritiri-Halbinsel (Kreta).

— zum 1.10.42 Ziffer 2.: Rein materialmäßig gesehen ist die Leistung des Zerstörers *Hermes* beachtlich. Seit dem 19. Juni ist dieser auf einer englischen Werft erbaute Zerstörer der H-Klasse dauernd in Betrieb. Zu beachten ist, daß *Hermes* nach dem Stuka-Treffer gehoben und mit recht primitiven Mitteln in Salamis instandgesetzt wurde, wobei gewisse grundsätzliche Mängel wie Verlagerung der Backbord-Schraubenwelle in Kauf genommen werden mußten. Trotzdem fährt der Zerstörer, ohne daß irgendeine ernstere Reparatur einen Aufenthalt in der Werft notwendig gemacht hätte. Die Maschinenanlage ist so einfach und übersichtlich, daß sie ohne große Schwierigkeiten von dem zum größten Teil unerfahrenen Personal in kurzer Zeit gefahren werden konnte. Die See-Eigenschaften des Zerstörers sind ausgesprochen gut. Für die ihm übertragenen Aufgaben stellt der Zerstörer einen besonders gelungenen Typ dar, der zweifellos schnell zu bauen, unkompliziert und wenig störanfällig ist. Naturgemäß kann dieses 1400 tons große »Torpedoboot« nicht mit den neuen deutschen Zerstörern verglichen werden.

— zum 1.10.42 Ziffer 3.: Die unter a) bis c) nochmals aufgeführten Anträge werden nachdrücklichst unterstützt.

gez. Förste

Donnerstag, 1.10.42

1800 Uhr. Ägäis, Cycladen, Insel Christiane an Stb. Mit *Re Alessandro*, *Ardena* und *Barletta* ausgelaufen. Bei Einbruch der Dunkelheit kommt aus Richtung Suda Torpedoboot *Solferino* in Sicht. Es gelingt schnell, ihn an seine Sicherungsposition an Stb. des Verbandes zu dirigieren. Sein Radiosignalatori ist nicht in Ordnung. Deshalb werden mit der Morselampe, von der wegen der U-Bootgefahr nur sparsam Gebrauch gemacht werden darf, diesem in der Ägäis fremden und daher mit dem Wegesystem nicht vertrauten Torpedoboot die notwendigen Unterlagen gegeben. Er ist dann auch sehr zaghaft und hält sich in den Cycladen vorsichtig hinten statt seitlich am Verband. *Hermes* fährt in Mondlee. Es brist erheblich auf. Marschfahrt 12 sm ohne besondere Ereignisse. Weg zwischen Sikinos, Nios östlich Kythnos nach Sunion. 2400 Uhr. 36 Grad 26 ′ N, 25 Grad 08 ′ O.

Freitag, 2.10.42

0600 Uhr. Es brist bis 7–8 auf. Dampfer werden bei Einbruch der Dämmerung auf kleine Abstände gebracht. Wegen Seegangs keine Zickzackkurse mehr. 0618 Uhr.

Sonnenaufgang. 0627 Uhr. Zwei Arados am Geleit. 1000 Uhr. Bei Phleves Verband entlassen. 1115 Uhr. Netzsperre Piräus einlaufend passiert. 1145 Uhr. Salamis festgemacht.

Sonnabend, 3.10.42
Salamis. Eingang des Befehls von Admiral Ägäis über Auslegen einer Sperre in der Mesaras-Bucht, Südküste Kreta, am 8.10.

Sonntag, 4.10.42 – Montag, 5.10.42
Salamis. Vorbereitende Arbeiten für die Mitte Oktober notwendig werdende zehntägige Kesselreinigung. Ruhe.

Dienstag, 6.10.42
Piräus. 0900 Uhr. Zur M.E.S.-Erprobung abgelegt. Anschließend im Golf von Athen vier 5-cm-Abkommanläufe geschossen. Danach Piräus eingelaufen und festgemacht am Gepäckhallenkai.

Mittwoch, 7.10.42
Nichts besonderes. Brennstoffergänzung. Reichweitenversuch der Funkanlage mit Rom. Verständigung gelingt sofort.

Donnerstag, 8.10.42
Da die beiden zur Minenunternehmung abgeteilten U-Jäger *2102* und *2107* durch Geleitaufgaben aufgehalten werden, wird Unternehmung vom 8. auf den 9.10. verschoben. Piräus. 1000 Uhr. Kommandanten- und Sperr-Referentensitzung auf *Hermes*. Aufgabe: An der Südküste Kreta sollen fünf Sperrstücke gelegt werden, um das Anlanden von Feindfahrzeugen zu erschweren (423 U.M.). Minenträger: Minenschiff *Bulgaria*, ital. H.K.S. *Barletta*. Sicherung: Zerstörer *Hermes*, U-Jäger *2102*[132], U-Jäger *2107*. Führung Admiral Ägäis, taktische Führung in See Kommandant *Hermes*.
Auf verhältnismäßig beschränktem Raum sollen sehr eng nebeneinander liegende Sperrstücke gelegt werden. Dies zu ermöglichen, sind grüne, rote und weiße Hilfsbojen ausgelegt. Das Gelingen der Aufgabe wird davon abhängen, ob die Hilfsbojen richtig brennen und richtig erkannt werden. Besonders das Legen des letzten Sperrstücks ist nicht ungefährlich, zumal der Kompaß von *Barletta* bis 1 Dez Abweichung hat. Da Neumond ist, wird in der dunklen Nacht die beste Sicherung und zugleich die sicherste Navigation sein durch direkte Führung des Wurfverbandes zum Sperrgebiet und dort durch Vorfahren vor *Barletta* auf den Sperrkursen. Die Minen sind mit eingeschalteter KA[133] zu werfen, der Oberflächenentschärfer ist einzuschalten, die Stellschrauben sind einzutreiben, der Hochstandsvernichter ist auszuschalten. Leider ist nunmehr damit zu rechnen, daß nach dem nächsten Sturm auf dem Weg Kreta–Tobruk scharfe treibende Minen angetroffen werden und zwar für unabsehbare Zeit[134]. Nach Auskunft Admiral Ägäis mußte auf Befehl Gruppe Süd aus anderen Überlegungen heraus in dieser Weise verfahren werden.

Freitag, 9.10.42

1630 Uhr. Piräus abgelegt. *Bulgaria* sammelt außerhalb der Netzsperre mit 15 Minuten Verspätung. 1715 Uhr. Verband gesammelt. 1816 Uhr. Nachtmarschformation nach Passieren der Tonne von Turlos (Ägina). 1840 Uhr. Von Admiral Ägäis geht Funkbefehl ein, nicht, wie ursprünglich vorgesehen, nach Suda, sondern nach Durchführung Aufgabe Piräus zu gehen.

2105 Uhr. Nach ital. Meldung ist heute 1506 Uhr ein U-Boot in der Cerigotto-Durchfahrt, also auf unserem beabsichtigten Weg, gemeldet worden. Einzelheiten fehlen. 2400 Uhr. 36 Grad 56 ' N, 23 Grad 4 ' O. Nachtmarsch mit 9 sm. Nichts besonderes.

Sonnabend, 10.10.42

0600 Uhr. Vor der Cerigotto-Straße erscheint eine Maschine als Luftsicherung (1/2 Stunde vor Sonnenaufgang!), Ju 88. Wegen der U-Bootmeldung des Vortages in der Cerigotto-Straße entschließe ich mich, die Durchfahrt in Zickzackkursen mit dem Verband durchzuführen. Es ergeht durch Morsespruch an alle der Befehl, daß ab 0700 Uhr alle 20 Minuten eine Kursänderung um 3 Dez vorgenommen wird. 0630 Uhr. Kreta und Cerigotto in Sicht. Tagesmarschformation: Vor *Bulgaria* an Stb. und Bb. marschieren die U-Jäger auf. Querab von *Bulgaria* im Osten, auf der Sonnenseite, *Hermes*, im Westen *Barletta*, letztere beide Zickzackkurse. Es erscheint noch keine zweite Maschine Ju 88.

0700 Uhr. Bisher für die Unternehmung günstiges Wetter. Verband macht durch Wendung auf Flaggenbefehl *Hermes* Zickzackbewegungen. Zwei Arados beim Verband. Vormarschverlust tragbar. Lieber eine Stunde später eintreffen, aber mit größtmöglicher Sicherheit marschieren. 0843 Uhr. Cerigotto-Durchfahrt. Flugzeug an der Stb.-Seite des Verbandes wirft eine Wasserbombe. Da sonst keine Signale folgen, ist zunächst nicht klar, ob das Flugzeug sich nicht vor dem Rückflug seiner Bomben entledigen will. Der Zerstörer geht auf hohe Fahrt und läuft auf an der Stb.-Seite des Verbandes. Der Verband wird durch Flaggensignal abgewendet (140 Grad). Ich übertrage Kommandant *Barletta* die Führung. Eine Verständigung mit dem Flugzeug gelingt nicht. Es wirft wiederum eine Wasserbombe und schießt einen weißen Stern. Auch *Barletta* wirft, wie er meldet, Schreckbomben. UJ *2107* setzt Signal, daß er Echo hat. *Hermes* hat kein Zeichen im S-Gerät. *2107* wirft eine Reihe von Wabos. Ich rufe *2102* von der Bb.-Seite des Verbandes heran. *2102* meldet ebenfalls Zeichen. Da gestern an etwa derselben Stelle ein U-Boot von ital. Seite gemeldet ist, das Flugzeug Richtungssignal gegeben hat, beide U-Jäger ein Zeichen im S-Gerät haben, entschließe ich mich, den U-Jägern die U-Jagd zu übertragen, solange sie nach Ansicht des ältesten Kommandanten Aussicht auf Erfolg hat. Morgen wird der Verband bei Ponticronisi sich wieder mit den U-Jägern zur Rückfahrt vereinen. Der Entschluß, seine Sicherung aufzuspalten vor Erledigung der gestellten Aufgabe, ist nicht leicht. Die Beurteilung über die Zweckmäßigkeit wird meist vom Erfolg abhängen. Ich rechne jedoch an der Südküste Kreta kaum mehr mit feindl. U-Booten. Außerdem sind die Wetterbedingungen, spiegelglatte blaue See, für einen Angriff denkbar ungünstig und schließlich ist die verbleibende Sicherung noch erträglich. Bisher waren in der Ägäis U-Bootvernichtungen nur von den Italienern gemeldet worden, denen jedoch meist die letzte Beweiskraft fehlte. Es wäre in mancher Beziehung von großer Bedeutung, sollte der 21. U-Jagdflottille die Vernichtung eines U-Boots gelingen.

0940 Uhr. *Hermes* wieder beim Verband. Übernehme die Führung: *Bulgaria* fährt unmittelbar unter der Küste, an Bb. querab *Barletta* Zickzackkurse, vorn *Hermes* Zickzackkurse. An Admiral Ägäis wird U-Bootverdacht durch FT. gemeldet. Da der Standort, Südküste Kreta, an der Grenze zwischen den Zuständigkeitsgebieten Admiral Ägäis und Supermarina ist, ist mir die Gelegenheit zur Kontrolle einer Funkverbindung mit Rom sehr willkommen und ich gebe auch dorthin die U-Bootmeldung, die sofort verstanden wird. Die Funkverbindung mit Supermarina scheint nunmehr also in Ordnung zu sein.

1200 Uhr. 35 Grad 22,5 ′ N, 23 Grad 30 ′ O. Reisemarsch an der Küste Kreta mit 9 sm. Da wir etwa 2 Stunden Verspätung haben (Zickzackkurse in der Cerigotto-Straße, Ausweichen des Verbandes bei U-Bootalarm) steuere ich nicht den beabsichtigten Scheinkurs südlich Gavdos, sondern mit 98 Grad unmittelbar an die Sperren.

2107 macht folgenden KR: »Nach einwandfreier U-Bootortung viermaliger Anlauf. Erfolg: Viel Öl und Luftblasen. Benötige Salzstücke für größte Tiefeneinstellung, um notwendige Beweise zu erbringen.« Bedauerlicherweise unterläßt *2107* im Funkspruch auch zu melden, daß *2102* bei ihm steht, was für Admiral Ägäis von Bedeutung ist und von mir nicht gemeldet wurde, um Funkstille nicht zu unterbrechen. Hiernach ist zu hoffen, daß die Schwächung der Sicherung zu Gunsten der U-Bootbekämpfung ihre Rechtfertigung erfährt.

1600 Uhr. Auf 113 Grad gegangen. Kurs auf Lithinon genommen. Durch Ausfall der beiden U-Jäger ist eine Änderung der bisherigen Position in zwei Gruppen notwendig. *Bulgaria* wird ein Sammelpunkt bei Tagesanbruch morgen früh 0600 Uhr angegeben, den sie mit 5–6 sm unmittelbar nach dem Minenwerfen ansteuert, um hier bei Dämmerung mit *Hermes* und *Barletta* zusammenzutreffen zum gemeinsamen Rückmarsch. Der mehrstündige Alleinmarsch in der mondlosen Nacht ist nicht bedenklicher als das Einnehmen einer Wartestellung. *Bulgaria* wird durch Winkspruch noch einmal ausdrücklich anbefohlen, bei verspätetem Eintreffen *Hermes* auf dem Sammelpunkt zu warten.

1800 Uhr. Sonnenuntergang. Südküste Kreta. Luftsicherung geht ein. Nachtmarschformation eingenommen. Kap Lithinon mit dem festen, weißen Feuer kommt in Sicht. Verband auf Nordkurs zu dem befohlenen Sperrstück geführt. Bei der ruhigen See sind die Hilfsbojen gut auszumachen. Es besteht kein Zweifel über die Lage der zu werfenden Sperre. Um 2010 Uhr erhält *Bulgaria* den Befehl zum Abhängen und geht an die Anfangsboje heran. *Hermes* führt *Barletta* zum Sperrstück 3 und auf den Sperrkurs. Minenwerfen beginnt um 2030 Uhr.

Mesaras-Bucht, Südküste Kreta. Von 2050 Uhr bis 0135 Uhr mit *Barletta* mit 5 sm auf- und abgestanden zum Klarmachen der Minen für das nächste Sperrstück. Von

2120 Uhr bis 2304 Uhr wird schweres und leichtes Flakfeuer an Land beobachtet. Motorengeräusche über dem Wurfverband. Die sehr dunkle aber sichtige Nacht erleichtert das Unternehmen. Bei schlechtem Wetter, Seegang, Regen und mit Wind wäre bei den geringen Abständen der zu legenden Sperrstücke die Aufgabe sehr viel schwieriger. Die Hilfsbojen sind so klein, daß sie unter erschwerten Bedingungen nicht sichtbar wären. Ohne Hilfsbojen ist das Unternehmen jedoch nicht durchzuführen.

Sonntag, 11.10.42
Südküste Kreta. Starkes Wetterleuchten. 0135 Uhr bis 0200 Uhr Sperrstück 4 durchlaufen und Minen geworfen. 0200 Uhr bis 0400 Uhr zum Klarmachen der Minen für Sperrstück 5 mit 5 sm auf- und abgestanden. 0420 Uhr bis 0432 Uhr Sperrstück 5 erledigt. Rote Endboje Sperrstück 3 fehlt. Lage nicht ganz ungefährlich. Damit Aufgabe durchgeführt und an Admiral Ägäis Kurzsignal angegeben. Danach mit *Barletta* Rückmarsch zum Sammelpunkt *Bulgaria* angetreten. Kurs 279 Grad, 14 sm. 0420 Uhr. KR von Admiral Ägäis: »1. Wenn Lage gestattet, U-Jäger an Versenkungsstelle U-Boot belassen. 2. Gruppe *Bulgaria* und *2102* nach Erledigung der Aufgabe U-Bootsort gehen, dort warten, bis *Hermes*, *Barletta* eintreffen. 3. U-Jäger *2102* bleibt zur Unterstützung U-Jäger *2107*. 4. *Hermes* mit *Barletta*, *Bulgaria* Rückmarsch planmäßig durchführen.« Hiermit wird meine gestrige Lagebeurteilung, daß die Zusammensetzung des Verbandes eine Abspaltung einer U-Jagdgruppe bei aussichtsreicher Lage gestattet, bestätigt. Admiral Ägäis muß nach wie vor annehmen, daß *2102* bei *Bulgaria* steht und nicht, wie von Wichtigkeit, bei *2107*. 0630 Uhr. Sonnenaufgang. Südküste Kreta. Eine Arado als Luftsicherung trifft ein. Hat *Bulgaria* nicht gesehen. *Bulgaria* kommt nicht in Sicht. Auch das von Westen kommende Flugzeug hat nichts von ihr gesehen. Es wird daher zur Suche nach *Bulgaria* in westlicher und nordwestlicher Richtung detachiert. Es ist zu vermuten, daß *Bulgaria* den Marsch trotz meines ausdrücklichen Befehls, an dem für die Dämmerung festgesetzten Treffpunkt u.U. zu warten, fortgesetzt hat gem. Funkbefehl Admiral Ägäis, daß die Gruppe *Bulgaria* zum Versenkungspunkt gehen soll, ohne zu berücksichtigen, daß der Befehl auf der Voraussetzung fußte, das *2102* bei *Bulgaria* stehen würde. So wird *Bulgaria* etwa 60 sm allein marschieren, was kein angenehmes Gefühl in diesem Gebiet ist.
0800 Uhr. 35 Grad 10,5 ′ N, 23 Grad 42,5 ′ O. Luftsicherung 1 Arado, 2 Stukas (Ju 87). Die Arado kommt zurück und meldet, daß *Bulgaria* bei der U-Bootversenkungstelle in der Cerigotto-Durchfahrt steht und daß *Bulgaria* und das Flugzeug U-Bootalarm gehabt haben. Das Flugzeug selbst habe vom U-Boot nichts wahrgenommen.
0900 Uhr. Gewitterregen. Sehr schlechte Sicht. An der Westküste Kretas nördl. Kurs gesteuert, Fahrt 14 sm. Luftsicherung kommt im Gewitterregen außer Sicht. 0935 Uhr. Westküste Kreta. Im Westen ein unbekanntes Flugzeug, anscheinend engl. Aufklärungsflugzeug. Hält kurz Fühlung, kommt dann außer Sicht. Es klart wieder auf. Fl.-Meldung mit Quadratangabe erstattet, wodurch unser Standort der eigenen Führung gleichzeitig bekannt wird, was wünschenswert ist.

Von Admiral Ägäis geht Befehl ein, daß U-Jagd abgebrochen wird und daß *Bulgaria* mit den beiden U-Jägern sowie *Hermes* mit *Barletta* einlaufen sollen.

1035 Uhr meldet *Bulgaria* U-Bootangriff heute früh 0730 Uhr. Drei Torpedolaufbahnen ausgewichen. Anscheinend zwei U-Boote. Die Meldung erscheint zweifelhaft, da Torpedolaufbahnen oft täuschende Ähnlichkeit mit Windstreifen haben.

1145 Uhr. Supermarina teilt mit, daß *Hermes* heute um 0915 Uhr von feindl. Aufklärung erfaßt ist und will Standort, Kurs und Fahrt übermittelt haben. Ich funke meinen Standort von 1130 Uhr an Supermarina. Abgabe geschieht reibungslos.

1145 Uhr. Cerigotto-Durchfahrt. *Bulgaria*, *2107*, *2102* stehen auf der Versenkungsstelle. Auf Anfrage meldet *Bulgaria*, daß sie den Rückmarsch allein angetreten habe, weil dies im Funkspruch des Admiral Ägäis angeordnet sei. Nach dem Grundsatz, letzter Befehl gilt, gab es für den Kommandanten keine Schwierigkeiten. *2107* meldet, daß heftige Gewitterböen und Regen die Suche nachts sehr erschwert hätten. Außer dem Ölfleck und den Luftblasen seien keine weiteren Anhaltspunkte für die Vernichtung in Erscheinung getreten[135]. *Bulgaria* mit *2107* und *2102* treten nunmehr den Rückmarsch an. *Hermes* und *Barletta* setzen ihren Weg fort.

1250 Uhr. Glatte blaue See, klarer Himmel. Schiff 50[136] meldet heute früh ein U-Boot in 36 Grad 31 ' N, 23 Grad 09 ' O. Standort ist 30 sm nordwestl. von uns. Luftsicherung 1 Arado, 1 He 111. Reisemarsch ohne besondere Ereignisse. Marschfahrt 14 sm durch die Ägäis. Die Kurse Hydra, Ägina in den Golf von Athen gesteuert. 1756 Uhr. Sonnenuntergang. 1800 Uhr. Luftsicherung geht ein. 1830 Uhr. Formation Kiellinie. 1956 Uhr. Rote Leuchttonne Turlos passiert, *Barletta* entlassen. 2040 Uhr. Netzsperre Piräus, 2120 Uhr. Salamis festgemacht.
Aufgabe durchgeführt.

Montag, 12.10.42
Salamis. Vorbereitungen zur Kesselreinigung. Vortrag bei Admiral Ägäis über Verlauf Minenunternehmung. Eingedockt zur Außenbordreinigung.

Dienstag, 13.10.42
Salamis. Beginn der zehntägigen Kesselreinigung. Zerstörer bis 23.10. außer Kriegsbereitschaft.

Stellungnahme des Admiral Ägäis zum K.T.B. vom 2.10. bis 13.10.42
— zum 10.10.42 0843 Uhr: Das Werfen von Bomben durch ein Flugzeug der Luftsicherung bedeutet in jedem Falle »Hier steht ein U-Boot«. Falls Flugzeuge ihre Bomben vor der Landung aus irgendwelchen Gründen abwerfen müssen, haben sie Befehl, dies in entsprechender Entfernung von Geleitzug durchzuführen.
— zum 10.10.42: Der Entschluß, die beiden U-Jäger an dem Feind-U-Boot zurückzulassen, war schwierig. Wie der Kommandant auch ausführt, wird die Beurteilung der Zweckmäßigkeit der Maßnahme in solchen Fällen vom Erfolg abhängen. Dieser Erfolg ist eingetreten: Das U-Boot kann als versenkt angenommen werden[135].

Der Weitermarsch ohne die beiden U-Jäger wird in diesem Ausnahmefall unter Berücksichtigung der vom Kommandanten geschilderten Umstände gebilligt.
— zum 10.10.42: Der Funkspruch von U-Jäger *2107* war falsch abgefaßt, so daß bei Admiral Ägäis angenommen werden mußte, daß U-Jäger *2102* mit dem Geleit weitergelaufen war. Hier fehlte es dem U-Jäger-Kommandanten an Erfahrung und operativem Mitdenken.
— zum 10.10.42: Für die nächste Minenunternehmung sind größere Hilfsbojen vorgesehen.
— zum 11.10.42 0420 Uhr: Der Funkbefehl Admiral Ägäis basierte auf der bewußten FT-Meldung von U-Jäger *2107*.
— zum 11.10.42: Der Kommandant *Bulgaria* hat, wie der Verbandschef richtig ausführt, auf Grund des Funkbefehls Admiral Ägäis kurzerhand den Rückmarsch angetreten, ohne sich zu überlegen, daß der Befehl zur Voraussetzung hatte, daß *2102* bei *Bulgaria* stand.
— zum 11.10.42 1035 Uhr: Das Flugzeug hatte keine Torpedolaufbahn oder sonst etwas von einem U-Bootangriff beobachtet.
— zum 11.10.42 1145 Uhr: Die Anfrage von Supermarina war überflüssig und hatte eine unnötige Unterbrechung der Funkstille zur Folge. Die Durchführung des Unternehmens war Supermarina durch Marisudest und die Teilnahme des H.K.S. *Barletta* bekannt, ebenso die Tatsache, daß Admiral Ägäis die Operation leitete.
— zum 11.10.42: Der Rückmarsch der allein fahrenden *Bulgaria* ist glücklicherweise gut abgelaufen. Dem Kommandanten *Bulgaria* hätten bei etwas mehr Erfahrung und taktischem Mitdenken Zweifel an der Richtigkeit seiner Maßnahme auftauchen müssen. Die nicht ganz einfache Minenunternehmung ist unter Führung des Kommandanten *Hermes*, Kpt.z.S. Johannesson, programmgemäß und glatt durchgeführt worden und verdient besondere Anerkennung. Das Auslegen der 5 Sperrstücke in der Mesaras-Bucht bei Neumond, das Fehlen von Leuchtfeuern — es brannte nur ein kleines Hilfsfeuer — das Umladen der Minen auf *Barletta* sowie die U-Bootgefahr waren alles Momente, die die Aufgabe erheblich erschwerten. Das Umladen der Minen auf *Barletta* im Operationsgebiet war auch nur deshalb möglich, weil mit Auftreten von Überwasserstreitkräften nicht zu rechnen war. Hier zeigt sich wieder einmal der Wert des deutschen Zerstörers unter der Führung seines erfahrenen Kommandanten. Es ist kaum anzunehmen, daß die gleiche Unternehmung unter ital. Führung ebenso reibungslos durchgeführt worden wäre. Als Nebenerfolg kann die Versenkung des U-Boots durch die U-Jäger *2107* und *2102* gebucht werden[135]. Die beigefügten Skizzen mit den eingezeichneten Sperrstücken sind vernichtet worden. Zukünftig solche Skizzen dem K.T.B. nicht beifügen[137].
gez. Förste

Mittwoch, 14.10. – Donnerstag, 22.10.42
Kesselreinigung. Maureb Salamis. In 5 Tagen wurde in Tag- und Nachtarbeit das Ziehen der Rohre durchgeführt, die restlichen 5 Tage (nur Tagarbeit) wurden für das Bürsten der Ober- und Untertrommeln, Herrichten der Kesselinneneinrichtung,

Erneuern des Zinkschutzes, Außenreinigung und zur Dampfprobe benutzt. Von der 12. Küstensicherungsflottille war ein Arbeitskommando zur Verfügung gestellt worden, so daß nach Auswahl des Arztes 10–14 Mann in zwei Törns in das Erholungsheim auf dem Parnass (1100 m) in der Nähe Athens geschickt werden konnten. Die Kesselreinigung fand statt nach 720–820 Betriebsstunden. Nach Aufmachen der Kessel wurde eine sehr starke Verschmutzung festgestellt. Es war höchste Zeit. Reste des Zinkschutzes hatten sich in den Wasserrohren festgesetzt. Alle Schwierigkeiten (unzureichende elektrische Winde, so daß Rohre mit Hand gezogen werden mußten und ähnliches, auch hatte Personal noch nie eine Kesselreinigung mitgemacht) wurden überwunden und die vorgesehenen 10 Tage genau eingehalten. Als Erfahrung hat sich herausgestellt, daß die nächste Reinigung nach etwa 400 Betriebsstunden nötig ist, soll der jetzige gute, betriebssichere Zustand der Kessel bestehen bleiben. Eine Hinauszögerung hätte Rohrreißer usw. zur Folge, während bisher noch nicht ein einziger aufgetreten ist. Sobald alkalische Behandlung und eine Kesselabschäum- und Kesselausblasevorrichtung vorhanden sein wird, wird die Kesselpflege besser werden und die Kesselreinigungen brauchen seltener durchgeführt zu werden. Die entsprechenden Anträge sind beim Oberwerftstab gestellt. Der Einbau erfolgt im Laufe einer Maschinenüberholung oder einer aus anderen Gründen notwendigen Liegezeit.

Während der Kesselreinigung ist eine deutsche Fahrtmeßanlage (Hamburger Schiffbauversuchsanstalt 24) eingebaut worden und die Auswechslung der vier unzureichenden 3,7-cm-Flak MK gegen vier 3,7-cm-SK/C 30 U in U-Bootlafette C 39 vorgenommen worden.

Mittags Meldung über Herstellung der Kriegsbereitschaft erstattet.

Freitag, 23.10.42

0800 Uhr. Abgelegt Salamis zu Meilenfahrten zwecks Eichung der neueingebauten Fahrtmeßanlage. Anschließend Anschießen der neuen vier 3,7-cm-Flak durch Marinezeugamt Athen. Anschließend Flakschießen des Kommandos auf Luftscheibe. Die 3,7-cm in U-Bootlafette scheint grundsätzlich in Ordnung zu sein. Kleine Störungen beruhen auf Schwergängigkeit der Verschlüsse, die ganz neu aus der Fabrik gekommen sind und eine gewisse Zeit brauchen, um sich einzulaufen.

Da während der letzten Sommermonate der Zerstörer in einem unerträglichen Maße verwanzt ist, ist eine Entwanzung vorgesehen durch Blaugas, die in Saloniki durch Fachpersonal des Heeres vorgenommen werden soll. Erforderliche Zeit 2–3 Tage.

1600 Uhr. Ausgelaufen nach Saloniki (Kurs über Sunion, Dorokanal, Skopolos-Durchfahrt nach Saloniki). 2000 Uhr. 37 Grad 54 ′ N, 24 Grad 32 ′ O. 2015 Uhr. Einen abgeblendeten griechischen Segler untersucht. Die Papiere waren in Ordnung. Ladung bestand aus Stückgut für Mytilini. Außerdem befanden sich 6 Passagiere an Bord. Im Doro-Kanal wurden mehrfach rote und weiße Sterne beobachtet, die an Land geschossen wurden. Diese Signale sind unbekannt. 2400 Uhr. 38 Grad 41 ′ N, 24 Grad 14 ′O.

Sonnabend, 24.10.42

0245 Uhr. Skopolos-Durchfahrt passiert. 0400 Uhr. 39 Grad 30 ′ N, 23 Grad 25 ′ O. 0717 Uhr. Ansteuerungstonne Saloniki querab. 0845 Uhr machen mit Stb.-Seite Saloniki fest. Besatzung von Bord. Zerstörer unter Blaugas zur Entwanzung.

Sonntag. 25.10.42

Saloniki. Beginn der engl. Offensive in Ägypten gegen Panzerarmee Rommel in der Alameinstellung.

Montag, 26.10.42

Saloniki. Meldung des Kommandanten bei Wehrmachtbefehlshaber Südost, Generaloberst Löhr. Besatzung wieder an Bord. Nachmittag Auslaufen mit Dampfer *Corso Fougier*.

1715 Uhr. Legen ab Saloniki-Pier. 1800 Uhr. Auf Punkt 104 Geleit *Corso Fougier* aufgenommen. Nach Aussage des Kapitäns läuft sein Dampfer 5 sm[138]. 1920 Uhr. Mondaufgang. 1935 Uhr. Kurs 161 Grad. 2000 Uhr. 40 Grad 16,8 ′ N, 22 Grad 34.8 ′ O. 2400 Uhr. 39 Grad 57 ′ N, 23 Grad 03 ′ O.

Dienstag, 27.10.42

0400 Uhr. 39 Grad 27,5 ′ N, 23 Grad 16,1 ′ O. 0647 Uhr. Sonnenaufgang.
0708 Uhr. Eine He 111 als Luftsicherung. 0800 Uhr. 39 Grad 06,1 ′ N, 23 Grad 21,1 ′ O. S-Gerät ausgefallen. 0845 Uhr. S-Gerät wieder klar. 0900 Uhr. Dampfer, der innerhalb Euböa nach Piräus geht, an der Trikiri-Sperre entlassen. *Hermes* setzt Rückmarsch nach Piräus allein fort. Marschfahrt 17 sm, Brennstoffmeßfahrt. Danach Brennstoffmeßfahrt mit 19 sm und 21 sm.
1200 Uhr. 38 Grad 51 ′ N, 24 Grad 12,4 ′ O. 1600 Uhr. 37 Grad 46,5 ′ N, 24 Grad 17,7 ′ O. 1733 Uhr. Sonnenuntergang. 1845 Uhr. Netzsperre Piräus einlaufend passiert. 1908 Uhr. Machen fest Piräus Gepäckhallenpier.

Mittwoch, 28.10.42

Piräus. Kommandantensitzung auf *Hermes*. Aufgabe: Deutschen Tanker *Ossag*[139], der aus dem Schwarzen Meer Öl holen soll, bis zur Einfahrt in die Dardanellen geleiten. Wegen des großen Wertes des Tankschiffraumes in der Ägäis wird dieses wertvolle Objekt durch zwei Zerstörer geleitet. *Euro* hat kein S-Gerät. Kurse: Von Piräus über Sunion, Doro-Durchfahrt, Südküste Lemnos nach Dardanellen. Marschfahrt 9,5 sm. Auslaufen 29.10. früh. Beabsichtigtes Eintreffen vor den Dardanellen 30.10. früh 0700 Uhr. Danach sollen beide Zerstörer nach Saloniki gehen, um dort zwei Dampfer abzuholen und sie nach dem Süden zu geleiten. Geleitführer Kommandant *Hermes*.
1930 Uhr. Meldung des Kommandanten bei Oberbefehlshaber Gruppe Süd, Admiral Schuster. Vortrag über Erfahrungen im Geleitdienst der Ägäis und im besonderen über bisherigen Einsatz *Hermes*.

Donnerstag, 29.10.42

0600 Uhr. Piräus abgelegt. *Hermes*, *Ossag*, *Euro* in Kiellinie ausgelaufen. Nach Hellwerden zwei Arado 196 Luftsicherung. Optische Verbindung nicht gelungen. Nach Passieren des Warngebietes II bei Markronisi U-Bootsicherung gebildet. Reisemarsch mit 9,5 sm. *Hermes* vor und an Bb., *Euro* an Stb. von *Ossag* Zickzackkurse. Die spiegelglatte See, der bedeckte Himmel sind als erschwerend für U-Bootangriffe zu werten. Zickzackkurse mit 15 sm. Herstellung der optischen Signalverbindung mit Luftsicherung gelingt. Reisemarsch in der angegebenen Formation fortgesetzt.

1220 Uhr. Funkspruch von Admiral Ägäis, daß 28.10. 0020 Uhr ein U-Boot südlich Lemnos gesichtet wurde, etwa 30 sm nördlich des Gebiets, das wir heute nacht passieren werden. An Zerstörer *Euro* übermittelt.

1240 Uhr geht auf Welle Supermarina, die zur Übung und Beschäftigung des ital. Funkpersonals geschaltet ist, eine U-Bootmeldung von Rhodos über eine Sichtung im Dodekanes ein.

1430 Uhr. Wegen Wassers im Heizöl stoppt *Euro* für einige Minuten. Das während der Kesselreinigung eingebaute ital. U.K.-Gerät wird mit *Euro* ausprobiert. Nachdem die Verbindung hergestellt war, müssen die Versuche abgebrochen werden, da der Geber von *Euro* unklar wird und sich mit Bordmitteln nicht reparieren läßt.

1730 Uhr. Sonnenuntergang. Luftsicherung geht ein. U.K.-Verbindung mit *Euro* wiederhergestellt.

1810 Uhr. Adm. Ägäis gibt KR-Funkspruch, daß Seenotflugzeug 1630 Uhr getauchtes U-Boot. L.Qu. 5971 Kurs Nord gesichtet hat. Das ist 35 sm süd-östlich von unserem Standort. Meldung wird an *Euro* übermittelt. Dies ist heute die 3. Meldung über U-Boote in der Ägäis. Intensivierung des U-Bootkrieges wahrscheinlich im Zusammenhang mit Ägyptenoffensive gegen jede Art Nachschub für unsere Panzerarmee. Dieselbe U-Bootmeldung geht auch von Supermarina ein.

Es wird eine sehr dunkle Nacht. Tiefe Wolkendecke. Wetterleuchten, schließlich Gewitter. Dicht an *Ossag* herangeschlossen, der in den Regenböen schwer auszumachen ist. Wegen des gehäuften Auftretens von U-Booten wird jedoch auf das Anstellen einer Laterne verzichtet, selbst auf die Gefahr hin, daß *Euro* Anschluß verliert. Die Luft ist so mit Elektrizität geladen, daß Mastspitze und Stagen hell phosphorizieren. An einer ausgestreckten Hand bilden sich an den Fingerspitzen helle elektrische Lichter (Elmslicht). Der Wind schwillt zeitweise zu heftigen Böen an. Mit Mondaufgang 2124 Uhr wird es langsam etwas lichter, um 2300 Uhr normalen Sichtverhältnissen Platz zu machen. *Euro* steht dicht hinter *Ossag*, während *Hermes* seinen Platz Bb. querab beibehalten hat. *Euro* geht wieder an die Stb.-Seite.

Ein Funkspruch von Admiral Ägäis besagt, daß ab 2230 Uhr eigenes Flugzeug beim Verband stehen wird. Es kann jedoch nicht damit gerechnet werden, daß bei diesem Wetter Flugzeug uns findet. Tatsächlich wird auch Flugzeug weder gehört noch gesehen.

Der Zerstörer »ZG 3« *Hermes*

Im Dock des Maureb Salamis

Äußerste Fahrt voraus

Steuerbordseite von achtern gesehen mit TR-Satz, 3,7-cm-, 1,32-cm-Stand und Brücke

Auslaufen zum Einsatz

Das Geleit läuft ein

Bedienungsmannschaft
einer 3,7-cm-Flak

3,7-cm-Flak klar
zum Einsatz
auf Kriegswache

Admiral Förste an Bord

Empfang italienischer Offiziere an Bord

16.12.42. Das Ritterkreuz für
Kpt.z.S. Johannesson

Der Kommandant mit seinen Offizieren

Freiwache beim Geleitfahren.
Im Hintergrund der italienische Zerstörer *Turbine*

Auslaufen aus der Suda-Bucht

Das »tägliche Brot«: Geleitfahrten

Italienisches Hilfsfahrzeug bei *Hermes* nach Ausfall der Maschinenanlage

Die Gruppe Meyer-Abich bei der Rückkehr von Tunis

Das Grab der gefallenen *Hermes*-Soldaten bei Sidi Daoud

Freitag, 30.10.42

0000 Uhr. Lemnos kommt in Sicht. Besteck einwandfrei. Auf Kurs zu den Dardanellen gegangen: 62 Grad. Wetter hat sich beruhigt. Bei dem hellen Mond herrscht eine Sicht von etwa 3000 Meter. Sicherungsposition 1000 m an jeder Seite der *Ossag* querab etwas achterlicher. Wir stehen voraussichtlich zeitgerecht um 0600 Uhr am Dardanelleneingang. 0030 Uhr. Wolkendecke reißt auf, helle Nacht. Daher wieder Zickzackkurse der Sicherung.

0420 Uhr. Dardanellen-Befeuerung kommt in Sicht (18 sm). 0640 Uhr. 3-sm-türkische Hoheitsgrenze erreicht. *Ossag* entlassen, mit *Euro* Marsch nach Saloniki angetreten. Marschfahrt so geregelt, daß Eintreffen Saloniki mit Sonnenuntergang erreicht wird, da bei Dunkelheit unbeleuchteter Bojenstrich durch Minenwarngebiet nicht passierbar, zumal Bojen nicht wie angegeben liegen. Bericht hierüber mit genauen Angaben an Admiral Ägäis gegeben. Marschfahrt 17 sm, stumpfe Staffel. 0800 Uhr. 39 Grad 49′ N, 25 Grad 18′ O. Reisemarsch bei leichtem nordöstlichen Schiebewind mit 17 sm. 1200 Uhr. 39 Grad 48′ N, 24 Grad 06′ O. 1620 Uhr. Ansteuerungsboje A Saloniki passiert. 1745 Uhr eingelaufen, an der Pier festgemacht.

1830 Uhr. Kommandantensitzung auf *Hermes*. *Adriana*[140], *Col di Lana*[141] mit Betriebsstoff und Wehrmachtgut für Afrika sollen von Saloniki zunächst nach Piräus überführt werden. Sicherung Zerstörer *Hermes* (Geleitführer) und Zerstörer *Euro*. Auslaufen Saloniki 31.10. 0700 Uhr, Marschfahrt 8 sm, Einlaufen Piräus 1.11. 1600 Uhr. Marschweg auf den Zwangswegen östlich Euböa, da *Col di Lana* wegen seiner Größe die Enge von Chalkis nicht passieren kann. Nach Angabe von Dampferkapitän *Adriana* läuft dieser nur 6 sm, so daß der wertvolle *Col di Lana* mit seinen 10 sm mit diesem langsamen Schiff gekoppelt werden muß. *Col di Lana* mit Munition, Verpflegung, Lkw's ist für Tobruk bestimmt, *Adriana* mit Betriebsstoff, Verpflegung und Munition für Kreta.

Schlacht um Ägypten dauert mit unverminderter Heftigkeit an[142].

Sonnabend, 31.10.42

0620 Uhr. Saloniki ausgelaufen. 0700 Uhr. Bei Kara Burnu Verband in Kiellinie gesammelt und durch Bojenstrich durch das Warngebiet geführt. Nach Passieren Tonne A 0845 Uhr Verband in Dwarslinie, *Adriana* als langsames Schiff an Bb., Richtungsschiff für Fahrt und Kurs. An Bb. sichert *Hermes*, an Stb. *Euro* in Zickzackkursen. Der schneebedeckte Gipfel des Olymp ist in besonders schöner Beleuchtung und Färbung den ganzen Vormittag über sichtbar. Beim Verband zwei He 111 als Luftsicherung. Optische Verbindung mit Flugzeugen herzustellen, gelingt nicht. 1020 Uhr. Bucht von Saloniki. *Col di Lana* hat beim Einschießen seiner Fla-Maschinengewehre durch Rohrkrepierer einen Schwerverletzten. Wird auf *Hermes* übergeben und hier behandelt. *Hermes* sichert von jetzt ab an der Stb.-Seite des Verbandes, da hier Sonnenseite und der wichtigste Dampfer. Luftsicherung 2 He 111, 1 Arado 196. 1315 Uhr. Golf von Saloniki. Arado an Stb.-Seite des Verbandes schießt weißen Stern und gibt damit U-Boot-Sichtmeldung. Verband wird von mir durch rote Sterne nach Bb. abgedreht. *Hermes* selbst hält auf die Sichtungsstelle zu. Das

Flugzeug zeigt durch Sturzflüge die Sichtungsstelle an, nähere Angaben sind weder auf der Sicherungswelle noch durch Morseverkehr erhältlich. S-Gerät hat kein Echo. Es werden daraufhin drei Schreckbomben geworfen. Flugzeug meldet jetzt, daß es U-Boot sicher ausgemacht hat. Ob Sehrohr oder Bootskörper erkannt, über Kurs und Lage schweigt es sich aus. S-Gerät meldet Echo, das wahrscheinlich als U-Boot anzusprechen ist. Es wird ein Wabo-Anlauf gefahren und da das Echo jetzt gut ist, drei Salven Wabos mit Einstellung von 70 und 90 m geworfen. Wassertiefe 80 m. Meldung über U-Bootverdacht an Adm. Ägäis erstattet. Als S-Gerät kein weiteres sicheres Zeichen meldet, wird 1408 Uhr U-Jagd abgebrochen und zum Verband zurückgegangen. Bei den wenigen Nachrichten durch das Flugzeug ist es schwierig zu beurteilen, ob es sich mit Sicherheit um ein U-Boot gehandelt hat.

1430 Uhr. Nördlich der kleinen Sporaden Reisemarsch fortgesetzt. Die Skopolos-Durchfahrt angesteuert. Verband macht 7 sm Fahrt. Von Admiral Ägäis geht Nachricht über einen erfolglosen U-Bootangriff (Dreierfächer) bei Kap Sunion ein.

Nach dem Wehrmachtsbericht hat der Feind gestern seinen Großangriff in Ägypten nicht fortgesetzt.

1745 Uhr. Nach Sonnenuntergang Formation für die Nacht eingenommen, d.h. Aufstellung wie bisher, statt der Zickzackkurse gerader Kurs, verbunden mit kurzen Aufklärungsvorstößen. Luftsicherung ist eingegangen. 1900 Uhr. Skopolos-Enge passiert. 2000 Uhr. 39 Grad 5,9 ′ N, 23 Grad 34,1 ′ O.

2311 Uhr. Mondaufgang. 2400 Uhr. 39 Grad 54 ′ N, 24 Grad 3,6 ′ O.

Sonntag, 1.11.42
0400 Uhr. 38 Grad 30 ′ N, 24 Grad 25,9 ′ O. 0635 Uhr. ES-Austausch mit Flugzeug (He 111). 0647 Uhr. Sonnenaufgang.

0800 Uhr. 37 Grad 59,8 ′ N, 24 Grad 36,2 ′ O. Doro-Enge passiert.

1200 Uhr. 37 Grad 41 ′ N, 24 Grad 8 ′ O. Angorlestohuk passiert.

1330 Uhr. Fünf He 111, 1 Arado 196 beim Verband.

1400 Uhr. Verband nimmt Kiellinie ein. 1515 Uhr. Phleves, 1600 Uhr Piräus fest.

Aufgabe durchgeführt.

Nach dem Einlaufen um 1600 Uhr geht Befehl von Admiral Ägäis ein, die Dampfer *Trapani*[143] und *Mazedonia*[144] nach Saloniki zusammen mit Zerstörer *Euro* zu geleiten und am nächsten Morgen um 0600 Uhr in See zu gehen. Kommandantensitzung um 1900 Uhr durchgeführt.

Gegen 2030 Uhr geht jedoch ein neuer Befehl ein, daß *Hermes* ein wichtiges Geleit nach Benghasi führen soll, bestehend aus den Dampfern *Col di Lana*, *Gualdi* und Tanker *Porto Fino*[145] mit zwei ital. Zerstörern und drei Torpedobooten. Auslaufend aus Piräus 2.11. 0600 Uhr, Marschfahrt 9,5 sm. Weg durch die Cervi-Straße (zwischen Cap Spathi und Elephonisi) nach Benghasi. Ankunft 4.11. früh. Gesamtführung: Supermarina Rom. Führung in See: Kommandant *Hermes*. Geleit hat besondere Bedeutung für die Schlacht in Ägypten.

Bemerkungen:
1. Die während der Kesselreinigung vorgenommenen Verbesserungen (neue Packungen, Ventile, Lüftungen) haben die Temperatur in den Maschinenräumen erheblich gesenkt. Nach Einarbeitung des neuen Personals wird es in Kürze möglich sein, im Dreiwachsystem zu gehen. Damit ist die mit dem schlechten Gesundheitszustand des Maschinenpersonals verbundene Gefährdung der Fahrbereitschaft grundsätzlich überwunden.
2. Die Brennstoffmeßfahrten ergaben bei voller Ausrüstung aber nur 50 % Brennstoff erheblich bessere Werte als die Brennstoffmeßfahrten des E.K.K. in dem für unsere Aufgaben hauptsächlichen Fahrbereich von 15–19 sm und liegen ganz in der Nähe der am 18.4.42 gemeldeten Werte. Bei 15 sm hat der Zerstörer einen Fahrbereich von 4000 sm. Nach weiteren Brennstoffmeßfahrten wird hierüber berichtet werden.
3. Trotz der durchgeführten zehntägigen Kesselreinigung und der Entwanzung hat der Zerstörer im Oktober immerhin 12 Seetage erreicht.
4. Seit acht Tagen hat die Offensive der Engländer an der Ägyptenfront eingesetzt, hiermit eine Intensivierung der Fliegertätigkeit zwischen Kreta und Afrika und des U-Bootkrieges in der Ägäis mit erheblichen Dampferverlusten auf unserer Seite. Es ist daher für den Zerstörer mit erschwerten Bedingungen bei Durchführung seiner Sicherungsaufgaben zu rechnen. Auf Grund der Verbesserung der Flak-Armierung durch Austausch der 3,7-cm-Flak, der Auffüllung und immer besseren Eingewöhnung und Ausbildung der Besatzung und der Auswertung der bisher gemachten Kriegserfahrungen kann mit Vertrauen an die nächsten Aufgaben herangegegangen werden.

Stellungnahme des Admiral Ägäis zum K.T.B. vom 16.10 bis 31.10.42
— zum 16.10–22.10.42: Es ist die erste Werftliegezeit (Fragezeichen mit Blaustift), die der Zerstörer durchmacht. Sie hat sich programmäßig abgewickelt. Terminüberschreitungen sind nicht eingetreten. Mit der nächsten Werftliegezeit muß etwa Mitte Januar 1943 gerechnet werden. Sie wäre gleichzeitig zum Einbau und zur Erprobung des feuerscheinfreien Pulverausstoßes für die Torpedorohre auszunutzen.
— zum 23.10.42: Die roten und grünen Sternsignale auf Euböa könne auch hier nicht erklärt werden. Es handelt sich vermutlich um Sternsignale, die von ital. Heerestruppenteilen auf Euböa bei Übungen benutzt wurden.
— zum 30.10.42 0640 Uhr: Die Ansteuerung von Saloniki bei Dunkelheit ist schwierig. Grundsätzlich werden Geleite nach Saloniki so gelegt, daß sie noch bei Helligkeit einlaufen. Es werden demnächst Leuchtbojen ausgelegt werden.
— zum 31.10.42: Nach schriftlicher Meldung eines Flugzeugs der Luftsicherung (Staffelkapitän) wurde vier Minuten nach erfolgter Detonation der letzten Wasserbombe des zweiten Anlaufs ein starker Wasserschwall beobachtet.
gez. Förste

Montag, 2.11.42
Piräus. 0300 Uhr. Zur Brennstoffergänzung abgelegt. Im Shellager Perama Brennstoff aufgefüllt. 0545 Uhr. Ablegen Ölpier. 0600 Uhr. Sperre Piräus auslaufend passiert.

Kurs 16 Grad. Geleitzug sammelt außerhalb der Sperre. Sicherungsstreitkräfte: Zerstörer *Hermes*, Zerstörer *Freccia*, Zerstörer *Folgore*[146], Torpedoboote *Ardito*[147], *Uragano*[148] und *Lupo*. Zu geleitende Fahrzeuge *Porto Fino*, *Gualdi*, Col di Lana.

0630 Uhr. Zerstörer *Folgore* noch immer nicht ausgelaufen. *Hermes* läuft zurück und fragt bei Signalstelle bei Hafenkommandant an, wo *Folgore* bleibt. Antwort: *Folgore* läuft aus und folgt dem Geleitzug.

Es laufen zur gleichen Zeit die deutschen Dampfer *Trapani* und *Mazedonia* von Piräus ohne Sicherungsstreitkräfte aus. Auch südlich Phleves sind keine Sicherungsfahrzeuge in Sicht. Da erst kürzlich bei Sunion ein U-Bootangriff erfolgt ist, befinden sich die Dampfer bei Weiterfahrt in akuter Gefahr. *Hermes* sollte nach dem ersten Befehl vom 1.11. die zwei Dampfer sichern. Ich nehme an, daß den Kapitänen die Änderung des Befehls nicht bekannt ist. *Freccia* die Führung des Geleits übergeben und hinter *Trapani* und *Mazedonia* hergelaufen und Befehl durch Megaphon gegeben, Piräus wieder einzulaufen. Dampfer kehren um. Meldung an Admiral Ägäis optisch über M.S.S.[149] Ägina erstattet. *Hermes* geht zurück zum Geleit.

0750 Uhr. Zerstörer *Folgore* läuft aus. Kriegswache auf Station. 0810 Uhr. Wieder am eigenen Geleit. Formation Kiellinie. T-Boote *Ardito* und *Uragano*, die beiden mit S-Gerät ausgestatteten Boote, sichern in Dwarslinie voraus. *Hermes* übernimmt wieder Führung. Luftsicherung 5 He 111 und 3 Ju 88, davon 2 Ju 88 in großer Höhe über dem Verband. 0950 Uhr. Auf Signalbefehl nimmt der Verband zur Überprüfung und Übung Nachtmarschformation ein: Geleitete Fahrzeuge in Dwarslinie, Reihenfolge von links nach rechts: *Col di Lana*, *Porto Fino*, *Gualdi*. Voraus an Stb. und Bb. *Ardito* und *Uragano* (S-Gerät). *Hermes* an Bb., dahinter *Folgore*, an Stb. *Freccia* und *Lupo*.

1000 Uhr. *Ardito* hat ein Zeichen im S-Gerät und wirft eine Schreckbombe. 1040 Uhr. Tagesmarschformation eingenommen. Die Dampfer lassen sich nur sehr schwer auf Position bringen. *Hermes* steuert Zickzackkurse mit 14 sm. Tagesmarschformation. Der Tanker *Porto Fino* mit der wertvollsten Ladung (7000 cbm Brennstoff) in der Mitte.

1100 Uhr. Marschfahrt 10 sm. Der Vormittag vergeht mit Zurechtrücken des Verbandes durch Signalanweisungen. Schließlich fahren die drei Dampfer recht gut geschlossen mit erträglichen Abständen. Auch die Sicherungsstreitkräfte bewegen sich einigermaßen lebendig in den beabsichtigten Positionen. Daraufhin wird *Col di Lana* als Richtungsschiff eingesetzt.

1200 Uhr. 37 Grad 7.5 ′ N, 23 Grad 41,5 ′ O.

1225 Uhr. Zerstörer *Freccia* bleibt zurück und versucht eine treibende Mine abzuschießen. *Lupo*, der hinter *Freccia* sichert, läuft nicht etwa bei *Freccia* vorbei, sondern hält ohne Grund seine Stellung hinter *Freccia* bei. Dadurch ist für kurze Zeit keine Sicherung an der Stb.-Seite.

1235 Uhr. *Lupo* wird durch U.K.-Spruch auf Sicherungsposition an die Stb.-Seite des Verbandes befohlen. Die Mine ist ein toter Fisch…

1415 Uhr. Funkspruch von Admiral Ägäis: »2.11. 0845 Uhr U-Boot 15 sm ostwärts Milos gepeilt.« Das sind 35 sm von unserem augenblicklichen Standort entfernt. 1600 Uhr. 36 Grad 32 ' N, 23 Grad 16 ' O. Zwangskurse der westl. Ägäis gesteuert. Marschfahrt 9 sm. 1615 Uhr. Luftsicherung geht ein. 1630 Uhr. Signal: »Nachtmarschformation«[150]. Durch U.K. werden Sicherungsfahrzeuge auf Position gebracht.

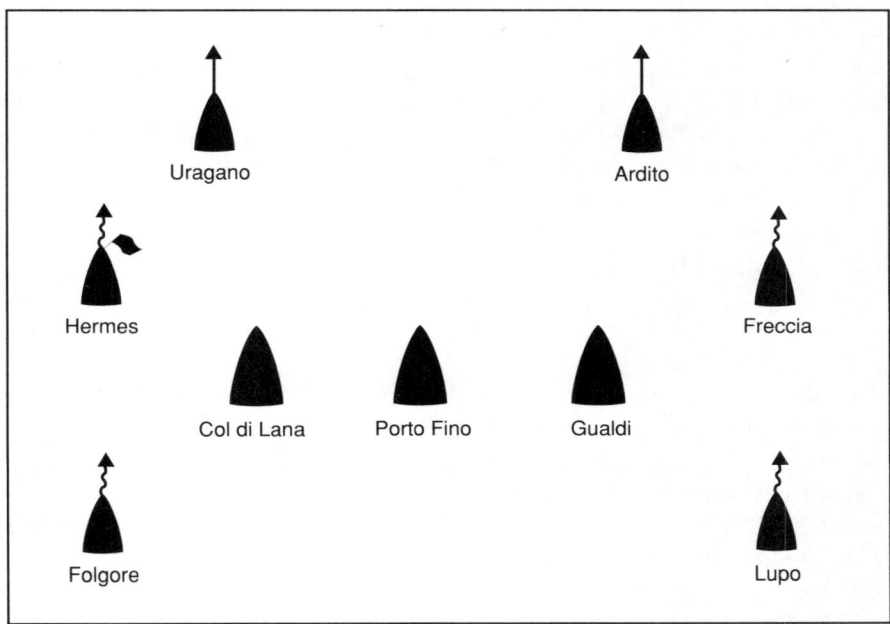

Skizze 3

1700 Uhr. *Freccia* übermittelt einen F.T. der von Supermarina an *Hermes* gerichtet ist. Spruch ist von uns nicht aufgenommen worden. »Je nach Lage können Sie das Geleit bei Nacht in zwei Teile auflösen. Supermarina.«
Bei Kommandanten mit hinreichender Initiative wäre in diesem Falle, wo Anzahl der Sicherungsstreitkräfte die Sicherung jedes Dampfers mit zwei Booten erlaubt, Auflösung in drei Einzelfahrer nebst Sicherung erwünscht.
Deutscher Funkoffizier von *Folgore* übermittelt Spruch von O.B.S.: »Engl. Aufklärer hat Geleit um 1220 Uhr an Malta und Alexandrien gemeldet.« Da seit dem Auslaufen fast wolkenloser Himmel und sehr gute Sicht geherrscht hat, ist Meldung nicht verwunderlich. Aufklärer ist vom Geleit selbst nicht gesichtet worden (es herrschte überaus reger Flugbetrieb).
1800 Uhr. T-Boot *Uragano* als Spitzenfahrzeug übernimmt die navigatorische Führung.
1900 Uhr. Cervi-Enge passiert.
1930 Uhr. *Col di Lana* bleibt zurück. Marschfahrt verringert sich auf 6 sm. Zwanzig Minuten lang ruft *Hermes Col di Lana* vergeblich an, um Grund des Zurück-

bleibens zu erfahren. Dampfer meldet sich nicht, trotzdem ital. Signalpersonal (1 Obermaat, 1 Signalgast) an Bord ist.

2000 Uhr. 36 Grad 17 ′ N, 23 Grad 35 ′ O. *Col di Lana* wieder auf Position. Marschfahrt bleibt 6 sm.

2010 Uhr. Von Admiral Ägäis geht als Antwort auf Anfrage über Position Lotsenboot vor Benghasi FT. 18110/26 ein, dessen Position leider auf Land liegt. Da ein Schlüsselfehler nicht vorliegen kann, muß der FT. falsch aufgesetzt sein. Eine Nachfrage ist nicht möglich, da unser Sender so charakteristisch in diesem Seeraum ist, daß der Engländer unser Inseesein merken müßte. So bleibe ich leider im Unklaren über die Position des Lotsenbootes.

2300 Uhr. Da der Verband seit 1900 Uhr nur 6,5 sm macht und *Col di Lana* sich auf Morsespruch nicht meldet, geht *Hermes* auf Rufweite zu *Col di Lana* und gibt Anweisung, 9,5 sm zu laufen. *Hermes* fährt die ganze Zeit mit einer Maschine gestoppt, mit einer geringste Fahrt voraus.

2320 Uhr. Marschfahrt 9,5 sm.

Dienstag, 3.11.42

0016 Uhr. Mondaufgang. Der eigentliche Grund, weshalb die Dampfer auf so geringe Fahrt gingen, ist nicht festzustellen[151].

0105 Uhr. T-Boote *Uragano* und *Ardito*, die durch das langsame Fahren des Verbandes weit voraus außer Sicht gekommen sind, stoßen wieder zum Verband.

0400 Uhr. 35 Grad 58 ′ N, 21 Grad 49 ′ O. Während der Nacht lassen sich die Dampfer nur sehr schwer auf Position halten. Optische Verbindung mit ihnen herzustellen, gelingt fast nie. Es muß auf Rufweite gegangen werden. 0540 Uhr. Signal: »Tagesmarschformation«. Luftsicherung trifft ein: 3 Ju 88, 1 Me 110, 1 He 111. 0600 Uhr. *Col di Lana* wird zum drittenmal vergeblich durch Megaphon aufgefordert, Kurse an die Dampfer zu geben.

Drei ital. Zerstörer passieren den Verband auf Gegenkurs.

0620 Uhr. Da trotz ausdrücklichen Befehls *Col di Lana* noch immer kein Kurssignal heißt, gibt *Hermes* durch U.K. und Flaggen Kursbefehl: 218 Grad. 0800 Uhr. 35 Grad 35 ′ N, 21 Grad 11 ′ O (astronomisches Besteck).

Besteckvergleich mit *Folgore* und *Col di Lana*:

    Folgore   35 Grad 39,5 ′ N, 21 Grad 12 ′ O

    Col di Lana   35 Grad 38 ′   N, 21 Grad 23 ′ O.

0810 Uhr. Anflug von mehreren Maschinen. Flugzeuge werden zunächst nicht erkannt. Anflug ist derart, daß man einen Torpedoangriff vermuten muß. Die Maschinen werden später als FW 200 (Condor) erkannt. Flugzeuge schießen ES. Flakfeuer wird nicht eröffnet. Es sind anscheinend Transportmaschinen, die nach Afrika fliegen und bald im Süden verschwinden. *Hermes* gibt an den Verband, daß die Stb.-Sicherung hätte Feuer eröffnen müssen und in Zukunft bei jedem verdächtigen Anflug, auch wenn ES geschossen wird, das Feuer zu eröffnen.

0820 Uhr. *Folgore* meldet durch U.K.: »Eigene Sicherung sichtet feindl. Flugzeug am Verband.« 0915 Uhr meldet Flugzeug der Sicherung feindl. U-Boot 30 sm südlich des eigenen Standorts mit Kurs 120 Grad.

1045 Uhr. Im Osten wird knapp über dem Horizont ein verdächtiges Flugzeug ausgemacht, dessen Verhalten auf einen feindl. Fühlungshalter schließen läßt. Sichtung wird an Sicherungsflugzeuge auf Sicherungswelle und an Supermarina Rom gegeben. 1110 Uhr. Es gelingt nicht, eigene Sicherung auf Fühlungshalter anzusetzen.

1120 Uhr. Astronomisches Besteck: 35 Grad 15 ′ N, 20 Grad 53 ′ O. 1200 Uhr. 35 Grad 5 ′N, 20 Grad 45 ′ O. 1125-Uhr-Besteck von *Folgore*: 35 Grad 17 ′ N, 21 Grad 0 ′ O. Besteckunterschied etwa 6 sm nordöstlich.

1210 Uhr. Auf Grund des um 1045 Uhr gesichteten Fühlungshalters wird folgender Winkspruch an alle gegeben: »Ab 1300 Uhr ist mit Torpedoflugzeugangriffen zu rechnen. Entsprechende Position einnehmen.«

1245 Uhr. Als Vorbereitung wird folgender Befehl durch U.K. erteilt: »An Alle: Ab 1300 Uhr nur noch geringe Zickzackbewegungen. Zunächst *Uragano* in der Sonne, später sinngemäß *Ardito*, *Freccia* etwa 60 Grad, *Lupo* etwa 100 Grad, *Folgore* etwa 280 Grad, *Hermes* etwa 300 Grad zum Gros. Entfernung zwischen 600 und 1000 m. So früh schießen als möglich, auch mit Seezielgeschützen. Auf rote und grüne Sterne von *Hermes* achten. Alle selbständig handeln. *Hermes*.«

1310 Uhr. Beide Kriegswachen auf Station. Sämtliche Waffen sind besetzt.

1320 Uhr. Stb.-Kriegswache Ruhe auf Gefechtsstation.

1510 Uhr. *Folgore* übermittelt durch U.K.: »X. Fliegerkorps gibt eine weitere Meldung an alle, daß feindl. Flugzeug um 1050 Uhr ein Geleit von drei Dampfern und fünf Geleitbooten mit Kurs Süd 7 sm Geschwindigkeit in Quadrat 23 und Qu. 0636 gemeldet hat.«

1640 Uhr. *Hermes* an Alle: »1. Ich beabsichtige, um 1730 Uhr *Freccia* und *Ardito* mit *Gualdi* zu entlassen. Nach Westen absetzen und morgen 0600 Uhr wieder beim Konvoi stehen. Weitere Befehle durch *Freccia*. 2. Aufstellung für Nacht: *Uragano* an Bb., *Lupo* an Stb. des Konvois. *Folgore* als Nebelboot in Windluv. Position *Hermes* je nach Lage. *Hermes*.«

Der Grund zur Teilung des Geleitzuges ist:

1. Das überaus schlechte Fahren des Geleits während der Nacht. Dampfer blieben nicht auf Position und verringerten teilweise die Geschwindigkeit bis auf 3 sm[151]. Während der Dunkelheit ließ sich optische Verbindung mit den Dampfern nur sehr schwer, zum Teil gar nicht herstellen. Es ist zu befürchten, daß mir die Führung entgleitet.

2. Zwei Sicherungsfahrzeuge für jeden Dampfer sind ausreichend. Mehr als zwei schränken nur die Beweglichkeit ein und stören sich gegenseitig. Ich kann mich jedoch nicht entschließen, zwei Dampfer aus der Hand zu geben auf Grund aller meiner bisherigen Erfahrungen über das doch teilweise passive Verhalten der Sicherungsfahrzeuge. Da ich drei aus genannten Gründen nicht führen kann, schicke ich *Gualdi* mit dem Kommandanten, der den energischsten Eindruck macht, fort und behalte den Tanker und *Col di Lana* bei mir. Vielleicht beißt sich

der Engländer an dem einen Teil des Geleits fest, so daß dadurch der andere Teil ohne Angriffe die Nacht durchfahren kann.

1600 Uhr. 34 Grad 44,5 ′ N, 20 Grad 25 ′ O. Neuer Kurs 200 Grad. Besteckvergleich: *Uragano* 34 Grad 43 ′ N, 20 Grad 27 ′ O, *Freccia* 34 Grad 52 ′ N, 20 Grad 18 ′ O.

1615 Uhr. Morsespruch an *Col di Lana* und *Porto Fino*: »1. Ich bitte Sie energisch, heute Nacht mit ganz dichten Abständen zu fahren. Richtungsschiff ist *Col di Lana*. 2. Heute Nacht Generalkurs 200 Grad. Rotes und grünes Blinken bedeutet Kursänderung um 30 Grad nach Bb. oder Stb. Rote und grüne Sterne wie bisher 60 Grad. *Hermes*.«

An die drei Sicherungsfahrzeuge werden durch U.K. noch ins einzelgehende Anweisungen über das Nebeln, die Abdrehrichtung und ähnliches gegeben. Im Prinzip sollen die beiden T-Boote gewissermaßen als Flakbatterien die seitlichen Positionen halten, während die beiden Zerstörer, jeder auf seiner Seite, der taktischen Lage entsprechend freies Manöver haben (Nebeln usw.).

1620 Uhr. Bodenstelle meldet auf Sicherungswelle: »Um 1240 Uhr fdl. Fühlungshalter am Geleit.« Flugzeug wurde nicht gesehen. Seit 1400 Uhr Verstärkung der eigenen Luftsicherung um 2 Me 110 und 2 Ju 88.

1640 Uhr. Sonnenuntergang. Befehl: Nachtmarschformation einnehmen. *Folgore* geht auf Nebelposition, *Uragano* an Bb. und *Lupo* an Stb.-Seite des Geleits. *Hermes* stellt sich an Bb. auf, da ich mit Angriff aus Osten (Alexandria) rechne. *Uragano* und *Lupo* als Flakbatterie, *Folgore* und *Hermes* taktische Freiheit.

1645 Uhr an *Freccia*: »Entlassen.«

1700 Uhr. *Hermes* und *Folgore* nebeln ein wenig, um Wirkung festzustellen. Nebel *Folgore* nicht sehr wirksam. Steigt zu schnell. *Hermes* Nebel liegt gut.

1710 Uhr. Luftsicherung geht ein.

1815 Uhr. Trotzdem *Hermes Porto Fino* und *Col di Lana* durch Megaphon Weisung erteilt hat, einen Abstand von 300 m einzuhalten, stehen die beiden Dampfer wieder weit auseinander, in der Regel sogar hintereinander mit 1000 m Abstand. Seit Anbruch der Dunkelheit haben beide Schiffe die Fahrt so verringert, daß *Hermes* wieder mit einer Maschine geringste Fahrt und einer gestoppt noch aufkommt. *Hermes* und *Folgore* stehen an Bb. und Stb. dicht am Heck des letzten Dampfers, um bei einem Angriff mit hoher Fahrt am Geleit vorbei zu fahren und zu nebeln. *Uragano* steht Stb. querab vom ersten Dampfer in 600–1000 m Entfernung. An Stb. *Lupo* in gleicher Position.

1915 Uhr. *Hermes* gibt Morsespruch an *Porto Fino*, um den Grund der verringerten Geschwindigkeit zu erfahren. *Porto Fino* antwortet, daß unsere Lampe zu schwach sei und der Spruch nicht verstanden würde. Die Morselampe ist stark genug. Es hat den Anschein, als wenn *Porto Fino* den Spruch nicht verstehen will.

2000 Uhr. 34 Grad 22 ′ N, 20 Grad 16 ′ O. Ich gebe *Folgore* Befehl, bei beiden Dampfern auf Rufweite zu gehen und mit allen Mitteln durchzusetzen, daß die Dampfer A.K. laufen. Bei Nichtbefolgung des Befehls wird Meldung an Supermarina erstattet. *Col di Lana* will auf *Porto Fino* gewartet haben. Beide wollen jetzt A.K. laufen[152]. 2100 Uhr. Dampfer laufen jetzt ca. 10 sm. 2250 Uhr. *Porto Fino* steht weit vor dem Geleitzug und sichert ohne jedes Verständnis. 2300 Uhr. *Uragano* erhält nunmehr Befehl. *Porto Fino* zu stoppen und auf Position zu bringen, was einigermaßen gelingt.

2310 Uhr. Flugzeuggeräusche achteraus. 2315 Uhr. Flugzeuggeräusche voraus. Beide Kriegswachen auf Station. Sämtliche Waffen sind besetzt.

Mittwoch, 4.11.42

0004 Uhr. FT. von Rom: »Sie sind um 2300 Uhr von feindl. Flugzeugen gemeldet worden.«

0008 Uhr. Tanker steht wieder weit vor dem Geleitzug. 0012 Uhr. Flugzeuggeräusche Bb. voraus. Rechtweisend 60 Grad in großer Entfernung eine Leuchtbombe. 0017 Uhr. FT. von Rom: »Es ist mit Torpedoangriffen zu rechnen.« 0019 Uhr. Flugzeuge umkreisen den Verband. 0020 Uhr. Flugzeuge über *Hermes*. *Porto Fino* ist jetzt auf Position. 0022 Uhr. Rechtweisend 160 Grad Entfernung 33,5 hm die erste Leuchtbombe. *Folgore* nebelt ohne ersichtlichen Grund. 0033 Uhr. Leuchtboje rechtw. 220 Grad. Große Entfernung. 0035 Uhr. Haupteinflugrichtung von Bb. achteraus. Flughöhe etwa 1000 bis 1500 m. 0040 Uhr. Leuchtbombe voraus und direkt über uns.

Boot nebelt. Der Verband ist, wie es scheint, taghell erleuchtet. Ich lasse beide Nebelkannen anstellen und ziehe hierdurch gleichzeitig die Bomber von den Dampfern ab, da erfahrungsgemäß das dicke Ausströmen des Nebels einen guten Haltepunkt für die Bombenzielgeräte bildet. 0047 Uhr. Die Flugzeuge sind im Glas gut zu erkennen, teilweise sogar mit dem bloßen Auge. Ich versuche den Verband aus dem Lichtkreis durch Kursänderung auf 230 Grad heraus zu führen. Die Dampfer werden durch grünes Blinken auf neuen Kurs gebracht. Dazu U.K.-Signal. 0050 Uhr. Eine Bombe Bb. voraus, etwa 100 m Abstand von *Hermes*. Es ist eine ziemlich leichte Bombe. Es sind jetzt sehr viele Leuchtbomben in der Luft, so daß ein Versuch, herauszukommen, zwecklos ist. Ich gehe daher auf günstigen Nebelkurs und gebe 0052 Uhr Kurssignal für Geleitzug: »170 Grad.« Es wird vermutet, daß im Augenblick etwa 5 Flugzeuge am Geleit sind. 0057 Uhr voraus an Bb. eine rote und an Stb. eine **grüne** Leuchtbombe. Auftreten grüner Leuchtbomben zum erstenmal beobachtet. Ist vielleicht ein Kurssignal der Aufklärer für die Kampfgruppen. Ich verbessere den Kurs für Geleitzug auf 140 Grad und werfe eine zweite Nebelboje. 0103 Uhr. Bombenwurf achteraus in den Nebel der geworfenen Boje. Weitere Bomben achteraus. Der Nebel zieht sehr langsam. 0112–0119 Uhr. Leuchtbomben in rechtw. 240 Grad und 290 Grad. Vier Leuchtbomben voraus. 0114 Uhr. Neuer Kurs 200 Grad, um durch Kursänderungen Situation für Feind zu verwirren. Die optische Verbindung zu *Col di Lana* ist plötzlich, trotz des Nebels, sehr gut. Kursanweisungen werden sofort verstanden und auch ausgeführt. *Porto Fino* antwortet auf keinen Anruf und dreht ohne Befehl selbständig nach Westen ab.

0120 Uhr. Um an *Porto Fino* näher heranzukommen: Neuer Kurs 230 Grad. 0123 Uhr. Bombenreihenwurf achteraus. Weitere Bomben werden in die von *Hermes* geworfene Nebelwand geworfen. 0125 Uhr. Tiefflieger im Anflug auf *Col di Lana*, der hinter *Hermes* steht. Flugzeug fliegt sehr tief und hat zeitweise Licht gesetzt. Wirft eine Bombe in die Nebelwand hinter *Hermes*. 0126 Uhr. Mondaufgang. Sehr schwache Sichel. Zunächst keine Leuchtkraft. Wir werden laufend überflogen. Flugzeuge sind im Glas gut zu sehen, in den Visieren der 3,7-cm-Flak nur sehr schwer bzw. überhaupt nicht. 0129 Uhr. *Porto Fino* setzt sich immer mehr nach Westen ab. Schießt mit der Flak. 0131 Uhr. *Porto Fino* wird mit Leuchtbomben eingedeckt (10 Stück). Sechs Leuchtbomben in 900 m Entfernung. Anscheinend in der Nähe von *Gualdi* und *Freccia*.

0140 Uhr an *Folgore*: »Kurse dem Tanker übermitteln und Führung Tanker übernehmen.« *Porto Fino* läßt sich durch Morsesprüche nicht auf Kurs bringen. Dreht weiter nach Westen ab und löst dadurch die eindeutig befohlene Formation auf. Bei ihm stehen jetzt *Folgore* und *Lupo*. *Bei Col di Lana*, *Hermes* und *Ardito*. Achteraus Leuchtbomben und Bombenwurf. *Hermes* nebelt nur zeitweise und legt dadurch vereinzelte Nebelschleier. Die Bomben werden zum großen Teil in diese Nebelschleier ziellos geworfen.

0200 Uhr. Bombenreihenwurf schweren Kalibers neben dem Tanker. Im ganzen besteht der Eindruck, daß der Tanker ziemlich ungedeckt fährt und den Schwerpunkt des Angriffs bildet. Die Sicherungsboote des Tankers, Zerstörer *Folgore* und T-Boot *Lupo*, sind ab und zu vor und hinter dem Tanker zu sehen. Es ist aber weder Nebelverwendung noch Einsatz ihrer Flak zu beobachten. Da *Col di Lana* gut eingenebelt ist und bei dem günstigen Wind dies auch noch eine zeitlang bleiben wird, fasse ich den Entschluß, mich von der Sicherung des Tankers persönlich zu überzeugen.

0210 Uhr. Ich laufe hin und nebele zunächst die Bb.-(Ost)Seite ein. 0220 Uhr. Flugzeuge sind anscheinend abgelöst worden. Flugzeuge in mittlerer Höhe werden nur noch selten gehört und gesehen. Dafür fliegen sehr hoch über dem Gebiet offenbar große Maschinen. Sie werden nicht gesehen.

0230 Uhr. Der Mond ist aufgegangen und beginnt jetzt eine Mondbahn zu erzeugen. Ich stoße mit 21 sm nunmehr auf die Stb.-Seite (Westseite, Mondlee), überlege einen Augenblick, ob ich den Umweg um das Heck des Tankers machen soll, entschließe mich dann aber, hart vor dem Bug auf die andere Seite durchzubrechen. Unmittelbar nach dem Durchbruch beschieße ich ein in mittlerer Höhe fliegendes Flugzeug. Während des Beschusses wird unmittelbar vor dem Zerstörer in etwa 350 Grad das Ins-Wasser-Fallen eines Torpedos beobachtet. Zerstörer dreht hart auf die Seite zu und geht auf A.K. Das angreifende Flugzeug dreht dicht vor *Hermes*, fast über der Back, nach Stb. ab. Flak erkennt den Tiefangriff durch die Ablenkung des anderen Flugzeugs zu spät, so daß der Tiefflieger erst im Abflug Feuer erhält. 2-cm- und 3,7-cm-Treffer beobachtet. Das Heck des Bootes kommt frei vom Torpedo, dessen Blasenbahn im toten Winkel der Brückenbordwand passiert und dessen Blasenkopf etwa in Höhe des vorderen Rohrsatzes beobachtet wird. Der Torpedo läuft auf den Tanker zu und passiert nur wenige Meter hinter dem Heck. Der

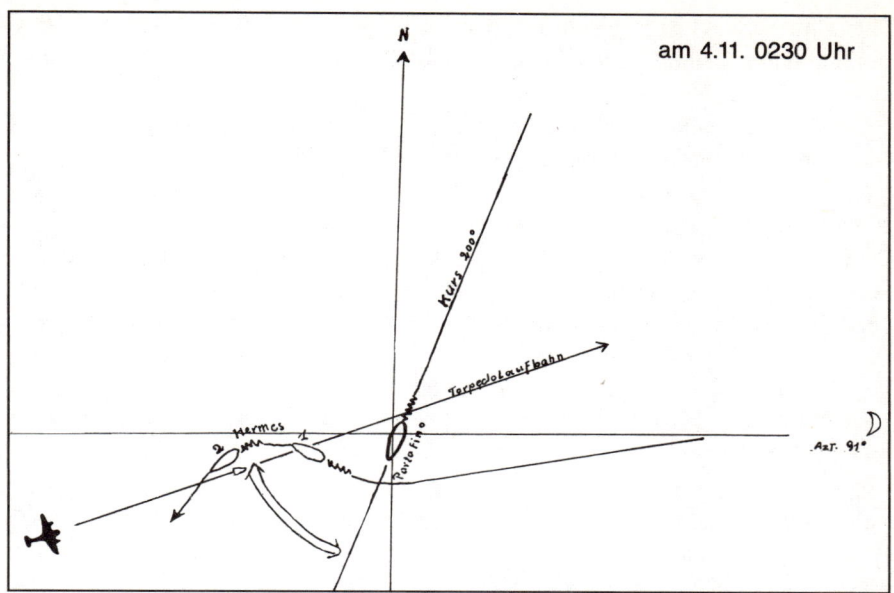

Skizze 4

Angriff wurde großartig in der Mondbahn geflogen, der Torpedo ungefähr in 300 m Entfernung vom Tanker geworfen. Das Torpedoflugzeug wurde ohne Zweifel durch das plötzliche Auftauchen des Zerstörers in seiner Angriffsrichtung am Zielen und Abwurf behindert. Damit ist der Tanker durch einen glücklichen Umstand seiner sonst wohl wahrscheinlichen Vernichtung entgangen. Helle Nacht und breite, glitzernde Mondbahn. Sehr sichtig. 0240 Uhr. Ich bleibe nunmehr beim Tanker und schicke *Folgore* zu *Col di Lana*, um diesen in der Mondbahn zu sichern. In der hellen, breiten Mondbahn ist der Tanker als scharf umrissene Silhouette ideal deutlich auszumachen. Der Flieger hatte zweifellos einen hervorragenden Angriff geflogen, taktisch aus dem dunklen Horizont auf den klar in der Mondbahn erkennbaren Tanker richtig angesetzt, schneidig und kaltblütig bis auf die sichere Entfernung von 300–400 m herangetragen, unterstützt durch ein zweites Flugzeug, das genau im Augenblick des Torpedoangriffes das Flakfeuer und die Aufmerksamkeit auf sich zog. Der Angriff wurde so weit ausholend angesetzt, daß *Lupo* vor dem Tanker und *Folgore* hinter dem Tanker den Angriff weder sahen noch hörten. Auch die in großer Höhe vernehmbaren, wohl dreimotorigen Flugzeuge haben mittelbar durch ihr Motorengeräusch den Angriff verschleiert. Eine eingehende Schulung und ein Vertrautsein mit den Verhältnissen auf See sind zweifellos die Voraussetzungen für die Durchführung dieses Anflugs gewesen. *Col di Lana* steht Bb. querab vom Tanker. Etwa 1200 m Abstand.
0255 Uhr. Vereinzelte Leuchtbomben in rechtw. 300 Grad.
0313 Uhr. Es werden nur noch einige Flugzeuge in größerer Höhe gehört. Umkreisen das Geleit (Fühlungshalter?)

0315 Uhr. Verband ist wieder vollständig auf Position. *Col di Lana* und *Porto Fino* in Dwarslinie, *Hermes* an Stb. in der Mondbahn, *Folgore* an Bb., *Lupo* in Nebelposition an Stb. achteraus.

0322 Uhr. FT. von Rom: »Geben Sie ihren 0500-Uhr-Standort für die Luftsicherung.«

0325 Uhr. Fühlungshalter ist noch am Geleit. FT. an Rom: »Seit 0015 Uhr schwere Bomben- und Torpedoangriffe. Position 0500 Uhr 33 Grad 4′ N, 19 Grad 39′ O.«

0355 Uhr. Marschgeschwindigkeit 9 sm.

0400 Uhr. 33 Grad 10,5′ N, 19 Grad 41′ O. Bb.-Kriegswache: Ruhe auf Gefechtsstationen. 0505 Uhr. Dämmerung beginnt. *Hermes* geht mit *Folgore* an Stb.-Seite (dunkler Horizont) des Verbandes zur Sicherung gegen Torpedoflugzeuge.

0515 Uhr. Beide Kriegswachen auf Station. Sämtliche Waffen sind klar zum sofortigen Einsatz. Von der Gruppe *Gualdi* ist nichts zu sehen.

0520 Uhr. Nordstern, Arcturus, Aldebaran, Capella, Mond: 32 Grad 54′ N, 19 Grad 32′ O.

0528 Uhr. Luftsicherung am Verband. Flugzeug kommt vom Norden. Es ist kaum hell. Nach und nach treffen weitere Flugzeuge ein: 5 Ju 88, 2 Me 110, 2 Cant Z 1007.

0531 Uhr. T-Boot *Ardito* meldet durch U.K. (Geleit *Gualdi* mit *Freccia*): »0525 Uhr-Besteck von *Folgore* 32 Grad 59′ N, 19 Grad 32′ O mit eigenem Besteck 4 sm Unterschied.«

0545 Uhr. Bb.-Kriegswache Ruhe.

0600 Uhr. Durch U.K. von *Ardito*: »Standort zweite Gruppe 33 Grad 3′ N, 19 Grad 30′ O, 11,5 sm hinter *Hermes*.«

0602 Uhr. Sonnenaufgang. Da ich die Trennung der Gruppen an Rom wegen Wahrung der Funkstille nicht gemeldet habe und diese Gruppe entgegen der Absicht bis Tagesanbruch nicht herangeschlossen hat, habe ich Sorge um ihre Luftsicherung.

0630 Uhr. FT. auf Sicherungswelle an Luftsicherung: »2. Gruppe Geleitzug steht nördlich. Bitte enge Sicherung übernehmen.« T-Boot *Ardito* meldet das Eintreffen einer deutschen Maschine.

0645 Uhr. Sprechverbindung mit Luftsicherung wurde durch deutschen Funktrupp auf *Folgore* mit Erfolg aufgenommen und Anweisung erteilt, bei nördlich stehender Gruppe Luftsicherung zu übernehmen. Grund für das Zurückstehen des Geleits vermute ich darin, daß *Freccia* uns mit 8 sm gekoppelt hat, während die Dampfer in Bedrückung der Fliegerangriffe etwa 10 sm gelaufen sind.

FT. von Rom: »Auf die erste Aufklärungsmeldung von 2330 Uhr hin hat Malta Operationsbefehl an U-Boote gegeben. Supermarina.« Also scharfen U-Bootausguck.

0650 Uhr. Zweite Gruppe Geleit kommt achteraus in Sicht. Signal: »Tagmarschformation.« Dampfer in Dwarslinie, an beiden Seiten Torpedoboote, *Hermes* voraus vor dem Verband als Spitzenschiff der mittleren Kolonne.

0700 Uhr. Lotsenboot kommt in Sicht. Unser Besteck ist ganz genau. 0800 Uhr. 32 Grad 35′ N, 19 Grad 43,5′ O. Benghasi kommt voraus in Sicht. Große Steinpaläste geben ihm ein durch Luftangriffe kaum zerstörtes Aussehen. Im Gegensatz zu Tobruk ist die Stadt von grünen Anlagen umgeben.

0840 Uhr. Zweite Gruppe des Geleits kommt schnell auf. Abstand 10 sm.

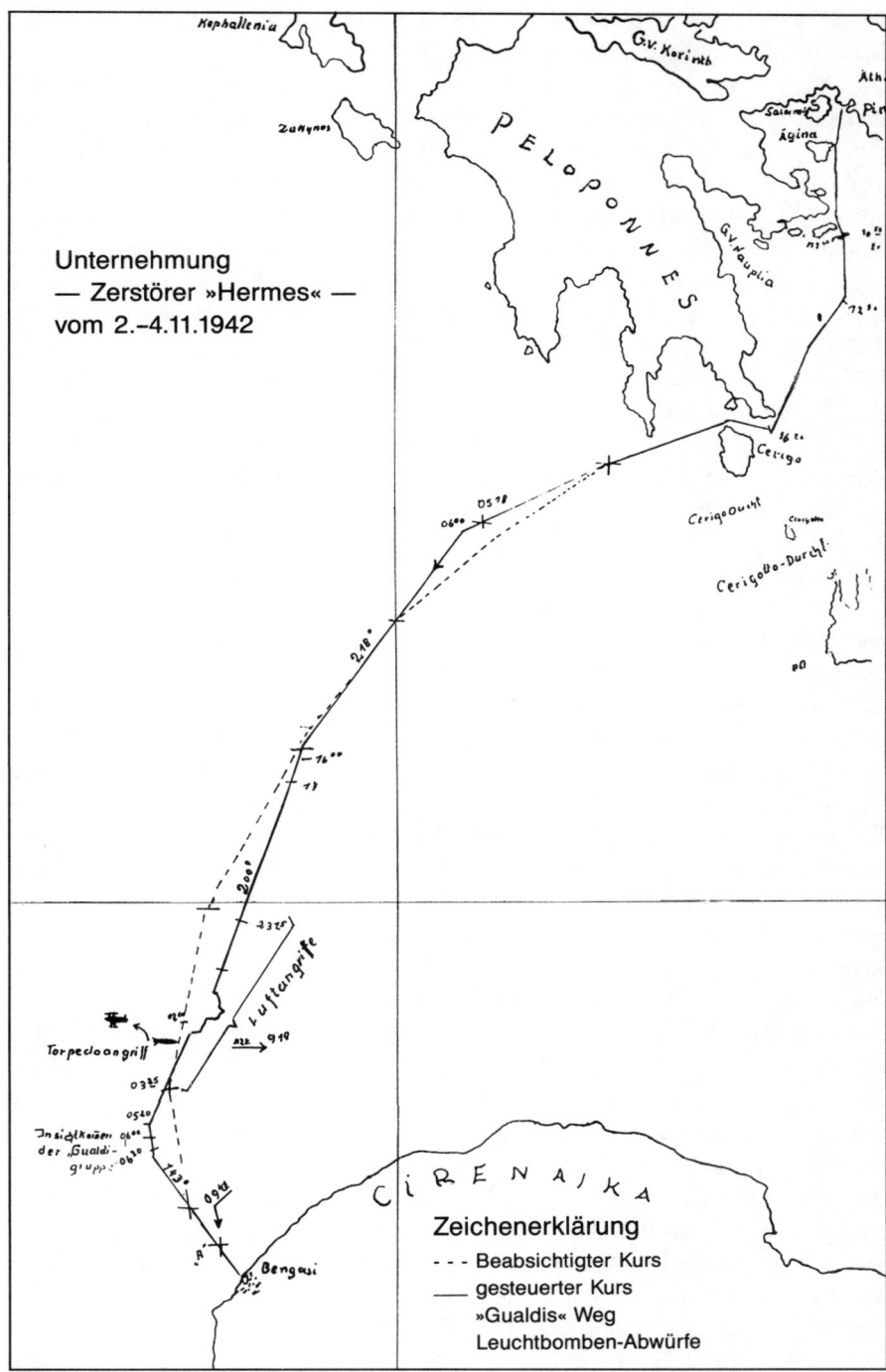

Unternehmung
— Zerstörer »Hermes« —
vom 2.–4.11.1942

Zeichenerklärung

- - - Beabsichtigter Kurs
____ gesteuerter Kurs
»Gualdis« Weg
Leuchtbomben-Abwürfe

Skizze 5

0945 Uhr. Punkt A erreicht. Lotsenboot übernimmt navigatorische Führung. Marschfahrt 4 sm wegen Grundminengefahr.

1045 Uhr. *Freccia* mit *Ardito* und *Gualdi* vereinigen sich mit uns und laufen nun gemeinsam ein nach Benghasi. Kommandant *Freccia* macht U.K.-Spruch: »Viele Glückwünsche für Ihren wunderbaren Erfolg.«

1125 Uhr. Nach dem Erreichen der Reede von Benghasi wird das Flaggensignal »Freies Manöver« gesetzt und durch Funkspruch die Durchführung der Aufgabe an Admiral Ägäis gemeldet. Meldung an Supermarina geschieht durch ital. Kommando in Benghasi. Skizze 5 zeigt den Geleitweg.

Durch den Geleitzug wurde folgende Ladung von Piräus nach Benghasi gebracht:

1. *Col di Lana* für Heer: 701 t Munition, 1560 t Verpflegung, 17 L.K.W.'s, 4 P.K.W's (45 t), für Luftwaffe 608 t Munition, 12 L.K.W.'s. Für ital. Heer: 2282 t Verpflegung, 133 t Munition, 468 t Bekleidung und Brennholz.

2. *Gualdi* für Panzerarmee Afrika: 56,66 t Wehrmachtgut, 8 t Verpflegung, 20 t Baumaterial, 800 t Otto-Betriebsstoff, 400 t Sonderkraftstoff »T«. Für Luftwaffe: 16 Fahrzeuge (48 t), Betriebsstoff 0,8 t.

3. Tankdampfer *Porto Fino* mit ca. 6500 t Benzin von Italien.

Insgesamt 13.665 t.

1140 Uhr. Lotsenboot bringt neuen Befehl an *Hermes*: »Sofort mit den gleichen Sicherungskräften Dampfer *Monginevro*[153] nach Brindisi geleiten. *Hermes* geht auf Gegenkurs.

1200 Uhr. *Monginevro* hat bereits Auslaufkurs. *Hermes* setzt sich vor. 1205 Uhr. Plötzlich schlagen Bomben schwersten Kalibers in die Mole von Benghasi. In dem wolkenlosen blauen Himmel sind 15–20 schwere viermotorige Bomber schwer auszumachen. Sie greifen offensichtlich die eingelaufenen Dampfer an und sind mit erstaunlicher Pünktlichkeit zur Stelle. *Col di Lana* hat bereits an der Mole festgemacht, *Porto Fino* liegt in der Einfahrt und *Gualdi* wartet vor der Einfahrt. Schwere Bombeneinschläge in der Stadt. Die drei Dampfer werden nach Beobachtung vom Zerstörer nicht getroffen. *Hermes*, mit hoher Fahrt auf Auslaufkurs mit Dampfer *Monginevro* in Kiellinie, beteiligt sich an der Abwehr. Drei Maschinen überfliegen *Hermes* in 4000 m Höhe. Zwei Einschläge schwerer Bomben an Stb. in 300 m Entfernung.

1240 Uhr. Der Angriff auf Benghasi wird fortgesetzt. 1250 Uhr. Fliegeralarm. Sieben viermotorige Bomber überfliegen *Hermes* und *Monginevro* in 4000 m Höhe. *Hermes* eröffnet Feuer. Bomben werden nicht geworfen. Die Sicherungsflugzeuge (Ju 88, ital. Zerstörer und 2 Jäger) greifen die feindl. Flugzeuge nicht an. *Freccia*, *Folgore*, *Uragano*, *Lupo*, *Ardito* folgen *Hermes*. 1400 Uhr. Verband geht auf 14 sm und nimmt Marschformation auf.

In dem übermittelten Befehl vom ital. Marinekommando Benghasi ist Kommandant *Freccia* als Geleitführer bestimmt, der jedoch dies als Irrtum aufnimmt und die Führung *Hermes* als »selbstverständlich« bezeichnet.

1600 Uhr. 32 Grad 45 ′ N, 1 Grad 37,2 ′ O. 1700 Uhr. FT. von Supermarina: »*Freccia*, *Folgore*, *Uragano*, *Ardito* führen Geleit *Monginevro* durch. *Hermes* und *Lupo* gehen sofort nach Piräus.«

1710 Uhr. Luftsicherung geht ein.

1745 Uhr. *Hermes* übergibt Führung Geleit an *Freccia* und verabschiedet sich durch U.K.-Spruch, der freundlich vom ältesten Kommandanten erwidert wird. Neuer Kurs 42 Grad. *Hermes* und *Lupo* verlassen Geleit und nehmen Kurs auf die Cerigotto-Enge. Marschfahrt 17 sm. Nachtmarsch in Dwarslinie. Nichts besonderes.

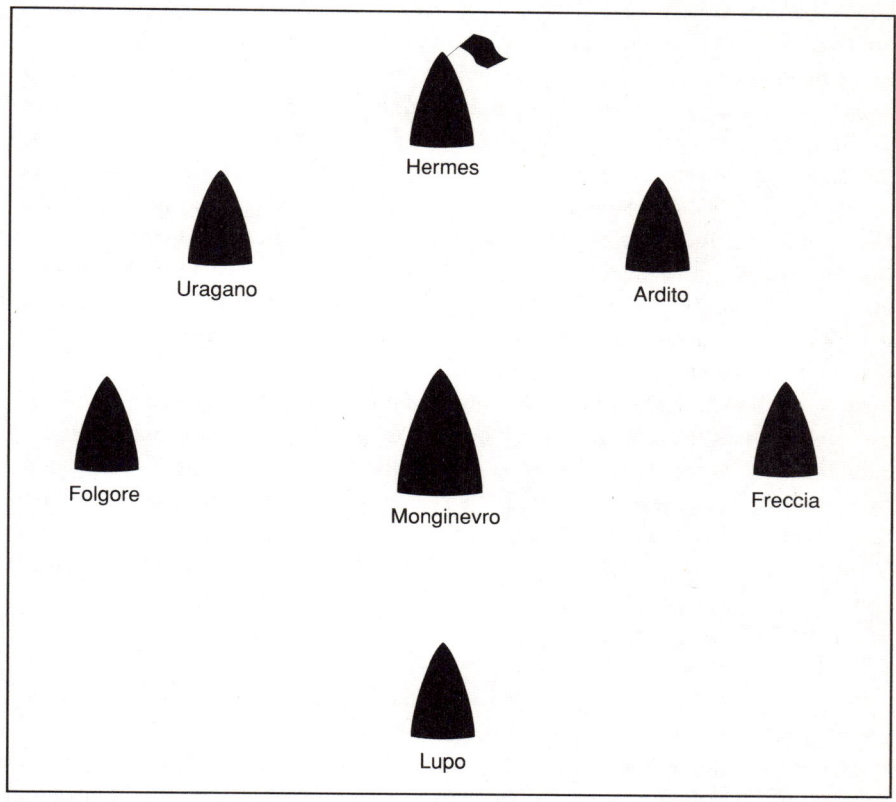

Skizze 6

Donnerstag, 5.11.42

0400 Uhr. Südwestl. Kreta. 35 Grad 13 ' N, 22 Grad 04 ' O. Nachdem die geographische Lage eine Durchbrechung der Funkstille erlaubt, wird folgender Funkspruch an Supermarina Rom und auf Ägäis-Kurzwelle an Admiral Ägäis und an Deutsches Mar. Kommando Italien abgegeben: »Kurzbericht Geleit *Porto Fino*: 1045 Uhr durch Aufklärer erfaßt. Tags nichts besonderes. Nachts Auflösung in 2 Gruppen. Gruppe *Porto Fino, Col di Lana* 2330 Uhr gefunden. 0015–0330 Uhr angegriffen in mehreren Wellen. Vorzüglicher kombinierter Torpedoangriff auf Tanker *Porto Fino*. Knapp abgewehrt. Bewährt hat Werfen von Nebelbojen, an denen sich Bomber festbissen. Neu: Verwendung von grünen Leuchtbomben, wahrscheinlich zur Kursbezeichnung. *Hermes*.«

0800 Uhr. 36 Grad 02 ' N, 22 Grad 59 ' O. 0825 Uhr. Cerigo-Durchfahrt passiert. 1200 Uhr. 37 Grad 2,5 ' N, 23 Grad 41 ' O. 1436 Uhr. Tonne Cap Turlos passiert. 1505 Uhr. Netzsperre Piräus einlaufend passiert. 1520 Uhr machen fest Shellager Perama zur Brennstoffergänzung. 1710 Uhr legen ab Shellager. 1850 Uhr machen fest Piräus Gepäckhallenpier längsseits Minenschiff *Bulgaria*.

Aufgabe durchgeführt.

Die Aufgabe wurde charakterisiert durch ihre Bedeutung für die in Ägypten andauernde Abwehrschlacht unserer Panzerarmee, besonders im Hinblick auf den kürzlich eingetretenen Verlust an Nachschub[154]. Sie wurde erschwert, weil keine ausreichende Zeit für die taktische Vorbereitung und eine mündliche Unterrichtung der mir fremden 5 Kriegsschiffkommandanten und 3 Dampferkapitäne vorhanden war. Die Führung wurde ermöglicht durch das gerade im Oktober auf *Hermes* eingebaute ital. U.K.-Gerät. Sein Funktionieren trägt ein Hauptteil an dem Gelingen. Hervorzuheben ist das gute Arbeiten des ital. Verb. Offiziers, Leutnant Carlos Boehm. Die Kommandanten haben ihr möglichstes getan. Die Dampferkapitäne, besonders der von *Porto Fino*, haben zur Erleichterung der Aufgabe nicht beigetragen. Wegen Trennung des Verbandes in See konnten die Erlebnisse und Beobachtungen der Kommandanten nicht in Erfahrung gebracht werden.

Vom Deutschen Marine-Kommando Italien geht folgendes Fernschreiben bei Admiral Ägäis ein: »Erfolgreiche Überführung *Porto Fino*-Geleitzugs unter Führung Kommandant *Hermes* besonders in augenblicklicher Lage ausgezeichnete Leistung, die vor allem auch bei ital. Marine besondere Anerkennung findet und für die ital. Geleitstreitkräfte für künftige Aufgaben beispielgebende Wirkung hat. Ich bitte Vorstehendes an Kommandant *Hermes* zu übermitteln und verbinde von Seiten des Deutschen Marine-Kommandos Italien Dank und Glückwünsche für die weitere erfolgreiche Tätigkeit Zerstörer im Mittelmeerraum.«

Freitag, 6.11.42

Piräus, Gepäckhallenpier. 1100 Uhr. Vortrag über Durchführung Aufgabe bei Admiral Ägäis. Konteradmiral Catalano, Marisudest, überreicht im Anschluß daran dem Kommandanten eine etwa 40 cm große *Hermes*-Statue in Bronze in Anerkennung der bisherigen erfolgreichen Tätigkeit und zugleich als Beweis des Vertrauens und des Dankes der Kommandanten der ital. Zerstörer und Torpedoboote, die bisher von *Hermes* geführt wurden. Die Überreichung der in Italien beschafften Statue geschieht mit Einverständnis des Oberbefehlshabers der italienischen Kriegsmarine, Admiral Riccardi.

Geleitzugbefehl geht ein: *Hermes* mit Zerstörer *Sella* und ital. U-Jäger *Markomene*[155] geleiten Tanker *Cerero* und *Stige* nach Syros. Dort macht *Hermes* kehrt und läuft nach Piräus zurück, während *Sella* die Tanker nach Leros weiter geleitet. Geleitführer bis Punkt 204 »Syros« Kommandant *Hermes*.

1800 Uhr. Kommandantensitzung auf *Hermes*. Allgemeine Unterrichtung der Kommandanten.

Sonnabend, 7.11.42

0600 Uhr seeklar. Ablegen von Gepäckhallenpier. 0615 Uhr. Piräus Netzsperre auslaufend passiert. 0620 Uhr. Geleit gesammelt. Zur gleichen Zeit läuft ein zweites Geleit mit vier Dampfern und zwei ital. T-Booten, U-Jäger *2102* und H.K.S. *Bulgaria* nach Cavaliani aus.

0700 Uhr. Luftsicherung trifft ein. Zwei Arado 196. *Hermes* steht mit Geleit an Bb.-Seite des anderen Geleits. Um bei der späteren Trennung der Wege bei Punkt … eine Kollisionsgefahr bzw. durch Warten einen Zeitverlust zu vermeiden, stößt *Hermes* mit Geleit bei Phleves durch den zweiten Verband durch und setzt sich an Stb.-Seite. Marschfahrt 7 sm. 0715 Uhr. Kriegswache auf Station. 0740 Uhr. Phleves-Enge passiert. 0800 Uhr. 37 Grad 44,4 ′ N, 23 Grad 49 ′ O. *Cerere* und *Stige* fahren in Dwarslinie. *Hermes* vor dem Verband, an Stb. Zerstörer *Sella*.

0935 Uhr. Punkt 135. *Hermes* sichert mit 12 sm in Schlangenlinie vor und an Bb.-Seite des Verbandes. *Sella* sichert an Stb.-Seite. 0930 Uhr. Cap Sunion passiert. 1010 Uhr. U-Jäger *Markomene* kommt voraus in Sicht und bleibt in 5–6 sm Entfernung vor dem Verband. 1200 Uhr. 37 Grad 25,8 ′ N, 24 Grad 13,8 ′ O. Die beiden Tanker fahren vorzüglich im Verband. Zwischenraum und Fahrt werden genau eingehalten. Am Vormittag keine besonderen Vorkommnisse.

1515 Uhr. Ein ital. Schnellboot stößt zum Verband. 1600 Uhr. 37 Grad 17 ′ N, 24 Grad 34 ′ O.

1705 Uhr. *Hermes* übergibt Geleitführung an *Sella* und geht auf Gegenkurs. Marsch nach Piräus mit 17 sm. 1730 Uhr. Beginn der Brennstoffmeßfahrt mit einem Kessel und 17 sm. 2000 Uhr. 37 Grad, 37 ′ N, 24 Grad 06 ′ O. 2015 Uhr. Phleves. Kriegswache geht ein. 2100 Uhr. Brennstoffmeßfahrt beendet. Ergebnisse zeigen wieder ein günstigeres Ergebnis als die vom E.K.K. mitgeteilten Werte. Auswertung folgt. 2154 Uhr. Netzsperre Piräus einlaufend passiert. 2233 Uhr. Salamis fest.

Sonntag, 8.11.42

Salamis. Landung der Amerikaner und Engländer in Nordafrika, Ruhe.

Montag, 9.11.42

Salamis. Algier in amerikanischer Hand. Ausbildungsdienst.

Dienstag, 10.11.42

Salamis. Ausbildungsdienst. Oran in amerikanischer Hand. In Tunis bisher noch Ruhe. Deutsche Truppen marschieren in das unbesetzte französische Gebiet ein zur Besetzung der franz. Mittelmeerküste, desgleichen Landung auf Korsika.

Mittwoch, 11.11.42

Eingang des Befehls, einen Truppentransport von 1200 Mann (800 Deutsche und 400 Italiener) nach Iraklion zu überführen im Zuge der Verstärkung Kretas. Auslaufen 12.11. 1000 Uhr. Dampfer: *Citta di Alessandria*, *Citta di Savona*, *Re Alessandro*, Leerdampfer: *Ardena*. Sicherung: Zerstörer *Hermes* (Geleitführer), Torpedoboot

Monzambano, U-Jäger *2102*. Weg auf Zwangskursen durch die Cycladen nach Kreta, über Sunion, zwischen Serphos und Bifnos, Ios und Sikinos. Einlaufen Iraklion 13.11. 1000 Uhr beabsichtigt. Marschfahrt 8,5 sm. Nach Entladen der Dampfer soll um 1800 Uhr Rückmarsch nach Piräus erfolgen.

Donnerstag, 12.11.42
0930 Uhr. Salamis abgelegt. 1000 Uhr. Netzsperre passiert. Dampfer gruppieren sich in Kiellinie, an Stb. die Sicherungsfahrzeuge. Im Zusammenhang mit den Ereignissen in Nordafrika ist nach wie vor rege U-Boottätigkeit in der Ägäis festgestellt. In der Nähe unseres Weges sind gemeldet: »12.11. 0600 Uhr ein U-Boot 17 sm nordöstlich Iraklion, 10.11. 4 sm nordwestlich Paros, 11.11. 5 sm nördl. Serphos. Die Dampfer werden durch Winkspruch auf besonders gutes, geschlossenes Fahren angesichts der erhöhten U-Bootgefahr hingewiesen. Bei Phleves sind treibende Minen gemeldet. Wohl beim letzten Sturm aus der Sperre losgerissen.
1200 Uhr. Sunion. 37 Grad 45 ′ N, 23 Grad 47,7 ′ O. Phleves passiert. Verband in Dwarslinie von links nach rechts: *Citta di Alexandria*, *Citta di Savona*, *Re Alessandro,* Richtungsschiff *Citta di Alexandria*. Dahinter *Ardena*, mit seinem Fahrtüberschuß von 3 sm Zickzackkurse steuernd. Vorn *2102* mit S-Gerät, an Stb. *Monzambano* Zickzackkurse (ohne S-Gerät), *Hermes* zunächst auch noch Stb. vorn. S-Gerät-Sektoren mit *2102* vereinbart. Kriegswache aufgezogen. Drei Arados treffen ein.
Das Mitnehmen eines Leerdampfers hat den Nachteil, daß der Verband künstlich vergrößert wird und daher weniger gut geschützt wird. Im Fall einer Torpedierung die Schiffbrüchigen zu übernehmen, läßt sich bei drei Sicherungsfahrzeugen auch ohne besondere Schiffe durchführen.
1400 Uhr. Cycladen. Bei Macronisi auf Südkurs auf die Bb.-Seite des Verbandes gegangen und mit 14 sm Zickzackkurse gesteuert. Witterungsverhältnisse durch leicht bewegte See für U-Boote günstiger geworden.
1600 Uhr. 37 Grad 25 ′ N, 24 Grad 13 ′ O. 1700 Uhr. Dampfer fahren sehr gut geschlossen. Luftsicherung geht ein. Nach Einbruch der Dunkelheit im allgemeinen gerader Kurs der Sicherungsstreitkräfte. An Stb. *2102*, *Monzambano*, an Bb. *Hermes*. Von Zeit zu Zeit kurze Vorstöße von *Hermes* und *Monzambano* befohlen, um etwaige U-Boote, die Fühlung haben, abzuschütteln. Nachdem 1/4 des Mondes eine Bahn wirft, sichert *Hermes* hauptsächlich in dieser Bahn. 2000 Uhr. Mondlose dunkle Nacht. 37 Grad 4,1 ′ N, 24 Grad 33,2 ′ O. Reisemarsch. Nichts besonderes. 2400 Uhr. 36 Grad 14,8 ′ N, 25 Grad 11,3 ′ O.

Freitag, 13.11.42
Nördl. Kreta. 0400 Uhr. 36 Grad 04 ′ N, 25 Grad 05 ′ O. 0520 Uhr. Luftsicherung (2 Ju 88, 1 Arado) erscheint sehr frühzeitig. Die Sterne stehen noch am Himmel. *Hermes* und *Monzambano* nehmen wieder ihre Zickzackkurse auf.
0800 Uhr. 35 Grad 34,8 ′ N, 25 Grad 11 ′ O. In dem besonders u-bootgefährdeten Gebiet vor der Einfahrt von Iraklion mit dem Verband Zickzackkurse gesteuert.

1000 Uhr. In Kiellinie in Iraklion eingelaufen, nach den Dampfern die Sicherungsboote. 1030 Uhr. Iraklion geankert.

Aufgabe durchgeführt.

Wegen der erhöhten Luftgefahr bleibt der Zerstörer in sofortiger Bereitschaft, kurzstag vor Anker, um im Fall von Luftangriffen den engen Hafen sofort zu verlassen. Das für 1800 Uhr angesetzte Auslaufen verschiebt sich mehrere Male, da die Dampfer mit dem Entladen nicht rechtzeitig fertigwerden. Schließlich wird um 2100 Uhr ausgelaufen. Luftsicherung wird vom Hafenkommandant umbestellt.

Bedeckt, dunkel. Zunächst in Kiellinie, nach Passieren des Warngebiets in Dwarslinie marschiert. Formation wie auf dem Hinmarsch. Reisemarsch mit 8,5 sm. Kurs auf Antimilos. Nichts besonders. 2400 Uhr. 36 Grad 43 ′ N, 24 Grad 59 ′ O.

Sonnabend, 14.11.42

0400 Uhr. 36 Grad 12,5 ′ N, 24 Grad 38 ′ O. 0600 Uhr. Sonnenaufgang. 0610 Uhr erscheint Luftsicherung (1 Ju 88). Reisemarsch ohne besondere Vorkommnisse. Zwangskurse westl. Antimilos nach Macronisi gesteuert. 0710 Uhr. Zwei Arados beim Verband. Optische Verbindung hergestellt. 0800 Uhr. 36 Grad 37,5 ′ N, 24 Grad 15 ′ O. 1200 Uhr. 37 Grad 09 ′ N, 24 Grad 9,5 ′ O. 1600 Uhr. 37 Grad 37,6 ′ N, 24 Grad 1,5 ′ O. Reisemarsch ohne besondere Vorkommnisse. Westl. Cycladen.

1800 Uhr. Phleves passiert. Verband aufgelöst. 1900 Uhr. Netzsperre Piräus passiert.

Aufgabe durchgeführt.

1940 Uhr. Salamis fest. Tobruk von den Engländern besetzt.

Sonntag, 15.11.42

Salamis. Eingang des Befehls, am 16.11. Tanker *Celeno* und Dampfer *Alba Julia*[156] nach den Dardanellen zu führen. Dazu U-Jäger *2101*[157] und *2102*. Geleitführer Kommandant *Hermes*.

Die ersten 120 Zerstörerkriegsabzeichen werden an die Besatzung durch den Kommandanten überreicht. 1500 Uhr. Kommandantensitzung auf *Hermes*.

Stellungnahme des Admiral Ägäis zum K.T.B. vom 1.11. bis 15.11.42:

— zum 2.11.42: Die Dampfer *Trapani* und *Mazedonia* waren ausgelaufen, weil der Befehl zur Aufhebung des Geleits bei der Seetransporthauptstelle den Dampfern versehentlich nicht übermittelt wurde.

— zum 2.11.42 2010 Uhr: Der Funkspruch ist bei Admiral Ägäis richtig ausgegangen. Es ist ein Schlüsselfehler beim M.N.O.[158] Athen unterlaufen.

— zum 3.11.42: Supermarina ist über das schlechte Fahren der Dampfer durch einen Bericht des Zerstörers *Hermes* unterrichtet worden. Gleichzeitig ist Supermarina, ebenso wie dem Dt. Marinekommando Italien, ein Erfahrungsbericht des Kommandanten *Hermes* über Durchführung von Geleiten übermittelt worden. Die erfolgreiche Überführung des Geleites *Porto Fino* nach Benghasi ist eine ausgezeichnete Leistung, nachdem fast alle vorhergehenden durch Italiener durchgeführten Geleite nur mit Verlusten ihre Zielhäfen erreicht haben. Die Leistung hat auch besondere Anerkennung in einem Fernschreiben des Befehlshabers Dt.Mar.Kdo. Italien gefunden. Leider ist kurze Zeit darauf der wertvolle Dampfer *Porto Fino* einem Bombenangriff zum Opfer gefallen, wobei von den mitgeführten 5000 tons Brennstoff 3000 ts mit dem Schiff ausbrannten.

gez. Förste

Montag, 16.11.42

0600 Uhr. Netzsperre Piräus auslaufend passiert. Golf von Athen. *Celeno* und *Alba Julia* in Dwarslinie, vorn *2101*, an Stb. *2102* und *Hermes*. Ab Macronisi sichert *Hermes* an der Sonnenseite, *2102* an der entgegengesetzten Seite, nachts entsprechend Mondstellung.

Die Sicherung mit 1 Zerstörer und 2 U-Jägern hat den Nachteil, daß zwar eine gute Überwachung durch das S-Gerät vorhanden ist, daß aber nur **eine** Seite durch Zickzackkurse gesichert wird. Den Zerstörer voraus Zickzackkurse steuern zu lassen und an jede Seite einen U-Jäger mit S-Gerät aufzustellen, hätte die Wirkung, daß das Schraubenwasser des Zerstörers die S-Geräte fast wirkungslos machen würde. So bleibt kaum eine andere Aufstellung als die beschriebene übrig. Höchstgeschwindigkeit beider U-Jäger ist 10 sm.

Dampfer fahren gut geschlossen. Reisemarsch 9,5 sm. Reiseweg: Durch Doro-Kanal, westl. Eustratios, südlich Lemnos zur Dardanellen-Einfahrt. Ankunft vor den Dardanellen morgen, 17.11., um 0600 Uhr beabsichtigt.

Der Signalverkehr mit dem gerade aus der Werft von Triest kommenden U.J. *2101* befriedigt nicht.

0830 Uhr. 37 Grad 45,5 ′ N, 23 Grad 48 ′ O. Luftsicherung trifft bei Phleves ein. Zwei Arados 196. Reisemarsch auf den angegebenen Zwangskursen. Durch den Nordost verlieren die Dampfer an Fahrt. 1200 Uhr. 37 Grad 46,6 ′ N, 24 Grad 21,4 ′ O. Dampfer fahren gut geschlossen. *2101* ist durch Seegang im Halten der befohlenen Position behindert.

1558 Uhr. 38 Grad 15 ′ N, 24 Grad 42 ′ O. Doro-Kanal. Am Nordostausgang des Doro-Kanals, einer bekannten Lauerstellung für U-Boote, da sich hier der Schiffahrtsweg zu den Dardanellen sowie nach Saloniki bündelt, höre ich ein Geräusch, wie von einer Detonation, nicht sehr laut, aber doch ganz deutlich und nicht zu überhören. Kann natürlich viele Ursachen haben. Könnte Früh- oder Enddetonation eines Torpedos gerade in diesem Gebiet sein. Zu sehen ist nichts besonderes. Bei Wind und See 4 ist trotz Suchens von allen Stellen, auch vom Mastkorb, nichts auszumachen. Auf Anfrage melden die U-Jäger, daß keine Schreckbomben geworfen wurden. Nach fünf Minuten, um 1603 Uhr, sehe ich an Bb., also zwischen uns und dem Geleit, eine etwas auffallende Kreisbildung auf der Wasseroberfläche, ähnlich wie der Rückstand eines Wabowurfs. Ich halte darauf zu, Entfernung etwa 400 m. Dicht vor dem Erreichen der beschriebenen Stelle meldet das S-Gerät:

Soeben ein Zeichen im S-Gerät überlaufen. Kehrt gemacht. In der Nähe des ersten Echos wieder ein Echo. 1606 Uhr daraufhin Rauchboje an die betreffende Stelle geworfen und Morsespruch an *2102*: »Herkommen«. Der U-Jäger dreht nach Stb. auf den Zerstörer zu. U-Bootalarm.

2102 erhält Befehl, in Rufweite zu kommen. 1620 Uhr. *2102* kommt in die Nähe. 1622 Uhr. *2102* meldet Echo. Soll daher dort bleiben und nicht in Rufweite kommen. 1624 Uhr. *2102* läuft noch einmal an, da anscheinend nicht ein U-Boot, sondern *Hermes* geortet worden war. Befehl an *2102*: »Falls U-Jagd Aussicht auf Erfolg, bis 2400 Uhr fortsetzen. Dann Verband folgen. Falls Enddetonation vorliegt, muß U-Boot in einem Radius von 3000 m stehen.« U-Boot ungenau durch Funkspruch an Admiral Ägäis gemeldet.

1640 Uhr. *2102* wirft Wabos. Muß nunmehr also Echo aufgenommen haben, so daß *Hermes* entbehrlich. Laufe dem Geleit nach, um Führung und Sicherung wieder zu übernehmen. 1633 Uhr. U-Bootalarm beendet. *2102* sucht weiter. Es wurden Torpedolaufbahnen weder von *Hermes* noch von den U-Jägern beobachtet. Auch müßte das U-Boot durch den S-Geräte-Schirm der Sicherung (3 S-Geräte) umbemerkt hindurchgeschlüpft sein. Neben der Möglichkeit einer Enddetonation könnte auch ein Versager vorgelegen haben und der Torpedo bereits kurz nach dem Abschluß detoniert sein. 1930 Uhr meldet U.J. *2102* durch FT., daß er 1725 Uhr einen sehr großen Luftschwall nach Waboangriff beobachtet habe. Sein S-Gerät ist ausgefallen. 2000 Uhr *2102*, daß S-Gerät wieder bedingt klar ist.

2030 Uhr. *Hermes* tauscht mit U-Jäger *2101* die Seite, um die mondabgewandte Seite zu besetzen.

2340 Uhr. FT 2310/43 von U.J. *2102*: »KR KR Adm. Ägäis, 21. U-Jagdflottille. Habe griechisches U-Boot *Triton*[159] nach Wasserbombenbekämpfung im Auftauchen gerammt. 32 Mann und Kommandanten gefangen. Boot ist gekentert und gesunken. *2102*.«

Dienstag, 17.11.42

FT. 235/45 an U-Jäger *2102*: »Großartig. Befehlsgemäß folgen, falls möglich. *Hermes*.« 0358 Uhr. FT. 2345/46 von U.J. *2102*: »KR KR Adm. Ägäis, 21. U-Jagdflottille: Habe Kollisionsraum eingedrückt, auch S-Gerätbasis verbogen. Mache Wasser. Einlaufe zur Abgabe von Gefangenen, 12V5[160] bleibt hier zur Überwachung. *2102*.«

Nachdem die Versenkung des am 10.9. in der Cerigotto-Straße auf dem Hinmarsch zur Minenunternehmung südlich Kreta durch *2107* und *2102* bekämpften U-Boots anerkannt ist[135], sind nunmehr zwei U-Boote durch die 21. U-Jagdflottille in der Ägäis vernichtet worden, bei der Verbandsführung, Ansatz der U-Jäger und Bezeichnung der vermutlichen U-Bootposition durch Rauchboje durch *Hermes* erfolgte. Die in Kauf genommene Schwächung der Sicherung hat sich in beiden Fällen bezahlt gemacht. Die Detachierung zur U-Jagd wird bei der augenblicklichen geringen Zahl der Sicherungsstreitkräfte stets ein Problem sein. Meiner Ansicht nach ist jedoch die beste U-Bootbekämpfung bei solchen Gelegenheiten möglich, besser als freie U-Jagd und besser als durch U-Bootfallen. Bei den beschränkten Mitteln sollte daher alles auf die Geleitsicherung geworfen werden. Der Geleitzug ist der Speck, nach dem der Unterwassergegner schnappt. Hier ist er am ehesten zu erwischen.

Nach Monduntergang sehr dunkle Nacht. Verband marschiert gut geschlossen, an Stb. *Hermes*, an Bb. *2101*. Verband steht etwa 2 Stunden durch den NO-Wind zurück. 0540 Uhr. Luftsicherung trifft ein (2 He 111). 0900 Uhr. Vor den Dardanellen. *Celeno* und *Alba Julia* entlassen. Aus den Dardanellen kommend wird der Tanker *Albaro* mit seinen charakteristischen Formen aus der Zeit vor der Jahrhundertwende erkannt und aufgenommen. Funkmeldung an Admiral Ägäis. Reisemarsch mit 8 sm, Weg wie Hinmarsch. Zwischen Dardanellen und Lemnos: *Hermes* fährt an Bb. Zickzackkurse, U-Jäger *2101* an Stb. geraden Kurs.

1220 Uhr. 10 sm östl. Südostecke Lemnos. 39 Grad 51 ' N, 25 Grad 36,5 ' O. Flugzeug der Luftsicherung wirft Bombe Bb. voraus. Entfernung 1500 m. U-Bootalarm. *Hermes* schießt grüne Sterne. Tanker dreht nach Stb. ab, um unter Küste von Lemnos auf flaches Wasser zu gehen. *Hermes* dreht auf Wurfstelle mit Höchstfahrt zu. Flugzeug zeigt Wurfstelle durch Sturzflüge an. 1222 Uhr. S-Gerät hat Echo recht voraus in 1400 m Entfernung. Boot läuft mit 9 sm auf georteten Punkt zu. Echo wird, da es sehr gut ist, als einwandfreies U-Boot angesprochen. Flugzeug meldet: Sehrohr von U-Boot gesehen. FT.: U-Boot in Qu. 5027. 1230 Uhr erster Anlauf. Es werden 3 Gruppen zu je 3 Wabos geworfen. Tiefeneinstellung 50 und 70 m. Wassertiefe ist hier 90 m. Boot überläuft Echo. Rauchboje wird geworfen. 1235 Uhr. U.J. *2101* wird zur Bekämpfungsstelle befohlen. Signalverbindung herzustellen ist sehr schwierig. Neuer Kurs für Tanker 180 Grad.

1240 Uhr. Boot dreht auf Gegenkurs. S-Gerät nimmt in 1200 m Entfernung erneut gutes Echo wahr. Echo ist recht voraus. Zweiter Anlauf. Echo wird überlaufen. Es werden drei Gruppen geworfen. Einstellung 70 m. Nach den Würfen wird achteraus ein starker Wasserschwall mit Öl bemerkt. 1250 Uhr. *2101* kommt zur Bekämpfungsstelle. Tanker läuft nach Süden ab. Eine Arado übernimmt Sicherung. An der Wurfstelle wird weiter Schlamm bemerkt. 1300 Uhr dritter Anlauf. Boot dreht auf Gegenkurs. S-Gerät nimmt Echo wieder auf. Es wird als einwandfreies U-Boot angesprochen. Es werden zwei Gruppen zu 3 Wabos geworfen.

1310 Uhr. *2101* nimmt Kurs auf Wurfstelle. Hat Echo und wirft mehrere Gruppen. 1315 Uhr. Boot dreht erneut auf Wurfstelle zu. Echo ist ungenau und verschwindet ganz. U-Boot ist scheinbar überlaufen. *Hermes* geht auf Rufweite von *2101*. *Hermes* hat noch 5 Wabos, *2101* noch 60 Wabos. Auf Anfrage bestätigt Kommandant *2101* die einwandfreie Feststellung eines U-Boots. *2101* erhält Befehl, die Bekämpfung fortzusetzen, solange die Aussicht auf Erfolg vorhanden.

1322 Uhr. FT. an Admiral Ägäis: »Nach Wabos starker Wasserschwall und Öl. *2101* setzt U-Jagd fort. Einlaufe mit Tanker.«

1325 Uhr. *Hermes* dreht auf Wurfstelle zu. S-Gerät arbeitet vorzüglich und nimmt U-Boot wieder auf. Boot macht 7 sm Fahrt und hält auf Ortungsstelle zu. Die letzten 5 Wabos werden beim Überlaufen des Echos geworfen. *2101* läuft auf den gleichen Punkt zu und wirft eine Gruppe Wabos. An der Wurfstelle von *Hermes* wird erneuter Wasserschwall beobachtet.

1330 Uhr. U.J. *2101* meldet, daß S-Gerät für kurze Zeit ausgefallen. Reparaturzeit 10 Minuten. Kommndant *2101* verneint Anfrage, ob *Hermes* ihn unterstützen soll. Er hat 60 Wabos. *Hermes* dreht ab und läuft zum Tanker. 1337 Uhr. U-Bootalarm beendet. 1415 Uhr. *Hermes* übernimmt wieder Sicherung des Tankers. 1540 Uhr meldet U.J. *2101*: FT. 1453/66 SSD[161] *Hermes*: »Nach Wiederklarsein des S-Geräts kein Echo, an Wabo-Wurfstelle keine weitere Luft und Öl. Laufe Geleit nach. U-Jäger *2101*.« Dies Verfahren verstehe ich nicht. Da es mittelerweile dunkel wird, ist es zwecklos, dem U-Jäger *2101* den Befehl zu erteilen, erneut zur Alarmstelle zu gehen. Der U-Jäger hatte nichts zu versäumen, er mußte mit größter Zähigkeit die U-Jagd fortsetzen, mindestens 24 Stunden, wenn nicht 48 Stunden. Daß kein Echo vorhanden war, ist kein ausreichender Grund zur Aufgabe einer Jagd, die auf flachem Wasser besonders erfolgversprechend war, nachdem durch einwandfreie Ortung durch 2 S-Geräte und Beobachtung durch Flieger an dem Vorhandensein eines U-Boots kein Zweifel bestehen konnte. Meiner Ansicht eine unwiderbringlich versäumte Gelegenheit.

Mittwoch, 18.11.42

0600 Uhr. Golf von Athen. Reisemarsch mit *Albaro* ohne besondere Ereignisse. Sicherung des Tankers durch den Zerstörer allein gerade tragbar unter Berücksichtigung des gestern eingetretenen feindl. U-Bootverlustes. Es frischt erheblich auf, Barometer fällt, Sicht sehr wechselnd. Böen bis Stärke 7. Gewisse Sorge um *2101*, der jedoch auf Anfrage Standort 15 sm hinter *Hermes* meldet. 1100 Uhr. Netzsperre Piräus passiert.

Die Durchführung des Geleits zu und von den Dardanellen wurde charakterisiert durch die lebhafte U-Boottätigkeit, deren Intensivierung wohl mit der engl. Afrika-Offensive zusammenhängt. Das erste U-Boot am Nachmittag des 16.11. im Doro-Kanal wurde durch Kombination eines nicht erklärbaren Detonationsgeräusches mit einer fünf Minuten später bei mäßigen Seegang bemerkten Kraterbildung an der Wasseroberfläche gefunden und U.J. *2102* angesetzt, als sich Zeichen im S-Gerät ergaben. Ein Angriff mit Wasserbomben durch den Zerstörer selbst hätte den U-Jägern erfahrungsgemäß durch Störwirkung auf das S-Gerät die Feststellung und damit die Vernichtung nicht erleichtert, sondern erschwert. Dem Standpunkt des Verbandsführers mußte gegenüber dem verständlichen Willen des Kommandanten, selbst den Angriff durchzuführen, der Vorrang gegeben werden — wenn auch schweren Herzens, wenn Verbandsführer und Kommandant dieselbe Person sind … Bei dem zweiten U-Boot am Mittag des 11.7. lagen die Verhältnisse anders: Das U-Boot war von der Luftüberwachung an der durch den Zerstörer gesicherten Seite gemeldet und darauf im S-Gerät eindeutig festgestellt worden. Ein sofortiger Wabo-Angriff war notwendig, um eine Torpedo-Schußabgabe zu verhindern, selbst wenn die Aufgabe der U-Jagd durch U.J. *2101* dadurch eine Erschwerung erfuhr. Nachdem aber nach dem Verbrauch der Zerstörer-Wabos das

S-Gerät von *2101* das U-Boot noch hatte, waren die Erfolgsaussichten gut und durften nach meiner Ansicht nicht verschenkt werden. Als besonders günstiger Umstand ist die Wassertiefe unter 100 m zu werten. In beiden Fällen ist festzustellen, daß es nicht das S-Gerät der Sicherungsstreitkräfte war, das die Anwesenheit der U-Boote festgestellt hat, obwohl die Ägäis wegen der guten Ortungsverhältnisse bekannt ist.

Eingang des Befehls, morgen die Kretastaffel nach Suda zu führen. Auslaufen 1300 Uhr vorgesehen.

Donnerstag, 19.11.42
Piräus. Wegen Schlechtwetterlage Auslaufen um 24 Stunden verschoben.
Der Steuermann des Zerstörers, OB.Strm Höft, erhält das E.K.I.

Freitag, 20.11.42
Piräus. Überführung der Kretastaffel wird aufgehoben. Statt dessen Geleit von vier Dampfern von Saloniki nach Piräus. Auslaufen 21.11. 1300 Uhr.

Sonnabend, 21.11.42
0930 Uhr. Musterung durch Admiral Ägäis. Verleihung von Zerstörerkriegsabzeichen und E.K.II für *Porto Fino*-Geleit nach Benghasi.
1400 Uhr. Mit einer Stunde Verspätung, da *Monzambano* nicht klar war, mit diesem und Torpedoboot *Solferino* von Piräus aus nach Saloniki. Marschfahrt 15 sm. Reiseweg Doro-Kanal, Skopolos-Durchfahrt. 1440 Uhr. Phleves passiert. Formation: In Bb.- und Stb.-Staffel beide Torpedoboote zu *Hermes*. Reisemarsch auf den Zwangskursen durch Doro-Kanal, Skopolos-Enge nach Saloniki. Keine besonderen Ereignisse.
Benghasi geräumt. Nach der Mitteilung des Deutschen Marinekommandos Italien betrug der Verlust an Schiffsraum bei dem Nachschub nach Afrika infolge Luft- und U-Bootangriffen 60 %, Bei 13 Afrika-Geleiten von *Hermes* trat kein Verlust ein.

Sonntag, 22.11.42
Saloniki. 0800 Uhr. Sperre Golf von Saloniki in Kiellinie passiert. 0930 Uhr. Ölpier festgemacht zur Brennstoffergänzung. Aus Gründen der Wassertiefe muß Zerstörer quer zum Molenkopf festmachen. Manöver nur bei leidlichem Wetter möglich. 1630 Uhr. Kommandantensitzung. Dampfer *Trapani*, *Macedonia*, *Burgas*[162], *Artemis*[163], (2 Deutsche, 1 Bulgare, 1 Grieche) auslaufen 22.11. 1900 Uhr nach Piräus. Reisemarsch 7 sm. Westlich Euböa durch Chalkis. Zur Ermöglichung eines Signaldienstes werden Dampfer zum Teil mit Signalpersonal *Hermes* versehen. Geleitboot: *Hermes* (Geleitführer), Torpedoboote *Solferino*, *Monzambano*, beide kein S-Gerät. Einlaufen Piräus 25.11. vorgesehen. Dampfer sind noch nie zusammen gefahren. Sie verholen mittags aus dem Hafen auf Reede. Hierdurch wird das Inseegehen zweifellos noch einige Stunden früher bekannt, was unerwünscht ist.

1900 Uhr. Sammeln des Geleitzugs bei Tonne F. Da Mondschein ist, geht das abgeblendete Sammeln der sieben Fahrzeuge unerwartet glatt. Bei schlechtem oder unsichtigem Wetter ist die Zusammenstellung eines uneingefahrenen Convois bei Dunkelheit nicht ratsam. Den Bojenstrich unter Führung *Hermes* passiert. 1930 Uhr. In Dwarslinie aufmarschiert. Richtungsschiff *Trapani*. Vorn *Hermes*, an Bb. *Solferino*, an Stb. *Monzambano*. *Hermes* wird seinen Platz der Lage entsprechend verändern. Die Torpedobootskommandanten sind besonders dahingehend instruiert, nachts nicht gerade Kurs zu steuern, sondern mindestens alle halbe Stunde Vorstöße in verschiedene Richtungen zu unternehmen, um das Fühlunghalten und das Aufdampfen von U-Booten zu erschweren. Die Nacht ist sehr hell, bei der ruhigen See gute Beobachtungsverhältnisse.
2100 Uhr. Richtungsschiff *Trapani* hat schlechten Kompaß. Wird auf richtigen Kurs von *Hermes* eingerückt.

Montag, 23.11.42
0030 Uhr. Dampfer fahren in zu großen Abständen. Werden durch Megaphonsprüche auf engeres Fahren angehalten. Drei Schatten werden an Stb. erkannt, in Rufweite gegangen und durch Megaphon als Boote der Küstensicherungsflottille Mazedonien ausgemacht. Da der Mond jetzt im Zenith steht, gibt *Hermes* seine bisherige Sicherungsposition in Mondlee auf und setzt sich vor den Verband. Die ital. Torpedoboote fahren weisungsgemäß keine geraden Kurse, sondern sichern durch lebhafte Aufklärungsvorstöße recht geschickt die Seiten des Geleits.
0630 Uhr. Skialos-Durchfahrt. Luftsicherung (2 Arados) beim Verband. Kiellinie Trikiri-Sperre passiert. Bis Chalkis schiffsweise Marsch. Reisemarsch durch den Euböa-Sund mit 15 sm. Die Torpedoboote hängen sich an *Hermes* von sich aus an.
1300 Uhr. Auf Chalkis Reede geankert. 1400 Uhr. Anker auf und Chalkis-Brücke (mit 15 sm Fahrt) mit dem Strome passiert. Chalkis Innenhafen geankert. Dampfer treffen gegen Abend ein und ankern Nordreede, um am nächsten Morgen gegen 0800 Uhr Brücke zu passieren.
1630 Uhr. Von Admiral Ägäis geht durch Funkspruch eine Änderung des Geleitbefehls ein: Ziel ist nicht mehr Piräus, sonder Iraklion. Dampfer *Macedonia* wird bei Cavaliani-Sperre abgegeben, dafür Dampfer *Santa Fe* angehängt. Weiteres dann über Hafenkommandant Iraklion.
Die Änderung ergibt zunächst gewisse Schwierigkeiten, da die ital. Torpedoboote nicht genügend Brennstoff haben, um weitere 30 Stunden Zickzackkurse zu fahren. Der Kapitän der *Trapani* meldet, daß er nur Kohlen bis Piräus hätte. Schließlich lösen sich alle Schwierigkeiten. *Hermes* gibt jedem Torpedoboot 50 t Brennstoff, wobei sich die neu beschaffte Heizölpumpe bestens bewährt, und die Kohlen von *Trapani* reichen plötzlich.

Dienstag, 24.11.42
0800 Uhr passieren die Dampfer die Brücke und laufen nach Cavaliani voraus. *Hermes* gibt noch Brennstoff an *Solferino*.

1100 Uhr. Mit *Solferino* und *Monzambano* Anker auf und zur Cavaliani-Sperre marschiert, wo der Geleitzug um 1400 Uhr aufgenommen werden soll.

1400 Uhr. *Macedonia* nach Piräus entlassen. *Santa Fe* aufgenommen und ihr mit Megaphon Kurse übermittelt. Es dauert 5/4 Stunden, bis der Geleitzug in seiner neuen Zusammensetzung formiert und auf Kurs gebracht ist. Erhebliches Durcheinander der »Balkanmischung«. Bei dem regnerischen und trüben Wetter ist Luftsicherung nicht erschienen.

1800 Uhr. Sehr dunkel und regnerisch. Enge zwischen Makronisi und dem Festland wird passiert. Seit Anbruch der Dunkelheit laufen die Dampfer nur noch 4–5 sm. Zwei Dampfer bleiben noch weiter zurück. Der Grund des langsamen Fahrens ist nicht bekannt. Das Absinken der Geschwindigkeit in der Nacht wurde bis jetzt bei fast allen Geleiten festgestellt. 1815 Uhr. *Solferino* wird zu den zurückgebliebenen Dampfern befohlen. Cycladen. Um die Dampfer zu sammeln, macht *Hermes* kehrt, was wegen des seitlich stehenden Torpedoboots bei dem unsichtigen Wetter und strömenden Regen unangenehm ist, und geht bei jedem Dampfer in Rufweite, um durch Megaphon Ordnung zu schaffen. Schließlich steuern die Dampfer einigermaßen. Verband geht wieder auf 7 sm. *Hermes* führt vor dem Richtungsschiff *Trapani*. Seit sieben Stunden regnet es ununterbrochen. Ohne den Mond hinter dem Wolkenhimmel wäre es hoffnungslos, die schlecht fahrenden Dampfer von drei Nationen zusammenzuhalten.

Mittwoch, 25.11.42

Cycladen. Von Kios, Kythnos und Serfos ist nichts zu sehen. 0000 Uhr. 37 Grad 8,9 ′ N, 24 Grad 20 ′ O. Da eine Maschine meist geringste Fahrt macht, die andere stoppt, ist bei dem erheblichen Wind nur unsicher zu koppeln, die Durchfahrt zwischen Sifnos und Kimolos schwierig anzusteuern, zumal bei der dürftigen Vermessung das Lot auch nicht viel hilft. Mit erheblicher Mühe und Zeitaufwand, bei dem verschiedentlich in Rufweite gegangen werden muß, wird der Verband in Kiellinie gelegt und auf 135 Grad gegangen. Die Dampfer zusammenzuhalten bei dem schlechten Wetter ist aber unmöglich. Schließlich marschiert *Hermes* mit dem Richtungsschiff *Trapani* voran und etwa 3 sm dahinter der Rest mit den beiden Torpedobooten. 0340 Uhr. Kurs 165 Grad. Sicht ist zeitweise gut. Mond und Sterne kommen kurz in Sicht.

0530 Uhr. Bei Hellwerden Verband gesammelt und in Dwarslinie aufgestellt. Verband steht gegenüber ursprünglichem Befehl zwei Stunden zurück, da aber gestern nachmittag gemeldet ist, daß Reisegeschwindigkeit nur 7 sm ist, muß das Zurückstehen Admiral Ägäis bekannt sein, so daß für Luftsicherung sich ein Funkspruch mit Standortangaben erübrigt.

0640 Uhr. Zwischen Milos und Kreta. Eine He 59 trifft als Luftsicherung ein, ab 0730 Uhr eine Arado zusätzlich.

0900 Uhr. Dampfer *Trapani* meldet Maschinenstörung und treibt quer zur See. Nach 15 Minuten wieder klar. Trotz des guten Schiebewindes macht der Verband nicht mehr als 7 sm, so daß Iraklion gerade noch bei letztem Tageslicht erreicht werden kann, was wegen Einlaufens der Dampfer und Aufnahme weiterer Dampfer zum Marsch nach Suda von Bedeutung ist. 1200 Uhr. 35 Grad 52 ′ N, 25 Grad 02 ′ O. *Hermes* vor dem Verband, die Dampfer in ziemlich tiefer Dwarslinie, beide Torpedoboote an den Seiten Zickzackkurse steuernd. Reisemarsch fortgesetzt.

1430 Uhr. Vor Iraklion. Kiellinie gebildet. *Santa Fe* und *Burgas* nach Iraklion entlassen. Mit Scheinwerfer beim Hafenkommandant nach Befehl angefragt. Statt Antwort kommt die Nachricht, daß in den Hafen eingelaufen werden müßte, um dort Fernschreiben abzuholen. Also 1600 Uhr rein in den Hafen, in dem *Santa Fe* ein langwieriges Molenmanöver macht, bei dem sie uns, über den Achtersteven kommend, noch fast rammt. Außerdem beengt durch Dampfer *Vesta*[164] und *Stige*, die auslaufbereit sind, aber beide vom Hafenkommandant keinen Befehl zum Auslaufen haben, obwohl doch der Geleitzug stundenlang in Sicht ist. So vergeht die kostbare Dämmerungszeit. Als *Trapani*, *Artemis*, *Vesta* und *Stige* nun endlich losmarschieren können, wird es stockdunkel und es ist fast unmöglich, den Verband zu ordnen. Schließlich gelingt es einigermaßen, doch fahren die Schiffe bei völliger Dunkelheit so schlecht, daß ich mich zur Auflösung des Verbandes entschließe: *Vesta* mit *Solferino*, *Artemis* mit *Monzambano* und *Trapani*, *Stige* mit *Hermes*. Diese Auflösung ist zwangsläufig. Ihre ordentliche Durchführung ist mit Hilfe des Signalatori der Torpedoboote möglich. Ein Zusammenhalten des Verbandes hätte optische Befehle in Fülle erfordert, was bei der U-Bootgefahr vor Iraklion unbedingt zu vermeiden war.

1800 Uhr. Nordküste Kreta. Reisemarsch in drei Gruppen nach Suda. Gruppe I läuft nach vorn und schnell aus Sicht. Sperrbefeuerung Suda für 2330 Uhr angefordert.

Donnerstag, 26.11.42

0145 Uhr. Suda-Sperre. Mit *Trapani* und *Stige* Sudabucht eingelaufen, Sperre passiert, geankert. Die erste Gruppe ist vor zwei Stunden, die zweite Gruppe vor 3/4 Stunden eingelaufen.

Aufgabe durchgeführt.

Vom Seekommandant Kreta wird neuer Befehl Admiral Ägäis übermittelt: Die Dampfer *Pier Luigi*[165], *Stige*, *Vesta* nach Piräus, den Netzleger *Piräus*[166] nach Milos mit den bisherigen Sicherungsstreitkräften (T-Boote *Monzambano*, *Solferino*) zu geleiten. 1200 Uhr Suda auslaufen. Marschfahrt 7 sm über Milos nach Piräus. Dort Einlaufen 27.11. abends. Wetternachrichten sind mäßig. Nordost 5. Für das langsame Geleit nicht günstig. Da Besserung zu erwarten ist, wird planmäßig 1200 Uhr ausgelaufen.

1300 Uhr. Nach Passieren Netzsperre Verband gesammelt. *Stige* und Netzleger erhalten Befehl zu melden, wenn sie die See nicht mehr gut halten können. Während deutscher Netzleger meldet, daß er bis Seegang 9 vertragen könne, meldet ital. Tanker, daß er das jetzige Wetter (Seegang 4) bereits nicht durchhalten könne. Obwohl ich Wetterbesserung in Aussicht stelle, bleibt er bei seinem Standpunkt, so daß ich im Augenblick keinen anderen Ausweg sehe, als ihn nach Suda zurückzuschicken. Mir ist bekannt, daß *Stige* in der Hauptsache den Brennstoffnachschub für die Luftwaffe durchführt, außerdem ist mir bekannt, daß Sicherungsstreitkräfte sehr knapp sind, ebenso Brennstoff für Sicherungsstreitkräfte. Das Wetter hat überdies klare Tendenz zur Besserung. Wenngleich ich vermeiden möchte, *Stige*, die ein armiertes Kriegsschiff ist und von einem Korv.Kpt. geführt wird, den Befehl zu geben, trotz der Bedenken des Kommandanten weiter zu fahren, so scheint mir die Detachierung unter den geschilderten Umständen doch so unbefriedigend, daß ich nach etwa einer halben Stunde einen letzten Versuch mache, indem ich das Torpedoboot *Monzambano*, dessen ruhiger und gediegener Kommandant mit gut bekannt ist, *Stige* nachschicke mit dem Auftrag, wegen plötzlich einsetzender Wetterbesserung den Kommandanten zu bestimmen, die Reise zu versuchen. Leider ist *Stige* vor der See schnell in der Sudabucht verschwunden.

1435 Uhr. Gerade nachdem die Kriegswache noch einmal ermahnt ist, bei der Ausfahrt aus Suda besonders intensiv aufzupassen, meldet S-Gerät Echo. 1436 Uhr. U-Bootalarm. Boot dreht auf geortete Stelle zu. Punkt liegt Stb. voraus, vom Geleitzug etwa 800 m entfernt. Die Dampfer kann ich nicht nach Bb. abdrehen lassen, da dort Minenwarngebiet. Es wird deshalb gleich beim ersten Überlaufen der Ortungsstelle eine Schreckbombe geworfen unter Inkaufnahme hierdurch hervorgerufener schlechter Ortungsverhältnisse bei den folgenden Abläufen. Beim zweiten Anlauf wird das Echo von der Bedienung des S-Geräts als einwandfreies U-Boot angesprochen. Es werden drei Gruppen zu je 3 Wabos geworfen. Tiefeneinstellung 120 m–70 m. Meldung über U-Boot ungenau an Adm. Ägäis erstattet. 1455 Uhr. Beim dritten Anlauf wird wieder eine Rauchboje geworfen und die Tiefe gelotet. Tiefe ist gleichbleibend 720 m. 1520 Uhr. Beim vierten Anlauf ist das Echo bis zu einer Entfernung von 400 m gut. Echo wird dann schlechter und zerflattert. *Monzambano* meldet durch Radio Signalatori, daß er mit *Stige* auslaufen wird und kommt bald darauf in der Einfahrt in Sicht.

Da nun kein Echo mehr gefunden wird, lasse ich von der U-Jagd ab und laufe dem Geleit nach. Schade, daß kein U-Jäger zur Verfügung steht. Bei der Lage erscheint es mit jedoch verkehrt, Geleitzug, nur durch ein Torpedoboot gesichert, allein zu lassen. Laufe dem Geleit daher nach. *Monzambano* soll beim Passieren der Alarmstelle (*M*. hat kein S-Gerät!) Schreckbomben werfen.

Es ist immer das alte Lied: Zur U-Jagd gehört Zeit und Geduld. Man kann nicht erwarten, in ein oder zwei Stunden in offenem Seegebiet bei 700 m Wasser ein U-Boot zu vernichten. Als Geleitführer und einziges Fahrzeug mit S-Gerät ist es andererseits nicht möglich, das schlecht gesicherte Geleit allein zu lassen. Der hieraus folgende Kompromiß ist unvermeidbar. Das mit großer Wahrscheinlichkeit vorhandene U-Boot wird nicht vernichtet.

Da *Stige* eine Meile Fahrtüberschuß über das Geleit hat, ist es zu erwarten, daß am nächsten Morgen das gesamte Geleit wieder beieinander steht. *Stige* kann die See nun offensichtlich gut halten. Es steht zu hoffen, daß die recht ärgerliche Angelegenheit wenigstens den erhofften Erfolg haben wird. Schließlich könnte *Stige* bei dennoch auftretendem Aufbrisen Milos als Zwischenhafen anlaufen. Es wird bis zum Mondaufgang eine sehr dunkle Nacht. Geleitzug kurz vor Dunkelheit wieder erreicht. Sicherung und Führung wieder übernommen. An Bb. *Solferino*, Dampfer in geschlossener Kiellinie.

2000 Uhr. Zwischen Kreta und Milos. Reisemarsch mit 6 sm. Gruppe *Stige* steht etwa 10 sm zurück. Es muß damit gerechnet werden, daß U-Boot von Suda Fühlung hat. 2045 Uhr. *Stige* und *Monzambano* kommen achteraus in Sicht. 2400 Uhr. Südl. Milos. Während bei dunkler Nacht *Hermes* an Stb. zur besseren Übersicht stand, geht jetzt, in mondheller Nacht, *Hermes* vor den Verband. *Monzambano* an Stb., *Solferino* an Bb. Verband steht gut geschlossen, Marschfahrt 6 sm.

Freitag, 27.11.42
0100 Uhr. Netzleger *Piräus* nach Milos planmäßig entlassen. Verband zwischen Milos und Antimilos gesteuert. 0400 Uhr. 36 Grad 55 ′ N, 24 Grad 16,5 ′ O. 0612 Uhr. Sonnenaufgang. 0630 Uhr zwei Arados beim Verband als Luftsicherung. Verband in Dwarslinie steuert in geringen Abständen jetzt gut. 0800 Uhr. 37 Grad 20,5 ′ N, 24 Grad 11 ′ O. Reisemarsch mit 6,7 sm ohne besondere Ereignisse bis Piräus. Formation ab Sunion Kiellinie. *Stige* bedankt sich durch Winkspruch, daß wir ihn, wo das Wetter so günstig geworden ist, mitgenommen haben.
Toulon besetzt.

Sonnabend, 28.11.42
Salamis. Eingang Befehl Admiral Ägäis, am 1.12. von Iraklion einen Geleitzug nach Piräus zu führen. Die drei Tage bis dahin stehen dem Zerstörer für Maschinenarbeiten (Kesselmauerung K 1 und K 2, E-Turbinen und Diesel, Speisepumpenreparatur) zur Verfügung. Vor allem sollen einige Rohrleitungen aufgenommen werden, da der Verdacht besteht, daß in der Zeit, in der der Zerstörer unter Wasser lag, Rostfressungen eingetreten sind, die die enorme Verschmutzung der Kessel herbeigeführt haben.

Bemerkungen:
1. Die Feststellung des U-Boots *Triton* am 16.11. und des unbekannten U-Boots am 17.11. sind in beiden Fällen, trotz idealer Ortungsbedingungen hinsichtlich Wassertiefe, Wassertemperatur, Marschgeschwindigkeit, Seegang, **nicht** durch das S-Gerät erfolgt. Hieraus gehen die Grenzen des S-Geräts bei der Sicherung von Geleitzügen klar hervor und sollten bei der taktischen Beurteilung des S-Geräts nicht außer Acht gelassen werden.
2. Das Einsetzen des Herbstwetters bringt gewisse Erschwerungen in der Führung von Geleitzügen in navigatorischer und führungstechnischer Hinsicht mit sich. Bei der Art und Größe der Zusammensetzung der Geleitzüge sollte hierauf nach Möglichkeit Rücksicht genommen werden. Ein Sammeln von Geleitzügen verschiedener Nationen bei Dunkelheit, zumal ohne vorherige Besprechung, ist eine schwierige Aufgabe, besonders bei den Bulgaren und Griechen, aber auch bei Italienern, mit Ausnahme der tadellos eingefahrenen Kretastaffel. Es empfiehlt sich, in sehr dunklen Nächten den Geleitführer nicht vor, sondern, der besseren Übersicht

wegen, seitlich vom Geleitzug aufzustellen. U.U. bei Tage geschlossen, nachts in Gruppen aufgelöst fahren.

3. Die ital. Torpedoboote haben in letzter Zeit sichtlich sich dem deutschen Verfahren angepaßt und zeigen nunmehr Gefühl für wechselnde Situationen, indem sie ihr Verhalten von der jeweiligen Lage abhängig machen, und Initiative, Phantasie und Verständnis zeigen. Beleuchtung, Sonnen- und Mondstellung, Wassertiefe, Landnähe, Seegang bedingen einen Wechsel der Sicherungsstreitkräfte. Das sture Geradeausfahren, bei dem die Geleitzüge in derselben Formation einlaufen, in der sie ausgelaufen sind, lockert sich allmählich auf.

4. Obwohl *Hermes* stets nur mit **einem** Kessel in der Ägäis fährt, haben die Kesselstunden seit der Kesselreinigung Mitte Oktober bereits 230 Stunden erreicht, so daß bei Einhalten der jetzigen intensiven Verwendung im Januar oder Februar wiederum eine Reinigung der Kessel notwendig ist.

Stellungnahme des Admiral Ägäis zum K.T.B. vom 16.11. bis 30.11.42

— zum 16.11.42: Es ist der Erfahrung des Kommandanten *Hermes* zuzuschreiben, daß er die an sich nicht besonders auffälligen Erscheinungen — die Kreisbildung an der Wasseroberfläche und das Detonationsgeräusch — sofort als u-boot-verdächtig erkannte, unverzüglich eine Rauchboje warf und den U-Jäger *2102* heranholte. Die Geleitsicherung durch *Hermes* und zwei U-Jäger war für die hiesigen Verhältnisse diesmal so stark, daß der Entschluß, den U-Jäger *2102* zur U-Jagd zu detachieren, erleichtert wurde. Im allgemeinen ist dies bei Ägäis-Geleiten nicht der Fall. Mit der Detachierung von Geleitstreitkräften zur U-Jagd nimmt der Geleitführer jedesmal eine erhebliche Verantwortung auf sich, was besonders anerkannt werden muß. Kommandant *Hermes* hat die Verantwortung jedes Mal auf sich genommen und Erfolg gehabt, wie die Versenkung des griechischen U-Boots *Triton* und des U-Boots in der Cerigotto-Straße zeigen. Auch Admiral Ägäis ist der Auffassung, daß bei den beschränkten Mitteln im hiesigen Raum besser als freie U-Jagd eine Verstärkung des Geleitschutzes ist, wobei dann der Geleitzug gewissermaßen als Köder fährt. Der Einsatz der U-Jäger im Geleitdienst ist, wie schon angeführt, durch den Mangel an sonstigen Geleitkräften notwendig.

— zum 17.12.42: U-Jäger *2101* hat nach 28 Minuten die U-Jagd trotz vorhergehender klarer Ortungen aufgegeben, obgleich er durch den Geleitführer aller Verantwortung für den Schutz des Geleits enthoben war. Dem Kommandanten des U-Jägers *2101* ist von mir das Entsprechende bezüglich dieses schwerwiegenden Versagers eröffnet worden. Es hat bei ihm nicht an Einsatzbereitschaft gefehlt, sondern er hat sich in einer falschen Überlegung festgerannt.

— zum 25.11.42 1430 Uhr: Der Hako Iraklion ist belehrt worden, in solchem Falle Befehle mit dem Boot zuzustellen.

— zum 25.11.42: Der Kommandant des italienischen H.K.S. *Stige* hat auch in anderem Fall mangelnde Initiative bewiesen. Er ist inzwischen bestraft worden und soll abgelöst werden.

— zum 25.11.42: (Ziffer 2.) wird berücksichtigt werden, Ziffer 4. ist vorgesehen.

gez. Förste

Sonntag, 29.11.42 – Montag, 30.11.42

Salamis. Maschineninstandsetzungen.

Dienstag, 1.12.42

Salamis abgelegt zur Fahrt nach Iraklion, um von dort *Citta di Alexandria, Citta di Savona, Re Alessandro, Santa Fe* und Leerdampfer *Ardena* nach Piräus zu geleiten. Auf dem Weg nach Kreta soll in Milos das Kriegsgericht abgesetzt werden. Auf dem Marsch traten verschiedentlich Ruderversager auf, deren Ursache ungeklärt ist. Ich beabsichtige daher, in Milos einzulaufen, um vor Anker an der Ruderanlage arbeiten zu können. Wegen immer wieder auftretender Störungen ungeklärter Ursache, die auch im E.K.K.-Erprobungsbericht erwähnt werden, ist am 28.10. ein Fachmann aus Deutschland zur Untersuchung der gesamten Ruderanlage an Ort und Stelle erbeten worden.

1217 Uhr. Milos Netzsperre passiert und in der inneren Bucht geankert. Ruderanlage untersucht und konserviert. Nichts besonderes festgestellt.

1400 Uhr. Nach dem Ankeraufgehen läuft das Boot hart nach Bb. aus dem Ruder. Es wird darauf aus Abt. I mit Handpumpe gesteuert und Marsch nach Iraklion fortgesetzt. Wegen der Verzögerung in Milos nunmehr Marschfahrt 21 sm. Das Geleit soll um 1900 Uhr aus Iraklion auslaufen. Zwischen Milos und Kreta. Wind dreht auf West, brist zeitweise auf SW auf, zahlreiche Regenfälle, schlechte Sicht. Zerstörer steht ab 1900 Uhr einige Meilen nördlich der Netzsperre Iraklion zur Aufnahme des Geleits. Um 1910 Uhr geht Auslaufmeldung des Hafenkommandanten Iraklion ein, daß Geleit um 1800 Uhr ausgelaufen ist. Zunächst scheint es eine Verwechslung der Uhrzeit zu sein. Es ergibt sich aber bald, daß Geleitzug tatsächlich um 1800 Uhr ausgelaufen und bei dem unsichtigen, regnerischen Wetter an dem Zerstörer ungesehen vorbeigelaufen ist. Dem Zerstörer ist die Änderung des Auslaufbefehls nicht bekannt gewesen. Dem Zusammentreffen mit dem vor Milos anschließenden Netzleger *Piräus* und mit der Verstärkung des Geleits durch U-Jäger *2101* am 2.12. 0700 Uhr ist koppelmäßig eine Auslaufzeit von 1900 Uhr bei der angegebenen Marschfahrt von 8,5 sm zugrunde gelegt. Es ist ein Glück, daß, hervorgerufen durch eine Besteckdifferenz, der Zerstörer nicht mit 21 sm in den abgeblendeten Geleitzug hineingefahren ist. Die Folgen wären nicht übersehbar gewesen, zumal beim Steuern mit Handpumpe die Steuerfähigkeit eingeschränkt war. Der Grund für das frühere Auslaufen ist nicht bekannt.

1940 Uhr. Es klart auf. Zerstörer läuft mit 12 sm dem Geleit nach. Verbindung durch Radio Signalatori mit *Calatafimi* hergestellt und 2200 Uhr Geleitzug vereinigt.

Mittwoch, 2.12.42

0540 Uhr. Einbruch der Morgendämmerung. Nach der Kursanweisung Admiral Ägäis soll Antimilos im Westen passiert werden. Da aber Netzleger *Piräus* aus Milos kommend an den Verband heranschließen, auch *2101* zur Verstärkung des Geleits vor Milos stehen soll, ist es erforderlich, das Geleit umzulegen und es zwischen Milos und Antimilos passieren zu lassen. Da gerade die Morgendämmerung hereinbricht, ist diese Kursänderung mit Flaggensignal möglich. Bei Nacht, unsichtigem Wetter, wäre sie schwer durchführbar.

0545 Uhr. *2101* kommt in Sicht. Steht westlich Milos. 0600 Uhr. Netzleger *Piräus* kommt in der Bucht von Milos in Sicht. Es wird folgende Aufstellung befohlen und eingenommen: Vorn U.J. *2101* an Bb., *Calatafimi* an Stb., geraden Kurs für S-Gerät. An Bb. querab *Hermes*, an Stb. querab *Solferino* Zickzackkurse. Netzleger *Piräus* und Leerdampfer *Ardena* als zweite Linie hinter den drei *Citta*-Dampfern und *Santa Fe*. Verband ist bald gut in Formation. Reisemarsch mit 8 sm.

0630 Uhr. Drei Arados erscheinen als Luftsicherung. Jetzt, bei Tage, wird wieder mit Rudermotoren und von Brücke gesteuert, nachdem die ganze Nacht über in der Sicherung von Abt. I und mit Hand gesteuert worden ist.

0700 Uhr. Zwischen Milos und Antimilos: *Calatafimi* gibt Flaggensignal, daß er im S-Gerät ein Echo hat. Verband wird zunächst nicht umgeleitet, da Gegend hier für Grundechos bekannt ist. 0705 Uhr. *Calatafimi* holt Signal nieder. Marschfahrt 8,5 sm.

1130 Uhr. *Calatafimi* wieder Signal für U-Bootecho. *Hermes* schießt rote Sterne und will Verband auf Westkurs umlegen. Eine Arado macht einen Sturzflug in der Nähe von *Calatafimi*. Als letzterer jedoch Signal niederholt, wird alter Kurs weiter gesteuert, bevor noch die beabsichtigte Kursänderung durchgeführt ist. Aufstellung der Sicherungsstreitkräfte der navigatorischen Lage (Küste) jeweils angepaßt. Ruder arbeitet zwar ohne größere Störungen, ist aber noch immer nicht ganz zuverlässig, vor allem sehr schwergängig.

1500 Uhr. Verband bei Phleves aufgelöst. 1700 Uhr. Salamis festgemacht. **Aufgabe durchgeführt.**

Donnerstag, 3.12.42

Salamis. Maureb Salamis untersucht Rudermaschine und Ruderanlage durch Fachpersonal. Taucher stellen fest, daß am Ruderblatt oder am Koker nichts zu finden ist. Untersuchung soll in Fahrt wiederholt werden.

Freitag, 4.12.42

Megarabucht. Probefahrt nach aufgenommener Rudermaschine. Störungen treten nicht auf, trotzdem befriedigt das Arbeiten der Rudermaschine noch immer nicht. Sie ist zu schwergängig, ohne daß ein Grund hierfür gefunden wird. Es soll daher eine Untersuchung im Dock stattfinden.

Sonnabend, 5.12.42

Salamis. Eingedockt zur Untersuchung der Ruderanlage. Ruderblatt einwandfrei in Ordnung. Auch am Koker usw. keine äußeren Einflüsse feststellbar.

Sonntag, 6.12.42

Salamis. Ausgedockt. Nachdem Probefahrt und Dockuntersuchungen keinen Erfolg zur Feststellung der Versagerursache gehabt haben, andererseits aber auch keine

Gründe zu der Annahme vorhanden sind, daß die Ausstellungen auf mangelnde Wartung und Bedienung zurückzuführen sind, bleibt die bisherige Unsicherheit bestehen. Im Frieden könnte sich wohl kein Kommandant hiermit zufrieden geben. Im Kriege muß auch diese Verantwortung übernommen werden.

Der Schiffsarzt, Marinestabsarzt d.R. Dr. Zimmermann, wird abkommandiert und übergibt seine Dienstgeschäfte an seinen Nachfolger, Mar.Ob.Ass.Arzt d.R. Dr. Jaenicke.

Montag, 7.12.42

Salamis. Befehl von Admiral Ägäis: Frachter *Valentino Coda*[167] und Netzleger *Piräus*, gesichert durch *Hermes* (Geleitführer) und Zerstörer *Turbine* heute Abend 2300 Uhr nach Cavaliani-Sperre geleiten. Von dort mit *Turbine* zu den Dardanellen, um Tanker *Celeno* abzuholen und über Leros (wo etwa 1000 cbm entnommen werden sollen) nach Piräus zu geleiten. Auf dem Hinweg in Mudros (Insel Lemnos) Aufenthalt, um Hafen kennenzulernen.

2300 Uhr. Golf von Athen. Ausgelaufen mit Netzleger *Piräus* und Frachter *Valentino Coda*, Zerstörer *Turbine*, Marschfahrt 9 sm. *Hermes* an der Spitze, *Turbine* an Stb., Verband in Dwarslinie. Auf den Zwangskursen an der Küste Attikas nach Euböa gesteuert. Marschfahrt nicht 9 sm, wie vorgesehen, sondern knapp 8 sm.

Dienstag, 8.12.42

Vor Cavaliani-Sperre zwischen Attika und Euböa. 0630 Uhr. Luftsicherung beim Verband (2 Arados). 0700 Uhr. Vor der Sperre Geleit entlassen und mit *Turbine* Marsch nach Mudros auf Lemnos angetreten. Marschfahrt 18 sm, um Hafen zur festgesetzten Zeit, um 1500 Uhr, zu erreichen. Luftsicherung ist eingegangen. Marsch durch den Doro-Kanal geradewegs nach Lemnos.

1500 Uhr. Sehr einfache, klare Einsteuerung in die Mudros-Bucht. Netzsperre in besonders gutem Zustand mit enger, wirksamer Lücke. 1545 Uhr. Mudros Innenbucht geankert. Besuch beim Seekommandant und kurze Besichtigung der Marineanlagen.

Mittwoch, 9.12.42

0620 Uhr mit *Turbine* Anker auf gegangen und Dardanelleneinfahrt, Marschfahrt 17 sm, angesteuert. 0830 Uhr. Dardanellen. *Solferino* in Sicht. Schließt heran. 0900 Uhr Tanker *Celeno* in Sicht. Genau pünktlich *Celeno* aufgenommen. *Hermes* vorn, *Turbine* an Bb., *Solferino* an Stb., letztere beide ohne S-Gerät.

1040 Uhr. Kurs 239 Grad. Warngebiet verlassen, Sicherung Zickzackkurse aufgenommen. *Celeno* macht nicht, wie vorgesehen, 8,5 sm, sondern 9,75 sm. Umbestellen des Lotsen vor Leros voraussichtlich erforderlich.

Westlich Nytilini. Marschfahrt. Nichts besonderes. Lotse für Leros wird von 0900 Uhr auf 0600 Uhr umbestellt. Durch die Marschbeschleunigung wird voraussichtlich die Passage östlich Patmos nicht, wie vorgesehen, bei Helligkeit, sondern noch bei Dunkelheit passiert werden. Bei dem Mangel jeglicher Befeuerung wegen der Klippen an sich unerwünscht. Sicherungsboote fahren sachgemäß lebhafte Zickzackkurse.

1556 Uhr. Sonnenuntergang. Für die Nacht werden gerade Kurse in Aufstellung 2 Dez achterlicher als querab befohlen, mit häufigen Aufklärungsvorstößen zur Feststellung eines etwaigen fühlunghaltenden U-Boots. *Hermes* bleibt vorn. Ein Tag nach Neumond, westlich Chios, Kurs auf die Phurmi-Staße östlich Samos. 1630 Uhr. Eintritt der Dunkelheit. Boote fahren verständnisvoll mit häufigen Vorstößen. 1910 Uhr. Kurs 136 Grad. *Solferino* macht optisch *Celeno* auf unabgeblendetes Licht aufmerksam. Dieser Signalverkehr muß vermieden werden.

1945 Uhr. Eine unbekannte Maschine ohne Lichter überfliegt den Verband von Süden nach Norden, geschätzte Höhe 1000 m, vielleicht viermotorig. Neuer optischer Verkehr zwischen *Solferino* und *Celeno*. *Turbine* bekommt durch U.K. Anweisung, *Solferino* (der kein U.K. hat) zu übermitteln, daß nachts optischer Signalverkehr verboten ist und nur Megaphonsprüche zulässig sind. Solange noch gegen solche in diesem und in dem vorigen Krieg gemachte Erfahrungen verstoßen wird, soll man sich nicht über Schiffsverluste durch U-Boote beklagen.

2030 Uhr geht auf ital. Welle ein Funkspruch ein, gerichtet an Zerstörer *Turbine*, daß ital. Schnellboote auf unserem Kurs westl. Samos U-Jagd machen und dann vor dem Geleit uns nach Leros lotsen. Hoffentlich ist Sorge getragen, daß nachts keine Schnellboote in die Nähe des Geleits kommen. U-Boot und Schnellboot ist nicht zu unterscheiden.

Donnerstag, 10.12.42

0040 Uhr. Zwei ital. Schnellboote passieren auf Gegenkurs den Verband. *Turbine* schießt in die dunkle Nacht ES und zeigt damit weit im Umkreis die Stellung des Verbandes an. Zwischen dem ital. Torpedoboot und Schnellboot lebhafter optischer Signaldienst. So begibt sich der Verband seines Hauptschutzes, der Dunkelheit, freiwillig. 0515 Uhr. Capo Germanico (Deutsches Kap) passiert. Die beiden Schnellboote hängen sich an und fahren zu beiden Seiten des Tankers.

0530 Uhr. Eintritt der Dämmerung. 0550 Uhr. Cant Z 501 als Luftsicherung beim Verband. Vor der Einfahrt ist ein Marineschlepper als Lotse. Hat keinen Signalgasten. Wir folgen im Kielwasser. 0720 Uhr. Netzsperre Leros passiert. Ein Motorboot ruft uns den Liegeplatz zu. Vor Anker, mit dem Heck an die Pier. Da *Hermes* kein Heckspill hat, ist das Manöver nicht sehr angenehm. Die 2000 t sind mit Taljen in Wind und Strom schwer zu bewegen. 0730 Uhr. Am Liegeplatz dicht neben Torpedoboot *Castore*[168] wie gewünscht festgemacht. Tanker macht mit Schlepperhilfe in der Nähe fest. *Turbine* und *Solferino* ankern. *Celeno* beginnt mit Brennstoffabgabe.

Auf der Reise keine Ruderstörungen. 1000 Uhr. Besuch beim Seekommandant, Kpz.z.S. Mascherpa De Simon. Im Hafen zwei Torpedoboote, drei U-Boote, einige Schnellboote. Insel besitzt zahlreiche Batterien. Hafen ist durch Netzsperre gesichert, ebenso eine Reihe vorbereiteter Liegeplätze. Sehr geräumig. Bei starkem

Südwest soll die See und Dünung im Hafen unangenehm sein. Nachmittags Anlandfahrt mit Seekommandant, der bereitwillig die Befestigungsanlagen zeigt. Des nachts gesichtetes Flugzeug war nach Beobachtung der ital. Dienststelle des Dodekanes ein feindliches. Auch an anderen Stellen sind Feindflugzeuge beobachtet worden.

1400 Uhr. Meldung an Admiral Ägäis, daß *Celeno* um 1400 Uhr 1000 cbm Brennstoff abgegeben hat und Verband dann auslaufbereit ist. 1900 Uhr. Es sollen 1500 cbm abgegeben werden. Daher Funkmeldung an Admiral Ägäis, daß Auslauftermin neu gemeldet werden wird.

Freitag, 11.12.42

Tanker wahrscheinlich heute gegen 1700 Uhr fertig. 1150 Uhr. Funkspruch an Admiral Ägäis: »1700 Uhr Brennstoffabgabe beendet. Warte in vierstündiger Bereitschaft auf Auslaufbefehl.«

Seekommandant folgt Einladung zum Mittagessen an Bord, dazu die ital. Kommandanten.

1830 Uhr. Eingang des Auslaufbefehls für morgen früh 0900 Uhr. Marschweg südlich Palmos, nördlich Naxos und Paros, zwischen Kythnos und Keos nach Sunion. Zur Ausnutzung der Nacht im u-bootgefährdeten Gebiet wäre ein Auslaufen um 1500 Uhr das Beste gewesen. Bei Auslaufen um 0900 Uhr müssen sieben Stunden am Tage marschiert werden.

Sonnabend, 12.12.42

0800 Uhr. Seekommandant an Bord zur Verabschiedung. 0900 Uhr *Celeno*, *Hermes*, *Turbine*, *Solferino* Leros ausgelaufen. Marschfahrt 9,5 sm. Aufstellung: *Hermes* vorn mit S-Gerät, an Bb. *Turbine*, an Stb. *Solferino*. Eine ital. Maschine, Cant Z 501, als Luftsicherung. Reisemarsch bei guter Sicht ohne besondere Vorkommnisse. Nach Kopplung 10,4 sm Marschfahrt.

1515 Uhr. Luftsicherung geht ein, obwohl es noch eine Stunde vor Sonnenuntergang ist. Besondere Aufmerksamkeit wird der Sicherung in Mondlee geschenkt. Häufige Vorstöße der Sicherungsfahrzeuge.

2108 Uhr. Monduntergang. Nachtmarsch. Keine Ereignisse.

Sonntag, 13.12.42

Auf den Zwangskursen nach Piräus marschiert. Golf von Athen. 0320 Uhr. Netzsperre Piräus passiert. 0400 Uhr. Boje vor Salamis festgemacht. Es sind keine Ruderstörungen aufgetreten.
Aufgabe durchgeführt.

Montag, 14.12.42

Salamis. Besprechung der Maschinenüberholungszeit im Januar 1943 mit Maureb. Wie dicht die feindlichen U-Boote sich an die Zufahrtswege nach Piräus heranwagen, geht aus der am 14.12.42 erfolgten Versenkung des deutschen Dampfers

Delphin[169] bei Makronisi hervor. Obwohl auf Grund der veränderten Lage der Nachschub nicht mehr nach Afrika läuft, kann von einem etwaigen Abflauen der U-Bootgefahr in der Ägäis keine Rede sein.

Dienstag, 15.12.42
Salamis. Nichts besonderes.

Stellungnahme des Admiral Ägäis zum K.T.B. vom 1.12. bis 15.12.42
— zum 1.12.42 1400 Uhr: Die Geleitaufnahme vor Iraklion sollte um 1900 Uhr erfolgen, d.h. das Geleit mußte um diese Uhrzeit den Hafen verlassen haben und vor der Sperre stehen. Da erfahrungsgemäß eine gewisse Zeit bis zum Ablegen des letzten Dampfers vergeht, muß das Auslaufen des Geleits entsprechend früher stattfinden. Im vorliegenden Fall ist das Auslaufen verhältnismäßig schnell und glatt gegangen, so daß es früher, als beabsichtigt, vor der Sperre stand. Infolge des unsichtigen Wetters und der Dunkelheit hat *Hermes* das Geleit verfehlt. Zukünftig wird dies bei solchen Anschlußgeleiten besonders beachtet werden.
— zum 8.12.42: Es ist besonders Wert darauf gelegt worden, daß *Hermes* alle als Stützpunkte in Frage kommenden Häfen, u.a. auch Mudros, kennenlernt. Von den italienischen Stützpunkten kennt *Hermes* ital. Kriegshafen Leros. Anlaufen Rhodos ist bei nächster Gelegenheit vorgesehen.
— zum 9.12.42: Der italienische Verbindungsoffizier ist über das Verhalten *Solferino* unterrichtet.
gez. Förste

Mittwoch, 16.12.42
Salamis. Kommandant erhält das Ritterkreuz. Musterung der Besatzung durch Befehlshaber Admiral Ägäis. Ein Offizier, zwei Obermaschinisten und ein Unteroffizier erhalten das E.K.I. Verleihung von Zerstörerkriegsabzeichen und E.K.II. an die Besatzung. Es ist ein besonders schöner und sonniger Tag. Die Besatzung ist erfüllt von Freude über die gezollte Anerkennung.

Donnerstag, 17.12.42
Salamis. Eingang des Befehls: Tanker *Celeno*, Dampfer *Fanny Brunner*[170] und Minenschiff *Bulgaria* nach Saloniki zu geleiten. Dazu Zerstörer *Euro* und Torpedoboot *Solferino*. Auslaufen 18.12. früh. Marschweg innerhalb Euböas. Wegen verschiedener Unterbrechungen (Brücke Chilkis) Einlaufen Saloniki 21.12. 0600 Uhr. Marschbefehl 9 sm. *Hermes* Geleitführer.

Freitag, 18.12.42
0530 Uhr. Salamis abgelegt und Geleitzug außerhalb Netzsperre gesammelt. Da *Bulgaria* wegen Anbordnahme von Gefangenen verspätet ausläuft, wird bis zu ihrer Aufnahme bei Gaidaros mit 7 sm marschiert.

0730 Uhr. Drei Arados als Luftsicherung beim Verband. Dampfer in Dwarslinie, vorn *Hermes*, an Bb. *Euro*, an Stb. *Solferino*. *Bulgaria* erhält Befehl, Weg abzuschneiden und schließt 0830 Uhr heran. Marschfahrt 9 sm.
1030 Uhr. Petali-Golf. Geleitzug unter Führung U.J. *2102* passiert auf Gegenkurs.
1230 Uhr. Geleit 6 sm vor Cavaliani aufgelöst zum schiffsweisen Passieren der Sperrlücke. *Hermes* sichert währenddessen hinter dem Verband. 1320 Uhr. Netzsperre Cavaliani passiert. Einheiten entlassen nach Chalkis. Luftsicherung geht ein. 1554 Uhr schiffsweise Marsch nach Euripos-Kanal. Vor Chalkis geankert. Nach Mitteilung Hafenkommandant kentert der Strom morgen gegen 0600 Uhr, so daß Geleit mit dem ersten Büchsenlicht die Brücke passieren kann. Vielleicht ist auf diese Weise gegenüber dem Reiseplan ein Tag herauszusparen und bereits am 20.12. Saloniki zu erreichen.

Sonnabend, 19.12.42
Zwischen Euböa und Festland, Atalanta-Kanal. 0620 Uhr. Anker auf zum Passieren der Brücke von Chalkis, zuerst die Sicherungsboote, danach die Dampfer. Bei dem geringen Strom und der Windstille macht Passieren keine Schwierigkeiten. Mit 15 sm mit wenig mitlaufendem Strom durchgefahren. 0740 Uhr ist der geamte Geleitzug durch. Hierdurch ist es möglich, die Trikiri-Sperre noch vor Eintritt der Dunkelheit zu passieren, so daß nichts im Wege steht, den Marsch nach Saloniki ohne Unterbrechung fortzusetzen und damit gegenüber dem ursprünglichen Plan einen Tag zu gewinnen. Entsprechende Absicht an Admiral Ägäis gemeldet und um Einverständnis gebeten. Sicherungsboote laufen mit 15 sm von Chalkis zur Oreos-Bucht. Geleit folgt mit 9 sm.
1200 Uhr. Oreos-Bucht geankert. Admiral Ägäis ist mit Weitermarsch einverstanden. So gewinnt die Ölversorgung Piräus voraussichtlich einen Tag.
1430 Uhr haben die Dampfer Oeros-Bucht erreicht. Erhalten Befehl, in Kiellinie zu sammeln. Trikiri-Sperre 1535–1600 Uhr passiert. Durch die Skiathos-Straße in Kiellinie gesteuert und 1700 Uhr nach Passieren der Enge Dwarslinie gebildet und 338 Grad, Kurs auf die Saloniki-Bucht, genommen. Vorn *Hermes*, *Euro*, *Solferino* an beiden Seiten. Seekommandant Saloniki teilt durch Funkspruch mit, daß die Möglichkeit bestehe, daß Feuer Epanomi nicht brennt. Dieses Feuer ist bei nächtlicher Ansteuerung Salonikis der einzige Anhalt für sichere Einsteuerung in das Minenwarngebiet und nicht zu entbehren, wie dem Seekommandant bekannt sein müßte. Die Navigation der Dampfer ist ohnehin wenig zuverlässig, sowohl wegen der Fahrtänderungen beim Stellungshalten im Verbande, als auch wegen der meist unzuverlässigen Kompasse. Somit ist *Hermes* gezwungen, die Navigation zu übernehmen, wodurch sein Wert als Sicherungsboot, das wie ein Schäferhund in der milchigen Mondnacht das Geleit gegen aufgetauchte U-Boote umkreisen sollte, erheblich eingeschränkt wird. Aber auch mit unseren guten Hilfsmitteln bleibt die navigatorische Lage unsicher und gefährlich. Warum der Seekommandant zur sicheren Einbringung des Geleits nicht für das zuverlässige Brennen des Feuers sorgt oder eine Aushilfe für die beiden fraglichen

Stunden organisiert, ist mir unbekannt, zumal Wewa[171] Saloniki Frühdunst voraussagt.

1630 Uhr. Einbruch der Dunkelheit. Zwischen Skiathos und Saloniki. 1805 Uhr erhält *Euro* durch U.K. Befehl, ein abgeblendetes Fahrzeug unter der Küste in Augenschein zu nehmen. Fahrzeug ist nach Meldung *Euro* unverdächtiger griechischer Motorsegler. Reisemarsch mit 9 sm. Geleitzug gut in Formation.

Sonntag, 20.12.42

0010 Uhr. Bucht von Saloniki. Dampfer machen anscheinend weniger als 9 sm, so daß wir südlicher stehen werden und jedenfalls gut frei vom Warngebiet kommen werden. Da Feuer Epanomi nicht in Sicht kommt und offensichtlich nicht brennt, kommt es darauf an, die grüne Blitztonne A des Bojenstrichs durch das Warngebiet zu erfassen. Nach Kopplung müßte sie jetzt in Sicht kommen.

0110 Uhr kommt in 60 Grad ein festes Feuer in Sicht, zwei weiße Lichter übereinander. Da nach dem Leuchtfeuerverzeichnis Epanomi bei Unklarsein zwei feste weiße Lichter übereinander zeigt, ist es nicht ausgeschlossen, daß wir verkehrt stehen und diese weißen Lichter Epanomi sind. Daher zunächst einmal mit dem Verband auf 60 Grad gegangen, um in jedem Fall frei vom Warngebiet zu kommen.

An Bb. kommt erst ganz schwach, dann besser sichtbar, die grüne Blitztonne in Sicht. Nach Ablaufen von 3 sm nach Bb. geschwenkt und auf 323 Grad gegangen, die Ansteuerung voraus genommen. Verband in Kiellinie formiert. 0210 Uhr. Tonne A passiert. Die Sicht verschlechtert sich erheblich. Um den Schiffen die unbeleuchteten Tonnen zu zeigen, wird der Scheinwerfer angestellt. Fahrt auf 7 sm ermäßigt. *Celeno* und *Fanny Brunner* bleiben gut heran. *Bulgaria* sackt aus unbekannten Gründen erheblich. Sämtliche Tonnen werden gefunden, wobei das S-Gerät sehr gute Dienste leistet. Schließlich herrscht Nebel. Nach Passieren der roten Blitztonne F und damit der Sperrlücke ist Geleit beendet. Zerstörer hält sich noch bis zum Passieren des gesamten Geleits an der Sperrlücke auf. Als wegen dichten Nebels nichts mehr zu erkennen ist, wird 0410 Uhr außerhalb der Fahrstraße geankert, um in der Nähe des Geleits zu bleiben, das Befehl erhält, zu ankern und dann »Freies Manöver« bekommt.

Auch am Morgen herrscht noch erheblicher Nebel. Bei vorübergehendem Aufklaren wird 1000 Uhr Anker gelichtet und Saloniki eingelaufen. Die Schiffe sind zum Teil eingelaufen, zum Teil folgen sie im Laufe des Vormittags. *Celeno* geht mittags an die Ölpier zum Beginn der Brennstoffübernahme.

Montag, 21.12.42

Saloniki. Wehrmachtbefehlshaber Südost, Generaloberst Löhr, besichtigt den Zerstörer und begrüßt mit einer Ansprache die Besatzung. Anschließend Mittagessen in der Offiziersmesse.

Den ganzen Tag herrscht dichter Nebel. Heute, an dem ursprünglich vorgesehenen Tage, wäre Einlaufen nicht möglich.

Dienstag, 22.12.42

Saloniki. Nichts besonderes. Schiffahrt im Golf von Saloniki ruht wegen Nebels. *Celeno* ist morgen mit Ölübernahme fertig und damit auslaufbereit. Auslaufen für 22.12. 2000 Uhr vorgesehen. *Celeno* und *Bulgaria*, Kurs durch die Skiathos-Durchfahrt innerhalb Euböa, Trikiri, Atalante, Euripos, Petali, Piräus. Sicherung *Hermes* und Torpedoboot *Solferino*. Seekommandant teilt mit, daß etwa 40 sm von Saloniki bei Potidöa ein U-Boot einen griechischen Segler versenkt hat. Nach den Richtlinien des Admiral Ägäis über den Einsatz des Zerstörers zur U-Jagd sehe ich von der Dampfaufnahme ab und laufe nicht aus.

Geleit nach Piräus durch Admiral Ägäis um 8 Stunden verschoben, um Hauptteil des Marsches im u-bootgefährdeten Gebiet bei Tage zurückzulegen. Ich melde, daß ich persönlich den Marsch bei Nacht für ungefährlicher halte und daher vorziehe.

Mittwoch, 23.12.42

Saloniki. 0850 Uhr. Kymi (Euböa) ist 0820 Uhr von U-Boot beschossen worden. Wahrscheinlich dasselbe U-Boot wie gestern bei Potidöa (rd. 100 sm in 20 Stunden). Kleinschiffahrt wird gesperrt. U-Jagd mit Flugzeugen.

1100 Uhr. Kommandantensitzung. Auf augenblickliche U-Bootgefahr abgestellt.

Donnerstag, 24.12.42

0300 Uhr. Saloniki abgelegt. 0400 Uhr. Netzsperre passiert und *Celeno* durch Bojenstrich geführt. 0500 Uhr. Marschformation aufgenommen. Schiffe in Dwarslinie. An Bb. als der meistgefährdeten Seite sowohl wegen der Mondstellung als auch später als Seeseite, *Bulgaria* und sichert *Hermes*, an Stb. steht *Solferino*. Feuer Epanomi brennt. Marschfahrt mit 9 sm. Golf von Saloniki. 0650 Uhr. Sonnenaufgang. 0745 Uhr. Luftsicherung — endlich — trifft ein. Eine He 111, fast zwei Stunden nach Hellwerden. Eine Arado als zweite Maschine. 0900 Uhr. Eine dritte Maschine beim Verband. Vor der Skiathos-Durchfahrt führt der Kurs etwa 3000 m parallel zur Küste. *Solferino* daher an Bb. *Hermes* vor dem Verband. 1400 Uhr. Atalanta-Kanal. Trikini-Sperre passiert. *Solferino* detachiert zum Vorlaufen nach Chalkis. 2000 Uhr. Mit *Celeno* und *Bulgaria* mit 9 sm nach Chalkis marschiert. Dort 2100 Uhr vor Anker gegangen. Auf dem Marsch Freiwache Weihnachtsfeier mit Ansprache des Kommandanten, Bescherung und Weihnachtsliedern. Chalkis-Reede. Chalkis-Brücke soll morgen früh zwischen 0800 und 0900 Uhr passiert werden.

Freitag, 25.12.42

0818 Uhr. Anker gelichtet und Chalkis-Brücke passiert. Mit dem Geleit durch den Euripos-Kanal in Kiellinie marschiert. 1142 Uhr. Cavaliani-Sperre passiert und Dwarslinie mit U-Bootsicherung an beiden Seiten eingenommen. Zwei Arados als Luftsicherung.

1148 Uhr. Petali-Golf. In der Durchfahrt von Makronisi, querab von Lavrion, kommt ein Motorkutter in Rufweite. Ein deutscher Marinesoldat ruft herüber:

»Befehl von Admiral Ägäis, kehrt machen und nach Chalkis gehen.« Ich lasse den Mann an Bord kommen. Ich rechne zwar mit einem Mißverständnis, da Befehlsweg ungewöhnlich und Befehlsinhalt nur bei ganz außergewöhnlichen Vorkommnissen einen Sinn ergibt. Bei augenblicklicher gespannter Lage halte ich es jedoch für richtig, zunächst erst einmal den Befehl, unter gleichzeitiger Funkmeldung an Admiral Ägäis, auszuführen und lege den Verband auf Nordkurs um.

Petali-Golf. 1620 Uhr. KR-Funkspruch von Admiral Ägäis: »Befehl war falsch, nach Piräus gehen.« Es wird wieder kehrt gemacht. Wir haben gut drei Stunden verloren. Marschfahrt wie bisher. Keine besonderen Vorkommnisse.

Golf von Athen. 2020 Uhr. Bei Phleves Verband aufgelöst. Trotz der verlorenen Zeit am 1. Weihnachtsfeiertag morst der freundliche Kapitän des ital. Tankers: »K an K. Herzlichen Dank für Geleit. Wir haben immer das Gefühl der Sicherheit, wenn Sie Geleitführer sind.«

2108 Uhr. Netzsperre Piräus passiert und anschließend mit brennendem Weihnachtsbaum durch die Reede von Salamis gelaufen und dort 2145 Uhr festgemacht.

Sonnabend, 26.12 – Montag, 28.12.42
Salamis. Ruhe.

Dienstag, 29.12.42
Salamis. Geht Befehl von Admiral Ägäis ein, morgen Tanker *Albaro*[172] nach den Dardanellen zu geleiten. Sicherungsboot außer *Hermes* Torpedoboot *Solferino*. Weg durch Doro-Kanal, östlich Skyros, hart unter Lemnos nach den Dardanellen. Marschfahrt 8 sm. Dort Aufnahme Tanker *Alba Julia* und Rückgeleit nach Piräus. Wiedereintreffen Piräus 1.1.43 morgens.

Mittwoch, 30.12.42
0430 Uhr. Salamis abgelegt und 0500 Uhr mit *Albaro* und Torpedoboot *Solferino* Netzsperre Piräus passiert. Golf von Athen. 0640 Uhr. Luftsicherung, eine Arado und ein He 111 beim Verband. Auf den bekannten Kursen ausgelaufen.

0900 Uhr. Zerstörer steuert Zickzackkurse vor *Albaro*. *Solferino* an Stb. *Albaro* macht ebenfalls nach dem Vorbild von *Hermes* Zickzackkurse. Da hiermit die Vormarschgeschwindigkeit bei 8 sm auf ein Minimum herabgedrückt wird, bekommt *Albaro* Befehl, gerade Kurse zu steuern.

Seit 0950 Uhr nur eine Maschine beim Verband. Sporaden, östlich Skyros. Ab 1300 Uhr wieder eine zweite Maschine Luftsicherung. Bei der spiegelglatten See ungünstige Angriffverhältnisse für U-Boote. Reisemarsch mit 8 sm ohne besondere Vorkommnisse. Da *Albaro* U.K. hat, wird für die Nacht Befehlserteilung durch U.K. vorgesehen. Leider ist das Torpedoboot *Solferino* nicht mit U.K. ausgerüstet.

1600 Uhr. Luftsicherung geht ein, noch vor Sonnenuntergang!

1700 Uhr. Ungewöhnlich dunkle Nacht. Sicherungsboote allgemein gerade Kurse. Gelegentlich Aufklärungsvorstöße. Wegen Schwerfälligkeit von *Albaro* übernimmt *Hermes* die Navigation. 2345 Uhr. Mondaufgang.

Donnerstag, 31.12.42

Ägäis zwischen Skyros und Lemnos. 0100 Uhr. Griech. Motorsegler ohne Lichter untersucht. Unterwegs nach Saloniki. Wolkendecke reißt verschiedentlich auf. 0300 Uhr. *Solferino* beauftragt, Fischkutter ohne Lichter zu untersuchen. Unverdächtig. 0420 Uhr. Die Dardanellenbefeuerung (Tenedos, Adalorei, Helas) in Sicht. 0630 Uhr. *Albaro* vor dem Eingang der Dardanellen entlassen.

Vor den Dardanellen mit *Solferino* auf- und abgestanden zur Aufnahme des rumänischen Dampfers *Alba Julia*, der 0900 Uhr eintreffen soll.

1030 Uhr meldet *Georgios* (Südausgang Golf von Athen) in südlicher Richtung ein U-Boot auf Sehrohrtiefe.

1120 Uhr. *Alba Julia* in Sicht. 1215 Uhr. *Alba Julia* aufgenommen. Funkmeldung erstattet. 1230 Uhr. Luftsicherung beim Verband. 1230 Uhr. Marschfahrt 9 sm. Spiegelglatte See. Für U-Bootangriffe ungünstig. Sicherung auf beiden Seiten. Innerhalb des Warngebietes gerade Kurse, danach Zickzack.

1450 Uhr. U-Bootwarnmeldung von Admiral Ägäis: Südwestlich Kap Sunion, also auf unserem Weg morgen früh, hat Flugzeug einwandfrei wegtauchendes U-Boot gesichtet. 1455 Uhr. Luftsicherung (2 Arados) verläßt ohne Ablösung den Verband. 1530 Uhr. Es trifft keine neue Ablösung ein, obwohl es noch immer 1 1/2 Stunden bis Eintritt der Dunkelheit ist. Ein Funkspruch nützt bei der notwendigen Zeit zum Anflug nichts. Ägäis, östlich der kleinen Sporaden. 1603 Uhr. Sonnenuntergang des Jahres 1942. Aufstellung der Sicherungsboote für die Nacht. Marsch östl. Agios Eustratios zum Doro-Kanal und nach Makronisi. Wegen Einlaufens *U 617* wird U-Jagd in einem Gebiet gesperrt, das Verband nicht berührt. — Jahreswechsel.

Freitag, 1.1.43

0028 Uhr. Mondaufgang. Reisemarsch. Nichts besonderes. 0638 Uhr. Sonnenaufgang. Zwischen Attika und Makronisi. 0650 Uhr. Zwei Maschinen beim Verband. *Hermes* vorn, *Solferino* an Bb. 0900 Uhr. Cap Sunion passiert. Hier wurde gestern ein U-Boot gemeldet. 1050 Uhr. Phelves passiert. Luftsicherung geht ein. Verband aufgelöst.

Aufgabe durchgeführt. Sie wurde besonders begünstigt durch die ausnahmslos glatte See, die U-Bootangriffe erschwert.

1200 Uhr. Piräus. Shellager zur Brennstoffübernahme festgemacht.

Im Dezember 16 Seetage, 15 Hafentage. Ein für den Zerstörer erfolgreiches Jahr hat damit seinen Abschluß gefunden. Seit dem 26. Juni wurden 35 Unternehmungen erfolgreich und verlustlos durchgeführt. Außer zwei Verwundungen traten keine Ausfälle oder Einbußen durch Feindeinwirkung, durch Havarie oder durch Beschädigungen ein.

Stellungnahme des Admiral Ägäis zum K.T.B. vom 15.12 bis 31.12.42

— zum 31.12.42 1530 Uhr: Da die Landung einer weiteren Flugzeugrotte in die Dunkelheit gefallen wäre und nachtflugfähige Besatzungen nicht zur Verfügung standen, war eine weitere Luftsicherung bis Dunkelwerden nicht mehr möglich.

III./K.G. 100 ist aufgefordert worden, bei Eingehen der Luftsicherung eine Abmeldung der Flugzeuge sicherzustellen.
gez. Förste

Zum Jahresanfang 1943: Wie man hört, sind sämtliche französische Beutezerstörer (man spricht von 6–10 modernen Fahrzeugen), die von deutschen Truppen in Toulon, Marseille und Bizerta in Besitz genommen wurden, den Italienern übergeben worden. Dieses wird für die Verwendung des Zerstörers *Hermes* von grundsätzlicher Bedeutung sein. Die Aussicht, das Geleit der deutschen Afrikatruppen nach Tunis und Tripolis mit einem deutschen Sicherungsverband durchzuführen, ist damit hinfällig geworden, eine Tatsache, die nach den traurigen Erfahrungen des Cyrenaika-Nachschubs im Sommer und Herbst 1942 von heute noch nicht abzuschätzender Bedeutung ist. Außerdem ist damit die Hoffnung begraben, eine deutsche Zerstörer-Flottille zu bilden, die bei weiterem Eindringen der Angelsachsen in unseren Raum nach deutschen taktischen Grundsätzen, unter deutscher Führung und mit deutscher Ausbildung gegen den Feind eingesetzt werden könnte. Wird in einem solchen Fall *Hermes* einer italienischen Flottille angegliedert, so muß nach meiner Ansicht die Führung bei dem italienischen Flottillenchef liegen, da wohl ein fremder Verband bei Geleitsicherung gegen Luft- und U-Bootangriffe, wenn auch mit Schwierigkeiten, zu führen ist, aber kaum beim Ansatz gegen Überwasserstreitkräfte, es sei denn, daß eine gewisse Einfahrzeit zur Verfügung gestellt würde. Nachdem vom O.K.M. der Antrag des Deutschen Marine Kommandos Italien, *Hermes* ihm zu unterstellen, gemäß der Stellungnahme der Gruppe Süd abgelehnt wurde, durchführt der Zerstörer jetzt mit dem Rest der in der Ägäis verbliebenen italienischen Torpedoboote (*Calatafimi*, Baujahr 1922 und *Solferino*, Baujahr 1919) Geleitdienst in der Ägäis. Die wichtigsten Geleite hier sind zur Zeit die der Aufrüstung und der Versorgung der Insel Kreta und des Brennstoffnachschubs aus den Dardanellen und aus Saloniki.

Sonnabend, 2.1.43
Eingang des Befehls, am 3.1. Schwergutschiff *Santa Fe*, Dampfer *Citta di Alessandria*, *Citta di Savona* nach Suda und Iraklion zu geleiten. Sicherung außer *Hermes* Torpedoboote *Solferino* und *Calatafimi*. Operationsbefehl: Auslaufen 1200 Uhr. Westausgang Ägina über Weg westl. Milos nach Suda. Dort die beiden Dampfer abgeben und mit *Santa Fe* und *Calatfimi* weiter nach Iraklion und zurück nach Suda. Eintreffen Suda 4.1. 0600 Uhr. Eintreffen Iraklion 4.1. 1200 Uhr. Wiedereintreffen Suda 1800 Uhr. Marschfahrt 9 bzw. 10 sm. Besprechung mit Kommandant *Santa Fe* über Durchführung. Mit den eingefahrenen *Citta*-Kapitänen erübrigt sich Besprechung.

Sonntag, 3.1.43
Piräus. West 8–9. Auslaufen wird wegen Wetterlage belegt und um 24 Stunden verschoben. Bei Sunion ist das Minenschiff *Drache*[173] im Verbande von einem engli-

schen Torpedoflugzeug ohne Erfolg angegriffen worden. Ein weiteres Anzeichen für das Auftreten der engl. Luftwaffe in der Ägäis.

Montag, 4.1.43
Piräus. West bis Nordwest 8, in Böen 9. Wegen Wetterlage um weitere 24 Stunden Auslaufen verschoben. Auslaufen am 5.1. 1200 Uhr.

Dienstag, 5.1.43
1200 Uhr. Piräus Netzsperre, Verband gesammelt und in Kiellinie ausgelaufen. 1220 Uhr. Luftsicherung beim Verband, 2 He 111. 1400 Uhr. Dwarslinie gebildet: *Santa Fe* als kostbarstes Schiff in der Mitte. Führung des Konvois durch *Citta di Alessandria*. Vorn Stb. *Calatafimi*, vorn Bb. *Hermes*, beide mit S-Gerät. An Bb. querab als der Seeseite *Solferino* ohne S-Gerät. Marschfahrt 9 sm. Von der Bodenstelle Suda geht ein Funkspruch an unsere Sicherungsflugzeuge über engl. Flugzeuge in Qu. 4800 (nördli. Cycladen). Der Verband wird daraufhin noch einmal auf besondere Aufmerksamkeit auf feindliche Flugzeuge hingewiesen.
1600 Uhr. 37 Grad 25,3 ′ N, 23 Grad 37,5 ′ O. 1605 Uhr. Luftsicherung geht ein (3 He 111). Nachtformation: *Hermes* vorn, Stb. *Calatafimi*, Bb. *Solferino*, achterlicher als querab. Dampfer wie bisher Dwarslinie. Dampfer fahren sehr gut.
1624 Uhr. Sonnenuntergang.
2150 Uhr. FT. von Admiral Ägäis: »Mit Begegnung *U 617* auslaufend rechnen.« Kommt jetzt ein U-Boot, zumal von achtern, in Sicht, ist es ungewiß, ob es ein feindliches ist. Da ich nicht annehme, daß *U 617* auf unserem Weg marschiert, gebe ich die Warnung an die ital. Torpedoboote nicht weiter, solange nicht irgendwelche Umstände mich veranlassen, von unserem beabsichtigten Kurs abzugehen und damit ein Zusammentreffen mit *U 617* näherrückt. Der Auslaufweg *U 617* ist nicht angegeben.
2400 Uhr. 36 Grad 21 ′ N, 24 Grad 04,9 ′ O. Nachtmarsch ohne besondere Ereignisse.

Mittwoch, 6.1.43
0400 Uhr. 35 Grad 49 ′ N, 24 Grad 9 ′ O. 0520 Uhr. Admiral Ägäis teilt mit, daß *U 617* wieder Piräus einläuft. Die nicht ganz klare Situation erledigt sich damit.
0620 Uhr. Vor der Einfahrt von Suda-Bucht. *Santa Fe* wird durch Flaggensignal aus dem Verband herausgezogen, der unter Führung von *Solferino* Suda einläuft. *Hermes*, *Calatafimi* und *Santa Fe* setzten Reisemarsch nach Iraklion fort.
Nordküste Kreta. 1122 Uhr. *Santa Fe* vor Netzsperre Iraklion entlassen. Mit *Calatafimi* mit 17 sm zurück nach Suda.
Aufgabe durchgeführt.
Zwei Maschinen (BV 222) passieren den Verband dicht über dem Wasser auf dem Flug nach Piräus und kommen bald unter der Kimm außer Sicht. 1400 Uhr. *Calatafimi* meldet, daß seiner Meinung nach beide Maschinen abgestürzt seien. Da er auf Anfrage mitteilt, daß er keine roten Sterne gesehen hat, liegt also meines Erachtens kein Grund vor, etwas zu veranlassen oder sich zu beunruhigen.
1440 Uhr. Netzsperre Suda passiert und 1500 Uhr Sudabucht geankert.

Donnerstag, 7.1.43

Sudabucht. 0900 Uhr. In einen für italienische große Schiffe vorbereiteten Netzkasten verholt, da mit engl. Torpedoflugzeugen gerechnet werden muß. Die beiden Torpedoboote verholen dicht unter Land und ankern.

Freitag, 8.1.43

Da die Festmachbojen für den Zerstörer zu weit auseinander liegen, wird vorne mit 110 m Kette geankert, achtern mit zwei Stahlleinen an der Tonne festgemacht. Es gehen zwei U-Bootmeldungen aus der Ägäis (Nauplia) ein.

Sonnabend, 9.1.43

Auslaufbefehl für 10.1. 1300 Uhr geht ein. 1700 Uhr. Auslaufen um 24 Stunden auf 11.1. 1300 Uhr verschoben.
Eine weitere U-Bootmeldung aus der Ägäis.

Sonntag, 10.1.43

Auslaufen aus unbekannten Gründen vom 11.1. um weitere 24 Stunden auf 12.1. verschoben. Bei dem stürmischen Wetter hält der Anker nicht, sondern schliert. Darauf Leinen ausgefahren und auch vorn an Festmachertonne festgemacht. Auch die für große Schiffe berechnete Boje gibt bei heftigen Böen nach und schliert. Maschine halbstündige Bereitschaft. Bei Netzkasten für schwere Schiffe besteht Gefahr, daß Schiffe treiben und Schrauben unklar vom Netz kommen.

Montag, 11.1.43

Sudabucht. Wetter noch stürmisch, aber abflauend. Nichts besonderes, normale Bereitschaft. U-Bootmeldung südlich Kreta.

Dienstag, 12.1.43

1230 Uhr. Aus Netzkasten losgeworfen und mit *Calatafimi* Marsch nach Iraklion auf den Zwangskursen mit 18 sm Marschfahrt angetreten. Keine Luftsicherung. Aufgabe: *Santa Fe* um 1600 Uhr von Iraklion abzuholen und nach Suda zu geleiten, um am 13.1. mit ihr und *Citta di Savona* und *Citta di Alessandria* früh nach Piräus auszulaufen. 1615 Uhr. *Santa Fe* vor Iraklion aufgenommen und Rückmarsch nach Suda angetreten. Marschfahrt 11 sm. *Calatafimi* an Bb., *Hermes* in Mondlee an Stb. sichernd. 2010 Uhr. Admiral Ägäis teilt durch Funkspruch mit, daß heute vormittag 1100 Uhr der spanische Dampfer *Isora* bei Makronisi (Attika) von zwei Torpedoflugzeugen angegriffen wurde (Fehlschuß). Damit tauchen zum zweitenmal Torpedoflugzeuge in der Ägäis auf.
2130 Uhr. In Ermangelung militärischer Ereignisse wird berichtet, daß im Osten bei dem halben Mond und leichtem Regenschauer ein weißgrauer Regenbogen sich bildete, der sich von Kimm zu Kimm wölbte, eine Erscheinung, die sämtliche Leute an Bord zum ersten Male in ihrem Leben sahen.
2200 Uhr. Mit *Santa Fe* und *Calatafimi* Sudabucht geankert.

Mittwoch, 13.1.43

0600 Uhr. Suda-Netzsperre mit *Citta di Alessandria*, *Citta di Savona*, *Santa Fe*, Torpedobooten *Calatafimi* und *Solferino* passiert und auf den Zwangskursen Kurs auf Piräus genommen. Zwischen Kreta und Milos. Marschfahrt 9 sm. Reisemarsch zwischen Milos und Antimilos nach Makronisi. Einlaufen Piräus 0000 Uhr beabsichtigt. An Stb. (Sonnenseite) sichern *Hermes* und *Solferino*, an Bb. *Calatafimi*.

0620 Uhr. Drei Arados beim Verband. 0630 Uhr. Verband wird besondere Aufmerksamkeit auf feindl. Torpedoflieger empfohlen. Letzte U-Bootmeldungen: ein U-Boot vor Nauplia, eins östlich Naxos, beide am 8.1.

0830 Uhr. Eine He 111 beim Verband. Als Kampfmaschine sehr willkommen, danach noch eine Ju 88. *Calatafimi* mit S-Gerät jetzt vor dem Verband, an Stb. *Solferino*, an Bb. *Hermes*. Letztere Zickzackkurse. Verband fährt gut geschlossen, Fahrt über den Grund 8,5 sm. Westlich Milos, 36 Grad 44 ' N, 24 Grad 13 ' O.

1600 Uhr. Luftsicherung geht bei dem unsichtigen Wetter ein. Für die Dunkelheit wird dieselbe Formation angeordnet, die seitliche Sicherung etwas achterlicher. S-Gerät auf Geräuschpeilung.

1629 Uhr. Sonnenuntergang.

2400 Uhr. Der gut eingefahrene Verband fährt auch in der dunklen Nacht in Dwarslinie und hält gut Position. Kompaß von *Citta di Alessandria* (Richtungsschiff) ungenau, so daß *Hermes* verschiedentlich in die Navigation eingreifen muß.

Donnerstag, 14.1.43

0016 Uhr. Monduntergang. 0100 Uhr. Phleves. Verband entlassen. 0205 Uhr. Netzsperre Piräus passiert und Salamis 0250 Uhr festgemacht. Bei der mondlosen, bedeckten Nacht ohne Scheinwerfer nach voraus und ohne Schlepperhilfe ist das ohnehin schwierige Manöver durch die jetzt ausgelegte Netzsperre in Salamis bei dem ablandigen Wind weiter kompliziert und erschwert.

Aufgabe durchgeführt.

Eingang des Befehls, den Tanker *Petrakis Nomicus*[174] zusammen mit Torpedoboot *Calatafimi* von Piräus nach Saloniki zu geleiten. Auslaufen 15.1. 0900 Uhr. Eintreffen Saloniki 16.1. 0800 Uhr. Marschfahrt 11 sm. Es handelt sich um den besten und größten Tanker in der Ägäis, der selbst mit S-Gerät ausgerüstet ist. Marschweg durch Doro-Kanal, westl. Skyros, östl. Skantzoura, Pelago-Duchfahrt nach Cassandra Huk, Kap Epanomis.

Freitag, 15.1.43

0840 Uhr. Salamis abgelegt und nach Passieren der Netzsperre mit Tanker und *Calatafimi* Reisemarsch angetreten. S-Gerät des Tankers in den S-Geräte-Schirm eingegliedert und die erforderlichen Befehle für das Verhalten bei Auftreten eines Echos an den Verband übermittelt.

0951 Uhr. Starke Luftsicherung (2 He 111 und 2 Arados) beim Verband. 1500 Uhr. Doro-Kanal passiert. Reisemarsch östl. Euböa. 1600 Uhr. 38 Grad 12,1 ' N, 24 Grad 36,5 ' O.

1620 Uhr. Luftsicherung geht ein. 1625 Uhr. Sonnenuntergang. Sporaden meist gut auszumachen. Aufstellung der Sicherung für die Nacht.
2000 Uhr. 38 Grad 55,6 ' N, 24 Grad 12,7 ' O. 2230 Uhr. Pelagos-Straße passiert. 2400 Uhr. 39 Grad 33,3 ' N, 23 Grad 44,8 ' O (nach Kopplung). Admiral Ägäis teilt durch Funkspruch mit, daß um 0700 Uhr zwei Vorpostenboote bei Tonne B der Einsteuerung nach Saloniki stehen werden. Da wir wahrscheinlich zwei Stunden eher dort sein werden, haben sie für uns voraussichtlich keinen Wert. Da Nebel angesagt ist, könnten sie immerhin von Nutzen sein.

Sonnabend, 16.1.43
0219 Uhr. Monduntergang. Feuer Cassandro kommt in Sicht, hat falsche Kennung, so daß zunächst eine gewisse Unsicherheit über navigatorische Lage vorhanden ist. Nach 10 Minuten wieder außer Sicht.
0425 Uhr. Golf von Saloniki. 40 Grad 14,5 ' N, 22 Grad 58,6 ' O. 0540 Uhr. Vor Tonne A der Ansteuerung mit geringer Fahrt auf·Eintritt der Dämmerung gewartet, um den Bojenstrich ausmachen zu können. Kiellinie eingelaufen. Verband entlassen. 0651 Uhr. Sonnenaufgang. 0745 Uhr. Saloniki Innenhafen festgemacht. **Aufgabe durchgeführt.**

Stellungnahme des Admiral Ägäis zum K.T.B. vom 1.1. bis 15.1.43
— zum 1.1.43 erster Absatz: Zerstörer *Hermes* hat noch andere und wichtigere Aufgaben zu erfüllen, als die vom Kommandanten angeführten. Er stellt mit seinem Können und seinen Erfahrungen den Ausbilder in der Ägäis dar, den die Italiener anerkennen und von dem sie willig annehmen. Die entscheidende Aufgabe wird *Hermes* bei einem möglichen anglo-amerikanischen Einbruch in die Ägäis zufallen, wo er die Führung der zusammengefaßten Tropedobootstreitkräfte in See übernehmen wird[175].
— zum 5.1.43 2150 Uhr: Das Aus- und Einlaufgebiet für U-Boote ist das bekannte Gebiet Emil II. Der Kurs bis Punkt 140 Anton ist der Zwangsweg. Von Punkt 140 Anton ab muß damit gerechnet werden, daß das U-Boot von dem direkten Weg je nach Lage abweicht.
— zum 10.1.43: Die Netzsperre Süd ist von dem Schlieren der Boje unterrichtet worden.
— zum 12.1.43 2130 Uhr: Es dürfte sich in diesem Fall nicht um einen Regenbogen gehandelt haben, sondern um ein Mond-Halo, das durch Brechung der Lichtstrahlen des Mondes am kleinen Eiskristallen hervorgerufen wird. Der Mond stand zur Beobachtungszeit (2130 Uhr) genau im Westen, ungefähr 10 Grad über der Kimm, so daß das Halo bei dem in den meisten Fällen gegebenen Durchmesser von 44 Grad zum Teil schon unterhalb der Kimm lag.
— zum 14.1.43: Das letzte Geleit vor Beginn der Maschinenüberholungszeit mit dem 10.000 to großen Tankdampfer *Petrakis Nomicus* stellte *Hermes* vor eine besonders veranwortungsvolle Aufgabe, die erfolgreich durchgeführt wurde.
Der Ausfall des Zerstörers für etwa vier Wochen, der ab 20.1. seine planmäßige Maschinenüberholung durchführen wird, reißt in die an sich schon schwachen Siche-

rungsstreitkräfte der Ägäis eine fühlbare Lücke. Zwei ital. Torpedoboote und zwei U-Jäger stehen für den Geleitdienst nur noch zur Verfügung.

gez. Förste

Sonntag, 17.1.43

Saloniki. Nichts besonderes. Eine U-Bootmeldung östl. Euböa. Eine U-Bootmeldung südöstlich des Golfes von Nauplia.

Eingang des Befehls, morgen, 18.1., zusammen mit *Calatafimi* nach Piräus zurück zu marschieren, da Beladung *Petrakis Nomicus* sich noch geraume Zeit hinziehen wird.

Montag, 18.1.43

0600 Uhr. Saloniki abgelegt und mit Torpedoboot *Calatafimi* Marsch nach Piräus angetreten. Stumpfe Stb.-Staffel, Abstand 800 m.

0640 Uhr. Ostflügel Netzsperre Saloniki hat sich von Boje F losgerissen. Wird optisch über Signalstelle Epanomi an Seekommandant Saloniki mitgeteilt. Geleit U.J. *2101* mit Dampfer *Tanais*[176] überholt.

0830 Uhr. Zwei He 111 als Luftsicherung beim Verband. Reisemarsch durch die Pelagos-Durchfahrt, westl. Skyros, Doro-Durchfahrt nach Sunion. Marschgeschwindigkeit zunächst 20 sm. 1000 Uhr. Mit Rücksicht auf *Calatafimi* auf 19 sm ermäßigt.

1200 Uhr. 39 Grad 08 ' N, 24 Grad 10 ' O. 1430 Uhr. Luftsicherung durch zwei Arado 196 abgelöst. Im Seegebiet zwischen Skyros, Euböa und im Doro-Kanal wird Umschau nach Anhaltspunkten für den Verbleib von U.J. *2103*[177] gehalten, der — am 15.1. zusammen mit U.J. *2101* und dem Dampfer *Burgas* aus Piräus nach Saloniki ausgelaufen — seit der Nacht zum 16.1. spurlos verschwunden ist. Keine Feststellungen.

1610 Uhr. Luftsicherung geht ein. 2000 Uhr. Salamis eingelaufen.

Dienstag, 19.1.43

Salamis. Vorbereitungen zur Maschinenüberholungszeit.

Mittwoch, 20.1.43

Salamis Maureb. Beginn einer planmäßigen Maschinenüberholungszeit von vier Wochen. Sie ist die erste seit der Indienststellung am 21.3.42. Zerstörer bis 19.2. außer Kriegsbereitschaft. Die Maschinenüberholungszeit ist auf Antrag des Kommandos von Admiral Ägäis genehmigt worden.

Bezüglich der Maschinenanlage des Zerstörers darf folgende grundsätzliche Bemerkung gemacht werden: In den ersten zehn Monaten seit der Indienststellung hat die Maschine jeden Seeklarbefehl erfüllt und zwar auf die Minute pünktlich. Störungen, die einen Einfluß auf die Verwendung des Zerstörers hatten, sind ein einziges Mal vorgekommen, nämlich Versalzung der Anlage am 14.8.42 in Navarino. (Ich erinnere an die Praxis 1939 und 1940 [in Deutschland!!!], zu jeder Unternehmung jeweils zwei Reservezerstörer Dampfaufmachen zu lassen, da mit großer Wahrscheinlichkeit der eine oder andere Zerstörer bereits vor Inseegehen wieder unklar meldete.) Es war stets so, daß das Gesetz des Handelns bei der Führung lag und die Maschine die an sie gestellten Forderungen voll erfüllte und nicht umgekehrt, daß die Nöte und Störanfälligkeit der Maschinenanlage auf die Entschlüsse der Führung hemmend einwirkten. Die jetzige Maschinenüberholungszeit ist unumgänglich. Der Zeitpunkt ist von Admiral Ägäis nach Gesichtspunkten der Führung bestimmt worden. An wichtigen Arbeiten sind zu nennen, das Überholen der Fahrventile beider Hauptturbinen und der Gruppenventile, Auswechseln der Turbospeisepumpe und der Entw.Ventile. Neu eingebaut wird im wesentlichen: zwei neue 30-KW-Diesel, Umdrehungszeigeranlage, Kesselschäumeinrichtung, alkalische Kesselschutzeinrichtung.

Die Maschinenüberholungszeit wird außerdem ausgenutzt zum Einbau des feuerscheinfreien Pulverausstoßes der Torpedorohrsätze, Anbringen eines Splitterschutzes auf der Brücke, Einbau von sechs Plätzen für überplanmäßiges italienisches Funk- und Signalpersonal, Grundüberholung der 12,7-cm-Geschütze, Verbesserung der Zielgeberoptik und selbstverständlich Überholungsarbeiten an den Waffen und am Schiffskörper.

Die seemännische Besatzung fährt mit Ausnahme eines Wachkommandos geschlossen auf Erholungsurlaub. Ein Stoßtrupp von Werftarbeitern aus der Heimat (30 Mann) soll Maureb Salamis für die Überholungsarbeiten verstärken.

Donnerstag, 21.1.43 – Dienstag, 26.1.43

Salamis. Maschinenüberholung. Die Arbeiten haben in allen Abschnitten planmäßig begonnen. Der angeforderte und dringend benötigte Arbeiterstoßtrupp aus Deutschland ist noch nicht eingetroffen, was sich bei der augenblicklichen Vielzahl an Fahrzeugen, die beim Maureb Salamis zur Reparatur liegen, ungünstig auswirken muß. In einer Werftbesprechung und beim Oberwerftstab in Athen weise ich auf Grund dieser Tatsache darauf hin, daß eine etwaige Arbeitsteilung zu Ungunsten des Zerstörers untragbar für die Innehaltung des Termins ist. Es wird mir bestätigt, daß der Zerstörer, neben möglicherweise einlaufenden U-Booten, das unbedingte Vorrecht genießt. Vom Oberwerftstab wird erneut der Stoßtrupp dringend angefordert.

Die E-Diesel, Salzmeßanlage, Ferndosierungsanlage für den alkalischen Kesselschutz, die, vor längerer Zeit von Kiel angesandt, offenbar auf dem Bahntransport verloren gingen und nun mehrfach durch Fernschreiben per Luftexpreß neu angefordert werden, sind noch immer nicht eingetroffen. Über den Verbleib der E-Diesel ist trotz dringender Anfrage bei K.M.W. Kiel bisher nichts zu erfahren. Ein Fernschreiben besagt, daß sie am 3.12.42 in Kiel[178] zum Versand kamen. Teile des einzubauenden G.H.G.[179] sind ebenfalls noch nicht eingegangen.

Mittwoch, 27.1.43

Da die Rohrbürsten immer noch nicht eingetroffen sind, muß heute mit der Kesselreinigung begonnen werden, da ein weiteres Hinauszögern untragbar ist.

Donnerstag, 28.1.43

Von K.M.W. Kiel geht Fernschreiben ein, daß Diesel am 22.1.43 von Kiel mit Kurier abgegangen. Wie verträgt sich letzteres mit der Versandnachricht vom 3.12.42?

Freitag, 29.1.43

Maschinenüberholung. Nichts besonderes.

Sonnabend, 30.1.43

Der Baurat Karp vom Maureb Salamis, der anläßlich der Übergabeverhandlung des Maureb Salamis an die Deutschen Werke in Kiel weilte, berichtet, daß die Diesel tatsächlich, aber nur unter Einsatz seiner ganzen Persönlichkeit, am 22.1.43 abgesandt wurden, nachdem sie seit Anfang Dezember versandbereit im Versandlager der K.M.W. gestanden hatten. Der Transport befindet sich jetzt zwischen Wien und Belgrad. Sämtliche Transportkommandanturen seien auf die Dringlichkeit des Transports hingewiesen. Von Admiral Ägäis werden durch Fernschreiben die Transportkommandanturen Belgrad und Saloniki nochmals über die Bedeutung des Transports unterrichtet.

Die Belegung der sichtschwachen Sehrohre des Zentralgebers mit T-Schutz zur Hebung der Lichtstärke nimmt längere Zeit als vorgesehen in Anspruch. Die Arbeiten werden auf Befehl Admiral Ägäis trotz etwaiger Verzögerung der uneingeschränkten Kriegsbereitschaft in Anbetracht der Wichtigkeit bei Zeiss Jena in Angriff genommen.

Sonntag, 31.1.43 – Mittwoch, 3.2.43

Maureb Salamis/Salamis Pier. Maschinenüberholung. Nichts besonderes.

Donnerstag, 4.2.43 – Freitag, 5.2.43

Schwimmdock Salamis. Nachdem die fehlenden Teile des G.H.G. nunmehr eingetroffen sind, wird heute gedockt. In Anbetracht der Tatsche, daß ständig mit dem Einlaufen eines U-Boots gerechnet werden muß, was ein evtl. unvorbereitetes Ausdocken zur Folge haben könnte, werden die Arbeiten am Schiffskörper mit besonderem Nachdruck und Ansetzung allen verfügbaren Personals in Angriff genommen.

Sonnabend, 6.2.43

Schwimmdock Salamis. Eingeht Funkspruch der Transportkommandantur Belgrad, daß Dieseltransport heute Nisch verläßt und für schnellste Weiterleitung Sorge getragen ist. Mit Eintreffen der Diesel kann im günstigsten Fall also am 9.2. gerechnet werden. Der U-Stützpunkt Salamis meldet das beabsichtigte Einlaufen von *U 617*. Wellenschaden. In dem jetzigen Zustand, d.h. mit 72 Löchern im Vorschiff zum Einsetzen der Schwinger des Horchgeräts, ist ein sofortiges Ausdocken unmöglich. Die Arbeiten werden daher weiter fortgesetzt, so daß der Zerstörer etwa am 9.2. klar ist.

Sonntag, 7.2.43

Einläuft *U 617.* Die Reparaturen an den Wellen sind umfangreicher, als zunächst vorhergesehen, so daß eine Überführung des U-Boots nach Italien notwendig ist. Die Gefahr für die termingerechte Fertigstellung des Zerstörers, die der Arbeiterabzug für die Reparatur des U-Boots unbedingt zur Folge gehabt hätte, ist somit beseitigt. Kesselreinigung beendet.

Montag, 8.2.43

Schwimmdock Salamis. Nichts besonderes.

Dienstag, 9.2.43

Dieseltransport eintrifft Piräus.

Mittwoch, 10.2.43

Ausgedockt. Aufsetzen der 12,7-cm-Geschütze. Der Einbau der Diesel wird mit allen zur Verfügung stehenden Kräften in Angriff genommen. Es stellt sich heraus, daß nur geringe Fundamentänderungen notwendig sind, so daß trotz des späten Eintreffens noch mit dem Einbau während der Maschinenüberholungszeit gerechnet werden kann. Gleichzeitig mit dem Transport ist auch die Salzmeßanlage eingetroffen, während die Feindosierungsanlage für den alkalischen Kesselschutz fehlt, für die eine provisorische Anlage angefertigt werden muß.

Donnerstag, 11.2.43

Salamis Pier. Die Arbeiten in allen Abschnitten gehen termingerecht weiter. Eine Verzögerung ist nach dem heutigen Stande nicht zu erwarten.

Freitag, 12.2.43 – Sonnabend, 13.2.43

Nichts besonderes.

Sonntag, 14.2.43

Schwimmdock Salamis. Eingedockt zur Ausführung der Bettungsmessungen der 12,7-cm-Batterie.

Montag, 15.2.43

Nichts besonderes.

Dienstag, 16.2.43

Salamis Pier. Ausgedockt. Planmäßige Maschinenüberholungszeit abends beendet (28 Tage).

Mittwoch, 17.2.43 – Montag, 22.2.43

Salamis. Dampfproben, Munitionsübernahme, Restarbeiten. 19.2. Rückkehr der seem. Besatzung vom Urlaub.

Dienstag, 23.2.43

Salamis. Abstimmen der Artillerieanlage. 1300 Uhr. Golf von Athen. Einschießen der Flakarmierung. Eine Luftscheibe steht nicht zur Verfügung, da kein Schleppflugzeug freigemacht werden kann. Nachmittags Fortsetzen des Abstimmens der Artillerieanlage.

1900 Uhr. Bucht von Eleusis. Erprobung des feuerscheinschwachen Ausstoßes der Torpedorohre. Aus jedem Rohr wird ein Torpedo bei verschiedenen Fahrtstufen geschossen. Es ist kein Feuerschein mehr bemerkbar. Entfernung zwischen 400 und 1200 m.

Das Abstimmen der Artilleriefeuerleitanlage muß im Trockendock wiederholt werden, da bei dem herrschenden Wetter der Zerstörer vor Anker nicht ruhig lag.

Mittwoch, 24.2.43

Straße von Salamis. Vormittags M.E.S.-Vermessung. Nachmittags Erprobungen mit der überholten Ruderanlage. Es werden keine Versager mehr festgestellt.

Zerstörer ist kriegsbereit. Abstimmen der Artillerieanlage wird nachgeholt.

Eingang des Befehls von Admiral Ägäis, morgen nach Suda zu gehen, um von dort am gleichen Abend den Frachter *Sinfra*[180] nach Piräus zu geleiten.

Donnerstag, 25.2.43

0650 Uhr. Salamis ausgelaufen. Weg über Ägina, Ananes nach Suda. Marschfahrt 18 sm. Beabsichtigt, 1600 Uhr einzulaufen und 1700 Uhr mit *Sinfra* wieder auszulaufen. Sehr auffrischender Wind, der sich zum Sturm auswächst. Da vor uns auf demselben Weg der U-Jäger *2101* heute nacht nach Suda ausgelaufen ist, wird versucht, die Fahrt zu steigern, um bei dem schlechten Wetter den U-Jäger nicht allein fahren zu lassen. Es ist jedoch nicht möglich, mehr als 18 sm zu laufen. Der Zerstörer schneidet bei der achterlichen See anderenfalls zu sehr unter.

1200 Uhr. Südägäis, Windstärke 8, sehr hohe Dünung, Seegang 8.

1400 Uhr. Abflauende Tendenz. Von Admiral Ägäis geht Funkspruch ein, daß Entscheidung über heutiges Auslaufen aus Suda in Anbetracht der Wetterlage mir überlassen wird. U.J. *2101* läuft kurz vor dem Zerstörer mit leichten Seeschäden in Suda ein.

1600 Uhr. Suda eingelaufen. 1630 Uhr. Besprechung mit Kapitän der *Sinfra*. Frachter stammt aus französischem Besitz in Marseille. Maschinenanlage ist in gutem Zustand, so daß Bedenken über das Auslaufen wegen der Dünung nicht bestehen.

1700 Uhr. Suda ausgelaufen. Marschfahrt 11 sm. Zerstörer sichert vor dem Frachter. Weg über Ananes, Phalkonera, Ägina nach Piräus.

2200 Uhr. Mondaufgang. Wind frischt zeitweise auf 7 auf. Nachtmarsch ohne besondere Ereignisse. Da durch die erhebliche See von vorn eine Verminderung der Reisegeschwindigkeit eintritt, fallen die letzten Stunden des Marsches in den Tag. Es wird daher für den nächsten Morgen um 0600 Uhr Luftsicherung beantragt.

Freitag, 26.2.43

0602 Uhr. Sonnenaufgang. Zickzackkurse vor dem Dampfer. Zwei Arados treffen als Luftsicherung ein. 0855 Uhr. Piräus eingelaufen und Zerstörerliegeplatz festgemacht.

Sonnabend, 27.2.43

Piräus. Ins Trockendock Piräus verholt. Abstimmung der Artilleriefeuerleitanlage fortgesetzt.

Sonntag, 28.2.43

Piräus. Ausgedockt. Artillerieabstimmung erledigt. Zerstörer voll kriegsbereit. Der Marineausrüstungs- und Reparaturbetrieb Salamis hat trotz des sehr knapp gesetzten Termins von vier Wochen nach einer Fahrzeit von zehn Monaten die Überholung zu dem festgesetzten Zeitpunkt fertiggestellt. Wie die Dampfproben und die erste Unternehmung ergeben haben, sind die Arbeiten sachgemäß und mit dem gewünschten Erfolg durchgeführt worden. Sämtliche wichtigen Arbeiten und alle wesentlichen Wünsche des Kommandos sind erfüllt worden. Die Zusammenarbeit zwischen Werft und Kommando war harmonisch. Der Zerstörer ist wieder für absehbare Zeit kriegsbereit. Besonders erfreulich ist, daß der festgesetzte Termin gehalten wurde.

Montag, 1.3.42

Salamis. Befehl von Admiral Ägäis: 1800 Uhr Auslaufen nach Suda, dort die Frachter *Citta di Alessandria* und *Citta di Savona*, die in Suda auf die Aufhebung der Sperrung von Iraklion gewartet haben, in Empfang zu nehmen und nach Iraklion zu geleiten. Der Zerstörer geht nach Suda zurück.

Es ist schlechterdings unmöglich, mit einiger Aussicht auf Erfolg beide Seiten durch ein Fahrzeug gegen U-Boot- und Luftangriffe zu sichern. Zwei Dampfer mit nur einem Sicherungsfahrzeug zu geleiten ist ein plastischer Ausdruck für den Mangel an Sicherungsstreitkräften.

Marinewetterwarte erläßt Windwarnung für den Nachmittag: Auffrischende Winde, Stärke 7. Da das Geleit bereits morgen früh bei Hellwerden in Iraklion einlaufen soll und bei schlechtem Wetter die Höhe der Marschfahrt nicht vorauszusehen ist, lasse ich sofort bei Eingang des Befehls Dampf aufmachen und lege um 1500 Uhr statt 1600 Uhr ab. 1515 Uhr. Salamis aus. Marschfahrt 20 sm. Die Aufnahme der beiden ital. Dampfer soll um 0030 Uhr in Suda erfolgen. Leider ist das bis 19.2. während der Maschinenüberholungszeit beurlaubte ital. Signal- und Funkpersonal bis heute noch nicht eingetroffen. Auch der ital. Verb. Offizier ist noch nicht vom Urlaub zurück, so daß die Steuerung der ital. Frachter gewisse Schwierigkeiten machen wird.

1717 Uhr. Sonnenuntergang. 2000 Uhr. Antimilos passiert. Marschfahrt. Keine besonderen Ereignisse. Windwarnung bisher unbestätigt. Funkspruch von Seekommandant Kreta: Die Ansteuerungstonne von Suda brennt nicht. Ein Vorpostenboot wird ein- und auslotsen. Dieser Funkspruch geht als KR ein.

2345 Uhr. Ansteuerung Suda erreicht. Lotsenboot auf Position.

Dienstag, 2.3.43

0000 Uhr. Beide Frachter warten bereits in der Netzsperrlücke und hängen sich zum Marsch nach Iraklion auf den Zwangskursen an. Fahrt 9 sm. Zerstörer vor den in Dwarslinie fahrenden Frachtern. 0545 Uhr. Kurs 180 Grad auf Iraklion genommen. Kurz nacheinander haben beide Dampfer Maschinenstörungen, die einen etwa viertelstündigen Aufenthalt verursachen. 0630 Uhr. Dampfer auf Reede entlassen und Rückmarsch nach Suda angetreten. Marschfahrt 20 sm. Marsch ohne besondere Ereignisse nach Suda. 1000 Uhr. Suda geankert.

Mittwoch, 3.3.43

Sudabucht. Nichts besonderes. Eingang des Befehls, morgen Geleit *Argentinia*[181] bei Hellwerden aufzunehmen, nach Suda zu geleiten und mit Motorschiff *Sinfra* nach Iraklion zu gehen, um am selben Abend die zwei *Citta*-Dampfer von dort nach Piräus zu bringen.

Donnerstag, 4.3.43

0415 Uhr. Anker aufgegangen und mit 19 sm Geleit *Argentinia* entgegengelaufen. 0540 Uhr. Geleit kommt in Sicht. Steht etwa eine Stunde gegenüber dem Plan zurück. 0550 Uhr. Sonnenaufgang. Drei Arados treffen als Luftsicherung ein. Mit *Solferino* und *Calatafimi* Geleitsicherung übernommen. Marschfahrt 11 sm. 0730 Uhr. Geleit bei Punkt 143 nach Suda entlassen. Mit *Sinfra* Kurs auf Iraklion. Zerstörer U-Bootsicherung und Zickzackkurse vor dem Schiff. Vormittags Funksprechübungen mit Luftsicherung (3 Arados).

Nordküste Kreta. Die Sicherung durch *Hermes* allein muß als unzulänglich bezeichnet werden und ist ein Beweis für die ungenügende Zahl an Sicherungsfahrzeugen. Ist das S-Gerät bei günstigen Ortungsverhältnissen bei einem Sicherungsfahrzeug immerhin ein gewisser Schutz gegen ein U-Boot, so ist jedoch bei angreifenden Torpedoflugzeugen stets eine Seite des Geleits ungeschützt. Die Fla-Bedienungen gehen nicht kriegswachweise, sondern befinden sich sämtlich auf ihren Gefechtsstationen.

Der Versuch einer Abstimmung des Senders und Empfängers auf die Funksprechwelle nach dem mit Admiral Ägäis Nafü G 9211/43 v. 26.1. befohlenen Verfahren führt zu keinem Erfolg, da den Arados der Befehl anscheinend nicht bekannt ist. Das Notwendige wird optisch übermittelt, so daß schließlich eine Funksprechverbindung gelingt.

0900 Uhr. Eingang eines Funkspruchs auf der Geleitwelle Ägäis: »Torpedoflugzeug«. Kein Absender, keine Ortsangabe. Es wird daraufhin an Dampfer gegeben: Erhöhte Aufmerksamkeit auf Torpedoflugzeuge. Der Zerstörer nimmt seinen Platz an der vermutlichen Angriffsseite in Richtung der Sonne 400 m ab ein und steuert geraden Kurs.

0955 Uhr. X. Fliegerkorps meldet durch Funkspruch, daß eigenes Flugzeug in 24 Grad 24 ' O, 26 Grad 44,5 ' N feindliches U-Boot meldet. Ort liegt in Milosbucht. Dies ist seit dem 18.1. die erste U-Bootmeldung. Ortsangabe erscheint zweifelhaft. Alle Einzelheiten fehlen.

1145 Uhr. Iraklion eingelaufen und geankert. Auslaufen mit *Citta di Alessandria* und *Citta di Savona* nach Piräus für 1700 Uhr vorgesehen. Admiral Ägäis legt Rückmarsch nach Piräus in Folge der U-Bootsichtmeldung um durch weiteres Ausholen nach Westen (Insel Velopoula). Wegverlängerung hierdurch 21 sm, fast 3 Stunden. U-Jäger *2109*[182] soll Geleit bei Hellwerden morgen früh verstärken.

1700 Uhr. Ausgelaufen und vor Dampfern Sicherung gefahren. Nördlich Kreta. Dampfer in Dwarslinie, Kurs 303 Grad. Marschfahrt 8,5 sm. 1827 Uhr. Nachtmarsch angetreten. Bei der queren See schlingert der Verband erheblich. Starke Dünung. Wind frischt im Laufe der Nacht auf 9 und 10 auf. Kurs 335 Grad.

Freitag, 5.3.43

0330 Uhr. Cycladen. 0541 Uhr. Sonnenaufgang. Eine Rauchfahne voraus kommt in Sicht. Wird U-Jäger *2109* sein, der Geleit verstärken soll. Besteck wird nach Hellwerden um 0600 Uhr kontrolliert (Peilung Velopoula, Cavalion, Phalkonera). Wir stehen trotz Vorhalten um 6 Grad gut 5 sm westlicher. Kursverbesserung. Um bei der schweren See besser zu liegen 0630 Uhr Kursänderung auf 15 Grad. 0640 Uhr. Luftsicherung (3 Arados) beim Verband.

0730 Uhr. U-Jäger *2109* zur Stelle. Dreht in der schweren See geschickt auf Gegenkurs und sichert Stb. vorn. 1030 Uhr. Reisemarsch. U-Jäger *2109* sackt langsam achteraus. Kann die Marschfahrt von 5,8 sm nur schwer gegen die grobe See halten. 1200 Uhr. Südägäis. Im Golf von Athen nimmt die See langsam ab. Fahrt jetzt 7–8 und schließlich 9 sm. U-Jäger *2109* hält den Abstand von 2 sm achteraus.

1600 Uhr. Turlos (Aegina) passiert. Verband aufgelöst. 1700 Uhr. Salamis festgemacht.

Sonnabend, 6.3.43

Salamis. Eingang des Befehls von Admiral Ägäis, einen Truppentransport von 1300 Mann auf den Schiffen *Re Alessandro* und *Donizetti*[183] von Piräus nach Iraklion morgen zu überführen. Sicherungsfahrzeuge: *Hermes* (Geleitführer), Zerstörer *Turbine*, Torpedoboot *Calatafimi*, Leerdampfer *Ardena*. Auslaufen am 7.3. 1600 Uhr, Einlaufen Iraklion 8.3. 0900 Uhr. Marschfahrt 11 sm. Weg: Sunion, östlich Milos. 8.3. nach Entladung zurück nach Piräus. Dazu Frachter *Sinfra* und *Pacinotti*[184] sowie *Drache*.

Sonntag, 7.3.43

1000 Uhr. Kommandantensitzung. 1600 Uhr. Netzsperre Piräus auslaufend passiert. Bis Phleves Kiellinie, danach *Donizetti* (Richtungsschiff) und *Re Alessandro* in Dwarslinie. Bb. vorn *Hermes*, Bb. querab *Ardena*, Stb. vorn *Calatafimi*, Stb. querab *Turbine*. Die Stärke der Sicherung entspricht der Wichtigkeit der Sicherung des Transports (1300 ital. Soldaten). 1723 Uhr. Sonnenuntergang. Bei Dunkelheit dieselbe Formation, nur die Querabsicherung mehr achterlich aufgestellt. Neu-

mondperiode. 1800 Uhr. *Turbine* meldet kurz nach Passieren von Phleves Ruderschaden durch Radio Signalatori und bleibt achteraus. Es ist zu entscheiden, ob Reisemarsch ohne *Turbine* fortgesetzt werden soll. Über Dauer der Störung ist nichts zu
erfahren. Es verspricht eine sehr dunkle Nacht zu werden. Für die Ägäis ungewöhnlich
diesig. Kimm bereits jetzt, eine gute halbe Stunde nach Sonnenuntergang, kaum noch
auszumachen. Neumond. Ich entschließe mich, Reise ohne *Turbine* fortzusetzen.
1820 Uhr. *Turbine* meldet, daß Störung voraussichtlich in 15 Minuten behoben ist.
1845 Uhr. *Turbine* wieder klar. Reisemarsch in der angegebenen Formation westlich der Cycladen, Inseln Kos, Cythnos, Siphnos, Seriphos. 2300 Uhr. In der Höhe
der Insel Seriphos wird 500 m an Bb. ein kleiner, abgeblendeter Motorsegler
erkannt. Eine Untersuchung dieses verdächtigen Fahrzeugs ist zwar erwünscht,
hätte jedoch ein Verlassen der Position sowie Benutzen von Licht erforderlich
gemacht, weswegen im Hinblick auf die alles überwiegende Notwendigkeit größtmöglicher Sicherheit des Truppentransports von einer Untersuchung Abstand
genommen wurde.

Montag, 8.3.43
Südägäis. 0540 Uhr. Zwei Ju 88 treffen beim Verband ein. Danach auch eine Arado.
0543 Uhr. Sonnenaufgang. Besteck nach Peilung: Eine halbe Stunde steht der Verband
voraus. 0900 Uhr. Iraklion Reede. Verband aufgelöst und eingelaufen. *Hermes* als letzter und im Innenhafen vor Anker gegangen. Auslaufen 1700 Uhr beabsichtigt.
1200 Uhr. Iraklion. Da sich die Entladung von *Donizetti* und *Sinfra* verzögert, wird
Auslaufen mit Genehmigung Admiral Ägäis von 1700 Uhr auf 1800 Uhr verschoben. Der Nachteil besteht in erster Linie darin, daß Verband nunmehr bei Dunkelheit gesammelt werden muß und das von Suda kommende ital. Werkstattschiff *Pacinotti* und *Drache* in den noch beim Sammeln befindlichen Verband Anschluß finden
müssen, wobei optischer Signaldienst nach Möglichkeit zu vermeiden ist.
1724 Uhr. Sonnenuntergang. 1745 Uhr verlassen zunächst *Hermes*, danach *Turbine*,
Re Alessandro, *Ardena*, *Calatafimi* den Hafen, nach einer Verzögerung *Sinfra* und
Donizetti. Vor der Einfahrt stehen *Pacinotti* und Drache. Durch sparsamen
Gebrauch abgeblendeter Klappbuchsen, unter vielen Megaphonsprüchen und sehr
viel Geduld wird der Verband in einstündiger Arbeit gesammelt und steht in zwei
Kolonnen auf Auslaufkurs. An Bb. *Hermes* und *Drache*, an Stb. *Calatafimi* und
Turbine, hinter dem Verband *Ardena*. Richtungsschiff ist *Donizetti* wie auf der Hin-
reise. Erst um 1900 Uhr setzt sich der Verband in Bewegung und nimmt Kurs auf
Milos. Die zweistündige Verspätung hat einen erheblich längeren Marsch bei Tage
im u-bootgefährdeten Gebiet zur Folge, als vorgesehen. Die an sich erwünschte
Formation von vier Dampfern in Dwarslinie trauen sich die Kapitäne in der mond-
losen Nacht nicht zu.

Dienstag, 9.3.43
Südägäis. Verband fährt gut geschlossen. Geschwindigkeit knapp 10 sm. 0400 Uhr.
Ananes und Milos passiert. Nicht besonderes. 0530 Uhr. Bei dem immer mehr auf-

frischenden Nordwind ist zu überlegen, ob der unter dem Schutz der Inseln liegende Sunion-Weg nicht dem Ägina-Weg vorzuziehen ist. Da wir aber noch immer 8 sm über Grund machen, scheint mir ein hinreichender Grund zu einem Abgehen von dem befohlenen Kursweg des Admiral Ägäis nicht gegeben. Auch *Calatafimi* schlägt auf Grund der Wetterlage den Sunion-Weg vor. Ich antworte jedoch abschlägig.

0545 Uhr. Bei Antimilos. Sonnenaufgang. Zwei He 111 und eine Ju 88 treffen ein. ES-Austausch. Eine He 111 schießt vor dem Verband einen weißen Stern. Unklar, ob es eine U-Bootsichtmeldung ist, da nur ein Stern. Immerhin ist ein Umlegen des Verbandes auf anderen Kurs geboten, daher Signalbefehl 6 Dez nach Stb. Damit steuern wir auf den Sunion-Weg hin, auf dem einzulaufen ich mich nunmehr entschließe. Funkmeldung hierüber an Admiral Ägäis und auf der Geleitwelle an X. Fliegerkorps. Kurs 20 Grad, Fahrt 8 sm.

0930 Uhr. Nördlich Milos. Nachdem der Seegang unter Küsteneinfluß beträchtlich abgenommen hat, wird auf 350 Grad zurückgedreht und Makronisi angesteuert. *Drache*, der vorher Schlingern bis 40 Grad gemeldet hatte, liegt jetzt ruhig. Fahrt 9,5 sm. *Ardena* wird in die Sonnenpeilung als Schutz gegen Luftangriffe geschickt. Luftsicherung ist ungewöhnlich stark. Besteht aus 2 Ju 88, 2 He 111 und 2 Arado 196. 1205 Uhr. Kurs 270 Grad. Einlaufen in den Golf von Athen. Sicherung seewärts gruppiert. Torpedoflugzeug in der Ägäis bei Insel Naxos gemeldet. Phleves passiert. Verband entlassen.

1430 Uhr. Zerstörer Piräus Trockendock zur Reparatur Hüllkörper S-Gerät eingelaufen.

Mittwoch, 10.3.43 – Donnerstag, 11.3.43
Piräus. Reparatur Hüllkörper des S-Geräts.

Freitag, 12.3.43
Kommandantensitzung für Überführung von 1300 Soldaten von Piräus mit *Citta*-Dampfern nach Iraklion am 13.3.43. Ausgedockt.

Sonnabend, 13.3.43 – Sonntag, 14.3.43
Wegen Wetterlage Auslaufen von Admiral Ägäis jeweils um 24 Stunden verschoben.

Montag, 15.3.43
Mit *Citta di Alessandria*, *Citta di Savona*, *Donizetti*, *Drache*, *2109*, *Ardena*, *Solferino* ausgelaufen Piräus. Vor Passieren der Netzsperre setzt *Citta di Alessandria* Signal für Maschinenstörung. In Rufweite gegangen und festgestellt, daß Schaden binnen Kurzem behoben ist. 0940 Uhr. Mit 40 Minuten Verspätung Netzsperre Piräus mit Verband auslaufend passiert. Luftsicherung beim Verband. Als Marschformation wurden, im Gegensatz zum bisherigen Verfahren, 2 Boote (*Hermes* und *2109*) mit S-Gerät in einem Lagewinkel von 280 Grad seitlich des Verbandes mit auf 1200–2000 m erweiterten Abständen aufgestellt, dahinter (etwa 110 Grad und

240 Grad Lagewinkel) *Solferino* und *Ardena*. Vor dem Verband *Drache* mit S-Gerät, ebenfalls 1200–2000 m Abstand. Diese Aufstellung entspricht der Erfahrung, daß die Schußpositionen der U-Boote in letzter Zeit größer werden und die Schußstellung oft achterlich. Die Zahl der Sicherungsstreitkräfte (4 Sicherungsboote und Leerdampfer *Ardena*) war gemäß Wichtigkeit und Wert des Truppengeleits verhältnismäßig stark.

Golf von Athen. 1030 Uhr. KR-Funkspruch von Admiral Ägäis an *Hermes*: »Wegen Wetterlage kehrtmachen.« Der Funkspruch traf während des Passierens der Minensperre von Turlos ein. Es wurde zunächst auf 5 sm gegangen, danach durch Wendungen nach Stb. von der Sperre fort nach Land zu auf der Stelle gedreht. Das Manöver wurde von allen Kapitänen sofort richtig verstanden und ausgeführt. Nachdem der Verband wieder auf Einlaufkurs lag, wurde er aufgelöst. 1200 Uhr. Piräus eingelaufen.

Die erste Märzhälfte ist charkterisiert durch anhaltend schlechtes Wetter, das, zumal bei der Überführung von Truppen, äußerst hinderlich ist. Der Mangel an Meldungen über U-Boote und Flieger läßt auf ein Nachlassen der gegnerischen Aktivität in der Ägäis schließen. Die Überführung der Transporte hauptsächlich bei Nacht entspricht auch den von *Hermes* gemachten Erfahrungen.

Dienstag, 16.3.43
Piräus. Auslaufen *Citta*-Staffel wegen Wetterlage auf 17.3. verschoben. Abends aus demselben Grund um 48 Stunden auf 19.3. verschoben.

Mittwoch, 17.3.43 – Donnerstag, 18.3.43
Piräus. Nichts besonderes.

Freitag, 19.3.43 – Sonnabend, 20.3.43
Piräus. 0430 Uhr. Wegen Wetterlage (Böen 7–8) Auslaufen des Truppentransports nach Iraklion jeweils um 24 Stunden verschoben. Dieses seit fast zwei Wochen anhaltende stürmische Wetter ist ganz ungewöhnlich.
Konteradmiral Catalano, der Chef der italienischen Marine in der Ägäis, am 20.3. an Bord. Besichtigt Besatzung und Boot.
Da für den 21.3. Auslaufen vorgesehen, Kommandantenmusterung anläßlich des Heldengedenktages.

Sonntag, 21.3.43
Piräus. Wegen Wetterlage Auslaufen um 24 Stunden verschoben.
Der Zerstörer ist heute ein Jahr in Dienst.

Montag, 22.3.43
Piräus. Auslaufen wegen Wetterlage um 24 Stunden verschoben. Konteradmiral Catalano an Bord zur Überreichung der italienischen Tapferkeitsmedaille an Kommandant.

Dienstag, 23.3.43

Piräus. Auslaufen um 48 Stunden verschoben wegen Wetterlage. Der Kommandierende Admiral Ägäis, Konteradmiral Lange, besichtigt Besatzung und Boot.

Mittwoch, 24.3.43

Piräus. Nichts besonderes.

Donnerstag, 25.3.43

Piräus. SSW 2, klarer Himmel. Geht Befehl von Admiral Ägäis ein, die Sturmbrigade Rhodos, die aus 1200 deutschen Soldaten der 22. Division in Kreta gebildet worden ist, von Kreta nach Rhodos zu überführen. Auf dem Wege nach Kreta sollen deutsche Truppen von Piräus zur Insel überführt werden. Geleit: *Citta di Alessandria, Citta di Savona, Donizetti, Santa Fe, Ardena*. Sicherung: *Hermes* (Geleitführer), ital. Zerstörer *Euro*, Torpedoboot *Solferino*, U-Jäger *2101*. Auslaufen heute 1600 Uhr. Weg östlich über Sunion nach Iraklion.

1545 Uhr. Ablegen Piräus Gepäckhallenpier. 1610 Uhr. Netzsperre Piräus auslaufend passiert. Geleit gesammelt. Hinter Phleves Dampfer Dwarslinie. Bb. *Hermes* und *Euro*, Stb. U-Jäger *2101* und *Solferino*.

1739 Uhr. Sonnenuntergang. 2000 Uhr. 37 Grad 35,5 ′ N, 24 Grad 07 ′ O. Nachtfahrt ohne besondere Ereignisse. 2122 Uhr. Mondaufgang. Leerdampfer *Ardena* erhält Befehl, in die Mondbahn zu gehen.

Freitag, 26.3.43

0200 Uhr. 37 Grad 1,2 ′ N, 23 Grad 5 ′ O. 0400 Uhr. 36 Grad 29 ′ N, 24 Grad 52 ′ O. 0517 Uhr. Sonnenaufgang. 0553 Uhr. Drei He 111 beim Verband. 0800 Uhr. 35 Grad 53,5 ′ N, 25 Grad 1,5 ′ O. 0840 Uhr. Zwei Jäger Me 109 als Luftsicherung beim Verband.

1145 Uhr. Netzsperre Iraklion einlaufend passiert. Entladen der Truppen und Neubeladung mit Sturmbrigade Rhodos.

1630 Uhr. Kommandantensitzung an Bord *Hermes*.

1736 Uhr. Sonnenuntergang. 1900 Uhr. Mit Verband ausgelaufen und bei Dunkelheit gesammelt. Formation: Dampfer Dwarslinie, Sicherungsstreitkräfte Zerstörer *Hermes, Euro* an Bb., U-Jäger *2101* und *Solferino* an Stb. 2000 Uhr. 35 Grad 32 ′ N, 23 Grad 16 ′ O. 2118 Uhr. Mondaufgang. Marschweg südlich Karpathos, zwischen Chalkis und Westküste Rhodos nach Rhodos. Keine besonderen Ereignisse.

Sonnabend, 27.3.43

0000 Uhr. 35 Grad 47 ′ N, 25 Grad 43 ′ O.

0440 Uhr. Morsespruch von U-Jäger *2101*: »Muß wegen Kesselrohrbruch eine Stunde um eine Meile heruntergehen.« Verband darauf bis 0500 Uhr auf 8 sm gegangen.

0508 Uhr. Sonnenaufgang. 0530 Uhr. Drei ital. Jäger *Fiat* beim Verband. 0545 Uhr. Zwei Ju 88 als Luftsicherung beim Verband. 0555 Uhr. Zwei He 111 beim Verband. Dampfer *Ardena* geht in die Sonnenpeilung. 0650 Uhr. Auf 36 Grad 56,8 ′ N, 27 Grad 12,4 ′ O wurde ein Grundecho festgestellt.

0800 Uhr. 36 Grad 01 ′ N, 26 Grad 24 ′ O. 0835 Uhr. Jäger den Verband verlassen. Bei Kap Prasso eine hohe Wassersäule beobachtet. Wahrscheinlich Bombenabwurf einer abgelösten Maschine.

0910 Uhr. Ablösung der He 111 durch zwei neue He 111. ES-Austausch. Wegen Rückbleibens U-Jäger *2101* Verband auf 8 sm gegangen. 0955 Uhr. Verband geht auf 9 sm. 1030 Uhr. Neue Formation. *Hermes* vorn, *Solferino* an Stb., U-Jäger *2101*, *Euro*, *Ardena* an Bb. in der befohlenen Reihenfolge. 1040 Uhr. Verband geht auf 8 sm bei Marsch unter der Küste der Insel Rhodos. 1050 Uhr. Verband geht auf 9 sm. Nach Aufhören des Seegangs kann U-Jäger *2101* Verbandsfahrt von 9 sm gut halten. 1200 Uhr. 36 Grad 25 ′ N, 28 Grad 03 ′ O. 1425 Uhr. Netzsperre Rhodos einlaufend passiert. 1430 Uhr. Ankern im Hafen von Rhodos. 120 m Kette. Dabei mit Stb. Seite an Dampfer *Donizetti* fest.

1530 Uhr. Auf Befehl des ital. Admirals »Dawija«[185] wird Auslaufen wegen drohenden Fliegeralarms auf 1700 Uhr festgelegt. 1724 Uhr. Sonnenuntergang. 1730 Uhr. Winkspruch an *Ardena*: »Sofort ablegen«. 1810 Uhr. Seeklar auf 1900 Uhr verschoben. Ital. Zerstörer *Euro* hat Ruderschaden. Soll sobald als möglich dem Verband folgen. 1937 Uhr. Anker gelichtet. Legen von Dampfer *Donizetti* ab. 1945 Uhr. Netzsperre Rhodos auslaufend passiert.

2000 Uhr. Nördl. Hafen Rhodos. 2045 Uhr. Formation: *Hermes* vor dem Verband, U-Jäger *2101* und *Ardena* an Stb., *Solferino* an Bb. 2325 Uhr. U-Jäger *2101* hat Ruderversager. *Hermes* macht kehrt und geht in Rufweite. 2335 Uhr. U-Jäger *2101* wieder klar.

Sonntag, 28.3.43

0050 Uhr. Kanonenboot *Orsini*[186] und *MFP*[187] passieren an Bb. ES-Austausch. 0400 Uhr. 35 Grad 53 ′ N, 27 Grad 1,5 ′ O. 0455 Uhr. Zwei He 111 beim Verband. 0510 Uhr. Zerstörer *Euro* in Sicht. 0515 Uhr. Eine He 111 beim Verband. 0600 Uhr. Zwei He 111 beim Verband. 0730 Uhr. *Euro* hat aufgeschlossen, übernimmt Sicherung Stb. vorn. 0743 Uhr. Zwei Me 109 beim Verband. 0800 Uhr. 36 Grad 43 ′ N, 26 Grad 11 ′ O. 1040 Uhr. S-Gerätpeilung Bb. voraus vom Verband. Geleit auf 270 Grad umgelegt und Führung an Zerstörer *Euro* übergeben. 1050 Uhr. Beim Überlaufen der Ortung wird durch Echolot eine Bodenerhebung von 450 m auf 190 m festgestellt. S-Gerät ergibt einwandfreies Echo. Die Möglichkeit eines U-Bootechos besteht.

1100 Uhr. Der Ort wird mehrmals überlaufen und geortet. U-Jäger *2101* herangerufen und Lage übergeben. Halte Ortung für Grundechos. Falls U-Jäger andere Feststellungen trifft und Ortung als U-Boot bekämpft, soll er nach eigenem Ermessen handeln und, falls notwendig, *Hermes* optisch oder durch Funk zurückrufen.

1132 Uhr. U-Bootalarm beendet und dem Verband nachgelaufen. 1230 Uhr. *Hermes* auf alter Position im Verband. Übernimmt wieder die Führung des Geleits. 35 Grad 39 ′ N, 25 Grad 34 ′ O.

1254 Uhr. Verband in Kiellinie. 1445 Uhr. Netzsperre Iraklion einlaufend passiert. 1600 Uhr. U-Jäger meldet, daß Echo zwar einwandfrei vorhanden, aber zweifellos Grundechos gewesen sind. Hieraus sieht man wieder die Wichtigkeit sorgfältiger Beobachtung des Echolots als Ergänzung zum S-Gerät.

Wegen der Möglichkeit feindlicher Luftangriffe sollen die Dampfer die zur Überfahrt bestimmten Truppen so schnell wie möglich an Bord nehmen, ohne erst ihre Ladung zu löschen, und sofort wieder auslaufen. Der früheste Auslauftermin ist 1900 Uhr. 1730 Uhr. Sonnenuntergang. 1830 Uhr. Auslaufen der Sicherungsstreitkräfte. 1900 Uhr. Auslaufen der Dampfer. Sammeln nach Einbruch der Dunkelheit vor der Einfahrt zum Marsch nach Piräus östlich Milos. Formation und Aufstellung wie bisher.

2130 Uhr. U-Jäger *2101* sackt langsam achteraus. Daraufhin wird die Verbandsfahrt bis zur Höchstgeschwindigkeit des U-Jägers *2101* ermäßigt. Nachtmarsch ohne besondere Ereignisse. Wir sind die vierte Nacht unterwegs, die Gefahr nachlassender Aufmerksamkeit ist vorhanden. Kimm ist teilweise, vor allem im Westen, verschwommen. Für U-Boote heute Nacht ein günstiges Wetter.

Montag, 29.3.43

0025 Uhr. Mondaufgang. 0200 Uhr. Uhren eine ganze Stunde vorgestellt. 0300 Uhr. (DSZ) U-Jäger sackt noch weiter. *Citta di Alessandria* wird erneut ermahnt, die Fahrt zu mäßigen. Sicht nach Mondaufgang besser. Marschfahrt 8 sm (wegen U-Jäger *2101*).

0545 Uhr. Luftsicherung, 4 He 111, trifft ein (eine Viertelstunde vor Sonnenaufgang!). 0800 Uhr. Marsch ohne besondere Vorkommnisse. 1240 Uhr. *Ardena* freies Manöver. 1310 Uhr an Verband: Freies Manöver. 1350 Uhr. Netzsperre Piräus einlaufend passiert. 1525 Uhr. Salamis fest. Unternehmung durchgeführt.

Es ist die Frage, ob nicht die 700 Mann Truppen auf den Sicherungsstreitkräften in acht Stunden überführt werden könnten, was sicherer und billiger gewesen wäre und gleichzeitig die jetzt unterbliebene Entladung der *Citta*-Dampfer ermöglicht hätte.

Der U-Jäger *2101* war während der ganzen Reise nicht in der Lage, die Geschwindigkeit des Geleits zu halten.

Während der letzten Geleitfahrten wurde des öfteren Funksprechverkehr zwischen *Hermes* und der Luftsicherung durchgeführt. Hierbei wurden folgende Feststellungen gemacht:

1. Das Umschalten von der Geleitsicherungswelle auf die befohlene Sprechfrequenz konnte in keinem Falle sofort und reibungslos durchgeführt werden. Der Verkehr mit den Arado 196 war dabei am leichtesten, wenn sie auch nach der Abgabe der beiden befohlenen Qu-Gruppen (q/kz, qlz-Sender und Empfänger schalten auf Telephonie) noch jedesmal optisch zum Schalten der Sprechfrequenz aufgefordert werden mußten. Im besten Fall hat die Herstellung der Verbindung 5 bis 10 Minuten gedauert.

2. Bei den als Luftsicherung eingesetzten He 111 und Ju 88 konnte in keinem Falle Funksprechverbindung hergestellt werden. Eine später in Athen durchgeführte

Besprechung zwischen Offizieren des X. Fliegerkorps, dem NaFü Admiral Ägäis und FTO[188] *Hermes* ergab, daß diese Maschinen gerätemäßig nicht in der Lage sind, die befohlene Sprechfrequenz zu schalten.

3. Die einwandfreie Zusammenarbeit mit dem auf Torpedoboot *Solferino* eingeschifften deutschen Funktrupp zeigt, daß die Durchführung des Funksprechverkehrs nur eine Frage der Schulung und der Ausbildung der Flugzeugbesatzungen ist.

4. Da die Abstimmung auf der Geleitsicherungswelle nicht genau ist (Abstimmung des X. Fliegerkorps und der Leitstelle Skaramanga hatte Differenzen bis zu 3 khz), wird vorgeschlagen, für den Bereich des Admiral Ägäis eine besondere Geleitsicherungswelle zu befehlen, auf der in der Regel wie auf der jetzigen Geleitsicherungswelle Telegraphieverkehr und im Alarmfall Funksprechverkehr durchgeführt wird.

5. Für den Fall, daß der Bordfunker der Maschine den Befehl zum Umschalten auf Funksprech überhört, wird vorgeschlagen, gleichzeitig optisch diesen Befehl mehrmals durch den Buchstaben Q abzugeben.

6. Da nach hergestellter Funksprechverbindung der Geleitführer nicht weiß, mit welcher Maschine er spricht bzw. wer seine Befehle erhält, wird vorgeschlagen, daß von Seiten der Luftwaffe vor Einsatz der Geleitsicherung eine Maschine abgeteilt wird, die den Funksprechverkehr der Flugzeuge am Geleit leitet und gegebenenfalls nach den Weisungen des Geleitführers die restlichen Maschinen einsetzt.

Dienstag, 30.3.43

Salamis. Kommandant zum Vortrag bei Admiral Ägäis über Durchführung des Befehls des O.K.M., daß *Hermes* truppendienstlich und einsatzmäßig dem Deutschen Marinekommando Italien zu unterstellen ist[189].

Da noch einige Maschinenarbeit zu leisten ist, die bisher im Rahmen der kurzen Pausen zwischen zwei Geleiten durchgeführt wurden, nun aber wegen der unbekannten Verhältnisse im neuen Raum hier noch durchgeführt werden sollten, wurde als Überführungstermin der 2.4.43 gemeldet.

Das Zerstörerkommando hat die Verlegung von der Ägäis nach Italien seit der Indienststellung angestrebt, was sich wie ein roter Faden durch das K.T.B. zieht. Mit der Übernahme der französischen Beutezerstörer entstand die Hoffnung, eine Zerstörer-Division zu bilden und damit eine Kampfeinheit unter deutscher Flagge im Mittelmeer zu bekommen. Mit der Übergabe der modernen französischen Zerstörer an die italienische Kriegsmarine war eine grundsätzliche Entscheidung gefallen in Richtung, daß Afrika-Transporte Sache der Italiener seien. Die Zukunft muß beweisen, inwieweit unsere Kriegserfahrungen und unser guter Wille, trotz der materiellen Mängel (Fehlen eines Fu.M.G.[190] und Torpedofächergeräts[191]) uns trotzdem die mit der Verlegung wahrscheinlich beabsichtigte führende Rolle im Tunis-Geleit sich erwerben lassen wird.

Mittwoch, 31.3.42

Salamis. Keine besonderen Ereignisse.

Es fehlt in der vorliegenden Ausführung des Kriegstagebuches der Zeitraum vom 1.4.43 bis zum 15.4.43 mit:

A. Der Abkommandierung des bewährten Kommandanten, Kpt.z.See Johannesson, der eine Zerstörer-Flottille im Nordmeer übernahm, und der Kommandoübernahme durch Freg.Kpt. Rechel sowie

B. der Verlegung des Bootes durch den Kanal von Korinth nach Salerno.

Bedeutsame Ereignisse traten während dieser Zeit nicht ein, da der Zerstörer — erstaunlicherweise! — von Salerno aus zunächst nicht zum Einsatz kam.

Das vorliegende Tagebuch setzt mit dem 16.4.43 wieder ein:

Freitag, 16.4.43
Salerno-Hafen. 2200 Uhr bis 2235 Uhr Fliegeralarm. Keine Beobachtungen.

Sonnabend, 17.4.43
Salerno-Hafen. 1115 Uhr. FT. vom Deutschen Marinekommando eingegangen: »Sofort melden, welche Beladezeit zum Übernehmen von mit Eisenbahn auf Pier anrollenden EMF[192] gerechnet wird. Ausladerampe vorbereiten. Eintreffen von ›Tarent‹ anrollenden Sonderzug mit EMF durch FT. melden.« Daraufhin Antwort-FT.: »10 Stunden.«

1200 Uhr italienischer Hafenkommandant, Korv. Kpt. Cachini, an Bord. Ich frage ihn nach Möglichkeit der Ölübernahme durch *Hermes*. Ob diese in Pozzuoli bei der italienischen Kriegsmarine oder durch Tanker aus Neapel möglich sei. Er wollte sich erkundigen. 1823 Uhr bis 1945 Uhr Fliegeralarm. Keine Beobachtungen.

Sonntag, 18.4.43
Salerno-Hafen. 1533 Uhr. KR-FT. an Deutsches Marinekommando Italien: »Minen Bahnhof eingetroffen.«

1615 Uhr. Fernschreiben von Marina Napoli an *Hermes*: »Ölübernahme in Pozzuoli möglich. Bitte Absichten melden.«

1721 Uhr. FT. an Deutsches Marinekommando Italien: »Frage, sollen Minen übernommen werden.«

1728 Uhr. Anwort-FT. »Minen übernehmen. Beladung muß 19.4. 1430 Uhr beendet sein.« Mittels aus italienischer Werft Salerno entliehener Bohlen und Böcke behelfsmäßige Laderampe von Heck *Hermes* zu auf der Pier verlaufenden Eisenbahnschienen gebaut. 1830 Uhr sechs geschlossene Güterwagen mit für *Hermes* bestimmten Minen auf der Pier angekommen. 1900 Uhr. Beginn der Minenübernahme.

Montag, 19.4.43
0130 Uhr. Minen vollzählig übernommen. Einsatzbefehl für Minenunternehmung durch Kurier vom Deutschen Marinekommando Italien überbracht. Auslaufen für 19.4. 1530 Uhr vorgesehen.

1022 Uhr. Stichwortbefehl für Auslaufen 1530 Uhr eingegangen.

1208 Uhr. FT. 1125/24 an Deutsches Marinekommando Italien abgegeben: »Erbitte Frequenz usw. Jagdschutz. Frage Funksprech möglich.«

1507 Uhr eingeht FT. 1416/32 vom Deutschen Marinekommando Italien an *Hermes*:
1. Ladung weitmöglichst gegen Fliegersicht tarnen.
2. Bei Marettimo mit eigenem Kleinschiffverkehr und Feind-S-Booten rechnen.«
Minen wurden schon am Vormittag mit Persennings über die ganze Breite des Zerstörers überzogen.

1530 Uhr. Seeklar zu den befohlenen Aufgaben: a) Legen einer operativen Minensperre, b) Legen einer Lotreihe.

1600 Uhr. 40 Grad 25 ′ N, 14 Grad 35 ′O. 1630 Uhr. Zwei unbekannte Fahrzeuge an Bb. in Sicht. Kurs etwa 260 Grad. Anscheinend italienische S-Boote. Kommen Stb. achtern außer Sicht.

1815 Uhr. Eingang FT. KR 1708/45 M-Offizier von Deutschen Marinekommando Italien an *Hermes*:
»1. ES-Programm für 19.4. ...
2. Jagdschutz heute von 1530 Uhr bis Dunkelwerden kann nicht gestellt werden.
3. Funksprech mit Jagdschutz konnte nicht mehr geregelt werden, daher geforderte Frequenzen nicht erforderlich.«

Die Erfahrung zeigt, daß außer mit den Staffeln der Seeflugzeuge (Arado 196) der Morseverkehr mit den als Geleitschutz eingesetzten Flugzeugen (Jäger, He 111, Ju 88, Me 110) — außer mit Funksprechverkehr — unmöglich ist, da diese Maschinen einerseits keinen Scheinwerfer an Bord haben, andererseits auch nicht die Ausbildung haben, von hier abgegebene Morsesprüche abzulesen. Eine Luftsicherung ohne Kontakt mit dem Schiff hat nur wenig Wert. Deshalb wurde seit März dieses Jahres in dem Bereich der Ägäis der Ausbildung im Funksprechverkehr große Bedeutung zugemessen und gute Erfolge erzielt. Das gleiche muß für diesen Raum gefordert werden.

1850 Uhr. Bb. voraus drei verdächtige Flugzeuge in Sicht, anfliegend. 1908 Uhr. Fliegeralarm. Beim Näherkommen werden Flugzeuge als eigene sechsmotorige Großlastensegler[193] ausgemacht. 1914 Uhr. Fliegeralarm beendet.

1840 Uhr. Mondaufgang. 1947 Uhr. Vollmond. Die Gründe, die das Deutsche Marinekommando Italien veranlaßten, das Unternehmen während der Vollmondperiode anlaufen zu lassen, sind mir vom Befehlshaber mitgeteilt worden.

2000 Uhr. 39 Grad 40 ′ N, 13 Grad 20 ′ O.

2026 Uhr. FT. KR vom Deutschen Marinekommando Italien an *Hermes*: »Dampfer wurde torpediert Qu. 8833 C J.«

2220 Uhr. Metox[194] meldet, daß feindlicher Seeaufklärer sucht.

Das Metox-Gerät (Fu.M.B.) wurde am 7.4.43 an Bord wegen Platzmangels an Stelle des Gonio-Peilers eingebaut. Es ist ein in Frankreich nach deutschem Entwurf angefertigtes Gerät zur Beobachtung der feindlichen Funkmeßtätigkeit. Da eine Richtantenne fehlt, kann die Schiffsrichtung des festgestellten feindlichen Funkmeßgeräts nicht festgestellt werden. Ob es sich beim Gegner um Flugzeuge bzw. Schiffs- oder Landgeräte handelt, ist aus der gehörten Frequenz und Tonhöhe ersichtlich. Das Gerät hat als Reichweite (da Empfänger) die doppelte Reichweite des feindlichen Sendegeräts. Die Entfernung des feindlichen Senders läßt sich nur grob aus der gehörten Lautstärke schätzen. Es ist bedauerlich, daß der vom O.K.M. befohlene Einbau eines Funkmeßgeräts auf *Hermes* wegen der Verlegung des Einsatzgebietes noch nicht durchgeführt werden konnte. Es wird nach wie vor größter Wert auf beschleunigten Einbau gelegt, da das Fu.M.G. besonders bei den jetzt durchzuführenden Aufgaben einen wesentlichen taktischen Vorteil bedeutet.

2255 Uhr eingeht FT. KR von Chef 7. S-Flottille: »Kann Boote nicht mehr halten. Kehrt.«

2300 Uhr. Feindlicher Seeaufklärer kreuzt den Kurs des Zerstörers vor dem Bug von Stb. kommend auf etwa 2000 m Entfernung. Typ anscheinend Vickers Wellington. Maschine hat *Hermes* nicht bemerkt.

2400 Uhr. 38 Grad 23 ′ N, 12 Grad 01 ′ O. Sowie *Hermes* vom Landschutz Siziliens freikommt, nehmen Wind und Seegang zu. Auf Westkurs nachher Bb. achterliche See Stärke 3–4. Boot hat Krängungen bis etwa 15–20 Grad. Das Überholen des Bootes ist oft sehr bedenklich, da die Minen nur in den Schienen feststehen und ein Festzurren der Minen durch Stander nicht möglich ist. Es besteht die Gefahr, daß die Minen aus den Schienen brechen und über Bord gehen. Dieser Seegang bedeutet die äußerste tragbare Grenze. Ich entschließe mich zum Durchhalten. Gründe:

1. Ich stehe im günstigen Horizont im Norden, gemeldete Feindzerstörer müssen aus dem Vollmond-Sektor aus Süden kommen.

2. Annahme, daß Zerstörer wie bisher aus Malta kommen und so rechtzeitig umkehren, daß sie mit Beginn der Morgendämmerung wieder aus der Sizilienstraße verschwunden sind. Vorstoß auf unseren Verkehrsweg keine Behinderung für mich.

Dienstag, 20.4.43

0052 Uhr. Metox meldet: Deutsches ASV-Flugzeug stört feindlichen Seeaufklärer mit Störsender. 0115 Uhr. Ein unbekanntes Flugzeug an Bb. abfliegend. 0120 Uhr. Maschine von Bb. anfliegend in ca. 1000 m Entfernung, fliegt Schleife und fliegt nach Stb. achteraus ab. Boot geht auf 15 sm, nach Außersichtkommen des Flugzeugs wieder auf befohlene Marschfahrt.

0125 Uhr. Letzte Besteckkontrolle vor dem Minenwerfen. 0130 Uhr. Flugzeug Stb. achtern. Fliegt auf Parallelkurs vorbei. Auf 9 sm gegangen, anschließend wieder auf 22 sm.

0142 Uhr. Meldung des eingeschifften B-Trupps[195]: »USA-Aufklärer meldet an Malta: Ein Zerstörer in 3903 Nord 1057 Ost Kurs 290 Grad, Fahrt 20 sm, Uhrzeit 0120 Uhr.« Der von der B-Gruppe aufgenommene Standort liegt 64 sm falsch in Richtung 329 Grad. Wirklicher Kurs und Fahrt: 267 Grad, 23 sm.

0155 Uhr. Metox meldet: »Feindliches Gerät, anscheinend von Fühlungshalter, hat abgeschaltet.«

0215 Uhr. An Stb. unbekanntes Flugzeug gesichtet.

0225 Uhr. Metox meldet: »Suchgeräusche eines U-Boots mit Lautstärke 2.«

0230 Uhr. Geräusche wieder verloren.

0253 Uhr. FT. KR 0231/3 vom Deutschen Marinekommando an *Hermes*: »0120 Uhr durch Malta-Flugzeug auf 3803 Nord 1157 Ost gemeldet.« Diese von Land ausgewertete B-Meldung stimmt mit dem tatsächlichen Schiffsort überein. Der Grund, daß die hiesige Auswertung falsch war, liegt darin, daß die Verschlüsselung der Längen- und Breitenangaben durch die Engländer für dieses Gebiet nur sehr unvollständig bekannt und oft noch fraglich ist. Falls die B-Stelle beim Deutschen Marinekommando weitere Erkenntnisse in dieser Richtung gewinnt, wird gebeten, sie auch sofort an *Hermes* zu geben, wie bereits durch FS 0144 MIRM geh. vom 22.4.43 erbeten.

0305 Uhr. FT. KR 0246/5 vom Chef 3. S-Flottille: »Qu C J 7656 Rückmarsch.« Meldung von Metox: »Aufklärer hält Fühlung.«

0335 Uhr. Beginn des Minenwerfens. Minen werden mit 17 sm/h Wurffahrt und 41 sec Intervall geworfen. Alle Minen fallen planmäßig, obwohl durch den herrschenden Seegang und die Krümmung der Minenschienen — besondere an der Bb.-Seite — das Arbeiten erheblich erschwert war.

0400 Uhr. 37 Grad 53 ' N, 10 Grad 37 ' O, Seegang 3–4, + 13 Grad.

0415 Uhr. Minenwerfen beendet. Während des Minenwerfens Echolot eingeschaltet, jedoch waren Lotungen — anscheinend wegen des Seegangs — nicht möglich. Lot unklar. Da deswegen die Durchführung des zweiten Teils der Aufgabe — »Legen einer Lotreihe« — nicht ausführbar war, entschloß ich mich zum sofortigen Rückmarsch und ging zunächst auf 50 Grad.

0424 Uhr. FT. KR 0402/7 vom Deutschen Marinekommando an *Hermes* und 3. S-Flottille: »Marina Bizerta meldet: 0215 Uhr 2 sm nörlich Cap Blanc unbestimmte Anzahl S-Boote. Kurs und Fahrt unbekannt.«

0443 Uhr. Nach Überschreiten von 37 Grad 58 ' N (Breite des Endpunktes der geplanten Lotreihe) auf 60 Grad gegangen, um auf diesem Kurs den gem. Op. Befehl vorgesehenen Rückmarsch von 44 Grad vom Endpunkt der Lotreihe (37 Grad 58 ' N, 11 Grad 30 ' O) nach Salerno Ansteuerungspunkt (40 Grad 36,5 ' N, 14 Grad 46,5 ' O) zu erreichen. Diesem Entschluß lag die Absicht zu Grunde, der eigenen Luftsicherung das Auffinden des Zerstörers zu erleichtern.

0448 Uhr. 38 Grad 02 ' N, 10 Grad 45 ' O. Nach Beendigung der Aufgabe Kurzsignal »LMA« mit 20-Watt-Sender abgegeben. Nicht quittiert. Anschließend noch einmal mit auf halbe Sendeenergie gedrosseltem 150-Watt-Sender abgegeben und verstanden. Da im Op. Befehl der Zeitpunkt bzw. Schiffsort der Abgabe des Kurzsignals für den Fall des Ausfalls der Lotreihe nicht vorgesehen war, wurde sinngemäß gehandelt und das Signal schon jetzt abgegeben (und zwar im Augenblick des Überschreitens von 37 Grad 58 ' N gem. Op. Befehl). Hätte ich das Signal, wie ursprünglich im Op. Befehl vorgesehen, erst gegen 0800 Uhr abgegeben, hätte mein tatsächlicher Schiffsort nicht mit dem beim Deutschen Marinekommando in Rom angenommen übereingestimmt. Bei Abgabe eines ergänzenden Standort-FT. wäre der Sinn des Kurzsignals verfehlt gewesen.

0530 Uhr. Beim ersten Beginn der Dämmerung passiert ein Flugzeug auf etwa 1500 m Entfernung überraschend an Bb. auf Gegenkurs. Querab von *Hermes* setzt es Lichter. Typ konnte nicht näher ausgemacht werden, wahrscheinlich Vickers Wellington. Maschine kommt abfliegend außer Sicht.

0636 Uhr. Sonnenaufgang. 0800 Uhr. 38 Grad 46 ′ N, 12 Grad 30 ′ O.

0830 Uhr. Kurs geändert auf 44 Grad. Ich befinde mich auf dem gem Op. Befehl sich ergebenden Rückmarschkurs. Gegenüber dem Sollstandort zu dieser Zeit laut Op. Befehl steht *Hermes* 52 sm = 2 Std. 5 Min. voraus.

0845 Uhr. 800 m an Stb. Treibmine gesichtet.

Ab 1000 Uhr Boot geht auf Höchstfahrt. Ich will mir ein Bild über die Leistungsfähigkeit des Zerstörers verschaffen. Es wurden 300 Umdrehungen erreicht, was gem. der vor ca. einem Jahr bei Meilenfahrt aufgestellten Umdrehungstabelle einer Geschwindigkeit von 30 sm entspricht. Die Fahrtmeß zeigt im Durchschnitt 29,5 sm, zeitweise 30 sm/h.

1105 Uhr eingeht FT. KR 1043/72/15 vom Deutschen Marinekommando an *Hermes*: »Durch Kurzsignal ja melden, wenn Rückmarsch planmäßig.« Da das »Ja« im FT. weder in Anführungsstrichen noch als »Jota Anton« gegeben wurde, gebe ich die Anwort nach Funkverkehrsheft Süd mit Quadratangabe um 1114 Uhr als Funksignal ab. 1144 Uhr. Ausgang Funksignal 1135/67 »Ja, mein Standort ist 9141. *Hermes*.« 1148 Uhr. Eingang FT. KR 1116/18 vom Deutschen Marinekommando an *Hermes*: »Falls Kurzsignalheft nicht an Bord, mit verschlüsseltem Funknamen melden.« Dieser FT. ist hier nicht verständlich, da am 4.4.43 der FTO durch Fernschreibgespräch mit Ob.Lt. Franke vom NaFü Rom diesem mitgeteilt hatte, daß *Hermes* F.V.H. hat und dieses dort folglich bekannt sein müßte.

1150 Uhr. ES-Austausch mit 18 Ju 52.

1155 Uhr. Neun sechsmotorige Großlastenflugzeuge auf Kurs Süd gesichtet.

1200 Uhr. 39 Grad 56 ′ N, 14 Grad 00 ′ O.

1256 Uhr. Eingang FT. KR von Deutschen Marinekommando an *Hermes*: »Dort FT. 1135/76 nicht entschlüsselbar. Wenn Inhalt dringend, nach Schlüsselverfahren M-Süd wiederholen.« Da das Funksignal nicht entziffert werden konnte, wird angenommen, daß F.V.H. hier nicht bekannt. Das Absetzen dieses Signals hätte vermieden werden können, wenn *Hermes* hierüber rechtzeitig informiert gewesen wäre. Da der Inhalt des Signals jetzt seine Dringlichkeit verloren hatte (1 1/2 Stunden vor Einlaufen), wurde nicht geantwortet.

1416 Uhr. Molenkopf Salerno einlaufend passiert.

1428 Uhr. FT. 1405/83 vom Deutschen Marinekommando A 1 an *Hermes*: »Sofort durch Kurzsignal ›Ja‹ melden, wenn planmäßig, sonst Standortmeldung.«

1432 Uhr. Ausgang FT. KR 1418/84 an Deutsches Marinekommando: »Proviantübernahme durchgeführt.« (Stichwort gem. Op. Befehl.)

1430 Uhr. Salerno mit Heck an Mole und Bug an inzwischen für *Hermes* verankerter Tonne festgemacht[196]. Feuer aus. Sechsstündige Bereitschaft. Aufgabe a) Legen einer Minensperre durchgeführt.

1502 Uhr. Ausgang FT. KR an Deutsches Marinekommando: »Aufgabe Lotreihe infolge Schlechtarbeitens Bordlotes nicht durchgeführt. Brennstoff 155 cbm, *Hermes*.«

Als Erfahrung von dieser Unternehmung habe ich am 21.4. folgendes FS. an Deutsches Marinekommando gegeben:

»Dt. Markdo Ital. Betr. Unternehmung 19./20.4.

1. Wetterlage Seegang 3–4 bedeutet Grenze für solche Unternehmungen, anderenfalls brechen Minen aus den Schienen.

2. Kein eigenes Flugzeug als Sicherung beim Zerstörer.

3. Höchstgeschwindigkeit bei Minenladung 28 sm, Ruderlage nur bis 5 Grad. Zerstörer holt sehr stark über.

4. Bei Minenladung bis auf Flak und Backgeschütz keine weitere Waffenverwendung.

5. Bitte sicherstellen, daß bei gesichteten Feindstreitkräften (am 19./20. drei Zerstörer und mehrere S-Boote) während der Unternehmung weitere Fühlung gehalten und Bewegungen schnellstens an *Hermes* übermittelt werden. Nach Standort, Kurs und Fahrt (durch KR-FT. übermittelte Aufklärungsmeldung 19/4 2252 Uhr) mußte ein Zusammentreffen mit den drei Feindzerstörern erfolgen. Schwerer Entschluß, ob Ausweichen oder Durchhalten. Ich habe durchgehalten. Bei Feindberührung kaum noch ein Entkommen (siehe Ziff. 3 und 4).

6. Kein Fu.M.G. an Bord. Einbau war in Salamis beabsichtigt.

7. *Hermes* wurde öfters von Flugzeugfühlungshaltern und einmal von einem U-Boot angestrahlt und erfaßt. Feststellung durch an Bord befindliches Metox-Gerät.

8. Bei Übermittlung von B-Meldungen über *Hermes* bitte vom Feind gemeldete Position, Kurs und Fahrt mit angeben. Erleichtert meinen Entschluß.

9. Brennstoffversorgung erfolgt in dem weniger luftgefährdeten Pozzuoli, wie bereits mündlich bei meiner Meldung in Rom gemeldet. Trotzdem heute wieder nach Neapel befohlen. Gründe hier nicht bekannt. Marina Napoli hat mich für Pozzuoli angemeldet. Zeitraubende Ferngespräche auf nur italienischen Leitungen, um Widerspruch zu klären. Sinngemäß wäre *Hermes* unmittelbar nach der Unternehmung direkt zur Ölergänzung nach Pozzuoli befohlen worden. Zeit und Brennstoffersparnis. *Hermes* Gkdos 187.«

Daraufhin vom Deutschen Marinekommando am 22.4. folgende Antwort: »Zerst. *Hermes*: A) Dort Gkdos 187. Zu 5.: FT. diente lediglich Vorwarnung. Auswertung aller Unterlagen und Führung erfolgt von hier. Laufender FT.-Verkehr unmöglich. Näheres mit FTO besprochen. Zu 8.: Ist geschehen. Feindmeldung stimmte. Zu 9.: Notwendigkeit Brennstoffergänzung war zunächst hier unbekannt. Brennstoffbestand sowie Fahrbereich bei 22 und 28 kn melden. B) Vortrag Kdt. Rom baldmöglichst beabsichtigt. Dt. Markdo. Italien – AL – Gkdos 32123/43.«

1630 Uhr. Kommandantenmusterung anläßlich des Geburtstages des Führers.

2003 Uhr. Eingang FT. KR 1856/93 von Deutschen Marinekommando Italien: »1. 21.4. Brennstoffergänzung Neapel durchführen. Bestellung über Seetr.Hpt.St. Neapel selbständig regeln. Da bisher Luftangriffe meist nachmittags, frühe Vormittagsstunden anstreben.

2. Bei derartigen Fahrten An- und Abmeldung bei italienischen Dienststellen genauestens beachten. Bei Unternehmungen fällt Auslaufmeldung aus, wie bisher.
3. Wiederholung Gkdos/Chefs. 133 II. Teil 22. bis 23.4. beabsichtigt. Näheres folgt.
4. Ob.Fkm. zur Besprechung herschicken.«

Mittwoch, 21.4.43

0000 Uhr. Fliegeralarm. Drei mehrmotorige Bombenflugzeuge in Richtung Neapel fliegend beobachtet. 0145 Uhr. Fliegeralarm beendet.

0500 Uhr. FTO und Ob.Fkmstr. zur mündlichen Berichterstattung und Besprechung nach Rom zum NaFü Deutsches Marinekommando Italien gefahren.

0700 Uhr seeklar zur Fahrt nach Pozzuoli zur Ölergänzung. 0838 Uhr. 39 Grad 31 ′ N, 14 Grad 16,3 ′ O. Bb. voraus Sehrohrsichtung, Abstand ca. 10 hm (Mtr.Gfr. Hirte). Boot dreht hart darauf zu. U-Bootalarm.

0839 Uhr. Voraus Luftschwall des anscheinend tiefer tauchenden U-Boots. S-Gerätortung.

0843 Uhr. WB-Sperre von 5 Gruppen zu je 3 Wabos geworfen. Boot läuft ab und dreht auf zum 2. Anlauf. 0855 Uhr. 2. Wabo-Wurf, 5 Gruppen zu je 3 Wabos.

0909 Uhr. Ausgang FT. KR 0840/10 an Deutsches Marinekommando Italien: »Sehrohr Qu Jot 6758. Bekämpfe U-Boot. *Hermes*.«

0924 Uhr. 3. Wabo-Wurf, 3 Gruppen zu je 3 Wabos, 2 Gruppen zu je 2 Wabos über das Heck.

0932 Uhr. U-Boot aufgetaucht. 0935 Uhr. Feuererlaubnis für Flak und Artillerie. U-Boot dreht ab, liegt quer zum Zerstörer, besetzt das Geschütz. 0940 Uhr. U-Bootbesatzung springt über Bord. Ruderversager. *Hermes* läßt sich nicht steuern. U-Boot macht einen großen Kreis. Befehl an Seezielartillerie: »U-Boot versenken.« 0947 Uhr. U-Boot sinkt über den Achtersteven.

0950 Uhr. Ruderversager beseitigt. *Hermes* läuft zur Übernahme der U-Bootbesatzung auf den Versenkungsort.

0955 Uhr. Jolle ausgesetzt.

1007 Uhr. Wassersäule über Sinkstelle des U-Boots gesichtet. U-Bootexplosion anzunehmen.

1011 Uhr. Ausgang FT. KR 0957/12 an Deutsches Marinekommando Italien: »U-Boot *Splendid* versenkt. Übernehme Überlebende.« Italienisches R-Boot *AS 226* kommt von Capri zur Untergangsstelle und übernimmt nach optischem Signalspruch 12 Überlebende.

1018 Uhr. Jolle an Bord zurück mit 4 Überlebenden, darunter Kommandant und ein Offizier. Zerstörer hat inzwischen gleichfalls Überlebende aufgenommen.

1020 Uhr. *Hermes* geht auf alten Kurs, Marschfahrt 20 sm.

1102 Uhr. Ausgang FT. KR 1043/16 an Deutsches Marinekommando Italien: »32 Mann gerettet. Darunter Kommandant. Zwölf Mann davon auf italienischem R-Boot *AS 226*. Abholung Gefangener (Verwundete) 1200 Uhr Pozzuoli sicherstellen.«

1200 Uhr mit Heck an Südmole Pozzuoli festgemacht.

1215–1230 Uhr Kpt.z.S. Palmgren an Bord zur Besprechung mit Kommandanten.
1430 Uhr englische Gefangene von Bord.
1630 Uhr Admiral Pini, italienischer Befehlshaber Marina Napoli, an Bord. Kurze Ansprache an Besatzung in deutscher Sprache, dabei Verleihung der ital. silbernen Tapferkeitsmedaille an Kommandanten.
1650 Uhr. Admiral Pini von Bord. In Pozzuoli sollten drei mit ansteckender Gelbsucht erkrankte Soldaten in das Lazarett Neapel eingeliefert werden. Trotz aller Bemühen, auch des an Bord befindlichen italienischen Verbindungsoffiziers, war es nicht möglich, einen PKW, geschweige einen Sanka zur Beförderung der Kranken von irgendeiner italienischen Dienststelle zu bekommen. Die Soldaten mußten an Bord bleiben und konnten erst in Salerno unter großen Schwierigkeiten ausgeschifft werden. Dazu wird bemerkt, daß die verwundeten gefangenen Engländer innerhalb einer Stunde durch zwei ital. Sankas abgeholt wurden.
1730 Uhr. Pozzuoli ausgelaufen. Fahrt ohne besondere Ereignisse nach Salerno.
2033 Uhr. Salerno Pier festgemacht.
Zur Vernichtung des englischen U-Boots *Splendid* wurde folgender Gefechtsbericht dem Deutschen Marinekommando Italien vorgelegt:
»Gefechtsbericht über Versenkung des englischen U-Boots *Spendid* am 21.4.43.
Am 21.3.43 versenkte der Zerstörer *Hermes* auf der Fahrt von Salerno nach Pozzuoli auf 39 Grad 31′ N und 14 Grad 16,3′ O das englische U-Boot *Splendid*. *Hermes* war um 0700 Uhr aus Salerno ausgelaufen zur Fahrt nach Pozzuoli, um dort Brennstoff zu ergänzen. 0838 Uhr Sehrohrsichtung Bb. voraus, ca. 10 hm. *Hermes* lief mit 21 sm 260 Grad. Sofort auf Sehrohr zugedreht. (Sichtung durch Mtr.Gfr. Hirte). 0839 Uhr S-Ortung. Boot dreht in S-Peilung und wirft beim 1. Anlauf 0843 Uhr eine WB-Sperre von 5 Gruppen zu je 3 Wabos. Tiefeneinstellung verwürfelt 35 und 50 m. Keine Beobachtungen. Boot läuft mit 17 sm ab und dreht auf zum 2. Anlauf. 0850 Uhr neue Ortung. Ortungsfahrt 12 sm. 0855 Uhr neuer Wabo-Wurf nach Schnellverfahren (5 Gruppen zu je 3 Wabos). Tiefeneinstellung verwürfelt 50 und 75 m. Wurfintervall 29 sec. Keine Beobachtungen. Mit 17 sm abgelaufen auf ca. 3 hm von geworfener Rauchboje, dann aufgedreht zum 3. Anlauf. 0915 Uhr 3. Anlauf. U-Boot macht Ausweichmanöver. Die Peilungen des S-Geräts zeigen eine Auswanderung nach Westen. Das Boot bleibt durch Nachdrehen laufend in der Peilung. Bei 400 m meldet S-Gerät plötzliche Auswanderung um 2 1/2 Dez. Nachdrehen nicht möglich. Anlauf abgebrochen und mit 17 sm abgelaufen, dann aufgedreht und Anlauf wiederholt. 0924 Uhr 4. Anlauf. S-Gerät ortet auf 15 hm. Wurffahrt 12 sm, Intervall 10 sec. Planverfahren. Geworfen wurden 3 Gruppen zu je 3 Wabos und 2 Gruppen zu je 2 Wabos übers Heck. Für die beiden letzten Gruppen standen keine Stempel mehr zur Verfügung. Das U-Boot lief nach Stoppuhr mit geringer Fahrt (3 sm) auf gleichem Kurs. Keine Beobachtungen. Mit 17 sm abgelaufen zu neuem Anlauf. Beim Ablaufen Bb. achteraus auf ca. 30 hm auftauchendes U-Boot. Das U-Boot tauchte in einem sehr großen Winkel auf, der Bug ragte beim Auftauchen hoch aus dem Wasser. Das U-Boot hatte beim Auftauchen Kurs auf den Zerstörer. Mit Hart-Bb.-Ruder und äußerster Kraft auf das U-Boot zugedreht. Feu-

ererlaubnis für Flak und Artillerie. 0935 Uhr U-Boot dreht ab und liegt quer zum Zerstörer. Besetzt jetzt das Geschütz. Trefferbeobachtung nur von Flak. 3,7-cm-Treffer unter U-Bootgeschütz. Geschützbedienung springt außenbords. 0940 Uhr U-Bootbesatzung von Bord. U-Boot blieb auch weiterhin in Fahrt, d.h. also, daß entweder noch Leute auf dem Boot waren, oder man hatte beim übereilten Überbordspringen die Motoren laufen lassen. Das U-Boot fuhr jetzt einen großen Kreis. Infolge Ruderversager war *Hermes* vorübergehend an der Bekämpfung behindert. Befehl an Seezielartillerie: »U-Boot versenken.« Flak stellte Feuer ein. Die 12,7-cm erzielen jetzt Treffer. 0947 Uhr U-Boot sinkt über den Achtersteven. *Hermes* läuft zur Übernahme der Besatzung auf den Versenkungsort.

1007 Uhr wurde über der Sinkstelle eine Wassersäule gesichtet. U-Bootexplosion angenommen. Die Besatzung des U-Boots wird von *Hermes* mit Leitern und der Motorjolle übernommen. Zwölf Mann rettet das italienische R-Boot *AS 226*, das von Capri zu Versenkungsort kam. Insgeamt wurden 32 Mann gerettet, darunter mehrere Verletzte, vier davon mit größeren Verletzungen. Nach Aussagen des Kommandanten befanden sich 40 Mann und 5 Offiziere an Bord.

Erfahrungen: *Hermes* lief mit 21 sm Fahrt, das S-Gerät war ausgefahren und eingeschaltet. Empfindlichkeit 5, geringe Störungen im Gerät. Die U-Bootortung erfolgte nach dem Sichten des Sehrohrs beim Inpeilungdrehen des Boots und nach Inkenntnissetzen durch Brücke. Die anschließenden Ortungen bei 12 sm waren gut. Die Bü-Verbindung S-Raum-Brücke klappte gut. Das Horchpersonal und das S-Gerät arbeiteten ausgezeichnet. Durch ihre einwandfreien und schnellen Meldungen gelang es, die Angriffe zu fahren. Die Brücke selbst war sich auf Grund der S-Gerätemeldungen stets über das Verhalten des U-Bootes im klaren. Die WB-Sperre hat sich bewährt, da sie ohne lange Berechnungen geworfen werden kann. Desgleichen bewährte sich das Schnellverfahren. Es hat sich als empfehlenswert erwiesen, für beide Verfahren Anweisungen auf Pappe gezogen auf der Brücke zu haben. Das vom O.K.M. vorgeschriebene Planverfahren konnte wegen der noch nicht eingetroffenen WB-Zieltafeln nicht durchgeführt werden. Der 3. Anlauf wurde gemäß den alten Anweisungen mit Stoppuhr und EU-Tafeln gefahren. Die WBD mit ihrer großen Sprengladung und Tiefeneinstellung hat sich als vorteilhaft erwiesen. Für einen Zerstörer mit verhältnismäßig wenigen Wabos (*Hermes* 43) ist es ungünstig, z.B. die WBF zu fahren, die auf Grund ihrer Tiefeneinstellung nur beschränkt verwendbar ist. Daran ändert auch nichts das gleichzeitige Fahren von WBG und WBH, da die WBD im Gegensatz zu diesen »Spezialbomben« eine »Universalbombe« ist. Das Fahren von WBG, WBF und WBH kann sich praktisch nur ein U-Jäger mit großer Wabo-Zahl erlauben. *Hermes* hat bei dem Angriff mit WBD gearbeitet. Nur beim ersten Anlauf wurden sechs WBF geworfen. Beim Werfen traten drei Kartuschenversager ein. Die Kartuschen werden einer Untersuchung zugeführt werden. Beim letzten Anlauf konnten nur drei Gruppen zu je drei Wabos geworfen werden, da nicht genügend Stempel zur Verfügung standen. Die 4. und 5. Gruppe wurde mit je zwei Wabos Tiefeneinstellung 90 und 120 m vom Heck geworfen. Nach Auftauchen des U-Boots wurde *Hermes* durch Ruderversager an der Bekämpfung des U-Boots behindert. Der Versager trat dadurch ein, daß die Schalter der Rudermotoren durch den Luftdruck beim Schießen des achteren Geschützes mit geringster Erhöhung zerstört wurden.

Darüber hinaus wurden später durch Bordbeobachtungen und Gefangenenaussagen noch folgende Einzelheiten bekannt: Die erste Sichtung des U-Boots erfolgte durch einen auf der Brücke stehenden Ausguckposten. Nach seiner Aussage war das Sehrohr ungefähr 8 sec. einen halben Meter über Wasser zu sehen. Nach dem Hart-Ruderlegen wurde das Sehrohr noch einmal kurz gesehen. An dieser Stelle wurde kurz darauf ein Luftschwall bemerkt, von dem angenommen wurde, daß er von einem abgefeuerten Torpedo herstamme. Da keine Blasenbahn festgestellt wurde, muß es sich um das Ausblasen der Tanks zum Tiefertauchen gehandelt haben. Die Tiefeneinstellung der verschiedenen Anläufe wurde gemäß den auf Zerstörer *Hermes* eingeführten festen Tiefeneinstellungen: rot (35 und 50 m), gelb (50 und 75 m), grün (90 und 120 m) geworfen. Dies Verfahren hat sich bewährt. Jeder lange Befehl erübrigt sich durch die kurze Anweisung z.B.: »Tiefeneinstellung rot.« Es ist vorteilhaft, an den Werfern und Ablaufgeräten die bei den verschiedenen Tiefeneinstellungen für sie gültigen Einstellungen Farben aufzumalen. Fehler werden dadurch auch bei schnell zu erfolgenden Einstellungen vermieden. Wie im Gefechtsbericht hervorgehoben, arbeitete das S-Gerät hervorragend. Schwierigkeiten traten nur bei Entfernungen ab 300 m und darunter auf, wo der Engländer mit kurzen Ausweichmanövern zu entkommen suchte. Ab 200 m war das Gerät nicht mehr in der Lage, diesen Ausweichmanövern zu folgen. Das Vorhandensein einer Nah-Meßanlage dürfte diese Schwierigkeiten ausschalten. Eine Hilfsmöglichkeit hätte das G.H.G. geben können, doch befindet sich dieses auf *Hermes* infolge noch nicht gelieferter Bürstenplatte in unfertigem Zustand. Ein Ersatz der Nah-Meßanlage wäre dieses Gerät allerdings nicht. Nach den Ortungen des S-Geräts muß angenommen werden, daß das U-Boot den Zerstörer langsam auflaufen ließ, um dann im letzten Augenblick abzudrehen. Bei Anbordkommen sagte der U-Bootkommandant, ob er mit einem englischen Asdic-Gerät geortet worden wäre. Es ist daher anzunehmen, daß das Asdic-Gerät auf Entfernung unter 200 m die gleichen Schwierigkeiten hat, wie das S-Gerät. Auch die Frage, ob er mit englischen Wabos beworfen worden sei, läßt darauf schließen, daß englische U-Boote vor ihrem Einsatz praktische Belehrungen mit Horchgeräten und Wasserbomben erhalten. Bei keinem Wabo-Anlauf wurden Beobachtungen auf dem Wasser gemacht. Erst kurz vor dem Auftauchen des U-Boots wurde ein langer Luftblasenstreifen, vermutlich von beschädigten Tauchtanks, gesehen. Die Annahme, daß erst durch das Aufkommen von Öl oder Luft eine Beschädigung des U-Boots erwiesen ist, trifft also nicht immer zu. Der steile Auftauchwinkel und das Auftauchen an der Stelle des 120- und 90-m-Wabowurfs läßt darauf schließen, daß das U-Boot sich in einer Tiefe von ca. 100 m befunden haben muß. Gefangene bestätigten auch, daß der letzte Anlauf der schlimmste gewesen sei.

Nach dem Auftauchen wurde das U-Boot einwandfrei als *Sturgeon*-Typ (640 t) ausgemacht. Der Kommandant äußerte sich später, daß es sich um ein neueres Boot handele, das dem *Sturgeon* ähnlich sei. Auf dem Turm stand der Name *Splendid*. Auf der Back wurde ein Geschütz leichten Kalibers (vermutlich 7,6-cm) und auf dem Turm ein Maschinengewehr wahrgenommen. Die Besatzung des Bootes soll nach Aussagen des Kommandanten aus 5 Offizieren und 40 Mann bestanden haben. Davon wurden, entgegen dem Gefechtsbericht, nicht 32 sondern nur 30 Mann gerettet. Die Engländer machten ausnahmslos einen sehr guten Eindruck. Auffallend war das Alter der Besatzung. Sämtliche Engländer waren über 20 Jahre, ein 41-jähriger, ein 40- und ein 33-jähriger Soldat, der Kommandant als Oberleutnant 29 Jahre, der I. WO als Leutnant 26 Jahre. Der Kommandant brachte sein Erstaunen über die jungen Soldaten des Zerstörers zum Ausdruck. Er gab weiter an, daß er *Hermes* für einen italienischen Beutezerstörer aus Jugoslawien (vermutlich *Dubrovnik*) hielt. Er wäre mit seinem Angriff weit vorsichtiger gewesen, wenn er gewußt hätte, daß der Zerstörer ein deutsches Boot sei.

Die um 1007 Uhr aufgetretene Wassersäule, die in dem Gefechtsbericht als U-Boot-explosion angenommen wurde, wird angezweifelt, da die Sinkstelle des U-Boots nach Schätzung nicht so weit entfernt war. Es kann damit gerechnet werden, daß es sich um einen Torpedo handelte, der sich selbsttätig gelöst hat und — wie alle englischen Torpedos — am Ende seiner Laufstrecke detonierte.

Der gesamte Munitionsverbrauch des Zerstörers belief sich auf: 36 Wabos Typ WBD, 32 12,7-cm, 186 3,7-cm, 310 2-cm, 90 13,2-mm.

Ein italienisches S- oder R-Boot, welches von Capri oder Neapel kommend achteraus passierte, wurde zunächst mit Signalscheinwerfer und dann mit großem Gefechtsscheinwerfer angerufen. Das Boot antwortete nicht und lief mit hoher Fahrt weiter. Das italienische Boot hätte notfalls den geringen Wabo-Bestand von *Hermes* ergänzen können. Nach Auftauchen des U-Boots hatte *Hermes* nur noch 7 Wabos zur Verfügung.«

Donnerstag, 22.4.43

1330 Uhr. Durch Läufer der 22. U-Jagdflottille wird dem L.I. ein Zettel ohne Briefumschlag überbracht. Das Deutsche Marinekommando Italien, Kpt.z.S. (Ing.) Graef, läßt durch fernmündliche Vermittlung über Seetransporthauptstelle und 22. U-Jagdflottille Salerno mitteilen, ihm telephonisch zu melden:

1. Wieviel Benzin in Fässern *Hermes* an Deck laden kann.
2. Wieviel Benzin in Kanistern in Kammern und Gängen unter Deck untergebracht werden können.
3. Wieviel Kanister Benzin in den Bunkern untergebracht werden können unter Berücksichtigung, daß Eigenbedarf für Hin- und Rückfahrt gedeckt sein muß.

Dieselbe Anfrage wurde am 8.4.43 zwischen Kapt.z.S. (Ing.) Graef und L.I. *Hermes* geklärt. Im Interesse der Geheimhaltung wurde Fernschreiben an Freg.Kpt. Koch, Seetransporthauptstelle Neapel, der zu einer Besprechung an Bord weilte, gegeben, um dies von Neapel aus an Deutsches Marinekommando Italien zu übermitteln.

Fernschreiben lautete:

192

»1. 80–100 Faß an Deck, 2. 4–500 Kanister in Kammern und Gängen, 3. a) in Bunkern nicht möglich, da sonst der Eigenbedarf für Hin- und Rückfahrt nicht gedeckt ist, b) Unterbringung in Bunkern durch Spantverbindung schlecht.«

1500 Uhr. FTO und ObFKmstr. aus Rom zurück. Befehl zum Werfen 2. Minensperre eingegangen. Chefsache 138/43. Auslaufen nach Stichwort: »Munition eintrifft.«

1543 Uhr. Eingang FT. KR vom Deutschen Marinekommando Italien: »Durch KR FT. melden, wieviel Stück 8,8-cm-Heerespatronenmunition in Korkhülsen einschließlich Wohnräume und Decklast verladen werden können (Schätzung). Volle Wahrung Einsatzmöglichkeit aller Waffen.«

1825 Uhr. Ausgang FT. KR an Deutsches Marinekommando Italien: »Zuladung von 60 ts gleich schätzungsweise 2000 Schuß möglich.«

1900 Uhr. Arbeitskommando (1 Leutnant, 25 Mann) meldet sich zur Munitionsverladung an Bord. Da kein Befehl zur Munitionsübernahme bekannt war und im Falle einer Verladung die Besatzung *Hermes* diese Arbeit allein verrichten könne, wurde das Arbeitskommando sofort nach Neapel zurückgeschickt.

2115 Uhr. Ob.Lt. Both von der Heeresnachschubstelle Neapel mit 40 LKW 120 t Artilleriemunition und Pioniersprengmaterial zur sofortigen Verladung auf *Hermes* laut O.B.S./O.Qu. Rom meldet sich an Bord. Da hier keine Befehle zur Übernahme vorlagen, telephonische Rückfrage bei O.Qu. Rom. Dort weiß zunächst keiner etwas von der Munitionskolonne und Verladung auf *Hermes*. Nach langen Nachfragen Ergebnis: Befehl, Kolonne sofort nach Neapel zurückkehren. Weitermarsch am nächsten Morgen nach Livorno.

2302 Uhr. Eingang FT. SSD 2208/79 vom Deutschen Marinekommando Italien: »GKdos 138 ausfällt 23.4. wegen Wetterlage.« Btr. Minenunternehmung.

Freitag, 23.4.43

Salerno-Hafen. Oberbefehlshaber Süd macht folgendes Fernschreiben: »Für Versenkung U-Boot *Splendid* ausspreche Kommandant und Besatzung meine besondere Anerkennung. Kesselring.«

2355 Uhr. Stichwortbefehl eingegangen. FT. KR 2330/7: »Munition eintrifft 2564.« Also auslaufen zur Minenunternehmung am 24.4. 1700 Uhr.

Sonnabend, 24.4.43

0001 Uhr. Durch FT. M-Offz. KR 2242/8 Ergänzung zu Gkdos/Chefs. 138 betr. Minenunternehmung eingegangen.

0645 Uhr. Bb.-Wache behelfsmäßige Laderampe zur Minenübernahme gebaut.

0800 Uhr. Beginn der Minenübernahme: 60 EM. Zur Tarnung der Minenladung wurde dabei laufend das Sonnensegel gesetzt. 1210 Uhr. Übernahme der Minen durchgeführt.

1640 Uhr. Ich war im Begriff, auf die Brücke zu gehen, um zur befohlenen zweiten Minenaufgabe auszulaufen, als folgender FT. M-Offz. einging: KR 1507/85: »Auf Befehl O.B.S. sofort Minen abgeben. Klarhalten für Truppentransport. Näheres folgt. Bestätigen.« Wenige Minuten später kam der Zusatz FT. KR 1514/36: »Sofort

Meldung, wann Entladung Minen voraussichtlich durchgeführt. Zweistündige Bereitschaft.« Daraufhin an Maschine: »Feuer aus bis auf Kreisel«[197].

1650 Uhr begonnen, Minen abzugeben. Laderampe gebaut, Eisenbahnwaggons herangeschafft. Zwei fehlende Waggons trafen nach telephonischer Anforderung von der italienischen Eisenbahn gegen 1915 Uhr ein. Dadurch trat eine Verzögerung von 20 Minuten ein. 2005 Uhr. Minenabgabe beendet.

1820 Uhr. Hauptmann Kulmbach vom Sonderstab Neapel an Bord, kündigt an, daß 350 Soldaten auf dem Wege von Neapel nach Salerno sind, um auf *Hermes* nach Afrika übergesetzt zu werden. In Neapel sei gesagt worden, der Zerstörer sei um 1700 Uhr klar zum Auslaufen für die Truppe.

1955 Uhr. Eingang FT. KR 2014/45: »Auslaufen voraussichtlich 25.4.43 nachmittags mit zwei italienischen Zerstörern. Weitere Befehle folgen durch Supermarina.« 150 Soldaten (Heer) auf der Pier eingetroffen. Für die zu transportierenden Soldaten hat *Hermes* keinerlei zusätzliches Rettungsgerät an Bord. Ersatzschwimmwesten von der Besatzung sind nur in ganz geringer Zahl vorhanden.

2140 Uhr. Zwei LKW's mit 400 Kapok-Schwimmwesten und 14 Flössen von der Ausrüstungsstelle Neapel auf *Hermes*-Anforderung hin eingetroffen.

2240 Uhr. 157 Soldaten (Rgt. *Gen. Göring*) eingetroffen, um auf *Hermes* verladen zu werden. Für die Soldaten ist keine Unterkunft vorhanden. Sie kampieren unter freiem Himmel auf der Pier. Die Soldaten vom Regiment *General Hermann Göring* in einem Magazin, das aufgebrochen werden mußte, da vom Hafenkapitän kein Schlüssel zu bekommen war.

Sonntag, 25.4.43

Salerno-Hafen. 0220 Uhr. Fliegeralarm. Flakfeuer Richtung Neapel. 0430 Uhr. Alarm beendet.

1050 Uhr. Fernschreiben Marina Napoli 44322 eingegangen: Zerstörer *Hermes* soll sich in …stündiger Bereitschaft halten, um am 25.4. 1700 Uhr nach noch folgendem Befehl zur Unternehmung auszulaufen (um Wiederholung der fehlenden Uhrzeitgruppe ist angefragt).

1410 Uhr. Eingehen Fernschreiben Marina Napoli 78876: »*Hermes* Salerno Auslaufen nach Einschiffung von etwa 350 Soldaten zur Fahrt nach Tunis. Mit Marschfahrt 20 sm zum Punkt 40 Grad 36′ N, 13 Grad 34′ O, wo er sich um 2000 Uhr (25.4.) mit den von Gaeta kommenden Zerstörern *Pigafetta* und *Pancaldo*[198] trifft. Weitermarsch über Punkt 38 Grad 42′ N, 13 Grad 42′ O (26.4. 0200 Uhr), Punkt T/2 Trapani (0430 Uhr 26.4.). Großer Sicherheitskurs auf Punkt T/5. Weiter mit 22 sm Marschfahrt über den Pantelleria-Kurs auf Kap Mustafa, Kurs auf Kap Bon. Einlaufen Tunis etwa 26.4. 1200 Uhr. Nach Ausladen der Truppen Rückmarsch über Zembretta Kurs nach Pozzuoli zum Tanken. Eintreffen melden. Leuchtfeuer sind angezündet.«

Seeklar wird für 1700 Uhr befohlen. Mit der Einschiffung der Truppen wird begonnen. 1700 Uhr. Einschiffung der Truppen beendet. 1710 Uhr. Molenkopf auslaufend passiert. Treffpunkt angesteuert.

1940 Uhr. 5 Dez an Stb. kommen *Pigafetta* und *Pancaldo* in Sicht.

1943 Uhr. Sonnenuntergang. 2000 Uhr. 40 Grad 35 ′ N, 13 Grad 35 ′ O.

2001 Uhr. U.K.-Befehl von *Pigafetta* Kurs 191 Grad, 20 sm.

2005 Uhr. *Hermes* schließt sich dem Verband als Nr. 3 an. Formation Kiellinie. Durch U.K. kommen von *Pigafetta* Anweisungen für Zickzackfahrt. Beabsichtigt ist zacken um 4 Dez nach jeder Seite, 6 Minuten auf jedem Kurs.

2045 Uhr. U.K.-Befehl von *Pigafetta*: »Zickzackfahrt.«

2052 Uhr. U.K.-Befehl von *Pigafetta*: »Fahrt 21 sm.«

2400 Uhr. 39 Grad 15 ′ N, 13 Grad 6 ′ O.

Montag, 26.4.43

0058 Uhr. U.K.-Befehl von *Pigafetta*: »Aufhören mit Zacken, alte Formation (d.h. Kiellinie).«

0103 Uhr. Metox-Gerät meldet: »Feindlicher Seeaufklärer sucht mit Ortungsgerät«.

0112 Uhr. Metox meldet: »Seeaufklärer sucht regelmäßig weiter. Hat uns noch nicht festgestellt.«

0115 Uhr. An Stb.-Seite ist in größerer Entfernung ein rotes Licht zu sehen. Licht verlöscht nach etwa 2 Minuten. Bedeutung oder Herkunft des Lichtes nicht feststellbar. Verwechselung mit Stern ausgeschlossen.

0117 Uhr. Mondaufgang. 0120 Uhr. Leuchtbombe an Bb. Kurz darauf Motorengeräusch von Bb. achtern aufgenommen. Fliegeralarm. U.K.-Befehl von *Pigafetta*: »Klar zum Nebeln.« 0121 Uhr zweite Leuchtbombe Bb. achteraus fällt ins Wasser und brennt auf der Wasseroberfläche ab.

0122 Uhr. Eingeschiffte B-Gruppe fängt folgende Meldung des feindlichen Aufklärers auf: »Ein Zerstörer in 38 Grad 18 ′ N, 13 Grad 20 ′ O, Kurs 90 Grad, Fahrt 20 sm.« Die Meldung muß sich nach dem Schiffsort auf den eigenen Verband beziehen, obgleich nur ein Zerstörer gemeldet wurde.

0127 Uhr. Metox meldet: »Seeaufklärer nicht mehr festzustellen, da eigener Störsender eingeschaltet ist.« 0130 Uhr. Störsender hat abgeschaltet, feindlicher Seeaufklärer sucht wieder.

0140 Uhr. Metox meldet: »Aufklärer hat Suchbetrieb eingestellt.«

0141 Uhr. Fliegeralarm beendet. Beide Kriegswachen auf Station.

0204 Uhr. U.K.-Befehl von *Pigafetta*: »Zickzackfahrt.«

0215 Uhr. U.K.-Spruch von *Pancaldo*: »Habe mehrere Flugzeuge gepeilt in Richtung 11 Grad 175 hm ab.«

0221 Uhr. Funkspruch von Supermarina an *Pigafetta*: »Mehrere Einheiten 38 sm nordwestlich Trapani.«

0222 Uhr. Alarm. Besatzung auf Gefechtsstation.

0225 Uhr. Metox meldet: »Ein feindliches Landgerät zu hören. Ortet uns vermutlich.« (Die Meldung, daß es sich um ein Landgerät handelt, scheint sehr unwahrscheinlich. Näherliegend wäre es, daß wir durch ein feindliches Bordgerät geortet werden).

0228 Uhr. An Bb. werden ein roter und ein weißer Stern geschossen. Entfernung etwa 20 hm. Ursprung und Bedeutung sind unklar.

0231 Uhr. U.K.-Befehl von *Pigafetta*: »Nicht mehr zacken.«

0232 Uhr eingeht FT. von Rom an *Pigafetta*: »Sofort Kurs 90 Grad steuern.«

0234 Uhr. U.K.-Befehl von *Pigafetta*: »Kurs 90 Grad.«

0240 Uhr. Verband liegt auf Kurs 90 Grad und zackt wie vor.

0330 Uhr. Alarm beendet. FT. von Supermarina an *Pigafetta*: »Aufgabe planmäßig weiter durchführen mit erhöhter Geschwindigkeit.«

0340 Uhr. Verband geht auf Kurs 253 Grad, 24 sm. Der Befehl von Supermarina, auf Ostkurs zu gehen, erfolgte offensichtlich auf Grund der Meldung zweier feindlicher Einheiten nordwestlich Trapani. Ungewöhnlich und für deutsche Anschauung geradezu unverständlich ist es, daß dem Führer des Verbandes keinerlei Selbständigkeit und Handlungsfreiheit gelassen wird. Er erhält nicht den Befehl für eine Ausweichbewegung, die er nach eigenem Ermessen, der Lage entsprechend, durchzuführen hat, sondern es wird ihm genau der Kurs, 90 Grad, befohlen. Ob der Führungsstab an Land die Lage beim Verband und seinen genauen Schiffsort stets so genau überblicken kann, daß die zweckmäßigen Maßnahmen getroffen werden, muß sehr fraglich erscheinen. So führte auch zum Beispiel in diesem Fall der Kurs 90 Grad in die Nähe eines Gebietes, in dem kurz zuvor U-Boote gemeldet worden waren.

0400 Uhr. 38 Grad 29 ′ N, 12 Grad 38 ′ O.

0410 Uhr. Voraus wird Flieger-ES vom Wasser aus geschossen.

0414 Uhr. Alarm. Verdächtiges kleineres Fahrzeug Stb. voraus. Beim Näherkommen läßt sich das Fahrzeug als ein Boot von etwa R-Bootgröße auf Gegenkurs erkennen. Es handelt sich um das Fahrzeug, das vorhin ES geschossen hatte.

0416 Uhr. Alarm beendet.

0425 Uhr. Metox meldet: »Werden geortet, vermutlich durch U-Boot, hörbar mit Lautstärke 5.«

0457 Uhr. *Pigafetta* macht FT. an Rom: »Stehe 0545 Uhr auf Punkt T/2.« Die Abgabe dieses Funkspruches betrachte ich als einen groben Verstoß, da wir in See als 1. Gebot das Einhalten der unbedingten Funkstille beobachten. Es hängt hier sicher damit zusammen, daß italienische Einheiten in See, soweit hier bekannt, alle Befehle vom führenden Stab erhalten. Ein italienischer Verbandsführer hat nicht die taktische Handlungsfreiheit wie bei uns. Ob die Italiener ein Kurzsignalheft haben, ist hier nicht bekannt. Derartige FT.'s wie oben müßten durch Kurzsignale abgegeben werden können. Ebenfalls fällt auf, daß **alle** Befehle und Meldungen an den Verband durch U.K. gegeben werden — zum größten Teil allerdings verschlossen in Zahlengruppen, jedoch oft auch in Klartext. Die Peilbarkeit der U.K. scheint den Italienern nicht bekannt zu sein.

0455 Uhr. U-Boot nicht mehr zu hören.

0510 Uhr. U.K.-Befehl von *Pigafetta*: »Kurs 180 Grad.«

0622 Uhr. Sonnenaufgang.

0626 Uhr. Vier eigene Jäger als Jagdschutz beim Verband.

0640 Uhr. Verband geht auf 25 sm.

0710 Uhr. Metox-Gerät wegen Überhitzung abgeschaltet.

0715 Uhr. Es kommt dichter Bodennebel auf. Der Vordermann kommt trotz Verringerung des Abstands außer Sicht. Es wird nach dem Kielwasser des Vordermanns gefahren, so daß Fühlung am Verband gehalten werden kann.

0740 Uhr. Metox wieder eingeschaltet.

0800 Uhr. 37 Grad 22 ′ N, 11 Grad 5 ′ O, dichter Bodennebel. Treibmine im dichten Nebel auf 50 m recht voraus gesichtet. Wird mit »Hartbackbord« und »Hartsteuerbord« ausmanövriert, berührt das Boot — es ging klar.

0905 Uhr. Flugzeuggeräusch achteraus. Verband wird öfter von Flugzeugen überflogen. Es handelt es anscheinend um eigenen Jagdschutz.

0912 Uhr. U.K.-Befehl von *Pigafetta*: »Kurs 253 Grad, Fahrt 20 sm.«

0943 Uhr. U.K.-Befehl von *Pigafetta*: »Fahrt 12 sm.« Der Verband steht jetzt bei Kap Ras Mustafa, wo der Kurs dicht unter Land führt, nach See zu durch eigene Sperrren gedeckt. Ansteuerung dieses Punktes durch Nebel erheblich erschwert.

1020 Uhr. U.K.-Spruch von *Pigafetta*: »Klar zum Ankern.« *Hermes* mit 400 m Abstand in Richtung 140 Grad von *Pigafetta*.

1036 Uhr. Ankern wird nicht durchgeführt, da Nebel über der Küste vorübergehend aufreißt und Schiffsortbestimmung möglich ist. U.K.-Befehl von *Pigafetta*: »Fahrt 16 sm.«

1055 Uhr. U.K.-Befehl von *Pigafetta*: »Fahrt 12 sm.« Es ist von neuem dick geworden, in dem engen Fahrwasser zwischen Küste und eigenen Sperren jetzt besonders unangenehm.

1109 Uhr. Von *Pigafetta* an *Pancaldo*: »Vermindere Fahrt auf 9 sm. Melden Sie, wenn Sie mich sehen.«

1110 Uhr. Von *Pigafetta* an *Hermes*: »Frage, sehen Sie *Pancaldo*.«

1112 Uhr. *Hermes* an *Pigafetta*: »Ja.«

1120 Uhr. *Pancaldo* an *Pigafetta*: »Sehe Sie nicht, gehe auch auf 9 sm.«

1131 Uhr. U.K.-Befehl an Alle: »Fahrt 12 sm.«

1136 Uhr. U.K.-Befehl: »16 sm.«

1138 Uhr. U.K.-Befehl: »Kurs 326 Grad.« Während über der See noch dicke Dunstfelder liegen, kommt die Küste immer mehr heraus, so daß für die Navigation keine Schwierigkeit mehr besteht. Die Fahrt wird laufend gesteigert, so daß 1158 Uhr U.K.-Befehl an Alle geht: »Fahrt 28 sm.«

1200 Uhr. 37 Grad 5 ′ N, 11 Grad 57 ′ O, große Dunstfelder über See.

1253 Uhr. U.K.-Befehl: »Fahrt 20 sm.«

1324 Uhr. Verband geht auf 250 Grad.

1345 Uhr. Verband steht vor La Goulette-Reede. U.K.-Spruch von *Pigafetta* an *Hermes*: »Ankerplatz 400 m östlich von *Pancaldo*.« 1347 Uhr. Freies Manöver (durch U.K. von *Pigafetta*).

1400 Uhr. Mit Stb.-Anker auf 8 m Wasser mit 60 m Kette auf La Goulette-Reede geankert. Hiermit ist die Überfahrt wider Erwarten ohne Luftangriffe durchgeführt. Es muß angenommen werden, daß der Verband **ausschließlich durch den Nebel** der feindlichen Luftaufklärung entzogen wurde.

1430 Uhr. An Bb.-Seite kommt ein Segler längsseits mit verwundeten deutschen Soldaten, die mit nach Italien zurückgenommen werden sollen.

1435 Uhr. Siebel-Fähre kommt an Stb.-Seite längsseits. Erst jetzt kann mit Ausschiffung der mitgebrachten Truppen begonnen werden. Da der Segler voll von Verwundeten war, andererseits das eigene Oberdeck durch die auszuschiffenden Truppen und deren Gepäck völlig überfüllt war, konnte der Segler zur Entladung noch nicht ausgenutzt werden. Schon jetzt ist zu übersehen, daß die Ausschiffung bis 1500 Uhr, dem geplanten Auslauftermin, nicht beendet sein kann, zumal die Entladung des umfangreichen Geräts der zur Division *Hermann Göring* gehörenden Soldaten erheblich Zeit in Anspruch nimmt.

1443 Uhr. Eine zweite Siebel-Fähre an Bb.-Seite längsseits. Sie hat ebenfalls nach Italien einzuschiffende Verwundete und etwa 60 Mann Spezialtruppen an Bord.

1445 Uhr. Übernahme der Verwundeten beginnt.

1511 Uhr. U.K.-Spruch von *Pigafetta*: »Genaue Zahl der in Tunis eingeschifften Soldaten hergeben.«

1527 Uhr. Fliegeralarm. Feindlicher Bomberverband ist in großer Entfernung bei einem Angriff im Osten zu sehen.

1540 Uhr. Ausschiffung beendet. Siebel-Fähren und Segler legen ab.

1542 Uhr. Anker gelichtet. Verband läuft wieder aus, zurück nach Sizilien.

1544 Uhr. U.K.-Befehl: »Fahrt 20 sm.«

1545 Uhr. Metox-Gerät eingeschaltet.

1600 Uhr. La Goulette-Reede auslaufend. Fliegeralarm beendet.

1604 Uhr. Meldung an *Pigafetta*: »Insgesamt 173 Soldaten eingeschifft, davon 100 Leichtverwundete.«

1707 Uhr. *Pancaldo* meldet durch U.K.: »Unbekanntes Flugzeug in rechtweisend 16 Grad, 100 hm ab. Flughöhe unter 500 m.« Das Flugzeug ist für kurze Zeit nach Norden abfliegend zu sehen. Verschwindet dann im Dunst. Typ ist nicht auszumachen.

1730 Uhr. Verband nähert sich einem starken Dunstfeld. Kurz vor Eintritt in den Nebel sind in großer Höhe in Richtung 300 Grad 6 Jäger zu sehen. Ob eigene oder feindliche ist nicht auszumachen. Maschinen sind nur ganz kurz zu sehen. Verband fährt in Nebelfeld ein.

1752 Uhr. Fliegeralarm. Mit Austritt aus dem Nebelfeld Angriff von zehn Jagdbombern, wahrscheinlich Typ Hawker Hurricane II. Angriff erfolgt aus Sonnenrichtung. Eine Maschine fliegt zur Ablenkung von Stb. an, alle anderen Maschinen von Bb. querab. Höhe ca. 600 m. Die Maschinen haben also gewartet, bis die Zerstörer wieder aus dem Nebel auftauchen. Der Nebel lag verhältnismäßig flach auf dem Wasser. Über dem Schiff war teilweise klare Sicht nach oben. Die Maschinen haben sich aufgelöst und fliegen einzeln aus der Sonne heraus Angriffe auf die Zerstörer. Bombenwurf leichten Kalibers.

1752 Uhr. Feuererlaubnis für alle Fla-Waffen. Unsere Waffen liegen gut im Ziel. Mit Ausnahme der ersten Bombe, die 50 m achteraus niederging, werden sämtliche Maschinen vom Bombenwurf auf *Hermes* abgedrängt. Die beiden italienischen Zerstörer feuern mit der Seezielartillerie. Infolge ihrer geringen Fla-Maschinenwaffenausrüstung und der damit verbundenen geringeren Punktabwehr werden die italienischen Zerstörer stärker als *Hermes* angegriffen.

1757 Uhr. Flugzeuge haben sich verworfen und fliegen ab. Feuer eingestellt.

1842 Uhr. Fliegeralarm beendet. Beide Fla-Kriegswachen bleiben weiterhin auf Station. Keine Treffer. Lediglich bei *Pigafetta* sind Bunker durch Kurzeinschläge leckgesprungen. Starker Ölverlust.

Erfahrungen: Die an den Waffen vorhandene Bereitschaftsmunition ist bei einem derartigen Angriff schnell verschossen. Deshalb ist es erforderlich, daß mit Feuereröffnung der leichten Flak selbsttätig und ohne besondere Aufforderung der Transport der Flakmunition beginnt. Als zweckmäßig hat sich die Einteilung des Zerstörers in Flakgruppen erwiesen. Leitwaffe jeder Gruppe ist die in dem betreffenden Sektor befindliche 3,7-cm, so daß sich die 2-cm und 13,2-mm der betreffenden Gruppe nach dem Feuer der 3,7-cm richten können. Dieses Verfahren kommt vor allem bei Angriff mehrerer Flugzeuge aus verschiedenen Richtungen in Frage. Die Waffenführer der 3,7-cm unterstützen den Fla-Leiter bei der Feuerleitung durch selbständiges Handeln.

1900 Uhr. Mehrere Treibminen passiert.

1953 Uhr. Vier zweimotorige Maschinen passieren den Verband von Stb. voraus kommend, vor dem dunklen Horizont liegend, sehr tief. Art des Anflugs läßt auf Torpedoflugzeuge schließen. Die Maschinen werden jedoch als Ju 88 erkannt. ES wurde von den Maschinen nicht geschossen.

1800 Uhr. Winkspruch von *Pigafetta* an *Hermes*: »Verlassen der Kurslinie ist gefährlich.« Die Warnung erfolgte, weil *Hermes* sich durch die Ausweichmanöver während des Angriffs um etwa 800–1000 m nach Stb. von der Kiellinie heraus gesetzt hatte (s. meine Schlußbetrachtungen über das Zusammenfahren mit italienischen Zerstörern).

1937 Uhr. *Pigafetta* an Alle: »Frage, haben Sie Beschädigungen erlitten?«

1940 Uhr. *Hermes* an *Pigafetta*: »Nein.«

1958 Uhr. Frage von *Pancaldo* an *Pigafetta*: »Frage Feuererlaubnis zum Freischießen der Rohre.«

2000 Uhr. 37 Grad 55′ N, 11 Grad 20′ O.

2014 Uhr. *Pigafetta* an Alle: »Feuererlaubnis, ich schieße ebenfalls.« Beide Zerstörer schießen einen Doppelschuß mit 12 cm, außerdem mehrere Schüsse mit 3,7-cm-Leuchtspur. Es ist unverständlich, daß gerade während der kritischen Dämmerungszeit solche »Probeschüsse« geschossen werden, die meilenweit im Umkreis die Aufmerksamkeit eines evtl. Gegners, seien es Flugzeuge, U-Boote oder Überwasserstreitkräfte, auf sich lenken müssen.

2043 Uhr. U.K.-Befehl: »Kurs 80 Grad.«

2044 Uhr. U.K.-Befehl: »Fahrt 18 sm.«

2047 Uhr. U.K.-Befehl: »Kurs 29 Grad.«

2054 Uhr. U.K.-Befehl: »Kurs 90 Grad.« Warum dieser Zwischenkurs von 29 Grad gesteuert wurde, ist mir nicht klar. Eine Begründung wurde von *Pigafetta* nicht gegeben. Der Kurs 90 Grad führt nunmehr wieder auf den vorgeschriebenen Ansteuerungsweg für T/2.

2200 Uhr. Metox meldet: »Feindlicher Seeaufklärer sucht mit Lautstärke 2.«

2215 Uhr. Metox meldet: »Seeaufklärer nicht mehr zu hören.«

2244 Uhr. U.K.-Befehl: »Kurs 180 Grad.«

2248 Uhr. U.K.-Befehl: »Fahrt 12 sm.« Seit etwa 2100 Uhr hat sich die Sicht immer weiter verschlechtert. Aus anfänglichen Dunstfeldern ist jetzt zusammenhängender Nebel geworden.

2300 Uhr. *Pigafetta* an Alle: »Stoppen.« *Pigafetta* an *Pancaldo*: »Setze Hecklicht. Setzen Sie ebenfalls Hecklicht für *Hermes*.«

2305 Uhr. FT. von *Pancaldo* an Trapani: »Sofort alle Leuchtfeuer anzünden.«

2308 Uhr. *Pancaldo* meldet durch U.K., daß er voraus eine Insel ortet. Es muß sich um die Insel Levanzo handeln.

2316 Uhr. U.K.-Befehl: »Fahrt 6 sm, Kurs 162 Grad.«

2322 Uhr. U.K.-Befehl an Alle: »Schwenkung um 180 Grad nach Bb.«

2323 Uhr. *Pancaldo* meldet, daß er die Insel Levanzo in 170 Grad 110 hm ab peilt. U.K.-Befehl: »Stoppen.« Durch den Befehl zum Stoppen kommt *Hermes* nicht mehr zur Ausführung der Fahrtschwenkung. *Pigafetta* passiert in geringem Abstand an Bb. auf Gegenkurs. Der Zerstörer ist nicht zu sehen, man hört nur seine Lüfter. Auch im S-Gerät wurde der Zerstörer geortet. *Pancaldo* ist außer Sicht. Es ist nicht bekannt, ob er schon auf neuem Kurs liegt.

2324 Uhr. Um Klarheit über die Position von *Pancaldo* zu bekommen U.K.-Spruch: » Frage, welchen Kurs steuern Sie.« Antwort geht nicht ein.

2328 Uhr. *Pigafetta* an *Hermes*: »Sichern Sie mit S-Gerät.« *Pigafetta* an Alle: »Wenn Sie mich nicht sehen, versuchen Sie mit S-Gerät mich zu finden.«

2340 Uhr. Metox meldet: »Ein U-Boot sucht mit Ortungsgerät, Lautstärke 3–4.«

2354 Uhr. *Pigafetta* an Alle: »Auf der Stelle auf 163 Grad drehen.«

2354 Uhr. Metox meldet: »Eigener Störsender hat von der Frequenz des Seeaufklärers auf die des U-Boots umgeschaltet.«

2400 Uhr. *Hermes* an *Pigafetta*: »Ich bin auf Kurs 160 Grad.«

Dienstag, 27.4.43

0003 Uhr. *Pigafetta* an Alle: »Gehe mit geringster Fahrt an. Frage sind Sie auf Kurs.«

0004 Uhr. *Hermes* an *Pigafetta*: »Ja.«

0009 Uhr. *Hermes* an *Pigafetta*: »Laufe 5 sm.« Es entsteht ein heilloses Durcheinander. Ich schlage dem Chef vor, auf der Stelle zu ankern. Darauf Antwort, auch an *Pancaldo*: »Tun Sie, was Sie wollen.« Was wohl unserem »Nach eigenem Ermessen« entspricht. Da von den beiden anderen Zerstörern nichts zu sehen und durch das Stoppen und die nur teilweise durchgeführte Kehrtschwenkung die Position zueinander völlig ungeklärt ist, steuere ich selbständig Trapani-Reede an. Auch durch das S-Gerät ist die Position der anderen Zerstörer nicht festzustellen, da durch verschiedene Inseln und Klippen zahlreiche Ortungen auftreten, die kein klares Bild über die Lage ergeben. Auch aus den nun folgenden U.K.-Sprüchen geht hervor, daß *Pigafetta* selbst kein klares Bild über die Lage hat.

0150 Uhr. *Pigafetta* an Alle: »Habe gestoppt und geankert.«

0153 Uhr. U.K.-Befehl von *Pigafetta* an Alle: »Verband ankern.«

0156 Uhr auf Trapani-Reede mit 100 m Kette auf 50 m Wasser geankert.

0202 Uhr. *Pigafetta* an Alle: »Habe geankert. Kolumbia in 254 Grad 2500 m ab.«

0249 Uhr. *Pigafetta* an Alle: »Heizölbestand melden und wieviel mit Marschfahrt 20 sm gelaufen werden kann.«

0400 Uhr. 18 Grad 8 ′ N, 12 Grad 25 ′ O.

Der Verband wird bis Hellwerden von zahlreichen tieffliegenden Flugzeugen überflogen. Es handelt sich anscheinend um eigene Transportmaschinen.

Durch S-Gerät gesichert und außerdem versucht, die Lage der beiden anderen Zerstörer festzustellen. Es werden auch zwei gute Echos festgestellt in 500 und 900 m Abstand. Es wird angenommen, daß dies die Zerstörer sind. Später werden jedoch noch mehrere gute Echos festgestellt, deren Peilung und Abstand nicht auswandert. Beim späteren Hellwerden stellt sich heraus, daß keiner der beiden Zerstörer in S-Gerät-Reichweite lag. Alle gemeldeten Ortungen waren also Peilungen von Klippen und Grundechos. Auch bei Hellwerden klart es noch nicht auf. Es herrscht weiter dichter Bodennebel. Nur zeitweilig reißt der Nebel so weit auf, daß dem Zerstörer der blaue Himmel durchscheint. Die Lage der beiden anderen Zerstörer ist ungewiß.

0410 Uhr. *Hermes* an *Pigafetta*: »Heizölbestand 230 t, das sind 32 Stunden mit 20 sm.«

0950 Uhr. *Hermes* an *Pigafetta*: »Mein Standort ist 270 Grad, 4,5 sm vor Trapani.«

1027 Uhr. *Pigafetta* an *Hermes*: »Frage, auf wieviel Wasser haben Sie geankert.«

1035 Uhr. Antwort: »Auf 50 m.« Die Sicht bessert sich. Der Nebel zerreißt sich in große Nebelfelder. Der Zerstörer liegt in Porzelli Rocks in 15 Grad 31 hm ab.

1110 Uhr. Ich lichte sofort Anker. *Pigafetta* kommt vorübergehend in Sicht, liegt etwa 40 hm ab. 1122 Uhr. Wieder dichter Nebel. 1142 Uhr. Vor Trapani geankert, 21 m Wasser, 60 m Kette, Palumbo in 89 Grad, 0,8 sm ab.

1145 Uhr. *Pigafetta* ankert Bb. voraus. *Pancaldo* kommt im Norden in Sicht. Entfernung etwa 70 hm ab.

1200 Uhr. Trapani-Reede. Es klart auf, diesig.

1300 Uhr. *Pancaldo* eintrifft Trapani-Reede. Ankert zwischen *Pigafetta* und *Hermes*, so daß alle drei Zerstörer in einer Linie liegen. Abstände 500 m. Bei der bekannten starken Luftgefährdung von Trapani ist dieses dichte Ankern völlig unverständlich.

1310 Uhr. Flakfeuer im Süden. Jäger starten auf Flugplatz Trapani. Gehe Anker auf, um die Massierung der drei Zerstörer aufzuheben. Ich mache einen entsprechenden Winkspruch an *Pancaldo*. Er entschuldigt sich durch Winkspruch.

1319 Uhr. U.K.-Spruch von *Pigafetta* an *Hermes*: »Frage, brauchen Sie Wasser um nach dort zu fahren, wo wir hin sollen.«

1320 Uhr. 2000 m südlich von *Pigafetta* mit Bb.-Anker geankert. Ankerpeilung: Signalstelle 60 Grad, Porzelli Rocks 328 Grad, Leuchtfeuer Fornica 225 Grad.

1323 Uhr. U.K.-Spruch an *Pigafetta*: »Brauche kein Wasser.« *Pigafetta* macht inzwischen Wasserübernahme aus Wasserprahm.

1500 Uhr. Ein Oberfeldwebel der von der Luftwaffe eingeschifften Soldaten meldet, daß er mit einer Gruppe von 60 Mann für Trapani bestimmt ist. Mache

U.K.-Spruch an *Pigafetta*: »63 meiner eingeschifften Soldaten sollen nach Trapani. Bitte Fahrzeug schicken.«

1506 Uhr. Antwort von *Pigafetta*: »Befehle abwarten.« *Pigafetta* an Alle: »1800 Uhr seeklar.«

1600 Uhr. Wasserprahm ist längsseits gekommen. Die 63 für Trapani bestimmten Soldaten steigen auf den Prahm über. Halte den Wasserprahm noch fest, um die Befehle von *Pigafetta* abzuwarten.

1617 Uhr. *Pigafetta* an *Hermes*: »Niemand ausschiffen und keine auswärtigen Befehle ausführen.«

1619 Uhr. *Hermes* an *Pigafetta*: »Frage, warum soll ich die für hier bestimmten Soldaten nicht ausschiffen.«

1620 Uhr. *Pigafetta* an *Hermes*: »Weil ich Befehl habe, alle Leute im nächsten Hafen auszuschiffen. Ich habe nachgefragt, ob es möglich ist, hier 63 Soldaten auszuschiffen. Ich stelle fest, daß Sie mir eher hätten melden können, daß ein Teil Ihrer Leute nach Trapani soll. Bis Befehle kommen, behalten Sie den Wasserprahm längsseits.« *Hermes* an *Pigafetta*: »Auch ich habe das erst 1545 Uhr von einem Feldwebel erfahren, daß die 60 Mann für Trapani bestimmt sind.«

Die Besatzung des Wasserprahms verlangt immer dringender, ablegen zu dürfen, da sie noch neu Wasser übernehmen muß, um noch vor Dunkelheit andere Einheiten zu versorgen. Da es mir unsinnig erscheint, die für Trapani bestimmten Leute erst mit nach Neapel zu nehmen und dadurch die Transportwege völlig unnötig zu belasten, lasse ich den Wasserprahm mit den 63 Mann ablegen. Mache entsprechenden U.K.-Spruch an *Pigafetta*.

1733 Uhr. *Pigafetta* an *Hermes*: »Kommandantur Trapani hat befohlen, hier niemand auszuschiffen. Ich bedaure ihre Initiative, die Leute entgegen meinem Befehl hier ausgeschifft zu haben.« Über diese »Initiative« hat sich der *Pigafetta*-Kommandant später derart aufgeregt, daß ich mich, nachdem er mir noch den Begriff »Befehl« definieren wollte, kurzerhand von Bord meldete ...

1733 Uhr. Fliegeralarm.

1745 Uhr. Verband Anker gelichtet. Marsch nach Norden angetreten. Irgendwelche Befehle bzw. Absichten habe ich nicht bekommen.

1750 Uhr. Fliegeralarm beendet. Keine Vorkommnisse.

1800 Uhr. Metox-Gerät eingeschaltet. 1805 Uhr. Befehl »18 sm«.

1830 Uhr. Torpedoboot *Cesare*[199] und Lazaretschiff *Toscana*[200] passieren Bb. auf Gegenkurs.

1905 Uhr. Verband zackt.

1945 Uhr. An Stb. passiert ein Dampfer auf Gegenkurs. Wird gesichert durch ein Torpedoboot, das etwa 1500 m vor dem Dampfer auf geradem Kurs fährt. Beim Anblick dieses Geleits kommen einem starke Zweifel an der Wirksamkeit einer solchen Sicherung.

1957 Uhr. Sonnenuntergang. 2000 Uhr. 36 Grad 26' N, 12 Grad 29,5' O.

2205 Uhr. S-Gerät wegen Warmwerdens ausgeschaltet. Gerät arbeitet seit 53 Stunden ununterbrochen. AB-Gerät warmgelaufen. Horchraum bleibt weiter besetzt, klar zum Einschalten des S-Geräts. Es ist beabsichtigt, das S-Gerät für 6 Stunden ausgeschaltet zu lassen. Eine direkte Störung ist trotz 53-stündigem Betrieb nicht eingetreten. Drei Dez an Stb. ein weißer Stern. Ursprung und Bedeutung nicht auszumachen.

2235 Uhr. Verband geht auf Kurs 38 Grad. Das Zickzackfahren wird während der Durchführung der Kursänderung unterbrochen.

2303 Uhr. Von Metox: »Aufklärer ortet den Verband.« Fliegeralarm. Kurz darauf wird der Verband von einem Flugzeug überflogen. Leuchtbombe achteraus. Bb. voraus eine Leuchtboje, die lange Zeit im Wasser schwimmend brennt.

2305 Uhr. U.K.-Spruch von *Pigafetta*: »Begegnung mit einer Korvette und einem Schlepper und mit einem von Westen kommenden U-Boot gegen 0330 Uhr möglich.« Trotz dieser Begegnungsmöglichkeiten zackt der Verband weiter, was mir unverständlich ist, da bei der dunklen Nacht das Zacken wohl kaum Vorteile bringen wird, bei der Begegnung mit einem anderen Verband jedoch erhebliche Gefahrenlage hervorrufen kann.

2317 Uhr. Von Metox: »Seeaufklärer hat anscheinend ein anderes Gerät eingeschaltet. Ortet mit größter Lautstärke.«

2329 Uhr. B-Trupp meldet: »Englischer Aufklärer meldet durch FT. an Malta: 290 Grad von Festpunkt 39 Grad Nord und 14 Grad Ost ein Zerstörer und zwei Handelsschiffe Kurs 270 Grad.« Dieser Standort liegt etwa 30 sm südöstlich des eigenen Standorts von 2330 Uhr. Anscheinend handelt es sich um ein nach Sardinien gehendes Geleit. *Hermes* hatte von diesem Geleit keine Nachricht erhalten. 2330 Uhr eingeht FT. 2310/37: »Begegnung mit deutschem U-Boot auf Südostkurs zwischen 2300 und 2400 möglich«, d.h. also, daß wir schon seit einer halben Stunde mit der Begegnung mit dem deutschen U-Boot rechnen müssen.

2345 Uhr. Metox meldet: »Aufklärer wieder auf alter Frequenz zu hören«. Anscheinend ist die eine Aufklärungsmaschine mit mehreren Ortungsgeräten ausgerüstet oder arbeitet mit mehreren Frequenzen.

2400 Uhr. 39 Grad 29 ' N, 13 Grad 15 ' O.

Mittwoch, 28.4.43

0007 Uhr. Aufnimmt eigener B-Trupp: »Malta an Aufklärer. Ihr Angriff ist der um 2325 gemeldete Verband.« Annahme: 1. Unser Verband wurde auch gemeldet, dann Entscheidung Malta, daß Angriff nicht gegen uns, sondern gegen Geleitzug. 2. Wir sind nicht gemeldet, Malta befiehlt Aufklärer befohlene Aufgabe (Aufklärungsweg) abbrechen und Geleit angreifen.

0010 Uhr. Fliegeralarm beendet.

0143 Uhr. Von Metox: »Feindlicher Fühlungshalter nicht mehr zu hören.«

0254 Uhr. Mondaufgang.

0400 Uhr. 40 Grad 25 ' N, 14 Grad 12 ' O.

Bis Pozzuoli keine besonderen Vorkommnisse mehr. 0630 Uhr. Pozzuoli mit Heck an Pier festgemacht, 1 Anker.

0700 Uhr. Aufgabe durchgeführt. Verwundete ausgeschifft.

1140 Uhr. Nach Ölübernahme abgelegt zur Überfahrt nach Stützpunkthafen Salerno.
1445 Uhr. Salerno festgemacht.

Erfahrungen über Metox-Gerät: Auf Grund der bis jetzt vorliegenden Erfahrungen kann gemeldet werden, daß das Metox-Gerät sich bei den bisherigen Einsätzen vorzüglich bewährte. Es ermöglichte rechtzeitige Vorwarnung vor feindlichen Aufklärern und vor allem konnte ich mir aus den Metox-Beobachtungen zusammen mit den von den feindlichen Seeaufklärern abgegebenen und durch den hier an Bord eingeschifften B-Dienst-Trupp (1 UO, 1 Mann) erfaßten Aufklärungsmeldungen jederzeit ein recht genaues Bild über die Lage und die möglichen Absichten des Feindes verschaffen.

Die **folgenden** Angaben (Uhrzeiten usw.) sind zum Teil ungenau, da die K.T.B.-Unterlagen später in Tunis vernichtet wurden.

Salerno-Hafen. Wegen Kesselschadens, Abfall der Kesselmauerung, melde ich bis 30.4. 0700 Uhr außer K.B.

Donnerstag, 29.4.43

1107 Uhr. Eingang FT. KR »Aus zwingenden Gründen noch eine Fahrt erforderlich. Danach Instandsetzung Kessel. Zeitbedarf melden. Deutsches Marinekommando Italien Ing. 2905.«

Ich melde: »Kesselmauerung zum Teil abgefallen. Bis 1800 Uhr notdürftig repariert. Nach Rückkehr Überholung notwendig. Weiteres Fahren nicht mehr vertretbar.«

1430 Uhr eingeht FT.: »Mit Seeklar heute 1830 Uhr rechnen. Weitere Befehle durch Marina Napoli. Deutsches Marinekommando Italien A 1 GKdos 32380.«

Eintreffen der zu übernehmenden Truppen des Regiments *Hermann Göring*. Sofort Truppen und Gerät an Bord.

Eingang Befehl: »Auslaufen nach Pozzuoli. Dort vereinigen mit *Pancaldo* um 2100 Uhr.«

1825 Uhr. Salerno ausgelaufen nach Pozzuoli. 2107 Uhr. Pozzuoli-Reede geankert. Auslaufen verzögert sich, da *Pancaldo* noch nicht mit der Truppeneinschiffung fertig. 2155 Uhr mit *Pancaldo* Pozzuoli ausgelaufen. *Hermes* Nr. 2, Führung *Pancaldo*.

Freitag, 30.4.43.

0700 Uhr. Punkt T/2 erreicht. Von nun ab laufend eigene und italienische Jäger, schwankend zwischen 3–10, als Luftsicherung am Verband.

0800 Uhr. 37 Grad 36 ' N, 12 Grad 02 ' O.

0905 Uhr. Fliegeralarm. Vier Feindmaschinen fliegen an Stb. Abstand 50 hm sehr tief auf Gegenkurs vorbei. Abgabe Flie-Meldung auf Befehl *Pancaldo*. Keinerlei Verständigungsmöglichkeit mit eigenen Jägern. Abermals macht sich dieser Mangel unangenehm bemerkbar. Eine gemeinsame Funksprechfrequenz ist eine dringende Forderung, die erfüllt werden muß. Fliegeralarm beendet.

1012 bis 1250 Uhr von Kap Bon bis Tunisbucht Höhe von Korbus laufende Großangriffe auf *Hermes* (s. Anlage 1: Gefechtsbericht).

An dieser Stelle heißt es weiter:
»Ab hier fehlt leider mein K.T.B. Der (später folgende) Gefechtsbericht ist aber noch nach der K.T.B.-Kladde aufgestellt worden.«
Tatsächlich wird aber das K.T.B. an anderer Stelle bis zur Versenkung fortgeführt, wobei nicht ersichtlich ist, ob sich die hier noch für den 30.4. genannten Daten über die Gefechtszeit wieder angefunden haben oder nachträglich rekonstruiert wurden. Die teilweise »Ich«-Form des Berichts läßt auf ersteres schließen.

K.T.B.-Fortsetzung 30.4.43 bis zur Selbstversenkung des Zerstörers:
Ab 1240 Uhr laufend Meldung von Maschine, daß mit Ausfall beider Maschinen zu rechnen sei, da infolge Ausfall Schmierölpumpe Lager heiß laufen.
1310 Uhr. Tunisbucht, 4 sm westlich Korbus.
1320 Uhr. Maschinen drehen sich nicht mehr. Lager festgefahren.
1330 Uhr. Eingeschiffte Truppen gehen vorsorglich auf meinen Befehl in Flöße.
1500 Uhr. Lazarettschiff *Aquileila*[201] bei *Hermes*. Abgabe von sechs Verwundeten und in den Rettungsflößen befindlichen Heeressoldaten.
1515 Uhr. Nachdem mir *Aquileila* auf meine Frage, welche Befehle er habe, geantwortet hatte, daß er nach Cap Bon zu *Pancaldo* zu gehen habe, entließ ich ihn sofort dorthin.
1600 Uhr. Drei Schlepper bei *Hermes*, von ihnen unter Land geschleppt.
1800 Uhr. Bei Korbus dicht unter Land geankert.

Sonnabend, 1.5.43
Bei Korbus zu Anker. 0815–0830 Uhr Fliegeralarm. Kein Angriff.
1420 Uhr. Fliegeralarm. Angriff von etwa 15 Jabos. Fehlwürfe.

Sonntag, 2.5.43
Bei Korbus zu Anker. 1130 Uhr. Erster Jabo-Angriff, 10 Maschinen. Fehlwürfe.
1330 Uhr. Zweiter Jabo-Angriff. 14 Maschinen. Fehlwürfe. 1430 Uhr. Dritter Jabo-Angriff. Fehlwürfe, da in der Hauptsache Angriff durch Auftreten eigener Jäger vereitelt. Nicht benötigte Leute von Bord, ebenso gesamte Ausrüstung der Soldaten. Abtransport dieser Leute zur Foch-Kaserne Tunis.
2030 Uhr. Mit einem deutschen Schlepper (die versprochenen beiden italienischen kamen nicht) verholt unter der Küste nach La Goulette.

Montag, 3.5.43
La Goulette. 0130 Uhr. La Goulette festgemacht Westseite Hafen.
0500 Uhr. Auf vorgesehenen Liegeplatz auf Ostseite versucht zu verholen. Liegeplatz ungeeignet (zu wenig Wasser, Pier zu klein, *Hermes*-Steven ragt zu stark ins Fahrwasser), daher durch Kanal nach Tunis verholt.
1030 Uhr. Tunis Liegeplatz 7 festgemacht. *Hermes* mit Tarnnetzen versehen.

Dienstag, 4.5.43

La Goulette. Wieder verholt von Tunis nach La Goulette. Dort auf Westseite mit Heck an Brücke festgemacht. 2 Anker.

Mittwoch, 5.5.43

La Goulette. Nachmittags schwere Angriffe auf Hafen La Goulette durch viermotorige Bomber. Keine Schäden.

Donnerstag, 6.5.43

1615 Uhr. Eingang Stichwort: »Vorbereitung treffen zur Versenkung.« *Hermes* quer zum Fahrwasser gelegt, mit Heckleine auf Ostseite festgemacht.

Freitag, 7.5.43

0600 Uhr. Eingang Stichwort »Versenkung durchführen.« Es mußten von mir hinsichtlich *Hermes* erst einige Widersprüche geklärt werden. Um 0810 Uhr gab ich dann den Befehl zur Versenkung. Um 0832 Uhr erfolgten die ersten Sprengungen im Vorschiff, danach laufend im Mittel- und Achterschiff. Der Zerstörer sackte erst auf ebenem Kiel weg, legte sich um 0910 Uhr nach Stb. über und kenterte um 0925 Uhr. *Hermes* liegt ungefähr 30 cm unter der Wasseroberfläche und versperrt die Hafeneinfahrt in ihrer gesamten Breite so, daß nur kleinste Einheiten eben noch seitlich passieren können.

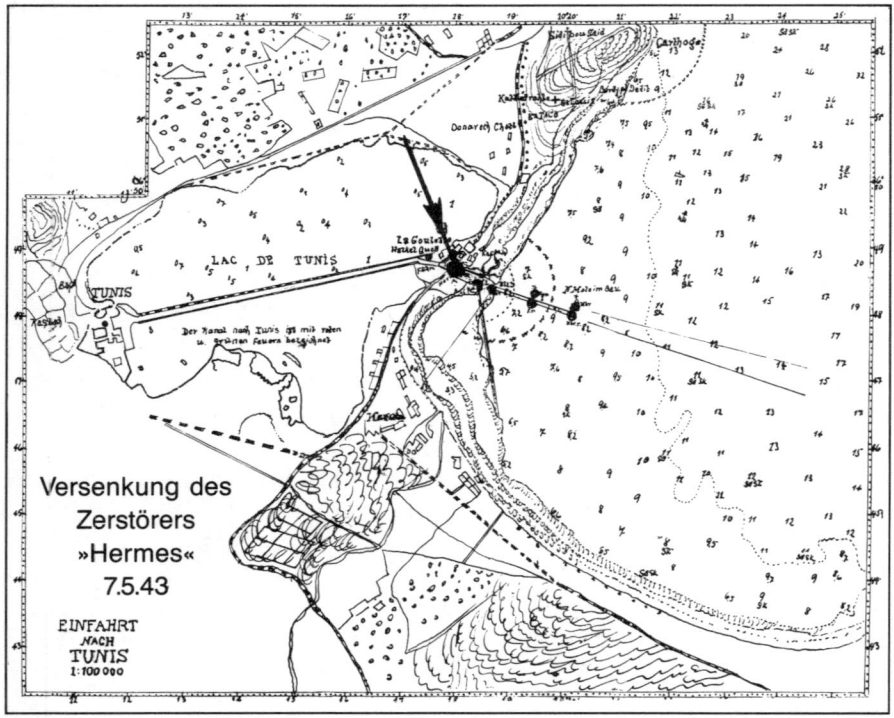

Skizze 7

206

Abgabe FT. an O.K.M. und Deutsches Marinekommando Italien, daß Versenkung durchgeführt.

Meine Besatzung habe ich wie folgt aufgeteilt:
1. Etwa 120 Mann unter Führung von Oberleutnant zur See Meyer-Abich wurden zu einer Kompanie zusammengestellt und erhielten Befehl in Richtung Sidi Daoud (Gefechtsstand Marine) zu marschieren und sich dort zu melden. Abmarsch der Truppe erfolgte um etwa 1200 Uhr.
2. Restbesatzung — vornehmlich Spezialisten — wurden im Laufe des Nachmittags nach Rücksprache mit A 1 Deutsches Marinekommando Tunesien, Fregattenkapitän Wachsmuth, auf die drei Schlepper *Tebessa*, *Gabes* und *Sousse* verteilt. Jedem Schlepper war ein *Hermes*-Offizier zugeteilt. Im Laufe des Nachmittags, während der Einschiffung, laufend Jabo-Angriffe auf La Goulette Hafen und Reede.
Gegen 1800 Uhr Eintrübung. Aufkommen von Regenböen. Die Jaboangriffe hörten auf. Gegen 1800 Uhr Eintreffen der ersten Truppen von Tunis mit der Meldung, daß Feindtruppen in Tunis eingerückt seien. Der Zustrom von Truppen nimmt ständig zu. Ein Ansturm auf die im Hafen liegenden Boote beginnt. Im Pendelverkehr wird der Großteil der Soldaten auf die Ostseite hinüberbefördert, da dort der Feind noch nicht eingebrochen ist.
Gegen 1900 Uhr, nachdem die Schlepper den Hafen verlassen hatten, stieg ich auf *S 156*[202] ein, das mich mit dem Stab Deutsches Marinekommando Tunesien nach Sizilien brachte. Ankunft 8.5.43 0600 Uhr Empedocle.
Am 9.5.43 weiter mit Wagen nach Trapani, von dort mit einer Me 110 11.5.43 nach Rom, dort Meldung beim deutschen Marinekommando Italien.

Stellungnahme des Deutschen Marinekommandos Italien zum K.T.B. *Hermes* vom 1.4. bis 7.5.43
Deutsches Marinekommando Italien/Op
B.Nr. GKdos 431 A 1 O.U. 20.6.43.
An Admiral Ägäis, Führer der Zerstörer, Kommandant Zerst. *Hermes*, Freg.Kap. Rechel über 3. S.St.A. Waren/Müritz.
Anliegend werden die Stellungnahmen zu dem K.T.B. Zerst. *Hermes* vom 1.–15.4. und 16.4.–7.5. übersandt.
Durch die Verlegung des Zerstörers *Hermes* von der Ägäis in den ital. Raum wurde eine fühlbare Verstärkung der ital. Zerstörerverbände geschaffen, besonders in ihrer Auswirkung auf die Planungen und Vorbereitungen von Zerstörerunternehmungen, die damit vom Dt. Markdo. Italien besser beeinflußt werden konnten. Daß es im Zeitabschnitt 1.–15.4.43 zu keinem Einsatz gekommen ist, ist bedauerlich, liegt aber in den hiesigen Verhältnissen begründet.
Die im K.T.B. enthaltenen Anregungen wurden s.Zt. aufgegriffen, kamen aber nicht mehr zur Auswirkung. Die Erfahrungen aus dem gemeinsamen Fahren mit ital. Zerstörern geben ein gutes Bild von den dabei aufgetretenen Schwierigkeiten, die nur durch verständnisvolles Verhalten des Kommandanten überwunden werden konnten.

— zum 19.4.43 1815 Uhr: Die Schwierigkeiten der Herstellung der Funksprechverbindung mit dem Jagdschutz in diesem Raum sind dadurch begründet, daß die
Jägerfrequenz von den Marinefunkgeräten nicht geschaltet werden kann, sondern
dazu ein Funktrupp der Luftwaffe mit eigenem Gerät an Bord eingeschifft werden
müßte, was bisher mangels Geräten vom O.B.S. abgelehnt werden mußte. Dasselbe
gilt für den 30.4. 0905 Uhr.

— zum 20.4.43: Die Durchführung der Minenaufgabe verdient besondere Anerkennung. Trotz Vollmond, Grenzwetterlage und Feindmeldung hat der Kommandant die
Aufgabe planmäßig gelöst. Die Unterstützung durch das Metox-Gerät und die rich-
tige Anwendung der Ergebnisse auch in späteren Fällen wird hervorgehoben.

— zum 21.4.43: Von einer eingehenden Stellungnahme zum Verhalten des Zerstörers bei der Versenkung des U-Boots *Splendid* wird abgesehen, da ausführliche
Gefangenenaussagen nicht vorliegen und da angenommen wird, daß sowohl F.d.Z.
wie O.K.M. die Berichte ausgewertet haben. Für den hiesigen Raum sind die Erfahrungen nutzbar gemacht. Der Erfolg hat dem Zerstörer *Hermes* eine besondere
Bedeutung bei der ital. Marine gegeben und den deutschen Einfluß bei Supermarina gestärkt. Die erfolgten Auszeichnungen des Kommandanten sind die sichtbare
Anerkennung für diese beachtliche Leistung.

— zum 22.–24.4.43: Die Einsatzbefehle für *Hermes* änderten mehrmals. Für das
Dt.Markdo. Ital. und Supermarina stand die Fortsetzung der Minenaufgaben im
Vordergrund, während vom O.B.S. die Transportaufgaben für vordringlich gehalten
wurden. Durch kurzfristige Änderung der Absichten mußte die Besatzung auch im
Hafen ohne Ruhepause voll eingesetzt werden.

— zum 25.–26.4.43: Die Überführung der Truppen wurde von *Hermes* mit den beiden ital. Zerstörern gut durchgeführt. Von einer Stellungnahme zu den einzelnen
Erfahrungen wird abgesehen.

— zum 30.3.43: Der Hafenkommandant Tunis hatte *Hermes* einen Liegeplatz im
Hafen Tunis zugewiesen, da er dort für die Zeit der Reparatur den Zerstörer besser
getarnt und geschützt glaubte. Der Chef Dt.Makdo. Tunesien mußte diese Maßnahme anschließend rückgängig machen und den Zerstörer wieder nach La Goulette verlegen, da *Hermes* im Hafen Tunis einen der beiden überhaupt nur noch vorhandenen Liegeplätze für Schiffe einnahm, die in größerer Zahl für Tunis
angemeldet waren.

— zum 30.4.43.: Zum Vorschlag des Kommandanten *Hermes* über Ausbau der Waffen war vom Dt.Makdo. Italien zustimmender Befehl ergangen (s. FT. 2355/80 vom
1.5. Anlage e). Auf die dringenden Vorstellungen des Chefs Dt.Markdo. Tunesien
wurde diesem die endgültige Entscheidung überlassen (FT. 1408/93 v. 2.5.) und
Hermes dem Dt. Markdo. Tunesien unterstellt (FT. 2126/4 v. 2.5.). Auf das K.T.B.
des Dt.Markdo. Tunesien wird hingewiesen, in dem die Gründe zum Anbordlassen
der Waffen niedergelegt sind. Die Bemühungen, den Zerstörer nach Italien zurück-
zubringen, werden anerkannt. Wegen der dann schnell hereinbrechenden Ereignisse ist es nicht mehr dazu gekommen. Die Maßnahmen, die der Kommandant in
diesen schlimmen Tagen vom 30.4. an bis zum 7.5. und danach zur Rückführung

eines Teiles seiner Besatzung getroffen hat, werden voll gebilligt. Der damalige Befehlshaber erkannte dies mit dem FT. 1344/27 v. 7.5. besonders an.

Der Zerstörer *Hermes* hat sich, wie beim Einsatz vom Ägäisraum aus, auch bei den Kämpfen um den letzten afrikanischen Brückenkopf in Tunesien hervorragend bewährt und unter vollem Einsatz beispielhaft für die ital. und deutsche Marine seine Kriegsaufgabe gelöst. Der Name *Hermes* wird unauslöschlich mit den siegreichen und verlustreichen Kämpfen um den Mittelmeerraum und in Nordafrika und Tunesien verbunden bleiben und mit den Namen seiner beiden Kommandanten, Kpt. z.S. Johannesson und Freg.Kpt. Rechel, in die Geschichte eingehen.

Anlagen zum Kriegstagebuch

Anlage 1:
Gefechtsbericht *Hermes*

Überfahrt Italien–Tunis mit Truppen 29./30.4.43
Im Laufe des Nachmittags 29.4. Salerno 213 Soldaten eingeschifft. Befehlsgemäß 1845 Uhr nach Pozzuoli ausgelaufen, dort mit *Pancaldo* vereinigt und unter dessen Führung 2200 Uhr Pozzuoli zum Marsch nach Tunis ausgelaufen. Bis 1012 Uhr 30.4. Marsch planmäßig. 1012 Uhr **erster** Angriff von 27 Jagdbombern. Nach Bombenabwurf kurzer Waffenbeschuß, einige Verwundete, darunter L.I. Achterer Mast in halber Höhe Durchschüsse, obere Masthälfte später abgebrochen. 1115 Uhr **zweiter** Angriff von 18 zweimotorigen Bombern, begleitet von etwa 15 Jägern. Angriff aus etwa 2000 m Höhe. 1136 Uhr nochmaliger Angriff von gleichem Verband 12 Bomber. Bei diesem Angriff *Pancaldo* Bombentreffer. Ort 2–3 sm von Cap Bon. *Pancaldo* bleibt brennend zurück. Beim Überholen bereits viele Soldaten im Wasser. 1210 Uhr **dritter** Angriff von 18 Jagdbombern. Keine Beschädigungen.
1224 Uhr **vierter** Angriff von 30 Jagdbombern. Mehrere Einschläge in unmittelbarer Nähe des Zerstörers. Störungen an Stb.-Maschine. Ruderversager. 1250 Uhr **fünfter** und letzter Angriff von 16 Jagdbombern. Mehrere Einschläge in unmittelbarer Nähe der Bordwand. Störungen an beiden Maschinen. Da ich jeden Augenblick nächsten Angriff erwarte und Maschine nur noch wenig herausholte, steuerte ich Küste im Osten an. 1315 Uhr beide Maschinen infolge Ausfalles Schmierölpumpe und als Folge davon ausgelaufene Lager ausgefallen. Boot manövrierunfähig. Vorsorglich danach *Hermes*-Soldaten[203] — soweit Rettungsflöße vorhanden — von Bord. Etwa 60 Mann. 1500 Uhr Lazarettschiff *Aquileila* bei *Hermes*. Bei Insichtkommen Vonbordgehen *Hermes*-Soldaten abgestoppt. Beiboote *Aquileila* nehmen *Hermes*-Soldaten in Flößen auf. Sieben *Hermes*-Verwundete übergeben. 1555 Uhr drei Motorsegler bei *Hermes*. Von zwei in Schlepp genommen. Kurs Küste. Abstand 4 sm. 1620 Uhr Schlepper *Carthago* und ein Hafenschutzboot bei *Hermes*. *Carthago* als Bugschlepper. 1755 Uhr bei Korbus dicht unter Land geankert. Rest Heeressoldaten, etwa 150 Mann, mit Heeresgerät von Bord. Mit Motorsegler weiter nach La Goulette. Auf Ankerplatz Funkstille bewahrt. Noch in der Nacht und am folgenden Tag Kommandant Besprechung mit zuständigen Militärstellen. Absicht Verholen nach La Goulette am 1.5. mit Beginn Dunkelheit. 1.5. infolge Wetters, Windstärke 8, Verholen nicht möglich. 1.5. 1500 Uhr Angriff von 15 Jagdbomberm auf Ankerplatz.
2.5. 1100 Uhr bis Spätnachmittag drei Angriffe (Schlepper 600 PS, läuft 14 sm). 2030 Uhr Anker auf im Schlepp von *Carthago* mit 3 sm über Grund nach La Goulette. Anfangs unter Ostküste, bei Dunkelheit quer über Tunis-Bucht nach La Gou-

lette. Dort 0130 Uhr am 3.5. festgemacht. 0530 Uhr abgelegt, um auf Ostseite fest-zumachen. An diesem Liegeplatz nicht genügend Wasser, daher 0630 Uhr durch Kanal weiter nach Tunis. Gegen 0900 Uhr Platz 7 Tunis festgemacht. 4.5. 0500 Uhr wieder von Tunis abgelegt, zurück nach La Goulette. Gegen 0700 Uhr Westseite Hafen festgemacht vor zwei Ankern, mit Heck an Brücke. Nunmehriger Liegeplatz *Hermes*. Seetransportchef und Hafenkommandant keine Einigung über Liegeplatz, daher dieses Hin und Her. Zahl der am 30.4. erzielten Abschüsse 5 oder 6. Abschußmeldung folgt. *Hermes* GKdos 201/43.

Ergänzend hierzu habe ich folgendes zu melden:

1. Bei dem mehrmotorigen Angriff (Bombenteppich Angriff 2) befand sich der Zerstö-rer in einer äußerst unangenehmen Zwangslage. Der Angriff erfolgte in einer Breite des gesamten Bomberverbandes von recht voraus. Nach Bb. konnte ich nicht abdre-hen, da 1,5 sm von Land ab und vorher Untiefen, etwa 1000 m an Stb. befanden sich eigene Minenflankensperren. Durchhalten hätte die sichere Vernichtung bedeutet. Ich wählte das kleinere Übel und drehte mit A.K. um 9 Dez nach Stb. in die Minenflan-kensperren. Mir war bekannt, daß diese Sperre zum Teil schon zwei Jahre alt war und erfahrungsgemäß keine große Wirksamkeit mehr besaß. Der Erfolg gab mir recht.

2. Nachdem der Zerstörer manövrierunfähig etwa 4 sm von Land ab still lag, ließ ich, da ich jeden Augenblick mit dem nächsten Angriff rechnen mußte, vorsorglich die eingeschifften Truppen in meinen Rettungsflößen von Bord gehen mit der Anweisung, in Richtung Korbus an Land zu pullen. Nachdem gegen 1500 Uhr das Lazarettschiff *Aquileila* zu *Hermes* kam, machte ich diese Maßnahme wieder rück-gängig. Die in den Flößen befindlichen Leute wurden an Bord des Lazarettschiffs geholt. Mit einem eigenen Beiboot übergab ich außerdem noch meine an Bord befindlichen sechs Verwundeten.

Es ist unmöglich, auch nur annähernd einen lebendigen Bericht über diesen Bom-benhöllentag aufzuzeichnen, selbst für die geübteste Feder bliebe es immer nur ein Versuch. In der Nr. 17 der »Stuttgarter Illustrierten« vom 28.4.43 fand ich in diesen Tagen ein Fotobild, daß am besten der Wirklichkeit dieses Höllenzaubers gerecht wird. Das Bild gibt wieder einen Großbombenangriff auf zwei R-Boote einer Raumflottille an der tunesischen Küste. Es will mir heute noch unglaublich erschei-nen, wie es möglich ist, daß ein menschliches Nervensystem in der Lage ist, unter äußerster Konzentration aller Sinne durch fünf Angriffe hindurch, annähernd je 30 Bombern manövermäßig so zu begegnen, daß der Zerstörer schließlich aus diesem ungleichen Kampfe ohne direkte Treffer herausgegangen ist. Ein einziges Mal kam mir für den Bruchteil einer Sekunde der Wunsch, daß mich doch endlich eine Bombe treffen möge, damit dieser sadistische ungleiche Kampf ein Ende nähme. Es ist dies kein Kapitulieren, keine Feigheit oder Angst, nein, das ist ein Nicht-mehrmitmachenwollen der Nerven. Aber schon bei den nächsten herabfallenden Bomben — fast sämtliche von den Jabos geworfenen Bomben waren in der ganzen Fallkurve bis zum Einschlag zu sehen — war ich wieder wirklichkeitsnäher denn je, das eigene Stärkegefühl triumphierte selbst bei diesem ungleichen Kampfe — und das war und wird immer ausschlaggebend sein. Der Höhepunkt der Nervenbelastung stellte sich nach den fünf Angriffen ein, als der Zerstörer drei Stunden manövrierunfähig still lag und jeden Augenblick ein neuer Angriff erwartet wurde.

Erfahrungen:
1. Diszipliniertester Ausguck.
2. Wenn Anflug von Steuerbord, auf **keinen** Fall die Backbordseite vernachlässigen. Wiederholt stellte sich z.B. Stb.-Flugzeug als Ablenker heraus.
3. Bestimmte Leute für den Sonnensektor abteilen.
4. Fla-Munitionsförderung muß für Großangriffe gut durchdacht sein und vorbereitet sein.
5. Mit Munition sparen, sobald Beschuß wirkungslos erscheint.
6. Kaltblütig bis annähernd zu Ausklinken der Bombe warten und dann **energisch** mit Abwehrmanöver einsetzen.

Bei mir auf der Brücke spielten sich die Abwehrmanöver etwa folgendermaßen ab: (Boot steuerte Kurs, beide Maschinen liefen A.K.) »Achtung! Anflug Jabo drei Dez von Stb.! Achtung! Jabo setzt an zum Sturzflug! Angriff! Bombenwurf!« (daran zu erkennen, daß Maschine sich abfing und danach steil hochgezogen wurde). »Hart Steuerbord!« (also stets in Angreifer reindrehen. Bei sämtlichen 120 Angriffen hat das Erfolg gehabt. In den meisten Fällen war Bombe in Fallkurve zu sehen). »Bombe geht klar!« »Mittschiffs, recht so!« »Achtung! Jabo 4 Dez an Bb.! Achtung! Jabo setzt an zum Sturzflug! Angriff! Bombenwurf!«, »Hart Bb.!« usw. Ungefähr auf diese Weise wurden etwa 120 Jabo-Angriffe so erfolgreich ausmanövriert, daß *Hermes* keinen einzigen direkten Bombentreffer erhielt. Einzig und allein haben die Naheinschläge schließlich über Ausfall der Turbinenschmierölpumpen den Totalausfall der beiden Hauptmaschinen herbeigeführt. Die Naheinschläge verursachten allerdings eine derartige Detonationswucht, daß der Zerstörer in seiner ganzen Länge angehoben wurde.

Zusammenfassend zu den Abwehrmanövern:
1. Boot Höchstfahrt laufen lassen.
2. Nerven behalten, annähernd bei Bombenwurf Abwehrmanöver einleiten.
3. Rechtzeitig mit Ruder aufkommen und »Recht so« steuern, sobald gefühlsmäßig erkannt, daß Bombe Fehlwurf wird, um sofort wieder klar zu sein für nächsten Angriff. Gerade dieser Punkt bedarf der besonderen Beachtung.
4. Bei dem einzigen Hochangriff — Angriff 2 — von mehrmotorigen Bombern bin ich mit A.K. 90 Grad zum Anflugkurs abgelaufen. Anflug erfolgte von recht voraus. Das Schlippen der Bomben erfolgte gleichzeitig — Bombenteppich!

Nachdem der Zerstörer ohne weiteren Zwischenfall mit Schlepperhilfe dicht unter Land bei Korbus vor Anker gegangen war, begab ich mich sofort nach Tunis und habe noch in der Nacht Verbindung mit den maßgebenden militärischen Stellen aufgenommen und weiter in den folgenden Tagen alle Möglichkeiten zur Erhaltung des *Hermes* bzw. seiner Weiterverwendung durchgesprochen. Mit folgenden militärischen Stellen stand ich laufend in Verbindung:

a) Oberbefehlshaber Afrika, Gefechtsstab Generaloberst von Arnim.

b) Fliegerführer Afrika, Generalmajor Seidemann.

c) Hafenkommandant Tunis, Fregattenkapitän Keller.

d) Seetransportchef Tunis, Kapitänleutnant Teubner.

Nachdem ich am 1.5. annähernd ein klares Bild über Maschinenzustand *Hermes*, über die Kriegslage und in Sonderheit über die Feindluftlage gewonnen hatte, meldete ich am 1.5. gegen Abend mit FT., daß ich nach Lage der Verhältnisse keine Rettung mehr für *Hermes* sähe und daher sofort Ausbau der Waffen vorschlage. Leider ist bis zur Versenkung am 7.5.43 keine Entscheidung im Sinne meines Vorschlages eingegangen (siehe FT. Anlage e). *Hermes* wurde waffenmäßig gefechtsklar versenkt. Wenn auch die Waffen der *Hermes* die Kriegführung in Tunesien im Großen gesehen nicht beeinflußt hätten, so wäre es im Prinzip richtig gewesen, auf jeden Fall die Waffen, nachdem ein Zurückschleppen nach Sizilien als aussichtslos angesehen wurde, beschleunigt von Bord zu geben und sie mit in den Erdkampf einzusetzen. Für mich wäre es als Kommandant angenehmer gewesen, wenn ich den allgemeinen Befehl bekommen hätte, z.B. »nach eigenem Ermessen handeln«. So mußte ich mich auf Grund der gegebenen Befehle — vor allem nachdem *Hermes* dem Marinekommando Tunesien unterstellt wurde — passiv vom Tag der Manövrierunfähigkeit bis zur Selbstversenkung verhalten.

Anlage 2:
Erfahrungen des *Hermes*-Kommandanten, Freg.Kpt. Rechel, aus dem Zusammenfahren mit italienischen Zerstörern[204]

a) Die italienischen Seeoffiziere — Kommandanten, Chefs — werden führungsmäßig »stur« erzogen. Sie handeln dementsprechend bei Einsätzen nach gegebenen Befehlen und zeigen keinerlei Initiative, Veranwortungs- und Entschlußfreudigkeit bei plötzlich auftretenden Situationen. Ja, sie sind sogar so stur, daß sie selbst bei schwersten Fliegerangriffen annähernd ihren Kurs beibehalten und sich nicht zu energischen Ausweichbewegungen entschließen können. Ich persönlich führe die erschreckend hohen italienischen Verluste an Kleinfahrzeugen zum großen Teil auf dieses für unsere Begriffe sträfliche Verhalten der italienischen Bootskommandanten bzw. Flottillenchefs zurück.

b) Keine straffe Führung. Die durchgegebene Fahrtstufe entspricht oft nicht der tatsächlichen. Abstände werden überhaupt nicht befohlen.

c) Zu viel Angst vor U-Booten. Ob Tag und Nacht, ganz hell oder stockdunkel, es wurde laufend mit den drei Zerstörern, die in »K gelb«[205] fuhren, alle 6 Minuten um 4 Dez gezackt. Dieses Zacken wurde sogar beibehalten, obwohl während der Nacht eine Bewegung mit eigenem Geleit angekündigt war.

d) Den Begriff der FT.- bzw. U.K.-Stille scheint der Italiener nur der Theorie nach zu kennen. In Praxi drückte er in einigen Fällen auf die Taste, in denen ein Funken in keiner Weise gerechtfertigt war. Als Führungsmittel bedient er sich ausschließlich der U.K.

e) Bei Liegen zu Anker keine Befehle über Bereitschaft, Absicht und Seeklar.

f) Keine Befehle über Kesselzahl bzw. für wieviel Meilen der Zerstörer klar zu sein hat.

g) Heilloses Durcheinander bei Nebelfahrt.

Ich hatte die Absicht, nach meinem ersten Zusammenfahren mit italienischen Zerstörern all diese Erfahrungen beim Deutschen Marinekommando Rom vorzutragen, leider konnte mir aber keine Gelegenheit gegeben werden.

Der Zerstörer *Hermes* lebt nicht mehr. Es ist dies ein schwerer Schlag und Verlust für die deutsche Seekriegsführung im Mittelmeer. Bedeutende Aufgaben bieten sich hier noch für Zerstörer. Der Feind begnügt sich nicht mit der Vertreibung der Achse aus afrikanischem Boden. Er wird in Kürze nachstoßen. Sollte es uns gelingen, auf diplomatischem Wege wieder einen Zerstörer unter deutscher Flagge hier im Mittelmeer in Dienst zu stellen, so ist die erste Voraussetzung für ein erfolgreiches Operieren, daß die operative und taktische Führung in deutschen Händen liegt. Dazu ist es notwendig, daß der deutsche Zerstörerkommandant ein älterer Kapitän zur See ist, damit dieser auf jeden Fall bei einer gemeinsamen Unternehmung mit italienischen Zerstörern noch dienstaltersmäßig vor dem italienischen ältesten Zerstörerkommandanten, der gleichzeitig Flottillenchef ist, rangiert. Immer wieder wurde ich über meinen Verbindungsoffizier nach meinem Dienstgrad und Rangdienstalter gefragt. Meines Erachtens wird es Supermarina nie billigen, daß ein älterer italienischer Kommandant sich einem jüngeren Deutschen führungsmäßig unterstellt.

Für einen solchen Zerstörer aber, der unter deutscher Flagge im Mittelmeer operiert, müssen nach meiner Erfahrung folgende Voraussetzungen erfüllt sein:

a) Abgeschlossene Klarschiffausbildung,

b) Artillerie-, Torpedo- und Flakschießübungen,

c) Wabowurfübungen,

d) Ortungsübungen mit der S-Anlage mit einem U-Boot,

e) Schleppübungen,

f) Übungen mit Fu.M.G., Fu.M.B. und G.H.G. — (beide Geräte waren auf *Hermes* nicht eingebaut. Einbau sollte in Kürze erfolgen). Ich halte im Mittelmeerraum einen Zerstörer für nicht K.B., der nicht über diese Geräte verfügt.

g) Der Zerstörer muß mit einer sehr starken Flak armiert sein, als Gewichtsausgleich unter Verzicht auf einen Torpedorohrsatz.

h) Meine Hauptsorge auf *Hermes* war das häufige Schwarzqualmen. Der ausgestoßene Qualm stand bei dem häufigen windstillen Wetter als verräterisches Zeichen unangenehm lang. *Hermes* besaß keine Kesselregelanlage. Es wurde mit Hand gefahren.

i) Ein ganz wesentlicher Punkt ist die Brücke. Auf *Hermes* wurde von der oberen Brücke gefahren (ähnlich dem vorderen Stand auf unseren Zerstörern). Es war dies eine Ideallösung. A.O., T.O. und Flak-A.O. hatten auf dieser oberen Brücke ihre Gefechtsstationen und standen so mit dem Kommandanten in engster Fühlung. Die Brücke bot Aussicht nach allen Seiten bis auf einen toten Sektor achteraus. Nur von einer solchen Brücke, die freies Blickfeld nach allen Seiten und oben bietet, kann man massiertem Luftangriff einigermaßen noch ausweichen.

k) Und schließlich bedarf die personelle Besetzung der besonderen Beachtung. Denn auf einem solchen Zerstörer wird ein Höchstmaß an Können und Einfühlungsvermögen verlangt.

Anlage 3:
Schlußbetrachtungen des Kommandanten zum K.T.B.

Am 13. April 1940 mußte ich in Narvik, nachdem ich meine gesamte Munition verschossen hatte, meinen Zerstörer *Bernd von Arnim*, im Rombaken versenken. Am 7. Mai 1943 erhielt ich in früher Morgenstunde den Befehl zur Versenkung meines Zerstörer *Hermes*. Ich habe ihn befehlsgemäß in dem Fahrwasser vor La Goulette/Tunis versenkt. Ich stand mit meinem I.W.O., Kapitänleutnant Mende, meinem Sprengoffizier, Leutnant zur See Fock und meiner Sprengmannschaft auf dem Pier, um zusehend mich davon zu überzeugen, daß die Vernichtung des Zerstörers auch eine vollständige werden würde. Der Zerstörer ist 0925 Uhr gekentert und liegt vollständig eben unter der Wasseroberfläche. Eine ungeheure seelische Belastung für einen Kommandanten!

Ich hatte den Zerstörer am 2. April von meinem Vorgänger — Kapitän zur See Johannesson — übernommen. Unter seiner Führung hatte *Hermes* in hervorragendem Maße Anteil an den Durchführungen von Geleitaufgaben nach Afrika. Der Zerstörer *Hermes* hatte einen guten Namen im Mittelmeerraum.

Am 2. April 1943 um 0945 Uhr übernahm ich das Kommando über *Hermes* in Salamis. Um 1300 Uhr legte ich ab zur Verlegung nach Italien. In diesen wenigen Wochen, in denen ich den Zerstörer *Hermes* führen durfte, hat er folgende Unternehmungen erfolgreich durchgeführt:

1. Legen einer operativen Minensperre.
2. Versenkung des englischen Unterseeboots *Splendid*.
3. Zweimalige Überführung von Truppen von Mittelitalien nach Tunis.
4. Abschuß von mindestens vier Flugzeugen und
5. mit seinem eigenen Leib hat der Zerstörer die Einfahrt nach Tunis für Wochen und Monate gesperrt.

Diese Tatsachen mildern meinen Schmerz und den meiner tapferen Besatzung um den Verlust unserer geliebten *Hermes*. Es ist für mich als Kommandant eine Genugtuung, zu wissen, daß ich mit dem Zerstörer das Möglichste erreicht habe, was unter den gegebenen Verhältnissen zu erreichen war.

Der Höllenbombentag des 30.4.43, an dem nach Mitteilung des Fliegerführers Tunesien nach dort aufgenommenen B-Meldungen annähernd 800 Feindflugzeuge auf *Pancaldo*, *Hermes* und den später folgenden *Lampo* angesetzt waren, hat das Schicksal des Zerstörers *Hermes* besiegelt.

Pancaldo und *Lampo* sind durch direkte Bombentreffer versenkt worden. *Hermes* hat von den 150 ihn angreifenden Maschinen **keinen** direkten Bombentreffer erhalten. Durch Kurzbombeneinschläge ist die Turbinenschmierölpumpe — eine Reservepumpe ist nicht vorhanden — ausgefallen und als Folge davon beide Hauptmaschinen.

So schließe ich denn das K.T.B. des Zerstörers *Hermes* ab. Meine Gedanken sind bei meiner tapferen Besatzung, vornehmlich bei **den** Männern, die in Tunesien zurückgelassen werden mußten.

Der Glaube aber an unseren Sieg ist fester und unerschütterlicher denn je!

10. Mai 1943

gez. Rechel, Fregattenkapitän und Kommandant Zerstörer *Hermes*

Anlage 4:

Bericht des Oberleutnant zur See Meyer-Abich, II.W.O., Divisionsoffizier der seemännischen Division und Torpedooffizier der *Hermes*, über das Schicksal der in Tunis ausgeschifften *Hermes*-Soldaten

Am 3. Mai 1945 gegen Mittag wurde die Besatzung des Zerstörers ausgeschifft und in Stärke von 3 Oberfeldwebeln (Obfkmstr., Obbtsm. und Obermasch. Seide) und ca. 130 U.O. und Mannschaften unter meinem Befehl in der Marschall Foch-Kaserne — etwa 10 km nordwestlich Tunis — untergebracht.

Die folgenden Tage wurden verwendet, einmal den Soldaten die dringend erforderliche Ruhe zuteil werden zu lassen, andererseits sie mit allem Nachdruck an den Waffen (LMG's, MP's und Gewehre) auszubilden.

6.5.1943: Am 6. Mai gegen Abend verlautet gerüchtweise im Lager, der Engländer sei mit starken Panzerstreitkräften durchgebrochen und stehe 25 km vom Lager entfernt. Ich fahre am gleichen Abend noch nach Tunis zum Kommandanten, um zu erfahren, ob inzwischen der Befehl zum Abtransportieren unserer Besatzung vorliegt und um nähere Befehle zu erhalten. Ergebnis: Befehl zum Abtransport Besatzung nach Italien liegt noch nicht vor. Stichwortbefehl über Versenken des Zerstörers wird mir mitgeteilt. Abmarschbefehl für mich folgt gesondert. Selbständig handeln, sobald Feind anrückt.

7.5.43: Am frühen Morgen lasse ich Munition an jeden Einzelnen ausgeben. Die gesamte Munition wird auf einen zweirädrigen Karren geladen. Proviant für drei Tage auf einen anderen gleichen Wagen. Die Truppe hat sofortige Abmarschbereitschaft. Gegen 1100 Uhr werde ich zum Kommandanten befohlen. Die Besatzung soll sofort nach Tunis marschieren. Gegen Abend soll der größte Teil der Besatzung mit den drei Schleppern *Tebessa*, *Gabes* und *Sousse* übersetzen. Was nicht mitkommt, soll unter Führung Lt.z.S. Beyersdorf in Tunesien bleiben.

1130 Uhr: Abmarsch der Besatzung aus der Foch-Kaserne. Das fertige Mittagessen bleibt stehen. Für den Proviantkarren habe ich ein Maultier bekommen, der Munitionskarren wird jeweils von 8 Mann geschoben. Die Truppe marschiert wegen der Fliegergefahr in Doppelreihe, auf jeder Seite der Straße unter Bäumen eine Reihe.

1145 Uhr: Kurz vor Tunis kommt Kptlt. Mende[206] mit einem LKW und will von mir noch 35 Mann, da auf den Schleppern insgesamt nur 65 Mann untergebracht werden können. Ich teile bis auf 2 UO und 5 Soldaten den gesamten 3. Zug (Maschinenpersonal) ab und rücke mit den mir verbliebenen ca. 100 Soldaten weiter.

Ich habe Befehl, mit diesen Soldaten in Tunesien zu bleiben und möglichst die Überführung nach Italien durchzuführen. Marschrichtung Halbinsel Bon, Seetransportstelle Sidi Daoud. Der III.W.O. (Lt. Beyersdorf) bleibt bei mir.

Gegen 1300 Uhr Südausgang Tunis passiert. In der Stadt und am Südausgang bei den Eisenbahnanlagen wird überall gesprengt, das Stadtbild ist unruhig. Ein passierender leerer LKW wird angehalten. Der erste Zug (ca. 30 Mann) unter Führung des Obfkmstrs. wird vorausgeschickt nach Soliman und bekommt Befehl, weiterzurücken nach Korbus (Richtung Sidi Daoud). Ein 2. LKW — ebenfalls bis Soliman — nimmt den Obbtsm. mit 20 Mann mit. Soll ebenfalls nach Korbus. Treffpunkt Lazarett. Ich marschiere mit den restlichen 40 Mann weiter nach Hamman Lif. Gegen 1600 Uhr schicke ich den III.W.O. und einen Mann noch mal zurück nach Tunis, um einen LKW für uns zu holen, der uns unterwegs durch einen Oberarzt zugesichert wurde. Gegen 1700 Uhr, kurz vor Hamman Lif, bekomme ich die Hilfe eines LKW, der Proviant, Munition und die restlichen Leute bis Soliman mitnimmt. III.W.O. noch nicht zurück.

Ca. 1800 Uhr in Soliman Ortskommandantur. Ich rufe Kapitän zur See Meixner[207] an und erhalte binnen einer Stunde 3 große 5-Tonner-LKW's. Bis die Wagen kommen, fahre ich mit einem Krad nach Korbus, um mich zu vergewissern, daß alle Vorgeschickten schon eingetroffen sind. Ich hätte besser daran getan, die Leute in Soliman zu lassen, da von Korbus kein direkter Weg nach Sidi Daoud geht. Da ich keine Karte hatte, war das vorher nicht zu übersehen. In Korbus sind alle zusammen. Dort erfahre ich von dem Oblt.d.Art, Bottrun von dem Tode des Oblt. Boehm, unseres italienischen Verbindungsoffiziers. Ich fahre nach Soliman zurück.

Ca. 2000 Uhr Abfahrt. Die letzten 40 Mann fahren mit den Waffen und dem Proviant vor nach Sidi Daoud. Ich hole mit den beiden restlichen Wagen die Leute aus Korbus und fahre nach.

— 8.5.1943: Ca. 0100 Uhr Eintreffen auf Gefechtsstand der Seetransportstelle Sidi Daoud. In den großen, geräumigen Höhlen mit ca. 3–5 m gewachsener Felsdecke sind Zelte aufgebaut, in denen die Soldaten der Dienststelle wohnen. Nach dem anstrengenden Tag wird sofort geschlafen. Ich sitze noch mit Kptlt. Teubner zusammen und bespreche die Lage. Es sollen gegen 0700 Uhr drei KT-Schiffe[208] kommen mit Benzin und Nebelmunition (KT 9, KT 5, KT 21). Die Entladung wird schwierig werden — wenn nicht hoffnungslos. Denn ab 0600 Uhr — bestimmt ab 0700 Uhr — ist der Feind durchgehend mit 20–30 Jagdmaschinen über diesem Teil der Halbinsel und greift mit Bomben und Bordwaffen an. Gegen 0800 Uhr kommen die drei KT-Schiffe. Die Ladung wird jedoch nicht, wie vorgesehen, über Bord geworfen. Ich lasse die Funkstelle umschalten von Befehlswelle 2 auf Verb.Sich. Welle, auf der ebenfalls die Schiffe stehen und sie bekommen nochmals Anweisung, die schwimmbare Ladung außenbords zu werfen. Die Schiffe kommen nicht dazu. Sie stehen vor der Küste auf und ab und bekommen laufend Jagdbomberangriffe. Gegen 1130 Uhr kommt Kapitän zur See Meixner. Lagebesprechung. Die Schiffe müssen — notfalls mit letztem Einsatz — entladen werden. Wir *Hermes*-Leute sollen die Aufgabe lösen. Mit den im Hafen von Sidi Daoud liegenden Pionier-Landungsbooten sollen die Schiffe gelöscht werden. Wenn die Schiffe leer sind, soll die *Hermes*-Besatzung einsteigen und mitfahren nach Italien. Kaptiän zur See Meixner hält eine kurze, mitreißende Ansprache an meine Leute. Wir sind bereit.

Ich suche 50 meiner besten Leute heraus und fahre sofort hinunter zum Hafen. Gegen 1230 Uhr sind wir da. Von den KT-Schiffen ist unten jedoch nichts mehr zu sehen. Unter Führung des Oberbootsmann Schröthwieser lasse ich die Soldaten in Sidi Daoud — der Hafen Sidi Daoud liegt auf einer kleinen Insel, Durchmesser 800–1000 m, ein langer Damm verbindet zur Küste — in einem noch stehengebliebenen unversehrten Durchgang, ca. 2 m breit und 10 m lang, unter Splitterschutz treten und fahre zurück zum Gefechtsstand, um festzustellen, was die Schiffe machen. Darüber ist jedoch auch oben nichts bekannt, bis die Rauchfahnen der Schiffe plötzlich an der Nordostseite der Halbinsel entdeckt werden. Im gleichen Augenblick — ich war kaum 15 Minuten oben — kommt ein UO verschmiert, dreckig und verstört zu mir und meldet: »Herr Oberleutnant, Volltreffer, bei uns ist alles tot.«

Ich schicke sofort Lt. Beyersdorf mit 2 Mann auf einem Krad zur ersten Hilfeleistung hinunter und suche selbst mit meinen Leuten Schanzzeug und Verbandszeug zusammen und fahre wenige Minuten später mit einem LKW nach. Unterwegs muß der Wagen 5 mal halten (innerhalb 15 Minuten), da wir durch feindliche Jäger mit Bordwaffen beschossen werden. Alles spritzt auseinander und wirft sich hinter den nächsten Felsen. Unterwegs begegnen mir noch 10–15 Leichtverwundete, die zum Gefechtsstand gefahren werden. Der Zustand in Sidi Daoud ist nicht zu beschreiben. Eine Sprengbombe hatte genau den Durchgang getroffen. Er war eingestürzt. Ich habe im Laufe des Nachmittags bis zum Sonnenuntergang alles durchsuchen lassen. Insgesamt wurden 19 deutsche und 4 italienische Tote geborgen. Bis 0000 Uhr habe ich anschließend mit meinen Leuten 100 m von den Höhlen entfernt ein Grab geschaufelt und dann anschließend in der Nacht meine Soldaten vor dem angetretenen Rest meiner Leute beerdigt. Am nächsten Morgen wurde das Grab erhöht und würdig ausgeschmückt.

— 9.5.1943: Die Verwundeten, insgesamt 24, wurden bereits am 8.5. mittags zum Hauptgefechtsverbandsplatz geschafft. Einer kam am 9. früh bereits zurück, da er nur unbedeutende Schrammen hatte. Bei einer Vollzähligkeitsmusterung wurde festgestellt, daß noch zwei Mann fehlten. Ich schickte für den Vormittag 1 UO mit 10 Mann als Arbeitskommando nach Sidi Daoud, um nach diesen beiden noch Nachforschungen zu halten. Gegen Mittag kommen sie zurück. Der UO meldet, Sachen hätten sie von beiden gefunden, auch einzelne nicht identifizierbare Körperteile. Außerdem seien sie — sowie sich nur wenig bei der Arbeit sehen ließen — laufend von englischen Spitfire angegriffen worden. Einmal ein Angriff von 40–50 Maschinen. Er hätte jedoch keine Verluste. Die beiden vermißten Soldaten kehrten im Laufe des Tages nicht zurück. Da sie gestern bei den ausgerückten 50 Mann waren, nehme ich mit an Sicherheit grenzender Wahrscheinlichkeit ihren Tod an. Sie müssen unmittelbar neben der einschlagenden Bombe gestanden haben.

In der Umgebung des Gefechtsstandes sammeln sich in diesen Tagen rasch zunehmend Hunderte von Versprengten in kleinen Trupps, die weder Waffen noch Proviant haben. Soweit sie gefunden werden, werden sie in Auffanglager geschickt. Gegen 1700 Uhr fahre ich mit einem Krad zum Hauptgefechtsverbandsplatz und stelle fest, daß nur noch 5 meiner Leute dort liegen. Alle anderen 18 wurden am Vormittag des 9.5. von Korbus auf ein mir unbekanntes Lazarettschiff eingeschifft. Wie ich gegen 2100 Uhr zurückkomme, ist Küstenalarm. Der Feind beschoß die Küste von Sidi Daoud vor Einbruch der Dunkelheit mit 2 Zerstörern und während der Abendstunden mit mehreren Kreuzern und Zerstörern in Kelibia (Ostseite).

Für 0130 Uhr waren 3 S-Boote für Kelibia gemeldet, die nach Ausladen der Ladung Rücktransport *Hermes*-Besatzung durchführen sollten. Wegen dortiger Feindlage wird versucht, die Boote nach Sidi Daoud umzuleiten, da dort keine Feindtätigkeit. Von 0215 bis 0600 Uhr stehe ich mit dem Rest der Besatzung in Sidi Daoud. Die S-Boote wurden nicht gesehen.

— 10.5.1943: Am 10.5. wird die Lage in Sidi Daoud an Chef Dt. Markdo. gemeldet, mit der Bittte, die für die Nacht vom 10. zum 11.5. angesagten S-Boote zur Einschiffung nach Sidi Daoud zu schicken. Anwort: »Selbständig mit Rom regeln.« Kurz darauf geht FT. ein, daß S-Boote in der kommenden Nacht nicht, wie vorgesehen, zur Abholung eingesetzt werden können. Im Hafen von Sidi Daoud liegen zwei Pionier-Landungsboote als letzte Reserve.

Im Laufe des Nachmittags heftige Bomben- und Bordwaffenangriffe. Der Feind hat den Gefechtsstand erkannt. Keine Ausfälle. Gegen 1530 Uhr FT. von Kapitän Meixner: »An alle in Afrika. Ich danke allen Kameraden für ihren tapferen Einsatz. Euer Kapitän.« Eine Stunde später kommen Offiziere vom O.Qu[209], die melden, daß der Feind mit 350 Panzern im Anmarsch ist, daß die Dienststelle sich zur Verteidigung eingerichtet hätte, jedoch wahrscheinlich schon gefangen genommen sei. Mit Eintreffen der Panzer im Laufe der Nacht, spätestens am 11.5. vormittags, sei zu rechnen. Angesichts der aussichtslosen Lage, mit Infanteriewaffen gegen Panzer zu kämpfen, befiehlt Kptlt. (S) Teubner (Leiter der Seetransportstelle) die Vernichtung der Waffen und der Munition. Ich schließe mich seiner Entscheidung für meinen Befehlsbereich an.

Ich überlege, ob ich den Versuch der Überfahrt mit dem L-Boot wagen soll. Mein Entschluß wird durch folgende Überlegungen beeinflußt:

1. Nach den erheblichen Verlusten vom 8.5. jedes unnötige Blutvergießen zu vermeiden.

2. Nach dem Kriege werden dringend gesunde Menschen benötigt.

3. Der Feind hat bei Tag und Nacht die Küste beschossen mit Kreuzern und Zerstörern und laufend als Patrouille auf- und abgestanden. Der Durchbruchsversuch mit 7 sm/h hat kaum Aussicht auf Erfolg.

4. Ich habe Befehl, so viel Menschen als möglich noch nach Italien zu bringen.

Ich entscheide mich für den Durchbruchsversuch, als die Meldung kommt, gaulistische und schwarze Truppen seien im Anmarsch. Meinen Soldaten stelle ich frei, mitzukommen oder dort zu bleiben. Bei der geringen Aussicht auf Erfolg will ich die Teilnahme nicht befehlen. Drei Schlauchboote werden noch mitgenommen.

Ich rechnete ursprünglich mit 67 Mann Pionieren und allen meinen Leuten und hätte dann mit beiden Booten fahren müssen. Von meinen Leuten meldeten sich der III.W.O., der Obfkmstr., 4 UO und 22 Mann, von den Pionieren nur 12 Mann. Obwohl ich das zweite Boot mit genügend Heeresfreiwilligen hätte bemannen können, fuhr ich aus folgenden Gründen nur mit einem Boot:

1. Das zweite Boot hatte geringere Maschinenleistung und war notdürftig repariert.
2. Ein einzelnes Boot wird schwerer entdeckt.
3. Zwei Boote sind ein wesentlich lohnenderes Angriffsziel.

2140 Uhr, nach Dunkelwerden, seeklar. Beim Ablegen hatte ich insgesamt 80 Mann an Bord. Entgegen meiner ursprünglichen Absicht fuhr ich nicht bis Kap Bon direkt unter Land, sondern steuerte die ersten drei Stunden 2 Grad, um von der Küste freizukommen und um die vermutlichen Marschwege des Feindes (Bizerta-Cap Bon) im rechten Winkel zu schneiden. Ca. 2300 Uhr Cap Bon querab. Die Fahrt verlief ohne Zwischenfälle. Ich habe vom Feind nichts gesehen, außer etwa gegen 0200 Uhr ca. 6000 m weiter südlich von mir auf See 2-cm-Leuchtspurschießen. Annehme, daß eine Ju 52 von einem feindlichen Zerstörer beschossen wurde. Navigation in der Nacht nur nach den Sternen, da ich einerseits die Kompaßbeleuchtung nicht benutzen durfte, andererseits dem Kompaß nicht 100 % traute. Kurz vor Sonnenaufgang Marettimo in Sicht. Gegen 0630 Uhr Favignano in Sicht. Kurs auf diese Insel. Ca. 0700 Uhr ein Fahrzeug in Sicht. Beim Näherkommen als Fischerboot mit Zeltbahn als Segel ausgemacht, in dem 23 deutsche Soldaten aus Afrika sitzen. Versuche das Boot einzuschleppen. Dabei Ausfall beider Motoren. Übernehme Leute. Nach 1/4 Stunde bin ich mit einem Motor wieder klar und laufe Kurs Marsala, 3 sm über Grund. 1200 Uhr Standort 2–3 sm westlich Marsala. 180–200 größtenteils viermotorige amerikanische Bomber überfliegen uns und werfen in Marsala Bomben. Ändere meine Absicht und gehe nach Trapani. Dort 1600 Uhr fest.

gez. Meyer-Abich, Oberleutnant zur See

Anlage 5:
Bericht des Leutnant zur See Fock, IV.W.O., Flak-A.O., U-Jagd- u. Sperr/Sprengoffizier *Hermes*, über die Fahrt des Schleppers *Gabes* von Tunis nach Trapani

Am 7.5.1943 erhielt ich den Befehl, mit 2 Oberfeldwebeln und 30 Mann mit Schlepper *Gabes* nach Trapani zu fahren. Ferner sollten die Schlepper *Tebessa* und *Sousse* mitfahren. Das Kommando über *Tebessa* hatte der 1. Wachoffizier, Kapitänleutnant Mende, das Kommando über *Sousse* der Verwaltungsoffizier, Oberleutnant Jensen. Auf *Tebessa* und *Sousse* waren je 30 Mann eingeschifft. *Tebessa* und *Sousse* blieben noch an der Pier liegen. *Gabes* lief gegen 1500 Uhr aus. Kurz nach Passieren der Hafenausfahrt La Goulette wurde der Schlepper von ca. 12–15 Jabos mit Bomben und Bordwaffen angegriffen. Die angreifenden Flugzeuge wurden mit einer 2-cm und 2 MG bekämpft. Es gelang, die Bomben auszumanövrieren. Durch Bordwaffenbeschuß und Splitter fielen der Mtr.Ob.Gfr. Schöler und der Masch.Ob.Gfr.

Westfahl, beide Kopfschuß. Ferner wurde der Masch.Ob.Gfr. Kepper durch Beinschuß verwundet, abgesehen von einigen kleineren Splitterverletzungen bei mehreren Soldaten. Der Kurs auf Kap Ras Fortas wurde aufgegeben und Hamman-Lif angesteuert. Der Schlepper ankerte auf ca. 1000 m vor der Küste. Mit dem Beiboot wurden die Verwundeten zu dem dort befindlichen Lazarett geschafft. Ich gab Anweisung, den dortigen Arzt zu befragen, ob die Mitnahme aller Verwundeten möglich sei. Nicht Transportfähige sollten in Hamman-Lif im Lazarett bleiben. Kurz darauf setzten 8–10 Jabos zu einem neuen Tiefangriff an. Ein Großteil der eingeschifften Leute und der Schlepperbesatzung sprangen außenbords und schwammen an Land. Daraufhin unterblieb der Angriff und die Maschinen flogen ab. Kurz darauf wurde das Auslaufen der *Tebessa* bemerkt. Es wurde beobachtet, daß *Tebessa* zunächst Kap Ras Fortas ansteuerte und dann dicht unter der Küste von mehreren Jabos angegriffen wurde. Bombentreffer wurden nicht beobachtet. *Tebessa* drehte bei, hielt auf *Gabes* zu und ankerte auf ca. 5000 m ebenfalls dicht unter der Küste.

Beim Sichten von weiteren Jabos sprang auf *Gabes* der Rest der Besatzung außenbords bis auf den Kapitän, mich und wenige andere Leute. Alle Leute kamen gut an Land. Gegen 2030 Uhr wurde *Tebessa* erneut von Jabos mit Bordwaffen angegriffen. Es wurden mehrere Einschläge und das Außenbordspringen der Besatzung beobachtet. Vorher wurde der von der Lage von *Gabes* gemachte Winkspruch nicht beantwortet. In der Folgezeit wurden noch laufend größere Mengen feindlicher Jäger in der Luft beobachtet, die an allen Stellen Ziele an Land unter Bordwaffenfeuer nahmen. Irgendwelche deutschen Maschinen waren während der ganzen Zeit nicht zu sehen.

Gabes ging gegen 2100 Uhr Anker auf, um bei *Tebessa* zum Befehlsempfang vorbei zu scheren. Auf Anfrage meldete *Tebessa*, daß Kapitänleutnant Mende schwer verwundet und an Land gebracht worden sei. Der *Tebessa*-Kapitän hatte die Verwundeten des letzten Angriffs mit zwei Booten an Land bringen lassen und er hatte jetzt die Absicht, einen seiner Leute, der durch Ellenbogenschuß verwundet war, mit dem *Gabes*-Boot an Land bringen zu lassen. In Anbetracht der vorgeschrittenen Zeit gab ich Anweisung, nicht auf die Rückkehr der Boote zu warten und auch den Verwundeten mitzunehmen. Das Anlandbringen des Verwundeten bzw. die Rückkehr der Boote hätte, da diese auf den Heuler nicht antworteten. mindestens eine Stunde gedauert, d.h. daß die beiden Schlepper bei der Morgendämmerung noch dicht unter der afrikanischen Küste gestanden hätten. Um 2130 Uhr legte *Gabes* ab und *Tebessa* ging Anker auf. Die mit navigatorischen Hilfsmitteln und FT. besser ausgerüstete *Tebessa* sollte als Richtungsschiff vorausfahren, während *Gabes* backbord staffelnd an der Grenze der Sichtweite fahren sollte, um so beim Angriff auf einen Schlepper den anderen rechtzeitig außer Sicht bringen zu können. Infolge der starken Kompaßabweichung mußte *Gabes* in der Praxis jedoch in Kiellinie fahren. Gegen 2230 Uhr tauchte ca. 100 m vor dem Bug von links nach rechts fahrend ein Schatten auf, der zunächst als ein S-Boot angesehen wurde, der jedoch, wie sich später herausstellte, entweder ein L-Boot[210] oder ein I-Boot[211] war. *Gabes* drehte hart Backbord und passierte den Schatten auf Gegenkurs auf ca. 280 m. Nach Achterauskommen drehte *Gabes* auf alten Kurs. Der Schatten scherte ins Kielwasser ein und kam bald darauf außer Sicht. Nach diesem Manöver war *Tebessa* außer Sicht gekommen. *Gabes* lief nunmehr selbständig weiter mit Kurs auf die Zembra-Enge. Passieren Zembretta 0130 Uhr. Während dieser Zeit wurden Stb. querab an Land und dicht unter der Küste laufend Leuchtbomben gesehen, auf See auch eine kurze Explosion. Das Boot nahm jetzt Kurs Nord-Nordost. Der Wind frischte auf bis auf 7 bis 8, Seegang 6–7. Das Boot rollt stark, hält sich aber einigermaßen. Im Maschinenraum macht sich durch ein Leck[212] hereinkommendes Wasser unangenehm bemerkbar, zumal nach Ausfall der Pumpen[213] keine Lenzmöglichkeit vorhanden war. Störend macht sich ferner Seekrankheit beim Maschinenpersonal bemerkbar. Das Maschinenpersonal wurde durch *Hermes*-Leute ergänzt. Ferner wurde die Bilge durch *Hermes*-Leute so gut wie möglich lenz gehalten. Da die Kessel durch das Wasser laufend gekühlt wurden, konnte praktisch nur eine Fahrt von 3 sm gehalten werden. Beim Morgengrauen wurde zur Erleichterung des Bootes alles entbehrliche Gut außenbords geworfen, darunter auch die 3,7-cm-Munition, da die Kanone, vermutlich durch Treffer, unklar geworden war (Verschluß ließ sich nicht bewegen). Mit zunehmender Windstärke ließ sich das Boot auf dem Nord-Nordost-Kurs nur schwer halten, so daß gegen 1030 Uhr auf Ostkurs gegangen wurde. Auch war anzunehmen, daß das Boot vor der See mehr Fahrt machte.

Gegen 1100 Uhr wurde voraus ein amerikanischer Aufklärer gesichtet, der das Boot zweimal in geringer Entfernung passierte und dann abflog. Zur Täuschung wurde von *Gabes* nicht geschossen. Gegen 1130 Uhr tauchten achteraus ca. 60 bis 70 Maschinen auf, die auf Parallelkurs aufkamen. Die Maschinen flogen in zwei Gruppen zu je 30 Maschinen und passierten *Gabes* an Bb.- und Stb.-Seite in ca. 2000 m Entfernung. Es handelte sich um Boeing, Hampden und Lightning. Die Maschinen passierten *Gabes*, vermutlich ohne ihn zu sehen. Von *Gabes* wurde nicht geschossen. Ca. eine Stunde später wurden 30 dieser Maschinen auf dem Rückflug gesehen. Ebenfalls Abstand 2000 m.

Gegen 1200 Uhr ging *Gabes*, da auf Ostkurs kein Land in Sicht kam, auf 30 Grad. Gegen 1500 Uhr kam Land in Sicht, auf das sofort zugehalten wurde. Die Insel wurde beim Näherkommen als Marettimo erkannt. *Gabes* legte sich vor der Stadt in Windlee, um den Maschinenraum zu lenzen und die Maschinen für die Überfahrt nach Trapani wieder voll klar zu bekommen. 0530 Uhr Anker auf. Reibungsloser Marsch nach Trapani. In Trapani bei der 7. Sicherungsdivision gemeldet und am 9.5. … Uhr mit LKW-Kolonne vom Heer nach Palermo. 10.5. 1300 Uhr Palermo ein. Von dort mit zwei zur Verfügung gestellten LKW vom Heer nach Messina. Messina Frontleitstelle an 2200 Uhr.

11.5. mit Fähren nach Villa Giovanni. Von dort mit Fronturlauberzug nach Neapel zur Bordflak Süd.

gez. Fock, Leutnant zur See

Anlage 6:

Bericht des Obersteuermann Günter Höft über die Fahrt des Schleppers *Tebessa* von La Goulette nach Trapani

Am Freitag, den 7. Mai 1943 gegen 1500 Uhr Einschiffung einer Gruppe von 30 Uffz. und Mannschaften unter Führung von Kptlt. Mende. Gegen 1530 Uhr ausgelaufen, um in der Bucht von Tunis unter Landschutz zu ankern. Außerhalb des Hafens Angriff von 12 bis 15 Jagdbombern mit Bomben und Bordwaffen. Durch Bomben keine Beschädigungen, zurückzuführen auf Ausweichmanöver *Tebessa*. Unter der Zivilbesatzung ein Schwerverletzter und mehrere Leichtverletzte durch Bordwaffenbeschuß. *Tebessa* geht anschließend bei Hamman-Lif vor Anker, 1000 m von Land. Ausschiffung der Verwundeten mit Beiboot von *Tebessa* ins Lazarett von Hamman-Lif. *Tebessa* bleibt bis Einbruch der Dunkelheit zu Anker. Gegen 2030 Uhr Angriff von 3 Jagdbombern mit Bordwaffen. Kptlt. Mende schwer verwundet, ebenso mehrere Verletzte unter der Zivilbesatzung. Ausschiffung Kptlt. Mende ebenfalls mit Beiboot von *Tebessa*. Um 2130 Uhr, bei Anbruch der Dunkelheit, Beiboot noch immer nicht zurück. Um *Tebessa* und die eingeschifften Leute in der gegebenen Situation nicht zu gefährden, wird unter Zurücklassung des Beiboots und dessen Bemannung Anker auf gegangen und befohlener Kurs und Fahrt zusammen mit *Gabes*, nach Trapani angetreten. Gegen 2220 Uhr voraus ein unbekanntes Fahrzeug, S-Boot oder Landungsboot, in Sicht. *Tebessa* dreht ab, um ein Entdecktwerden zu vermeiden. Der erste Entschluß, zum Rammstoß anzusetzen, wurde aufgegeben, da die Möglichkeit des Zusammentreffens mit eigenen Fahrzeugen bestand. Nach Außersichtkommen des Fahrzeugs wurde wieder auf alten Kurs gegangen. Während dieser Zeit kam der Schlepper *Gabes* außer Sicht. Marsch wurde trotzdem fortgesetzt. Der befohlene Zembretta-Kurs wurde zunächst aufgegeben. *Tebessa* holt nach Westen aus und läßt die beiden Inseln Zembretta und Zembra an Stb., da im Osten und in der Nähe der Durchfahrt zwischen den Inseln Leuchtbomben geworfen werden, um somit ein Entdecktwerden zu vermeiden. Nach Passieren der Inseln wurde wegen der Sperren wieder auf den vorgeschriebenen Weg gegangen. Beobachtet wurden in Richtung Cap Fer Scheinwerfer, die wahrscheinlich von Seestreitkräften stammten. Um 0200 Uhr wurde *Tebessa* von einer Ju 52 mit Positionslichtern überflogen in Richtung Tunis. Das Wetter war für die Überfahrt günstig. Der Wind aus NW auffrischend auf 7, Seegang 6, bedeckter Himmel, einzelne Regenböen. Da sich bei *Tebessa* einige Lecks infolge Bordwaffenbeschusses im Stb.-Bunker herausstellten, die Zivilbesatzung durch Ausfälle nicht mehr genügend Leute zur Verfügung hatte, wurde vom Maschinenpersonal des Zerstörers eine Leckgruppe gebildet. Ebenso wurden zur Unterstützung der Schlepperbesatzung Soldaten des Zerstörers zur Bedienung der Maschinenanlage sowie als Ausguckposten und Wachen an Deck aufgestellt. Der Nachtmarsch verlief weiterhin ohne Zwischenfälle.

Am 8. Mai 1943 gegen 1000 Uhr Marettimo in Sicht. Wind NW 8, Seegang 7, 2/10 bedeckt. Gegen 1030 Uhr Angriff von 40–50 NSA-Jägern mit Bordwaffen und

Bomben. Keine Ausfälle an Personal. Kleinere Schäden am Schiff durch Bomben-waffenbeschuß. Gegen 1500 Uhr Einlaufen in Trapani. Unterbringung der *Hermes*-Leute bei der 7. Sicherungsdivision.

gez. Höft, Obersteuermann

Anlage 7:

Vorläufige Übersicht über den Verbleib der Besatzung des Zer-störers *Hermes* (vom *Hermes*-Kommandanten noch in Rom verfaßt[214]

1. Offiziere:

   Marsch nach Deutschland: Freg. Kpt. Rechel

   Oblt.z.S. Meyer-Abich

   Lt.z.S. Beyersdorf

   Lt.z.S. Fock

   Verwundet, Aufenhalt unbekannt: Oblt. (Ing.) Stappmann (L.I.)

   ObAss.Arzt d.R. Dr. Jaenicke

   Verwundet, vermutlich in Gefangenschaft: Kptlt. Mende

2. Oberfeldwebel

Marsch nach Deutschland	7
Vermutlich gefangen	1
Gefallen	1

3. Unteroffiziere ohne Portepee

' Marsch nach Deutschland	21
Vor Auslaufen 29.4. Lazarett	2
Vermutlich gefangen	11
Verwundet auf Lazarettschiff	4
Gefallen	3

4. Mannschaften

Marsch nach Deutschland	86
Vor Auslaufen 29.4. Lazarett	11
Vermutlich gefangen	37
Verwundet auf Lazarettschiff	18
Gefallen	18
Vermißt	4

5. Eingeschifftes italienisches Personal

   Gefallen   Ob.Lt.z.S. Böhm

   4 Mannschaften

   Verwundet, vermutl. Lazarettschiff   1 Mann

   In Trapani entlassen   1 Unteroffizier

Anlage 8:

Funksprüche vom 30.4.43 bis 8.5.43

— Funksprüche am 30.4.43

1. 1144 Uhr FT. KR 1140/18 abgegeben: *Pancaldo* Bombentreffer bei Cap Bon. *Hermes*
2. 1154 Uhr FT. KR 1145/20 abgegeben: *Pancaldo* brennt schwimmend, im Wasser viele Leute. *Hermes*
3. 1200 Uhr. FT. KR 1153/21 abgegeben: Bitte verstärkten Jagdschutz Tunisbucht. *Hermes*
4. 1217 Uhr FT. KR 1215/23 abgegeben: Erbitte Jagdschutz. *Hermes*
5. 1232 Uhr FT. KR KR 1225/... abgegeben: Dt. Markdo. Tunesien. 2-cm-Flakmunition in La Goulette an Bord bringen. Habe mich verschossen. *Hermes*
6. 1236 Uhr FT. KR 1230/25 abgegeben: Neuer Angriff in CN 2155 (24 sm NO La Goulette). *Hermes*
7. 1249 Uhr FT. KR KR 1245/... abgegeben: Nur noch beschränkt manövrierfähig. *Hermes*
8. 1253 Uhr FT. KR KR 1252/27 abgegeben: Neuer Angriff. *Hermes*
9. 1304 Uhr FT. KR KR 1300/29 abgegeben: Erbitte Jagdschutz. *Hermes*
10. 1306 Uhr FT. KR KR 1304/30 abgegeben: Manövrierunfähig. *Hermes*
11. 1307 Uhr FT. KR KR 1305/31 Dt. Markdo. Tunesien abgegeben: Standort 10 sm von Tunis. Erbitte Schlepper. *Hermes*
12. 1312 Uhr FT. KR KR 1310/32 Dt. Markdo. Tunesien abgegeben: Erbitte Schlepper Cap Zafran. *Hermes*
13. 1345 Uhr FT. KR 138/35 aufgenommen: *Hermes*. Schlepper *Tebessa* kommt aus Bizerta zur Hilfe. *Dt. Markdo. Tunesien A 1.*
14. 1328 Uhr FT. KR KR 1324 Dt. Markdo. Tunesien abgegeben: Erbitte dringend Schlepper. Bin manövrierunfähig. *Hermes*
15. 1351 Uhr FT. KR KR 1345/36 Dt. Markdo. Tunesien abgegeben: Eingeschiffte Truppen gehen in Rettungsflößen von Bord. *Hermes*
16. FT. KR 1336/... aufgenommen: *Tebessa*. Sofort auslaufen zum Einschleppen *Hermes*. Steht bei Ras Fortas. *Dt. Markdo. Tunesien A 1*
17. 1615 Uhr FT. KR 1536/41/11 aufgenommen: *Hermes*, nachr. *Dt. Markdo. Tunesien*. Lage melden. *Dt. Markdo. Italien* A.v.D.Gkdos 3015
18. 2151 Uhr FT. M-Offz. KR KR Dt. Markdo. Italien abgegeben: 2046/71. Von ungefähr 150 Maschinen in 5 Anflügen angegriffen. Durch mittelbare Bombeneinschläge beide Hauptmaschinen ausgefallen. Einige Verwundete. Liege 2,5 sm südl. Ras es Fortas, dicht unter Land. *Hermes*

— Funksprüche am 1.5.43

19. 0136 Uhr FT. KR 0053/51 aufgenommen: *Hermes* nachr. *Dt. Markdo. Tunesien*. Stärkstmöglicher Jagdschutz von OBS angefordert. Desgleichen Ein-

satz aller Mittel Mar.Kdo. Tunesien befohlen. Kann *Hermes* behelfsmäßig eigene Fahrbereitschaft herstellen zum Einlaufen? *Dt. Markdo. Italien* 0503 Gkdos.

20. 1335 Uhr FT. KR KR 1253/62 aufgenommen: *Dt. Markdo. Tunesien* nachr. *Hermes*. Für Ob.d.M. sofort und laufend über Rettungsmaßnahmen *Hermes* und eingeschiffte Truppen durch KR berichten. *Dt. Markdo. Italien A 10p.* Gkdos 32376.

21. 1746 Uhr FT. KR aufgenommen: *Dt. Markdo. Italien*. Nach Rücksprache mit Kommandant Einschleppen heute abend beabsichtigt. Jagdschutz angefordert. Eingeschiffte Truppen *Hermes* vollzählig von Bord, *Pancaldo* bis auf Gefallene gerettet. Genaue Zahlen wegen schlechter Nachrichtenverbindung nicht bekannt. *Lampo*-Besatzung in Kelibia an Land gegangen. Verluste gering. *Dt. Markdo. Tunesien* Gkdos 0106 A 1

22. 1409 Uhr FT. KR KR 1347/64 aufgenommen: *Hermes* nachr. *Dt. Markdo. Tunesien*. Lage und Absichten schnellstens melden, insbesondere, wann Einlaufen La Goulette erfolgt. *Dt. Markdo. Italien* Gkdos 32374.

23. 1436 Uhr FT F F F abgegeben: Flugzeugangriff. *Hermes*

24. 1548 Uhr FT. KR KR 1518/6 abgegeben: *Dt. Markdo. Italien*, nachr. *Dt. Markdo. Tunesien*. 1. Absicht: Wenn Wetterlage erlaubt mit Dunkelwerden Verholen nach La Goulette. Dort Versuch, Stb.-Turbine zu reparieren. 2. Mittelmeerlage täglich weiter funkmäßig übermitteln. Kdt. *Hermes*

25. 1729 Uhr FT. KR KR 1711/771 aufgenommen: *Hermes* nachr. *Dt. Markdo. Tunesien*. Zu FT. 1518/6: Gesamtlage und genauen Zustand beider Maschinen melden. *Dt. Markdo. Italien*.

26. 2025 Uhr FT. KR KR 1900/19 und 2115 Uhr FT. KR KR 1916/20 abgegeben: *Dt. Markdo. Italien*. 1. Beide Maschinen völlig ausgefallen, keine behelfsmäßige Reparatur. 2. Wegen Wetterlage und wegen zu schwacher Schlepper Verholen heute Nacht unmöglich. 3. Position *Hermes* feindseitig erkannt, nachmittags Angriff, Fehlwürfe. 4. Nach Rücksprache mit zuständigen militärischen Stellen Lage hoffnungslos, da Feind in Kürze *Hermes* vernichtet. 5. Vorschlage sofort Ausbau der Waffen. 6. Liegen La Goulette verbessert Lage nicht. Kdt. *Hermes*.

27. 2345 Uhr FT. KR 2255/79 aufgenommen: *Dt. Markdo. Italien*, nachr. *Hermes*. Zu FT. *Hermes*: zu 4. Lage noch nicht hoffnungslos. Beabsichtige nach Durchführung *Odessa* durch *Tebessa Hermes* nach Sizilien zu schleppen. Zu 5. nicht zweckmäßig, da Abtransportmöglichkeit fraglich, Waffen an Bord Feindeinwirkung verringern. Zu 6. In La Goulette durch Flak große Sicherheit. *Dt. Markdo. Tunesien* Gkdos 6868 A 1.

— **Funksprüche am 2.5.43**

28. 0037 Uhr FT. KR KR 2355/80 aufgenommen: *Hermes* nachr. *Dt. Markdo. Tunesien*. Auf dort. FT. 1900/19 und 1916/20: Mit allen Mitteln versuchen, Boot zu halten und La Goulette einzubringen, dann Waffenausbau. Besat-

zung nur an Bord lassen, soweit unbedingt notwendig. *Dt. Mardko. Italien* Gkdos 32388.

29. 1132 Uhr FT. Kriegsnotmeldung abgegeben: Fliegerangriff. *Hermes*
30. 1137 Uhr FT. KR KR 1133/87 abgegeben: Angriff. *Hermes*
31. 1237 Uhr FT. KR 1154/88/66 aufgenommen: *Befehlshaber Dt. Markdo. Italien* nachr. *Hermes*, *Hako Tunis*. Vorschlage dringend, Waffen an Bord zu belassen, da Waffen für eigenen Schutz im Hafen und bei beabsichtigter Überführung unbedingt erforderlich, da Schiff erforderlicherweise als Hafensperrbatterie eingesetzt werden kann, da ausgebaute Waffen Landlage nicht ändern können und Abtransport sehr fraglich, da bei Notwendigkeit Schiffsversenkung Waffen an Bord wirksamer dem Feindzugriff zu entziehen sind. *Chef Dt. Markdo. Tunesien* Gkdos 6871
32. 1359 Uhr FT. KR 1351/91 aufgegeben: Angriff. *Hermes*.
33. 1422 Uhr FT. KR 1406/92 aufgenommen: *Hermes* nachr. *Dt. Markdo. Tunesien*. Boot muß jederzeit klar zum Versenken sein. *Dt. Markdo. Italien* Gkdos 32417
34. 1433 Uhr FT. KR 1408/93 aufgeommen: *Chef Dt. Markdo. Tunesien*, nachr. *Hermes*. Zu Gkdos 6871: Waffenausbau nach dort. Ermessen. *Befehlshaber Dt. Markdo. Italien* Gkdos 32416
35. 1501 Uhr FT. KR 1459/95 abgegeben: Angriff. *Hermes*
36. 1541 Uhr FT. KR 1522/97 aufgenommen: Kdt. *Hermes* nachr. *Dt. Markdo. Italien*. Waffen bleiben an Bord. *Chef Dt. Markdo. Tunesien* Gkdos 0202 Al.
37. 2219 Uhr FT. SSD 2126/4 aufgenommen: *Dt. Markdo. Tunesien*, *Hermes*. Über Verwendung *Hermes*-Boot und Besatzung verfügt bis auf weiteres Markdo. Tunesien. *Dt. Markdo. Italien*.

— **Funksprüche am 3.5.43**

38. 0304 Uhr FT. KR KR 0234/94 aufgenommen: *Befehlshaber Dt. Markdo. Italien*, *Befehlshaber Dt. Markdo. Tunesien*. *Hermes* 0200 Uhr La Goulette fest. *Hako Tunis*.
39. 0342 Uhr FT. SSD 2252/49 aufgenommen: *Befehlshaber Dt. Markdo. Italien*. a) Überführung *Hermes* mit *Tebessa* möglich. Schleppgeschwindigkeit 6–7 sm. Für Gelingen allerstärkster Jagdschutz durch Flugzeuge und Flakfähren Voraussetzung. b) *Tebessa* erst nach *Odessa* frei. Zeitpunkt je nach Feinddruck. c) Falls Überführung nicht versucht werden soll, vorschlage Ausbau 4-3,7-cm, 5-2-cm für Sidi Daoud, Kelibia, 4-12,7-cm für Festung Tunis, alles mit Marinepersonal. Weiter Versenkung *Hermes* bei Gewitter[216] in Hafeneinfahrt La Goulette. *Chef Dt. Markdo. Tunesien* Gkdos 6877.
40. 0826 Uhr FT. KR 0729/100 abgegeben: *Dt. Markdo. Italien* nachr. *Dt. Markdo. Tunesien*. La Goulette eingelaufen. Gestern auf Ankerplatz noch 3 Tagesangriffe. Keine Beschädigungen. Kdt. *Hermes*.

41. 1349 Uhr FT. KR KR 1351/15 aufgenommen: *Hermes*, *Dt. Markdo. Tunesien*. Melden, wann beide Maschinen im Einzelnen ausgefallen. *Dt. Markdo. Italien* A 10p Gkdos 32445

42. 1809 Uhr FT. KR 1747/26 abgegeben: *Dt. Markdo. Italien* nachr. *Dt. Markdo. Tunesien*. Auf Gkdos 32445: Durch Ausfall Schmierölpumpen infolge Außenbordsdetonationen Lager heiß gelaufen. Im weiteren Verlauf der Kampfhandlungen beide Maschinen Schaufelsalat. Gefechtsbericht folgt. Kdt. *Hermes* Gkdos.

43. 1916 Uhr FT. SSD 1800/25 abgegeben: *Dt. Markdo. Tunesien* nachr. *Dt. Markdo. Italien*. FT. ausgeschaltet, Verbindung über Hako Tunis. *Hermes*

— **Funksprüche am 4.5.43**

44. 1036 Uhr FT. KR KR 1016/63 abgegeben: *Dt. Markdo. Tunesien*, *Dt. Markdo. Italien*. Befehlsgemäß wieder von Tunis nach La Goulette verlegt. *Hermes* Gkdos 209.

45. 1113 Uhr FT. KR KR M-Offizier 1026/21 abgegeben: *OKM*, *Dt. Markdo. Italien*. *Hermes* befehlsgemäß heute vormittag Fahrrinne La Goulette versenkt. Zerstörer 0925 Uhr gekentert. Sämtliche Geheimsachen vernichtet. Keine Kompromittierung. Anstrebe Abtransport Besatzung heute Nacht. Kdt. *Hermes* Gkdos.

— **Funksprüche am 7.5.43**

46. 1350 Uhr, FT. KR 1315/26 aufgenommen: *Hermes* (über Hako Tunis), *Dt. Markdo. Tunesien*. Zu *Hermes* FT. 1026/21 v. 7.5. Rückkehr Transport Besatzung nur soweit nicht Einsatz an Land in Frage kommt. *Dt. Markdo. Italien* Gkdos 0709.

47. 1414 Uhr FT. KR 1344/27 aufgenommen: *Hako Tunis* für Kdt. *Hermes*. Zu FT. 1026/21: Für die nach ersten Augenzeugenberichten von Ihnen und Ihrer Besatzung in den vergangenen Tagen gezeigte Haltung spreche ich Ihnen meine Anerkennung aus. *Befehlshaber Dt. Markdo. Italien* Gkdos 32586.

— **Fernschreiben vom 8.5.43**

48. Fernschreiben von Agrigento abgegeben: *Dt. Markdo. Italien*, nachr. F.D.Z., 7. *Sicherungsdiv. Trapani*. 1. 80 Mann der *Hermes*-Besatzung, vornehmlich Spezialisten, 7.5. abends verteilt auf drei Schleppern La Goulette ausgelaufen. Führende Offiziere haben Befehl, sich mit ihrer Truppe in Rom zu melden. Vorschlage Truppe sofort zur Zerstörerstammabteilung Swinemünde weiterzuleiten. Dort Abwicklung, da Besatzung Verluste an Privatzeug. 2. Restbesatzung, etwa 120 Mann, haben sich 7.5. nach meinem Befehl von Tunis in Richtung Kap Bon in Marsch gesetzt. Komp. Chef Oberleutnant z.S. Meyer-Abich. Komp. Chef hat Befehl, zu versuchen, Restbesatzung mit Flugzeugen usw. nach Festland rüberzuschaffen, da Besatzung, nur

mit Gewehren ausgerüstet, nach Rücksprache mit militärischen Stellen und nach meiner Beurteilung der Gesamtlage wenig Kampfwert besitzt. Bitte von dort FT. an Dt. Markdo. Tunesien absetzen, in dem Oblt. z. S. Meyer-Abich nochmals Befehl erhält, nach obiger Weisung zu handeln und entsprechend Verbindung mit General Seidemann aufzunehmen. General Seidemann hat mir bei meinen Vorausbesprechungen weitgehendste Unterstützung hinsichtlich Abtransport der Besatzung zugesagt. 3. Vorschlage Unterrichtung Sizilienhäfen, Fliegerführer Sizilien usw., daß ankommende *Hermes*-Leute gem 1. weiterzuleiten sind. 4. Kommandant mit *S 156* heute 0600 Uhr Agrigento eingetroffen. Weiterfahrt baldigst zwecks Meldung in Rom beabsichtigt. Kdt. *Hermes*.

Anlage 9:

Bericht des Oberleutnant (Ing.) Tolkien vom 13.5.43 über das Untersuchungsergebnis der Maschinenanlage nach deren Ausfall am 30.4.43

Am 4.5. wurde ich vom Deutschen Marinekommando Tunesien an Bord des Zerstörers *Hermes* kommandiert, um die durch Feindeinwirkung beschädigte Hauptturbinenanlage des durch Verwundung ausgefallenen und ins Lazarett gebrachten L. I., Oberleutnant (Ing.) Stappmann, wieder fahrbereit zu machen. Durch Aufnahme mehrerer Lager stellte ich am 4. und 5. Mai fest, daß fast sämtliche Druck- und Traglager der Hoch- und Niederdruckturbinen sowie der Getriebe durch Ölmangel mehr oder weniger stark geschoben hatten und vor einer neuen Inbetriebnahme der Turbinen restlos eine gründliche Überholung erforderten. Einige Lager, bei denen große Stücke des Lagermaterials herausgebrochen waren, benötigten einen neuen Weißmetallausguß.

Die Bb.-Turbinenanlage, die bald nach Unterbrechung der Schmierölzufuhr unter starkem Geräusch plötzlich zum Stillstand kam, zeigte erheblich schwerere Beschädigungen der Lager und auch der Turbinendrehvorrichtung als die Stb.-Anlage. Da die Turbinenläufer der Stb.-Anlage nach Aussage des Kommandos beim Abstellen des Dampfes in normaler Weise ausgelaufen waren, schien nach Beseitigung der Lagerschäden eine Wiederinbetriebnahme der Stb.-Anlage möglich. Die Hochdruck-Turbinenwelle der Stb.-Anlage hatte sich durch das Schieben der Traglager um etwa 5 mm gesenkt. Wegen Fehlens von Schaulöchern am Hochdruck-Turbinengehäuse war an Bord eine Beschädigung des Läufers und der Schaufeln der Hochdruckturbine nicht festzustellen. Die Ritzelwelle der Hochdruckturbine Stb. hatte sich durch das Auslaufen des Lagermaterials so stark gesenkt, daß der Vierkant-Zapfen der Drehvorrichtung nicht mehr in die Ausfräsung der Ritzelwelle hineinpaßte und daher ein Drehen der Turbine mittels der Drehvorrichtung nicht möglich war. Bei dem Läufer der Niederdruckturbine Stb. wurde eine geringere Senkung ermittelt. Soweit von außen durch Öffnen der Schaulöcher am Hochdruckturbinengehäuse zu erkennen war, befanden sich die Schaufeln der Hochdruckturbine in gutem Zustand. Nach Überholung der Lager wäre daher eine neue Inbetriebnahme der Niederdruckturbine durchaus möglich. Auch für den Fall einer Störung am Läufer der Hochdruckturbine könnte die Stb.-Welle allein durch die Niederdruckturbine, die nach Abschalten der Hochdruckturbine mit gedrosseltem Dampf hätte betrieben werden müssen, in Drehung versetzt werden.

In Erkenntnis dieser Sachlage wurde alles versucht, die beschädigten Lager der Stb.-Turbinenanlage möglichst rasch in Ordnung zu bringen. Die mit Hilfe des Wirtschaftsstabes herangezogene franz. Firma Gilbert Gerault erklärte sich nach eingehender Prüfung des Umfangs der Arbeiten bereit, sechs der am meisten beschädigten Lager der Stb.-Anlage in etwa 10 Tagen neu auszugießen und auszudrehen. Das erforderliche Lagermaterial wurde vom Wirtschaftsstab zur Verfügung gestellt. Obwohl an der Aufnahme der Lager Tag und Nacht gearbeitet wurde, gelang es in Ermangelung geeigneter Werkzeuge und Hilfsmittel bis zum 6.5. nach Entfernung der oberen Lagerschalen nur zwei untere Lagerschalen des Getriebes herauszuschlagen. Die Schalen saßen außerordentlich fest in den Lagern. Allein schon das Lösen der Befestigungsmuttern für die oberen Lagerschalen machte erhebliche Schwierigkeiten, da die Gewinde durch Seewasser stark angegriffen waren[217].

Neben den Arbeiten an den Lagern wurde ferner versucht, die Kupplungsbolzen am Verbindungsflansch zwischen Schwanzwelle und Getriebe zu lösen, um im Falle eines Abschleppens des Zerstörers beide Propeller zur Verminderung des Fahrtwiderstandes mitlaufen lassen zu können. Zum Lösen dieser gleichfalls sehr fest sitzenden Kupplungsbolzen wurde mit Bordmitteln eine besondere Abziehvorrichtung angefertigt. Die Arbeiten mußten durch die laufenden Angriffe englischer Bomber und Jagdflugzeuge sowohl während des Tages als auch in der Nacht ständig durch Verlassen des Zerstörers unterbrochen werden. Unter diesen Umständen war damit zu rechnen, daß selbst bei raschester Anlieferung der neu ausgegossenen Lagerschalen durch die franz. Firma und bei vollstem Einsatz des Kommandos die 1. Dampfprobe der Stb.-Anlage nicht vor 14 Tagen hätte vorgenommen werden können.

Eine Beschädigung der beiden Turbinenölpumpen war von mir in der Zeit vom 4. bis 6.5. nicht festzustellen. Das Kommando hat sich selbst durch den Probelauf der Schmierölpumpen, der nach der in der Turbinenanlage aufgetretenen Störung vorgenommen wurde, von dem ruhigen Arbeiten beider Turbinenölpumpen überzeugen können. Nach der mir von Stbs.Ob. Maschinist Spohr gemachten Aussage hat bei dieser Erprobung der Öldruck im Druckstutzen der Pumpe 4 atü betragen. Hinter dem Ölfilter soll jedoch kein Druck vorhanden gewesen sein. Eine Wiederholung dieses Versuchs zur einwandfreien Klärung der Ursache des Ausbleibens der Ölförderung zur Zeit der Detonation der Bombe unterhalb des Schiffskörpers auf Bb.-Seite konnte nicht mehr, wie beabsichtigt, durchgeführt werden, da im Laufe des Nachmittags des 6.5. sämtliche Arbeiten in der Turbinenanlage wegen der Vorbereitungen zur Versenkung des Zerstörers abgebrochen werden mußten. Allem Anschein war die Unterbrechung der Schmierölzufuhr zu den Turbinenlagern auf ein plötzliches Lenzschlagen der beiden Turbinenölpumpen zurückzuführen, das durch die bei der Detonation der Bomben entstandenen Erschütterungen des Schiffskörpers verursacht wurde. Durch das Vorhandensein einer bei den deutschen Zerstörer-Anlagen vorgesehenen Notschmierpumpe, die bei Absinken des Schmieröldruckes automatisch neues Schmieröl nach den Lagern der Turbinen fördert, hätte die vorliegende Störung wahrscheinlich vermieden können.

gez. Tolkien, Oblt. (Ing.) d.R.

Anlage 10:
Bericht des auf dem Schlepper *Sousse* eingeschifften Stabsobermaschinisten Herbert Spohr über die Rückkehr von Afrika nach Italien

Am 7. Mai 1943 abends 1800 Uhr liefen wir mit dem Schlepper *Sousse* mit rund 80 Mann, darunter 22 Mann der Besatzung des Zerstörers *Hermes*, aus La Goulette aus. Um 2100 Uhr sollten wir uns mit den Schleppern *Gabes* und *Tebessa* vor Kap Bon treffen. Wir warteten dort bis 2230 Uhr. Dort trafen bis zu dieser Zeit die genannten Schlepper nicht ein. Unser Schlepper *Sousse* lief zur Zeit 4–5 sm, weshalb wir vorzogen, vor der Insel Zembra vor Anker zu gehen, um am anderen Abend weiter zu fahren. Die Besatzung wurde ausgeschifft, um tagsüber keine unnötigen Verluste durch Fliegerangriffe zu verursachen.

Am 8.5. morgens um 0830 Uhr erfolgte der erste Fliegerangriff mit Bordwaffen. Der Schlepper erhielt mehrere Treffer ins Vorschiff und machte Wasser. Wir zogen den Schlepper von Land aus noch dichter unter Land, etwa 50 m, um den Proviant zu bergen. Die Proviantlast stand jedoch schon unter Wasser. Wir versuchten zu bergen, was wir konnten, doch es war nur eine geringe Menge. Um 0930 Uhr erfolgte ein weiterer Angriff von 12 Jägern mit Bordwaffen, wonach der Schlepper sank. Der Schlepper liegt etwa 3 m unter Wasser der Ostseite Insel Zembra.

Die Insel war unbewohnt, auch hatte sie keine Funkverbindung. Die Funkanlage des Schleppers war unklar. Auf der Insel fanden wir noch rund 30 Soldaten von Heer und Luftwaffe, darunter ein Oberleutnant der Luftwaffe namens Pütz und ein Oberarzt vom Heer, dessen Name mir nicht bekannt ist. Täglich kamen neue Soldaten von Kap Bon, so daß wir am 10.5. 130 Mann waren. Die Insel wurde am 9.5. von einem englischen Torpedoboot beschossen. Da das Feuer nicht erwidert wurde, wird angenommen, daß das Torpedoboot deshalb nach 7 abgegebenen Schüssen das Feuer einstellte und daraufhin abdrehte. Der Proviant konnte höchstens 3 Tage reichen. Es gab am Tag nur eine Mahlzeit. Trinkwasser war auf der Insel genügend vorhanden.

Am 11.5. kamen ein Unteroffizier namens Dieterich und vier Mann von der Luftwaffe mit einem Sturmboot und Außenbordmotor. Dieser bat den Ob.Masch. Seide und mich mitzufahren, da sie von der Seefahrt keine Ahnung hätten. Wir wußten, daß wir nicht mehr lange mit dem Proviant auskamen und fuhren dann mit Genehmigung des Oblt. (V) Jensen vom Zerstörer *Hermes* mit dem Boot mit. Um

2100 Uhr fuhren wir ab und liefen am 11.5. 1600 Uhr die Insel Marettimo an. Auf der italienischen Funkstelle gab ich sofort ein Fernschreiben, welches mir Herr Ob.Ass.Arzt Dr. Jaenicke vom Zerstörer *Hermes* mitgab, an das Deutsche Oberkommando in Rom auf. Das Fernschreiben hatte folgenden Wortlaut: »Auf der Insel Zembra befinden sich rund 120 Schiffbrüchige, darunter 10 Verletzte sowie 2 Offiziere mit 14 Mann vom Zerstörer *Hermes*. Es wird dringend gebeten, den Schiffbrüchigen Proviant zu schicken. Vorhandener Proviant reicht höchstens bis zum 14.5.42.«

Alle Mann der Schlepperbesatzung waren bis zu unserer Abfahrt gesund. Auf der Insel Zembra befanden sich rund 130 Mann, davon 2 Offiziere, 3 Unteroffiziere und 11 Mannschaften des Zerstörers *Hermes*. Die übrigen Soldaten waren rund 100 Deutsche von Heer und Luftwaffe. Der Rest waren italienische Soldaten und zwei Frauen.

gez. Spohr, Stabsobermaschinist

Anmerkungen zum K.T.B. und den Anlagen

1 Crew = Einstellungsjahrgang von Marineoffizieren.
2 F.d.Z. = Führer der Zerstörer (seit 20.4.42 auch der Torpedoboote).
3 Adm.Ägäis: Nach der Besetzung Griechenlands übernahm die Kriegsmarine die im Ägäis-Raum erforderlichen Seetransporte, deren Sicherung und die Küstenverteidigung. Für diese Zwecke standen — in wechselnder Stärke — deutsche und italienische Seestreitkräfte zur Verfügung. Im hier relevanten Zeitraum 1942/Frühjahr 1943 waren es, abgesehen von einigen Küstenschutzflottillen und Netzlegern mit meist sehr kleinen Beutefahrzeugen, an deutschen Einheiten die 21. U-Jagdflottille und der am 21.3.42 in Dienst gestellte Zerstörer *ZG 3* (später *Hermes*). Die italienischen Einheiten wechselten häufig und waren — von einigen neueren Torpedobooten abgesehen — meist älteren Baujahres, da die kampfkräftigeren Einheiten für die Italien–Tripolis/Benghasi-Geleite eingesetzt wurden. Dem Admiral Ägäis, im relevanten Zeitraum Vizeadmiral Förste, standen ein deutscher und ein italienischer Stab (Marisudest) zur Verfügung.
4 Marisudest = Italienisches Marinekommando Südost (Ägäisraum), Chef und auch ital. Chef des Stabes Admiral Ägäis war im relevanten Zeitraum Konteradmiral Catalano Gonzoga.
5 Verdrängung und Hauptabmessungen sind hier nicht ganz korrekt wiedergegeben. Die an Bord vorgefundenen griechischen Unterlagen waren äußerst lückenhaft.
6 2.A.d.O. = 2. Admiral der Ostseestation. War u.a. für das Bordpersonal der dem Ostseebereich (im Kriege für den gesamten Ostbereich) zugeordneten Schiffe und Boote verantwortlich. Alle Unteroffiziere und Mannschaften der Marine gehörten organisatorisch entweder zur Nord- oder zur Ostseestation.
7 Die Prozentsätze sind im K.T.B. offen geblieben.
8 B.d.U. = Befehlshaber der U-Boote. Alle Überwasserschiffsverbände hatten monatlich bestimmte Prozentsätze von Offizieren usw. an die in schnellem Aufbau befindliche U-Bootwaffe abzugeben. Ausgenommen waren nur Soldaten mit bestimmten knappen Spezialausbildungen wie U-Jagd, Artillerieoffizierslehrgänge usw.
9 Der Verwaltungsoffizier blieb dann permanent an Bord.
10 U-Gruppe = Unterstützungsgruppe, d.h. ein mehr oder minder großer Kriegsschiffverband, der vom Einsatz zurückkehrende Einheiten an einem bestimmten Punkt aufnimmt und bei der Rückkehr in den Einsatzhafen sichert.
11 Gruppe Nord (Generaladmiral Carls).
12 Dt.Markdo Italien (Befehlshaber im relevanten Zeitraum Vizeadmiral Weichold). Dem Befehlshaber unterstanden seit dem 1.12.41 alle in Italien und Nordafrika eingesetzten Überwasserstreitkräfte, Landtruppenteile und Dienststellen der Kriegsmarine. Unberührt blieb die fachliche Unterstellung des Deutschen Seetransportchefs unter das O.K.M.
13 T.E.K. = Torpedo-Erprobungs-Kommando.
14 O.K.M. = Oberkommando der Kriegsmarine.

15 Maza = Marinezeugamt.

16 Die drei engl. Zerstörer *Lively*, *Jackal*, *Kipling* waren am 11.5.42 südlich Kreta von deutschen Kampfflugzeugen versenkt worden.

17 E.K.K. = Erprobungskommando Kriegsschiffe (hier Erprobungsgruppe Zerstörer).

18 Diese allgemein durchgeführten Erprobungen galten in diesem Falle nicht zuletzt auch der Analyse der Eigenschaften eines englischen Standardzerstörers.

19 *Bengasi* ex *Almena* ex *St. Philippe*, Baujahr 1933, 1554 BRT, war Versorger der dtsch. 3. S-Flottille.

20 M.E.S. = Mineneigenschutzanlage.

21 Die Ausbildungszeit von 8 Wochen für eine Besatzung, die — von Offizieren, Unteroffizieren und einigen älteren Mannschaftsdienstgraden abgesehen — größtenteils aus sehr jungen, meist noch nie zur See gefahrenen Soldaten bestand, ist nur unter kriegsbedingten Aspekten zu sehen. Friedensmäßig wurden erheblich längere Ausbildungszeiten erforderlich erachtet. Darüber hinaus bemühte sich allerdings auch die vorgesetzte Dienststelle, der Admiral Ägäis, dem Zerstörer zunächst dem allgemeinen Einfahren dienende leichtere Aufgaben zu geben.

22 Ital. T-Boot *Lupo*: Baujahr 1936/1938, 679 t, 34 kn, drei 10-cm, zwei 3,7-cm, sechs MG, vier 45-cm-TR, 94 Mann. Generell ist zu sagen, daß fast alle italienischen Zerstörer und Torpedoboote die angegebenen, oft recht spektakulären Probefahrtsgeschwindigkeiten im Kriege nicht mehr erreichten. Dies ergab sich einerseits aus der Tatsache, daß die italienische (wie die französische) Marine Probefahrten meist mit nicht voll ausgerüsteten Schiffen fuhr, um — nicht zuletzt für Exportaufträge! — interessante Werte zu erhalten, teils aus den üblichen kriegsbedingten Umständen wie größere Verdrängung durch wachsende Zuladungen, weniger geschultes Personal, hinausgeschobene Wartungen usw. Bei einigen Booten wurde auch die hier jeweils angegebene Friedensbewaffnung kriegsbedingt verändert, meist durch Anbordgabe von zusätzlichen Fla-Maschinenwaffen. Insgesamt waren aber auch im Kriegsverlauf selbst die moderneren italienischen Einheiten oft unzureichend mit leichten Fla-Waffen ausgerüstet.

23 Ital. T-Boot *Monzambano*: Baujahr 1920/1923, 967 t, 32 kn, vier 10,2-cm, zwei 7,6-cm, sechs 45-cm-TR. 105 Mann.

24 KR bei Funksprüchen: Höchste Dringlichkeitsstufe, Vorrang vor allem anderen.

25 Ital. Motor-Pass.Schiff *Citta di Alessandria*, Baujahr 1930, 2480 BRT, 12 kn, Eigner: Tirrenia SA, Palermo.

26 Ital. Motor-Pass.Schiff *Citta di Savona*, Baujahr 1930, 2500 BRT, 12 kn, Eigner: Tirrenia SA, Palermo.

27 Ital. Motor-Pass.Schiff *Citta di Agrigento*, Baujahr 1930, 2480 BRT, 12 kn, Eigner: Tirrenia SA, Palermo.

28 Ital. Dampfer *Re Alessandro*, nicht feststellbar.

29 Dtsch. Dampfer *Delos*, Baujahr 1922, 2589 BRT, 4120 tdw, Eigner: Deutsche Levante Linie, Hamburg.

30 Ital. Dampfer *Monstella*: Baujahr 1918, 5311 BRT, 7820 tdw, 10 kn, Nav. Alta Italia, Genua.

31 Ital. T-Boot *Sirio*: Baujahr 1934/1936, 642 t, 34 kn, drei 10-cm, zwei 3,7-cm, sechs MG, vier 45-cm-TR, 94 Mann.

32 Ital. T-Boot *Calatafimi*: wie 15.

33 Dtsch. U-Jäger *2107*: ex griech. Dampfyacht *Milos*, Baujahr 1895, 598 t.

34 Dtsch. H.K.S. (Hilfskriegsschiff, hier: Minenleger) *Bulgaria*, ex Passagier-/Frachtschiff, Baujahr 1894, 1108 BRT, 12 kn, Eigner: Comm. Bulgare, Varna.

35 Ital. H.K.S. *Barletta*, ex Motorpassagier-/Frachtschiff, Baujahr 1931, 1975 BRT, 1100 tdw, 14 kn, Eigner: Adriatica SA, Bari.

36 Ital. T-Boot *Cassiopeia*: wie 17.

37 Dtsch. U-Jäger *2104*: ex griech. Walfänger *Darvik*, Baujahr 1937, 350 BRT.

38 Arado 196: einmotoriges Schwimmflugzeug. Bord- und landgestütztes Aufklärungsflugzeug, das, den Eigenschaften entsprechend, vorherrschend von als Stamm einer vor dem Kriege geplanten Seefliegerei zur Luftwaffe überstellten Marineoffizieren geflogen wurde. Dementsprechend war die Zusammenarbeit mit diesen Flugzeugbesatzungen bei der Geleitsicherung stets besonders reibungslos.

39 Wehrmachtsbefehlshaber Südost (Generaloberst Löhr).

40 Seekriegsleitung: Während Heer und Luftwaffe für die Leitung der Kriegsführung spezielle Generalstäbe hatten, hatte sich Großadmiral Raeder mit dem Titel »Oberbefehlshaber der Kriegsmarine und Chef der Seekriegsleitung« den Einsatz der Seestreitkräfte selbst vorbehalten. Ein ihm zuarbeitender »Chef des Stabes der Seekriegsleitung« mit Unterstab war Teil des O.K.M. (Oberkommandos der Kriegsmarine).

41 Ital. Zerst. *Mitragliere*: Baujahr 1941/1943, 1690 t, 39 kn, fünf 12-cm, zehn 2-cm, sechs 53,3-cm-TR, 165 Mann.

234

42 Der Kommandant *Mitragliere* war dienstälter.

43 Dtsch. Dampfer *Santa Fe*: Baujahr 1921, 4627 tdw, Hamb. Südam. Dampfsch.-Ges., Hamburg.

44 Ital. Zerst. *Turbine*: Baujahr 1925/1927, 1058 t, 36 kn, vier 12-cm, zwei 3,7-cm, zwei MG, sechs 53,3-cm-TR, 120 Mann.

45 Ital. Tanker *Alberto Fassio*: Baujahr 1914, 2289 BRT, 3600 tdw, 9 kn, Eigner: Villain & Fassio, Genua.

46 Fl.-Meldung = Flugzeugsichtmeldung.

47 ES = täglich wechselndes Erkennungssignal zwischen See- und Luftstreitkräften. Üblicherweise buntes Stern-, Rauch- oder Morsesignal, das mit einem ebenfalls täglich wechselnden Antwortsignal quittiert werden mußte.

48 Das robuste, in Krieg und Frieden bewährte dreimotorige Ganzmetallflugzeug Ju 52 wurde in großen Pulks zum Mannschafts- und Materialtransport nach Afrika eingesetzt. Da meist keine ausreichende Jagdsicherung zur Verfügung stand, erlitten die Pulks oft verheerende Verluste durch alliierte Jagdflieger.

49 Später wurde ein besonders schnelles Gleitboot an Bord gegeben.

50 Dtsch. Motorschiff *Ankara*: Baujahr 1937, 4768 BRT, 6585 tdw, 14 kn, Eigner: Atlas-Levante-Linie, Bremen.

51 Maureb = Marineausrüstungs- und Reparaturbetrieb, d.h. kleinerer Stützpunktwerftbetrieb unter Marineleitung. Später wurden die Betriebe in den eroberten Gebieten teilweise deutschen Werften übertragen.

52 Ital. T-Boot *Sagittario*: wie 17.

53 Nicht erwähnt im K.T.B. ist natürlich das unvergeßliche Mißvergnügen des Kommandanten beim Studium der Ladung des Dampfer, als er feststellte, daß auch »Damen« für das Truppenbordell Tobruk an Bord waren. (»Ich soll Puffmädchen über's Mittelmeer geleiten …«).

54 Die Annahme eines Funkortungsgeräts in englischen Flugzeugen lag nahe, doch war ein derartiges Gerät zu dem damaligen Zeitpunkt im Mittelmeerraum wohl noch nicht eingebaut.

55 Die Luftsicherung diente primär zur Aufspürung und Bombenbekämpfung von U-Booten. Feindaufklärer wurden praktisch nie angegriffen, teils, weil Bewaffnung und Geschwindigkeit des Sicherungsflugzeugs unzureichend war (Arado 196), teils, weil eine Verständigung mit den leistungsfähigeren Luftwaffenmaschinen (Ju 88, He 111, M 110) selten klappte. Gegen massierte Luftangriffe hätte sich die zahlenmäßig stets geringe Luftsicherung nie durchsetzen können. Hier waren die Schiffe allein auf die eigene Abwehrkapazität angewiesen.

56 Tankerwrack *Maersk*: wegen fehlenden Vornamens nicht feststellbar.

57 Tankerwrack *Olna*: Baujahr 1921, 7073 BRT, 10.820 tdw, 11 kn, Brit. Admiralität, London.

58 Die ital. Marine war von Kriegsbeginn an äußerst knapp an Öl und konnte nur durch laufende Ölabgaben der deutschen Marine zumindest mit den kleineren Einheiten dauernd in Fahrt gehalten werden. Um 1943 mußten die ital. Schlachtschiffe mangels Öl — und Verwendungsabsicht! — ihre Bunkerbestände an die Geleitsicherungsverbände abgeben.

59 Die deutschen Zerstörertypen 1934, 1936 usf. waren an sich eher als Aufklärer (und damit eine Art von »Kreuzerersatz«), denn als echte Flottenzerstörer konzipiert. Ein kleinerer, dem englischen Standardtyp näher kommendes Boot, der Zerstörer 1938, war im Herbst 1939 geordert worden, wurde aber mit Kriegsbeginn zugunsten des als Mob-Typ leicht modifizierten Zerstörers 1936 A (Mob) storniert. Größe und technischer Aufwand dieser Fahrzeuge reduzierte notwendigerweise die im Kriege letztlich oft ausschlaggebende Anzahl. Einen in etwa den bis 1938 gebauten englischen Booten der A-H-Klassen vergleichbaren, jedoch etwas langsameren und mit nur vier 10,5-cm-SK ausgerüsteten Typ hatte die deutsche Marine mit dem erst im Kriege in Dienst kommenden »Flottentorpedoboot 1939« entwickelt.

60 Ital. Zerst. (*Quintino*) *Sella*: Baujahr 1924/1926, 935 t, 35 kn, vier 12-cm, zwei 4-cm, zwei MG, vier 53,3-cm-TR, 106 Mann.

61 Ital. Zerst. *Bersagliere*: wie 27.

62 Ital. T-Boot *Lince*: wie 14.

63 Ital. T-Boot *Lira*: wie 14.

64 Ital. T-Boot *Castore*: wie 14.

65 Ital. T-Boot *Polluce*: wie 14.

66 z.B. Flottillenchef, Divisionschef. Diese Aufgaben nahm der jeweils älteste Kommandant des betreffenden Verbandes wahr.

67 NaFü = Nachrichtenführer, d.h. mit dem Fernmelde- und Signalwesen beauftragter Offizier eines Stabes.

68 Die Gruppe 126 flog die Arado 196 und bestand aus ehemaligen Seeoffizieren, die zur Luftwaffe abgestellt waren. (s. auch 38).

69 Ital. Dampfer *Sportivo*: Baujahr 1900, 1598 BRT, 2065 tdw, Eigner: A. Lauro, Neapel.

70 Ital. Dampfer *Bianchi*: nicht feststellbar.

71 Ital. Leichter Kreuzer *Giuseppe Garibaldi*: Baujahr 1933/1937, 7874 t, 35 kn, zehn 15,2-cm, acht 10-cm, acht 3,7-cm, acht MG, sechs 53,3-cm-TR, zwei Katapulte, vier Flzg., Mineneinrichtungen, 600 Mann.

72 Ital. Leichter Kreuzer *Emanuele Filberto Duca D'Aosta*: Baujahr 1931/1935, 7283 t, 36,5 kn, acht 15,2-cm, sechs 10-cm, acht 3,7-cm, acht MG, sechs 53,3 cm-TR, Katapult, drei Flzg., Mineneinrichtungen, 525 Mann.

73 Ital. Leichter Kreuzer *Luigi di Savoia Duca Degli Abbruzzi*: wie 72.

74 Dete-Gerät = deutsche Bezeichnung für Funkmeßgerät (Fu.M.G.).

75 Ital. Zerst. *Alpino*: wie 27.

76 Ital. Zerst. *Bersagliere*: wie 27.

77 Ital. Zerst. *Corazziere*: wie 27.

78 A I = 1. Admiralstabsoffizier.

79 Dtsch. Panzerschiff *Admiral Graf Spee*, Baujahr 1932/1936, offiziell 10.000 t, 28 kn, sechs 28-cm, acht 15-cm, sechs 10,5 cm, acht 3,7 cm, zehn MG, acht 53,3-cm-TR. 1939 im La Plata selbst versenkt.

80 Glorious-Aktion: Versenkung des englischen Flugzeugträgers *Glorious* in der Norwegensee durch die dtsch. Schlachtschiffe *Scharnhorst* und *Gneisenau*.

81 Das Schlachtschiff *Gneisenau* sollte nach dem schweren Bombentreffer im Bereich des vorderen 28-cm-Drillingsturms (25./26.2.42) jene Umrüstung auf 3 x 2-38-cm erhalten, auf die aus fertigungstechnischen und politischen Gründen beim Neubau verzichtet worden war. Damit wäre wohl vom Kaliber, nicht aber von der Rohrzahl her, eine artilleristische Gleichwertigkeit mit den englischen Schlachtschiffen erreicht worden.

82 Das relativ seltene Auslaufen der größeren italienischen Kriegsschiffe ergab sich teils aus dem bekannten Mangel an Öl, andererseits aber mit zunehmender Kriegsdauer auch aus dem Bestreben, die in mehreren Gefechten unterlegenen schweren Einheiten für die Friedenszeit zu erhalten.

83 Im Gegensatz zur deutschen Marine, die das Nachtgefecht seit der Zeit vor der Jahrhundertwende — nicht zuletzt unter dem Aspekt des Torpedoeinsatzes — als besonders wichtig und übenswert erachtete, war dies bei der italienischen Marine relativ wenig geübt worden. Es wurde sicher auch durch unzureichende Nachtsichtfähigkeit der Feuerleitoptiken erschwert.

84 Ital. Zerst. *Premuda*. Es handelt sich um den 1941 erbeuteten und — wie alle jugoslawischen Beutefahrzeuge — Italien zugesprochenen jugoslawischen Zerstörer *Dubrovnik*: Baujahr 1929/1932, 1880 t, 37 kn, vier 14-cm, zwei 8,4-cm, zwei 4-cm, zwei MG, sechs 53,3-cm-TR, 200 Mann.

85 Ital. T-Boot *Partenope*: wie 14.

86 Ital. T-Boot *Pallade*: wie 14.

87 F.d.U. (Rom) = Führer der U-Boote für einen Regionalbereich (hier Mittelmeer mit Sitz in Rom).

88 Das internationale Rote Kreuz trug zur Versorgung der hungernden griechischen Bevölkerung bei. Die internationalen Hilfsleistungen wurden meist auf Schiffen transportiert, deren helle Beleuchtung im Kriegsgebiet besonders nachts auffiel.

89 Gustav 11 = 11 kn.

90 *Hermes* war der einzige im Kriege fertiggestellte oder erbeutete Zerstörer der Kriegsmarine, der statt der Z-Bezeichnung mit Nummer im späteren Verlauf des Krieges einen Namen erhielt. Dies geschah teils in Anerkennung der Leistungen, teils um einen für die Italiener einprägsameren Namen bieten zu können.

91 Ital. Zerst. *(Giovanni) Da Verazzano*: Baujahr 1927/1931, 1628 t, 38 kn, sechs 12-cm, vier 3,7-cm, sechs MG, vier 53,3-cm-TR, Minenlegeeinrichtungen. Der für die Zeit seines Baues große und stark bewaffnete Zerstörer wurde ursprünglich als »Esploratore«, d.h. Aufklärer, bezeichnet.

92 Ital. T-Boot *Orione*: Baujahr 1931/1934, 855 t, 28 kn, zwei 10-cm, vier 3,7-cm, vier MG, vier 45-cm-TR. Der Typ wurde aufgrund der geringeren Geschwindigkeit zunächst als »Geleitboot« bezeichnet, später aber als »Torpedoboot« umklassifiziert.

93 Ital. T-Boot *Calliope*: wie 14.

94 Ital. Tanker *Giorgio*: Baujahr 1907, 4887 BRT, 7350 tdw, 9 kn, Eigner: C.I.T.O., Genua.

95 Ital. T-Boot *(General Antonio) Cascino*: Baujahr 1921/1922, 635 t, 30 kn, drei 10,2-cm, zwei 7,6-cm, vier 45-cm-TR.

96 Ital. T-Boot *Pegaso*: wie 92.

97 Ital. Truppentransporter *Camperio*: nicht feststellbar.

98 Das Hauptmanko der deutschen Zerstörer 34, 36 usf. waren die leistungsmäßig zwar interessanten, technisch jedoch komplizierten und etwas übereilt eingeführten Hochdruckheißdampf-Antriebsanlagen, die zwar theoretisch erhebliche Vorteile boten, jedoch — anfänglich auch aufgrund von Bedienungsmängeln — immer wieder zu Werftaufenthalten führten. Der von Kpt. J. zuvor geführte Zerstörer *Erich Steinbrinck* hatte (s. Vowort) besonders intensiv unter diesen Antriebsmängeln zu leiden gehabt. Nicht zuletzt deshalb wird die Ausdauer der *Hermes*-Anlage im Kriegstagebuch immer wieder hervorgehoben.

236

99   Ital. Marinetanker *Stige* (Benzintanker): Baujahr 1925, 1342 t, 8 kn, ein 12-cm, ein 7,6-cm.

100   O.B.S. = Oberbefehlshaber Süd (Generalfeldmarschall Kesselring).

101   Griech. Zerst. *Leon*: Wurde 1910/1912 mit drei weiteren Booten im Auftrag der argentinischen Marine bei der englischen Werft Laird, Birkenhead gebaut. Da die Lieferbedingungen nicht erfüllt wurden, verweigerte Argentinien die Abnahme und die Boote wurden von Griechenland angekauft. 1927 wurden die Boote von der englischen Werft White, Cowes, vollständig erneuert. *Leon* wurde am 22.4.41 von deutschen Sturzkampfflugzeugen (Stukas) in der Sudabucht schwer beschädigt und am 15.5.41 versenkt.

102   A.S.V.-Gerät: Kürzel ist nicht aufzulösen. Es handelt sich jedoch eindeutig um ein mit einem Störsender ausgerüstetes deutsches Flugzeug gegen engl. Luftaufklärer.

103   Ital. Tanker *Abbruzzi*: nicht feststellbar.

104   Ital. Tanker *Picci Fassio*: Baujahr 1909, 2261 BRT, Eigner: Fassio SA di Nav., Genua.

105   Ital. Motorschiff *Tergestea*: Baujahr 1926, 5890 BRT, 8000 tdw, Eigner: G.L. Premuda, Triest.

106   Ital. Zerst. (*Antonio*) *Pigafetta*: wie 91.

107   B.ü. = Befehlsübermittlung (-mittler).

108   Operation »Agreement«, englischer Angriff auf Tobruk am 14.9.42.

109   M.V.O.: nicht feststellbar. Wahrscheinlich Marine-Verbindungsoffizier bei der dt. Panzerarmee.

110   Engl. Verluste am 14.9.42 vor Tobruk waren: ein Fla-Kreuzer (*Coventry*), zwei Zerstörer (*Sikh*, *Zulu*), drei Schnellboote (*MTB 308, 310, 312*), zwei R-Boote (*ML 352, 353*), und 576 Gefangene. Erbeutet wurde das Schnellboot *MTB 314*. Die Zahl der Gefallenen liegt nicht vor.

111   Mit den Arado 196 der Aufklärungsgruppe 126 konnte selbst optischer Morseverkehr durchgeführt werden.

112   Lazarettschiff *Arm*: nicht feststellbar.

113   gemeint sind die beim letzten Raid auf Tobruk gesunkenen englischen Zerstörer.

114   Ital. T-Boot *Castelfidardo*: wie 23.

115   Ital. Dampfer *Netucci*: nicht feststellbar.

116   Ital. Dampfer *Doro*: nicht feststellbar.

117   Ital. Dampfer *Corso Fougier*: Baujahr 1906, 1348 RT, 2395 tdw, Eigner: Mario Zoboli, Genua.

118   Griech. Passagierdampfer *Ardena*: Baujahr 1915, 1092 BRT, Eigner: E.K. Toyias, Piräus.

119   Ital. Zerst. *Freccia*: Baujahr 1929/1932, 1206 t, 38 kn, vier 12-cm, vier 3,7-cm, vier MG, sechs 53,3-cm-TR.

120   Ital. Tanker *Rondine*: Baujahr 1924, 6077 BRT, 7815 tdw, 10 kn, Eigner: Polena Soc., Genua.

121   Ital. T-Boot *Orsa*: wie 92.

122   Marina Suda = italienisches Marinekommando Suda.

123   Der sehr engagierte Kommandant *Orsa* bot sich mehrfach an, den Tanker zur Beschleunigung der Überfahrt »auf den Haken« zu nehmen.

124   Ital. Mot.Schiff *Foscolo*: nicht feststellbar.

125   Ital. Dampfer *Menes Gualdi*: nicht feststellbar.

126   Ital. Tanker *Albaro*: Baujahr 1911, 2104 BRT, 3150 tdw, 9 kn, Eigner: Nav. Comm. SA, Genua.

127   Ital. Tanker *Celeno*: Baujahr 1899, 3471 BRT, 5700 tdw, 9 kn, Eigner: Soliani & Saltam, Genua.

128   Ital. Zerst. *Euro*: wie 44. *Euro* war als Ersatz für das ausgefallene T-Boot *Sirio* eingesetzt.

129   Ktp. J. war außerordentlich geschichtsbewußt und -interessiert. So pflegte er u.a. bei den meist nur kurzen Aufenthalten in Salamis/Piräus regelmäßig Besuche auf der Akropolis und bei anderen historischen Punkten zu machen. Dabei spielte sich einmal eine recht amüsante Episode ab: Als der nach den verheerenden Verlusten der Wehrmacht im Winter 1941/42 von Hitler mit dem »Auskämmen nicht erforderlichen Personals bei allen Wehrmachtsteilen für die Kampftruppen« beauftragte und bevollmächtigte General v. Unruh (im Zeitjargon »Heldenklau« genannt) im Befehlsbereich Admiral Ägäis erschien, äußerte er den Wunsch, doch auch einmal kurz die Akropolis zu sehen. Mit dem Admiral Ägäis und dessen Adjutant dort angekommen, fiel sein Auge jedoch weniger auf die Schönheiten des Erechteions und anderer Sehenswürdigkeiten der Antike als auf einen dort »promenierenden« Stabsoffizier der Marine. Auf seine mokante Frage »Einer ihrer unbeschäftigten Stabsoffiziere?« ließ Admiral Förste diesen via Adjutant herbeibitten und es erschien — mit Ritterkreuz und Deutschem Kreuz in Gold ausgezeichnet — der Kommandant *Hermes*, der einzige zur See fahrende Kapitän zur See des Admiral Ägäis-Bereichs. Schmunzelnd bezeichnete sich Kpt. J. später gerne noch einmal in »arbeitsreichen« Situationen als »der unbeschäftigte Stabsoffizier des Admiral Ägäis«.

130   Ital. Motorpassagierschiff *Zara*: Baujahr 1931, 1976 BRT, 1095 tdw, Eigner: Adriatica SA, Bari.

131   Ital. T-Boot *Solferino*: Baujahr 1917/1921, 862 t, 32 kn, vier 10,2-cm, zwei 7,6-cm, vier 45-cm-TR.

132   Dtsch. U-Jäger *2102*: ex griech. Dampfyacht *Brigitte*.

133   KA: nicht festzustellen.

134   Diese Gefahr bestand durch das Ausschalten des Hochstandvernichters. Der Grund für diese auch die eigenen Schiffe gefährdende Maßnahme ist nicht zu ermitteln.

135 Tatsächlich ist, wie Nachkriegsermittlungen zeigen, zu diesem Zeitpunkt und an diesem Ort kein U-Boot vernichtet worden, obwohl Luftschwall, Öllache und Wegfall des Echos unter den damaligen Umständen die Versenkung als gesichert erscheinen lassen mußten. Luftschwall und Öllache lassen vermuten, daß die beiden U-Jäger es mit einem Wrack zu tun hatten. Erwähnenswert ist, daß der U-Jäger-Kommandant selbst noch die Heranschaffung von Salzstücken gefordert hatte, um die endgültige Bestätigung der Versenkung eines U-Boots durch Sichten von Wrackteilen u.ä. zu erhalten. Salzstücke vor dem Wasserdruckzünder führten zur Detonation in Tiefen über die am Zünder einstellbaren 120 m. Im allgemeinen wurden an die Anerkennung von Versenkungen und Flugzeugabschüssen in der Wehrmacht recht hohe Anforderungen gestellt.

136 Schiff 50 = Bezeichnung für Minenschiff *Drache* ex jugosl. *Zmaj* (s. auch 173).

137 wegen Geheimhaltung.

138 Aufgrund von Bewuchs, allgemeiner kriegsbedingter Abnutzung usw. liefen die meisten Handelsschiffe — wie die Kriegsschiffe — erheblich weniger als unter Friedensbedingungen, zumal ein erheblicher Teil der Handelsschiffe bereits recht überaltert war.

139 Dtsch. Tanker *Ossag*: Baujahr 1921, 2793 BRT, 3976 tdw, 9 kn, Eigner: Tankd. Ges. Ossag, Hamburg.

140 Ital. Dampfer *Adriana*: Baujahr 1923, 4353 BRT, 6095 tdw, Eigner: Soz. Esercizio, Genua.

141 Ital. Dampfer *Col di Lana*: Baujahr 1926, 5891 BRT, 8000 tdw, 11 kn, Eigner: Gerolimich & Co, Triest.

142 Der ab 25.10.42 mit erheblicher Übermacht an technischem Gerät und Soldaten geführte englische Angriff bei El Alamein und die mangelhafte Versorgung der eigenen Nordafrikakräfte mit Nachschub aller Art zwang schließlich zum großen Rückzug der deutsch-italienischen Truppen.

143 Dtsch. Dampfer *Trapani*: Baujahr 1926, 1855 BRT, 2664 tdw, 11 kn, Eigner: Robert M. Slomann jr., Hamburg.

144 Griech. Dampfer *Macedonia*: Baujahr 1898, 1839 BRT, Eigner: Hellenic Coastl., Piräus, s.Zt. mit deutscher Besatzung.

145 Ital. Tanker *Porto Fino*: Baujahr 1916, 6424 BRT, 9250 tdw, 10 kn, Eigner: A. Lauro, Genua.

146 Ital. Zerst. *Folgore*: Baujahr 1929/1932, 1219 t, 38 kn, vier 12-cm, vier MG, sechs 53,3-cm-TR.

147 Ital. T-Boot *Ardito*: Baujahr 1941/1942, 925 t, 25 kn, zwei 10-cm, acht MG, vier 45-cm-TR.

148 Ital. T-Boot *Uragano*: wie 147.

149 M.S.S.: Marinesignalstelle.

150 Bei der Nachtmarschformation hielten die seitlichen Sicherungsfahrzeuge meist geraden Kurs durch.

151 Nach Auswertung entsprechender Informationen wurde der im Laufe der Nacht häufig zu beobachtende langsame Geschwindigkeitsabfall dadurch hervorgerufen, daß das Maschinenpersonal der Dampfer aus Furcht vor plötzlichen Angriffen die Betriebsräume verließ und sich an Deck aufhielt. Durch den langsam fallenden Dampfdruck sank auch die Geschwindigkeit dann kontinuierlich.

152 Informell wurde s.Z. berichtet, daß der Kommandant *Folgore* die Dampfer mit dem Hinweis »zum Laufen« gebracht habe, daß wir einem achteraus gemeldeten englischen U-Boot entkommen müßten.

153 Ital. Dampfer *Monginevro*: Baujahr 1941, 5324 tdw, Eigner: Nav. Alta Italiana, Genua.

154 Die von italienischen Seestreitkräften gesicherten, nach Tripolis und Benghasi laufenden Nachschubgeleite hatten, nicht zuletzt durch die Nähe Maltas, im ganzen Kriegsverlauf beträchtliche Verluste. Zum Teil entstanden diese nach den von *Hermes* gemachten Erfahrungen allerdings auch wegen des oft wenig elastischen Verhaltens der Sicherungsfahrzeuge. Generell ist jedoch zu sagen, daß es allgemein eine Freude war, bei den von *Hermes* geführten Geleiten mit den italienischen Sicherungsfahrzeugen zusammenzuarbeiten, eine Tatsache, die nicht zuletzt auf dem herausragenden Ruf des *Hermes*-Kommandanten als listenreichem Geleitführer beruhte.

155 Ital. U-Jäger *Markomene*: Nicht festzustellen. Mutmaßlich ein umgebautes Handelsschiff oder Fischereifahrzeug.

156 Rumän. Dampfer *Alba Julia*: Baujahr 1922, 5700 BRT, 7840 tdw, 11 kn, Eigner: Serr.Mar.Roman, Konstanza.

157 Dtsch. U-Jäger *2101*: ex griech. Fischdampfer *Stryman*, Baujahr 1928.

158 M.N.O. = Marine-Nachrichten-Offizier.

159 Griech. U-Boot *Triton*: Baujahr 1926/1927, 730/960 t, 14/9,5 kn, ein 10-cm, ein 4-cm, acht 53,3-cm-TR.

160 12V5 = deutsches kleines Küstenwachboot.

161 SSD = Sehr sehr dringend.

162 Bulg. Dampfer *Burgas*: nicht festzustellen.

163 Griech. Dampfer *Artemis* (*Pittas*): Baujahr 1906, 1433 BRT, 2350 tdw, Eigner: G.N. Pittas & Co, Chios.

164 Ital. Passagierdampfer *Vesta*: Baujahr 1923, 3351 BRT, 2635 tdw, Eigner: Adriatica SA, Triest.

165 Ital. Dampfer *Pier Luigi*: Baujahr 1895, 2571 BRT, 2945 tdw, Eigner: A. Lauro, Neapel.

166 Dtsch. Netzleger *Piräus*: ex *Ville de Toulon*, Baujahr 1905, 672 BRT.

167 Ital. Dampfer *Valentino Coda*: Baujahr 1924, 4486 BRT, Eigner: Corrado SA, Genua.

168 Ital. T-Boot *Castore*: wie 17.

169 Dtsch. (ex griech.) Dampfer *Delphin*: Baujahr 1906, 3816 BRT, Eigner: Los & Andreadis, Chios.

170 Ital. Dampfer *Fanny Brunner*: Baujahr 1925, 2366 BRT, 3600 tdw, 13 kn, Eigner: D. Tripcovich C. Co., Triest.

171 WeWa = Wetterwarte.

172 Ital. Tanker *Albaro*: Baujahr 1911, 2104 BRT, 3150 tdw, 9 kn, Eigner: Nav. Comm. SA, Genua.

173 Dtsch. Minenschiff *Drache*: ex jugosl. *Zmaj*: Baujahr 1929, 1870 t, 15 kn.

174 Griech. Tanker *Petrakis Nomicus*: Baujahr 1914, 7020 BRT, 10.930 tdw, 10 kn, Eigner: Petros M. Nomikus, Piräus.

175 Während der Kommandant *Hermes* schon lange den Einsatz des Zerstörers für die kritische Tunis-Versorgung wünschte, versuchte Admiral Ägäis — verständlicherweise! — mit diesem Kommentar das einzige kampfkräftige deutsche Fahrzeug für den Ägäisraum zu erhalten. Tatsächlich standen an deutschen Fahrzeugen außer *Hermes* nur die — abgesehen von dem ehem. englischen M-Boot *Widnes*/U-Jäger 2109 — hinsichtlich ihrer Leistungsfähigkeit völlig unbefriedigenden umgerüsteten Zivilschiffe der 21. U-Jagdflottille für die Sicherung des gesamten Ägäis- und Kreta-Nachschubs zur Verfügung. Auch die italienische Marine hatte mit kritischer werdender Lage in Nordafrika alle noch einigermaßen kampfkräftigen Zerstörer und Torpedoboote aus dem Ägäisraum nach Westen abgezogen. Kennt man die — von den USA jedoch stets abgelehnten — Planungen Churchills für alliierte Landungen im Balkanraum, so waren die Vorstellungen des Admiral Ägäis auch aus dieser Sicht sachlich durchaus nicht unbegründet.

176 Griech. Dampfer *Tanais*: Baujahr 1907, 1545 BRT, 2260 tdw, Eigner: Synodinos Bros., Piräus.

177 Dtsch. U-Jäger *2103*: ex griech. *Paralos*, Baujahr 1925, 400 t.

178 K.M.W. Kiel = Kriegsmarinewerft Kiel.

179 G.H.G. = Gruppenhorchgerät, ein im Vorschiff eingebautes U-Ortungsgerät.

180 Franz. Dampfer *Sinfra*: Baujahr 1929, 4470 BRT, Eigner: Co.Gen. de Nav., Marseille.

181 Ital. Passagierdampfer *Argentinia*: Baujahr 1907, 5014 BRT, 13 kn, Eigner: Tirrenia SA, Neapel.

182 Dtsch. U-Jäger U.J. *2109*: ex engl. M-Boot *Widnes*, in Suda geborgen, Baujahr 1914, 710 t.

183 Ital. Motorschiff *Donizetti*: Baujahr 1928, 2428 BRT, 2900 tdw, 13 kn, Eigner: Tirrenia SA, Fiume.

184 Ital. Werkstattschiff *Antonia Pacinotti*: Baujahr 1922/1925, 2720 t, 19 kn, vier 7,6-cm, zwei MG, als Fahrgastschiff gebaut, noch vor dem Kriege von der Marine übernommen und als U-Bootbegleit- und Werkstattschiff umgebaut.

185 Es ist nicht zu klären, wer hier gemeint ist.

186 Ital. »Kanonenboot« *Orsini*: War das 1915/1918 gebaute Torpedoboot *Vincenzo Orsini*, 616 t, 30 kn, sechs 10,2-cm, zwei 4-cm, vier 45-cm-TR.

187 MFP = Marinefährprahm.

188 FTO = Funktechnischer Offizier, d.h. Bordfunk- und -Nachrichtenoffizier.

189 Interessante Informationen hinsichtlich der »übergeordneten Gesichtspunkte« bringt Salewski in »Die deutsche Seekriegsleitung«, Bd. 2, Abschnitt »Der Fall Tunis«, S. 245 ff. Auch die »Lagevorträge« des Ob.d.M.« für diesen Zeitraum sind recht aufschlußreich.

190 Fu.M.G. = Funkmessgerät (deutsche Bezeichnung für Radargerät).

191 Anlage zur Abgabe eines gefächert ablaufenden Mehrfach-Torpedoschusses.

192 EMF = Einheitsmine Typ F, Ankertaumine, 340 kg.

193 Die sechsmotorige Me 323 war durch den Einbau von sechs Motoren in den von Messerschmidt entwickelten und in rund 200 Exemplaren gebauten Großlastensegler Me 321 entstanden. Sie wurde besonders häufig für den Afrika-Nachschub eingesetzt. Obwohl als Lastensegler für den Transport von 200 Soldaten zugelassen, ist zumindest von einem Fall bekannt, daß eine Me 323 beim Zusammenbruch der deutsch-italienischen Truppen in Nordafrika ungeachtet des zusätzlichen Gewichts der sechs Motoren und des erforderlichen Kraftstoffs 240 Mann (160 im Rumpf und 80 in den Tragflächen!) von Nordafrika nach Sizilien zurückbrachte.

194 Metox = passives Funkmeß-Beobachtungsgerät (Fu.M.B.).

195 Funkbeobachtungstrupp, der den gegnerischen Funkverkehr überwachte und im Rahmen des jeweils Möglichen auswertete.

196 Dieses von ital. Kriegsschiffen vorherrschend praktizierte Anlegeverfahren beansprucht pro Schiff nur eine geringe Pierlänge.

197 Dieses Hin und Her charakterisiert deutlich die in seriösen Quellen (u.a. Salewski, Seekriegsleitung; Wagner, Lagevorträge) beschriebene, nicht zuletzt von höchsten deutschen Marinestellen, u.a.

dem Ob.d.M. (Oberbefehlshaber der Kriegsmarine), zu diesem Zeitpunkt verursachte Entscheidungshektik, um der Marine den Vorwurf zu ersparen, in Tunis bei der Versorgung der Heerestruppen in ähnlicher Weise versagt zu haben, wie die Luftwaffe kurz zuvor in Stalingrad (siehe hierzu vor allem 189).

198 Ital. Zerst. *Pancaldo*: wie 91.

199 Ital. T-Boot *Cesare*: Ist nicht einwandfrei zu identifizieren, da von den oft langen Namen italienischer Kriegsschiffe meist nur Teile genannt wurden. Gemeint ist wahrscheinlich der Zerstörer *Cesare Battisti*, Baujahr 1926/1927, 935 t, 35 kn, vier 12-cm, zwei 4-cm, vier 53,3-cm-TR, der, wie manche der älteren Zerstörer, zum Torpedoboot umklassifiziert wurde. Diese älteren Boote waren zum Teil schon sehr abgefahren und erreichten ihre nominelle Geschwindigkeit generell nicht mehr.

200 Ital. Lazarettschiff *Toscana*: Passagierdampfer, Baujahr 1923, 9442 BRT, 8640 tdw, 11 kn, Eigner: Lloyd, Triestino, Genua.

201 Ital. Lazarettschiff *Aquileila*: Passagierdampfer, Baujahr 1914, 9448 BRT, 5634 tdw, 14 kn, Eigner: Lloyd Triestino, Genua.

202 Dtsch. Schnellboot *S 156*.

203 Gemeint sind hier die auf *Hermes* eingeschifften Heeressoldaten.

204 Der Bericht bezog sich auf die Erfahrungen des zweimaligen Zusammenfahrens mit italienischen Flottenzerstörern und war unter diesem Aspekt sachlich absolut richtig. Der erste Kommandant, Kpt.z.S. Johannesson, hätte aufgrund der Erfahrungen mit unter seinem Kommando im Geleitdienst eingesetzten italienischen Zerstörern und Torpedobooten sicher ein in manchen Teilen abweichendes Bild dargestellt. Im Geleitdienst unter deutscher Führung zeigten sich die ital. Kommandanten stets außerordentlich bereitwillig und kooperativ, obwohl sie aufgrund der andersartigen Ausbildung sicher auch manche Dinge anders sahen. Eindeutig problematisch und deutschen Vorstellungen in jedem Fall restlos widersprechend war jedoch die enge Führung eines in See stehenden Verbandes durch Supermarina, die dem in See stehenden Befehlshaber praktisch nur geringe Entscheidungsfreiheiten überließ, obwohl die Verhältnisse an Ort und Stelle sich in See zweifelsfrei oft anders darstellten, als in einem Stabsgebäude an Land.

205 »K gelb« = Flaggensignal für »Kiellinie«, d.h. hintereinander fahren.

206 Kptlt. Mende war I. Wach- und Artillerieoffizier *Hermes*. Im Gegensatz zu den deutschen Zerstörern 34/36 usf. hatte *Hermes* keinen I. Offizier.

207 Kpt.z.S. Dr. Meixner war von März bis Mai 1943 Chef des Deutschen Marinekommandos Tunesien.

208 KT-Schiff = Kriegstransporter, ein relativ einfaches, schnell zu bauendes Einheitstransportschiff, das während des Krieges in größeren Stückzahlen auf in-und ausländischen Werften gebaut wurde, um die Kriegsverluste an Handelsschiffen zu ersetzen und die allgemein unzureichenden Seetransportmöglichkeiten, die allein von MFP (s. 187), Siebel- und sonstigen Fähren nicht bewältigt werden konnten, zu verbessern.

209 O.Qu.: Ist nicht klar zu deuten. Wahrscheinlich ist der Oberquartiermeisterstab des Ob.Tunis, Generaloberst von Arnim, gemeint.

210 Landungsschiff.

211 Infanterielandungsboot.

212 Die durch den Bordwaffenbeschuß entstandenen Einschußlöcher in der Bordwand waren durch Holzpropfen abgedichtet worden, die sich jetzt z.T. lockerten.

213 Die Lenzpumpen fielen durch Schmutz und Kohlengrus in der Bilge aus.

214 In der Aufstellung fehlt der Verwaltungsoffizier, Oberleutnant (V) Jensen, der in Gefangenschaft geriet (s. Anlage 10).

215 Der dann zur Verfügung gestellte Jagdschutz bestand kurzzeitig aus 2 Jägern — mehr soll damals in Nordafrika nicht mehr greifbar gewesen sein.

216 »Gewitter« war das Stichwort für bestimmte Lähmungsmaßnahmen bei Aufgabe von Stadt u. Hafen Tunis durch die deutschen Truppen.

217 Eine Folge des Unterwasserliegens nach dem Versacken mit dem Dock im April 1941.

Karte Mittelmeer (westlicher Teil)

KORSIKA

SARDINIEN

TYRRHENI

TUNESIEN

KHALĪJ AL HAMMĀMĀT

Ajaccio
Porto Vecchio
BOCCHE DI BONIFACIO
C° Ferro
Olbia
Castelsardo
Porto Torres
C° Caccia · Alghero
Bosa
Oristano
C° S. Marco
C° Pecora
Cagliari
Carbonara
Carbonara
I. S. Pietro
C° Spartivento
Banco Sciss
Banco Ssari
de La Galite
Banzart
Cap Bougaroûn
Cap de Fer
Annaba
Cap Rosa
Tabarqah
Serrat
TŪNIS
Hammāmāt
Susah
Qulaybiyah
I. Quarayyat
Ras Dagmās
Al Mahdiyah · Ras Bridya
Ras Kabudiya